이명화 유고집 2

중국 고대 오국사 연구

이명화 유고집 2

중국 고대 오국사 연구

이명화 지음

일조각

　이명화 선생이 우리를 떠난 것도 벌써 3년, 그 생전의 저술을 이렇게 정리된 모습으로 다시 대하니 그가 남기고 간 공백이 더욱 아쉽고 커 보인다. 내가 그를 처음 만난 것은 1980년대 후반, 이화대학 대학원 강의를 처음 맡았을 때였다. 당시 박사 과정생으로 중국 고대사에 커다란 흥미를 갖고 있었던 그의 지도를 이대 사학과에서 나에게 의뢰한 것이다. 이대에는 그 분야의 전문 교수가 없었기 때문이다. 그래서 시작된 사제의 인연은 그가 박사학위를 취득한 이후에도 계속되면서, 그는 나에게 가장 스스럼없이 편하게 '묻는' 제자의 한 사람이 되었다. 나는 그의 공부를 가장 가까이에서 지켜보았고, 때문에 아마도 그의 학문 세계와 학자로서의 면모를 가장 잘 알고 있는 사람일지도 모른다.

　1980년대 중국 고대사 연구는 수십 년 동안 축적된 고고학 성과와 이에 수반하여 출토된 다량의 금문, 간독 자료를 바탕으로 새로운 고대사의 상像이 활발히 제기되기 시작하였고, 이것이 그 무렵 불기 시작한 교조적 계급 혁명 사관의 탈피와 맞물리면서 중국 고대사는 젊은 연구자들이 열정을 불태우기 족한 매력 넘치는 대상이 되었다. 기왕에 잘 알려진 문헌인 왕충王充의 『논형論衡』을 분석, 후한의 합리주의 사상을(흥미는 있지만 다소 진부한) 석사 논문에서 다룬 이명화가 이 새로운 환경 속에서 개안하기 시작한 것은 너무나 당연한 일이었을 것이다. 그리하여 그는 연구의 관심을 대체로 크게 두 가지 주제로 설정한 것 같다. 첫 번째는 고대 여성의 구체적인 삶과 그것을 규정한 법제와 윤리 및 관습으로, 이 주제와 관련된 논문들은 이미 본 유고집 제1권 『진한시대 여성사 연구』로 발간되었다. 그의 동학 천성림 교수는 추천사에서 그 연구의 의미를 잘 지적했지만, 거창한 이념이나 이론을 들먹일 필요도 없이 지금도 "너무나 말도 안 되는 여성의 위상"을 부인하기 어렵다면, 이명화가 왜 이 주제에 그토록 몰입하였는가는 새삼 설명할 필요가 없을 것이다. 전한 초의 묘에서 출토된 한초 율령 간독에서 여성의 상속권과 재산권, 형벌 감면 규정 등을 확인하고 흥분하던 모습, 그리고 후한 말 한 여성을 둘러싼 일족의 재산 상속 분쟁을 보고한 간독 사법 문서를 한 자 한 자 천착하던 모습은 연구자가 갖추어야 할 열정과 냉철함 양면을 잘 보여 주는 것 같았다.

두 번째 그의 연구 주제는 중국 고대 문명과 제국의 지역적 편차와 전통의 문제였다. 중국 고고학의 눈부신 성과로 여러 신석기 문화의 계통과 그 계기적 발전이 점차 확인되었다. 그러나 보다 중요한 성과는 신석기 문화들이 지역별로 상이한 문화권을 형성하였고, 그 개성과 전통은 은·주, 춘추·전국시대를 거쳐 진·한 제국의 지역 문화의 특성으로 이어졌다는 사실이 확인된 것이다. 1980대 이후 춘추시대의 국명 진晉, 진秦, 제齊, 노魯, 연燕, 초楚, 촉蜀, 월越 등으로 중국의 지역을 구분하고 각 지역 문화의 연원과 특색 및 그 전통의 계승과 연속을 다룬 논저가 대거 발표된 것은 바로 이 때문인데, 이와 함께 이 지역 전통이 제국의 일원적 통치와 어떻게 상충 또는 타협되었는가라는 문제의식도 활발히 제기되었다. 우리 학계도 이 문제에 일부 관심을 보였는데, 이명화는 이 중 오吳 문화를 연구 주제로 택한 것이다. 그의 박사학위 논문『춘추전국시대 오문화의 기원과 형성』은 이 관심을 일단 정리한 성과였고, 이 책에 수록된 논문들은 거기서 다룬 주제를 보완한 것과 그 후 이 주제와 관련하여 추가로 발표한 것들이다. 이명화가 오 문화에 매료된 이유를 특별히 들은 적은 없는 것 같다. 물론 다른 문화에 비해 연구의 공백이 다소 있었던 이유도 있었을 것이다. 그러나 그 지역 신석기 문화인 양저良渚문화에서 발견된 환상적인 옥기 문화, 특히 신권 정치를 상징하는 각종 제의·의례용의 옥기와 신상神像 및 신휘神徽, 그리고 시대가 내려가서 지금도 번쩍이는 청동 검이 대표하는 춘추시대 오국의 청동 문화와 흥미진진한 오월吳越 쟁패 고사를 상기하면 어느 정도 선택의 이유를 추측할 수도 있을 것 같다. 중원에 비해 상대적으로 '낙후된 변방, 만이'란 기존 상식과는 달리 너무나 환상적이고 고상한, 그리고 역동적인 양자강 하류 유역의 원시와 고대를 보았기 때문은 아니었을까? 그가 은주 이래 이 지역 특유의 원시자原始瓷와 인문경도印文硬陶를 놓치지 않은 것은 그 수준 높은 기술과 예술성에 매료된 때문일지도 모른다. 어쨌든 그가 원시자와 인문경도를 오 특유의 예제를 형성시킨 핵심적인 예기로(중원의 청동 예기에 상당하는) 판단하고, 춘추시대 오국을 청동 예기에 입각한 왕권과 원시자·인문경도 예기 중심의 토착 귀족권력의 이원 구조로 이해한 것은 대단히 성숙한 연구자의 경지를 보여준다. 이어서 오 왕권의 기반을 중원과의 외교, 동광 교역으로 분석한 것은 자연스러운 논리적 귀결이었다. 그러나 그는 여기서 한 걸음 더 나아

가 오 지역을 비롯한 남방 지역에 대한 진한 제국의 군현화 정책에 주목
하였다. 이것은 그의 연구의 궁극적인 목표가 단순한 춘추시대 오국의 이
해가 아니라 통일 제국과 지역 전통의 상관 대응 관계를 통한 진한 제국
성격의 이해에 있었음을 단적으로 말해 준다. 이 책 마지막에 수록된 조
엽의 『오월춘추』 분석은 일견 단순한 소개와 해제 같다. 그러나 이 논문
은 후한의(지역 문화와 전통이 강하게 의식되기 시작하던) 한 지식인이 자기 지역
의 역사와 전통을 어떻게 정리, 인식함으로써 그 지역 역사를 중국사의
일부로 편입시켰는가를 밝힌 대단히 의미 있는 논문이다. 이 논문이 없었
다면 중국 고대 문명과 제국의 발전을 첫째, 다양한 지역 문화와 '중국 문
화', 둘째, 통일 제국과 지방 통치, 셋째, 지역사(지방사)와 '중국사'의 서술과
편찬의 상관관계 속에서 이해하려는 이명화의 전체 의도는 잘 드러나지
않았을 것이다.

　공부, 연구 및 저술의 수준을 결정할 수 있는 조건으로 첫째, 개인의 자
질과 열정 및 건강, 둘째, 연구 관련 자료와 도서, 셋째, 좋은 선생과 동료
및 선후배를 들 수 있을 것이다. 우리의 중국 고대사 연구의 현실에서 먼
저 둘째 조건을 보면, 관련 자료와 도서를 충분히 제공하는 연구소와 도
서관은 지금도 크게 부실하지만, 1980, 1990년대에는 거의 전무하였다고
해도 과언은 아니었다. 따라서 이 문제는 결국 연구자 개인이 스스로 해
결할 수밖에 없었다. 더욱이 1990년대 초까지는 중국과 공식 국교도 맺
지 않았기 때문에 대거 쏟아지는 자료와 중국 학계의 동향은 주로 일본

을 통한 간접적인 전문에 의존하는 형편이었다. 이 때문에 연구가 크게 제약되고 중요한 자료와 정보를 모르는 채 논문을 작성할 수밖에 없는 경우도 허다하였다. 이 책의 논문들도 이러한 한계가 없을 수 없었다. 그러나 이 책의 논문들은 의외로 1차 자료와 관련 연구서들을 매우 충실하게 수집, 참고한 것이 눈에 띈다. 대거 활용된 고고 발굴 자료와(유물·유적·간독·금문, 관련 보고서) 연구 논저들은 중국인조차 쉽게 수집하기 어려운 것도 적지 않다. 이것은 이명화가 어려운 여건 속에서도 현지를 방문하여 학자들과 적극 교류한 결과이다. 이 때문에 그는 춥고 초라한 인민대학 기숙사 생활도 6개월 이상 감수했지만, 특히 외국인에게 중국 지방 여행이 쉽지 않았던 1994년 북경 친우의 소개장을 달랑 갖고 단신 오월 지방을 여행하여 유적을 답사하고 관련 자료를 수집하는 '모험'도 감행하였다. 그 후 나도 그를 크게 괄목상대하기 시작하였다. 실제 이 '모험'은 그의 학문적 성숙을 촉진한 결정적인 계기가 된 것 같다. 이후 그는 "여건상 자료를 구하지 못하였다"는 변명은 결코 하지 않았다.

한편 셋째 조건인 선생과 선후배 문제는 학문의 전통이 일천하고 동학도 영성한 우리의 현실에서 새삼 거론할 필요도 없지만, 이명화를 중국 고대사 분야에서 학문적으로 지도하고 조언해 줄 사람은 사실상 없었다고 해도 과언이 아니다. 명색이 '선생'인 나의 역할도 약간의 자료를 소개하거나 가진 책을 빌려주며 "그것도 모른다며 핀잔하고 구박한" 것이 전부였던 것 같다. 나 역시 그를 깊고 밀도 있게 지도하기에는 턱없이 전문

8

지식이 부족하였고, "눈높이를 맞추어 가며 다정하고 친절하게 가르치는 스승"과는 거리가 먼 사람이었다. 그래도 이명화는 위축되거나 서운해하지 않고 계속 도움을 청하였다. 그는 "모르는 것이 부끄러운 것이 아니라 묻지 않는 것이 부끄럽다"는 교훈을(지당하지만, 바로 이 때문에 대개는 건성으로 듣고 마는) 정말 실천하려는 사람 같았다. 이것은 결국 원하는 지식에 대한 열정이 너무나도 강하였기 때문일 것이다. 그렇다면 위에서 열거한 세 가지 조건 중 이명화가 자랑할 수 있었던 것은 첫째 조건, 그중에서도 자질과 열정일 것이다. 우리 사회에서 가정주부의 연구자 겸업은 결코 쉬운 일은 아니며, 바로 이 때문에 '여자의 한계'란 말이 쉽게 들먹여지는 것이 현실이다. 그래도 그는 가족들의(특히 부군) 이해와 배려로 그나마 많은 시간을 연구에 할애할 수 있는 행운을 누렸다. 그가 석사 이후 일시 중단했던 공부를 다시 시작한 것도 사업가인 부군의 적극적인 권유와 후원 때문이었다고 한다. 그러나 하늘은 그에게 건강은 크게 허락하지 않았다. 본래 섬약한 체질이었지만, 그래도 당차고 씩씩하게 공부하였고, 그의 건강을 염려하는 사람도 없었던 것 같다. 그래서 2000년 무렵 그가 암수술을 받고 장기간 투병한 것은 뜻밖이었다. 다행히 경과가 좋아 5, 6년 이상 다시 건강한 모습으로 공부하는 모습은 우리를 크게 안도시켰다. 그러나 재발, 긴 투병 끝에 결국 우리를 떠난 것이다. 그의 건강한 연구자 생활은 (주부를 겸하며) 한 15년은 되었을까? 그가 생전에 남긴 많지는 않지만 그렇다고 적지도 않은 논문들과 두 권의 번역물은 바로 이 짧은 기간에 어려운 여건 속에서 고군분투한 결과인데, 중국 고대에 대한 사랑과 열정이 없었다면 결코 결실 맺기 어려운 귀중한 성과다. 그가 남은 시간이 별로 없다는 것을 알면서도 끝까지 여성사 저술을 포기하지 않았다는 후문은 가슴을 아프게 하였지만, 그것 역시 그다운 모습이었다.

　연구의 동기와 목적은 사람마다 다르기 마련이며, 그것을 제3자가 왈가불가할 필요도 없다. 그러나 정말 공부가 좋아서 또 연구 대상을 정말 사랑해서 전념하는 사람은 그리 많지 않은 것 같다. 원하는 취직이 되지 않아 공부를 포기하는 사람, 일단 취직이 되면 공부를 멀리하는 사람, 승진 조건을 갖추기 위해 또는 명성을 위해 저술하는 사람도 적지 않은 현실이다. 그러나 이명화는 정말 이런 목적 하나 없이 그냥 좋아서 공부하는 사람이었다. 그래서 그가 떠난 자리는 더욱 아쉽고 썰렁하다. 전임 교수도 아니었기 때문에 연구의 의무도 없었고 무슨 목표를 위해 실적을 쌓을 필요도 없었던 그는 항상 여유로웠고 유쾌하였으며, 논문을 하나 썼다고 떠벌리지도 않았고, 눈살을 찌푸리게 하는 '학자연'한 티를 보인 적도 없었다. 그는 원하지 않는 글은 쓸 필요도 없었고, 시간에 쫓겨 억지로 짜 맞추어 글을 발표할 이유도 없었다. 많지 않는 논문들이 오히려 산뜻하고 상당한 의미와 수준을 유지할 수 있었던 것은 바로 이 때문일 것이다. 만약 그가 좀 더 건강히 우리 곁에 있을 수 있었다면, 우리는 그의 보다 성숙한 논저, 무엇보다도 정말 그냥 좋아하고 사랑해서 몰두하는 연구의 진수를 더 많이 볼 수 있었을 것이다. 요즘 같은 장수 시대, 60도 못된 나이에 떠난 그가 너무나 아쉽고, '선생'이 제자를 위해 이런 글을 쓰는 것도 참담하기만 하다. 더욱이 연구자가 영성한 우리 학계에 그의 관심과 주제를 함께한 연구자도 없고 보면, 그가 남긴 논문들이 너무 외롭고 추운 것 같다. 가족과 동료, 선후배들이 이렇게 그 논문들을 모아서 출간하는 이유는 바로 이 외로움을 다소나마 덜어 줄 수 있는 후배들이 나올 수 있는 작은 발판을 제공하기 위한 것일 것이다. 그때에는 이명화 학문의 가치와 의미가 보다 정당히 평가될 수 있겠지만, 지금도 이명화가 이런 책을 남긴 것이 정말 대견하고 고맙다.

2018년 3월
양평 정관루靜觀樓에서
이성규李成珪 지識

================================ 감사의 글 ================================

사랑하는 아내 이명화가 세상을 떠난 지도 벌써 삼 년이 되었습니다. 삼십여 년의 결혼 생활에도 불구하고 아내의 빈자리를 통해 오히려 아내에 대해 더 많은 것을 알게 되는 것 같습니다. 사업 때문에 장기간 해외에 체류하는 일이 많았던 남편 몫까지 맡으며 두 아이를 키워 낸 엄마로서의 저력, 사 남매의 늦둥이 막내로 태어나 사 남매를 이끄는 맏며느리로서의 소임을 맡게 되며 느꼈던 부담과 책임감, 뒤늦게 공부를 다시 시작하며 한결같은 배움에 대한 열망으로 마지막까지도 책을 손에서 놓지 않았던 의지. 이 모든 것이 긴 투병생활 중에 아내가 보여 주었던 쾌활함, 꿋꿋함과 하나 되어 새삼 여성의 강인함을 느끼게 합니다.

그런 아내가 한 사람의 학자로서 걸어온 길을 이제 이렇게 두 권의 책으로 정리해 세상에 내놓습니다. 기존에 발표했던 여러 논문과 함께, 아쉽게도 끝내 마무리 짓지 못하였던 미완의 원고도 아내를 아끼고 사랑하는 많은 분의 성원으로 잘 갈무리하여 함께 실을 수 있었습니다. 먼저, 학자로서의 기본자세를 잡아 주시고 끝없이 학문의 길에 정진할 수 있도록 격려해 주셨던 이성규 선생님이 아니었다면 이 책은 이 세상에 존재할 수 없었을 것입니다. 아내가 남긴 원고를 어떤 식으로든 세상 빛을 보게 하고 싶었지만, 이성규 선생님의 조언과 도움이 없었더라면 지금과 같은 결과물이 나오지 못하였을 것입니다. 그리고 서두에 글까지 써 주신 점 거듭 감사의 말씀을 올립니다. 선생님의 글 덕분에 아내의 책이 더 빛나게 되었습니다.

12

또한 흩어져 있던 많은 논문을 일일이 수집하고 미완의 원고를 정리해 주신 송진 선생님께도 깊은 감사의 말씀을 올립니다. 너무나도 부담스러 웠을 일을 흔쾌히 맡아 바쁜 중에도 자기 일처럼 최선을 다해 주신 은혜, 결코 잊지 못할 것입니다. 갑작스럽게 세상을 떠나는 바람에 무엇이 최종 본인지 알기 어려운 상황에서 가까이에서 아내의 연구에 관심을 갖고 지 켜봐 온 육정임, 천성림 선생님의 도움은 정말 결정적이었습니다. 이 자리 를 빌려 다시 한 번 깊이 감사드립니다. 아울러 책의 출판을 맡아 주신 일 조각 김시연 대표님 및 관계자 여러분께도 진심으로 감사드립니다. 아내 도 생전에 이미 두 권의 책으로 인연이 있던, 무엇보다도 믿고 의지하던 후배가 운영하는 출판사를 통해 자신의 마지막 원고가 출판된다는 것을 알면 필시 기뻐하고 고마워할 것입니다.

이 유고집을 통해서 아내 이명화를 영원히 간직하고 기념할 수 있게 되 어 아내를 떠나 보낸 아쉬움을 그나마 달랠 수 있을 것 같습니다. 애써 주신 모든 분께 다시 한 번 깊은 감사의 말씀을 올립니다.

가족 대표 정혁진

일러두기

- 본문 중 한자는 한글 병기를 하거나 번역문을 싣는 것을 원칙으로 하였으나, 본서의 특성상 저자가 본문에 인용한 한문 사료는 정리자가 번역하지 않고 원문 그대로 실었다. 인용문과 각주의 한자는 한글 병기를 하지 않았으며, 출토 자료에 포함된 글자 중 한자음을 알 수 없는 경우 해당 글자만을 제시하였다.
- 각주 표기법은 저자가 학술 논문을 작성할 때 사용한 형식을 그대로 따랐다.
- 이 책에 실린 글은 저자가 생전에 학술지에 게재한 논문으로, 그 출처는 아래와 같다.

  제 I 장: 「良渚文化와 神權政治의 成長」, 『梨花史學研究』 제23·24합집, 이화사학연구소, 1997

  제 II 장 제1절: 「吳立國과 靑銅文化」, 『梨花史學研究』 제22집, 1995

  　　　　제2절: 「春秋時代 吳國의 靑銅器文化: 中原文化와의 관계를 중심으로」, 『震檀學報』 84, 1997

  제 III 장: 「春秋時代 吳國의 覇權에 관한 分析」, 『東洋史學研究』 73, 2001

  제 IV 장: 「秦漢의 南方支配와 地域發展―南方의 郡縣化 과정을 중심으로―」, 『梨大史苑』 32, 이화여대 사학회, 1999

  제 V 장: 「趙曄과 『吳越春秋』: 漢代 知識人의 歷史認識」, 『中國古中世史研究』 12, 중국고중세사학회, 2004

- 제 II 장에 첨부된 부론은 저자의 박사학위논문(「春秋戰國時代 吳文化의 起源과 形成」, 이화여대 대학원 박사학위논문, 1997) 중 제4장 제3절의 내용을 정리하여 수록한 것이다.

양저문화와 신권정치의 성장

    중국이 언제 어떻게 문명단계에 진입하게 되었는가 하는 문제와 관련하여,[1] 이리두유지二里頭遺址 발굴자료에 의하면 중원지역은 기원전 1700년경 언사성偃師城을 중심으로 청동기를 사용하는 정치권력이 형성되었음이 밝혀졌다.[2] 중원지역 문명의 초기단계는 왕성강王城崗 및 평량대平糧臺 고성지古城址의 발견으로 기원전 2100년까지 소급될 수 있는 가능성이 열렸다. 한편 중원中原 이외의 산동山東 악석문화岳石文化, 내몽고內蒙古 하가

---

1 이와 관한 국내 연구로는 李成珪, 「中國文明의 起源과 形成 ― 先史文化에서 商·周文明으로 ―」 (『講座 中國史 I ― 古代文明과 帝國의 成立 ―』, 지식산업사, 1989)가 있다.

2 中國社會科學院考古研究所二里頭隊, 「1980年秋河南偃師二里頭遺址發掘簡報」, 『考古』 1983-3; ____, 「河南偃師二里頭二號宮殿址」, 『考古』 1983-3; 中國社會科學院考古研究所河南二隊, 「1984年春偃師尸鄕溝商城宮殿遺址發見簡報」, 『考古』 1985-4 등.

점하층문화夏家店下層文化, 그리고 감숙甘肅 일대의 제가문화齊家文化에서 청동기가 출토되거나 혹은 성지城址가 보고되었다. 더 소급하여 신석기 말기 단계, 예컨대 중원의 하남河南 용산문화龍山文化, 산동 용산문화, 요녕遼寧 홍산문화紅山文化 등에서도 초기 문명적 요소가 나타나고 있다. 따라서 일부 학자들은 고도로 발달한 이들 신석기 말기 문화에서부터 문명의 기원을 소급하여 주장하기도 한다.[3] 즉 이들 신석기 말기 산동 용산문화 묘장 가운데 나타나는 현저한 계급분화,[4] 성자애城子崖에서 발견된 항타夯打 축성의 성단城垣과[5] 성내 인구의 밀집현상,[6] 성자애 용산문화 복골卜骨 등으로 볼 때 이미 초기 문명의 요소를 부분적으로 갖추었음을 확인할 수 있다. 이외에 요하遼河 유역 우하량牛河梁 대형 '여신묘女神廟'에서 추정할 수 있는 상당한 규모의 제사활동은[7] 당시에 각종 신직인원 및 전문

---

3 白雲翔·顧智界, 「中國文明起源硏討會紀要」, 『考古』 1992-6.

4 묘자에서 발굴한 87좌의 용산문화 초·중기 묘는 대묘가 5좌로 5.7%, 다음 단계의 대묘가 11좌로 13%, 수장품이 3건을 넘지 않는 소묘가 17좌로 20%, 아무런 수장품이 없는 묘가 54좌로 62%이다. 陶寺 발굴의 1,300좌 묘를 대중소로 분류하면, 대형 묘가 약 1.3%, 중형 묘가 약 11%로 많은 수장품이 있으나, 87%를 차지하는 소형 묘는 아무런 혹은 소수의 수장품이 있을 뿐이다(昌灘地區文物管理處·諸城縣博物館, 「山東諸城呈子遺址發掘報告」, 『考古學報』 1980-3; 中國社會科學院考古硏究所山西工作隊, 「1978~1980年山西襄汾陶寺墓地發掘簡報」, 『考古』 1983-1).

5 城子崖城은 사각형에 가까우며 동서 455m, 남북 최장 540m, 면적 20만m²이며, 용산문화 초기(B.P. 4565년±130)에 건설되어 용산시대 전 과정을 거쳐 岳石文化時期까지 사용되었을 가능성이 있으며, 오랜 사용기간 중 끊임없는 성장 보수가 이루어졌다(李濟等, 『城子崖』, 中國科學公司印刷, 1934).

6 城子崖 용산성의 풍부한 문화퇴적은 당시 이미 상당한 인구가 밀집되어 있었음을 반영한다. 1930년대 초 발굴과 근년의 감찰, 시굴은 모두 城子崖 용산문화 퇴적이 매우 풍부하며 보편적이어서 공백지대가 거의 없다는 것을 증명한다. 특히 일부 가옥은 城垣에 바짝 붙어 건축되었으며 어떤 것은 城垣 위에 건축되었다. 이러한 현상은 성내 거주가 매우 밀집하였음을 설명한다(張學海, 「城子崖與中國文明」, 『記念城子崖遺址發掘60周年國際學術討論會文集』, 齊魯書社, 1993, p. 19).

7 遼寧省文物考古硏究所, 「遼寧牛河梁紅山文化"女神廟"與積石冢群發掘簡報」, 『文物』 1986-8.

공장工匠 등의 특수계층이 이미 출현하였음을 나타낸다. '여신묘' 주위의 대형 적석총군 가운데 이미 파헤쳐진 적석총 중심대묘는 거대한 돌을 사용한 장방형 묘실, 정방형 석곽으로 이루어져 있으며 규모가 웅대하다. 이러한 대묘의 주인은 사회 일반성원을 능가하는 대권력의 수장으로, 일찍이 5,000년 전 단일 촌락을 넘는 사회조직이 존재하였음을 시사한다. 이외에 하남 용산문화, 감숙 제가문화 등지에서도 아직 적극적인 청동기 사용 단계에 이르지는 못했으나 일부 청동기의 사용을 확인할 수 있어 청동기문화 초기단계에 진입하였음을 알 수 있다. 이처럼 기원전 2500~기원전 3000년 신석기 말기 단계에 중국 각 지역에서 권력의 집중현상, 광범한 사회조직의 형성, 청동기의 초보적 사용 등 초기문명단계에 진입하였음을 확인할 수 있다.

반면 양자강 하류 신석기 말기 양저문화에서는 아직까지 청동기문화는 확인되지 않지만, 이 지역은 일찍이 기원전 5000년경에 이미 도작, 간난식桿欄式 건축의 성숙한 신석기문화가 시작되었음이 확인되었다. 또한 신석기 말기 태호太湖 유역을 중심으로 대규모의 고대토돈高臺土敦과 대량의 옥기를 부장한 묘장이 발견되어, 양저문화 시기에 대규모 노동력을 구사하는 권력이 이미 성장하였을 가능성을 시사한다. 따라서 양자강 하류지역의 양저문화에서도 문명단계 진입의 가능성을 살펴볼 필요가 있다.

한편 앞서 서술한 청동기술을 보유한 주변 지역의 문화가 본격적인 문명단계로 발전하지 못하였을 뿐만 아니라, 청동기문화가 성숙한 상商에 있어서도 청동농공구의 적극적인 사용이 의문시되고 있다. 따라서 중국의 경우 초기문명단계의 진입을 생산공구의 혁신에 의한 생산력의 비약으로 설명하기 어려운 점이 있다. 이에 관해 장광직張光直은 청동무기의 역할을 강조하기도 하며,[8] 한편 청동기의 사용 없이도 문명단계 진입은 가능하지 않았는가 하는 시각도 있다. 그렇다면 청동기에 의한 생산력의 증가라든가 무력의 혁신에 의하지 않고도 문명단계에 진입할 수 있지 않았을까 하는 측면을 생각해 볼 수 있다. 이 장에서는 이러한 문제와 관련하여 기원전 5300~기원전 600년 신석기 말기[9] 태호·항가호太湖·杭嘉湖지구에서 번성한 양저문화를 통해 양자강 하류지역의 초기 문명의 가능성과 그 특성을 검토해 보고자 한다.

1. 양저문화의 자연환경과 경제

1) 양저시기의 자연환경

신석기 말기 양자강 하류지역의 기후는 계속 건조해져 호박소택湖泊沼澤 면적이 줄어들어 수생식물의 꽃가루가 크게 감소하고 건조한 기후에서 생장하는 송백과 국화의 꽃가루 수량이 급증하였으며 부근 산지는 침엽, 활엽, 낙엽의 혼합림으로 덮여 있었다.[10] 즉 이 시기 양자강 삼각주의 대부분 지구는 이미 육지가 되었으며 기후환경이 인류에게 적합하게 되어 양저문화인이 신속히 발전할 수 있는 자연조건이 마련되었다. 즉 수역 면적이 축소하여 과거 인류가 거주할 수 없었던 곳 일부가 고지로 변해

---

8 K. C. Chang, *Early Chinese Civilization: Anthropological Perspective*, Harvard U.P., 1976, p. 56.

9 張忠培, 「良渚文化的年代和其所處社會段階」, 『文物』1995-5, pp. 50-55.

10 王開發, 「根據抱粉分析推論鍾杭地區一萬多年來的氣候變遷」, 『歷史地理』創刊號, 上海人民出版社, 1981.

취락을 건설할 수 있는 공간이 훨씬 넓어졌다.

4,000~5,000년 전 양저문화 시기에는 취락 수량과 분포지역이 크게 확대되었다. 유지의 수가 크게 증가하여 이 시기 인구비는 전에 비해 매우 크게 증가하였으며 공간분포상으로도 양자강 하류지역 대부분에 인류가 활동한 흔적이 나타난다. 양저문화유지 대부분이 이전 시기에 마가빈馬家濱문화인과 숭택崧澤문화인이 거주하지 않던 공백지구에 분포한다. 각 유지는 왕왕 서로 인접한 몇 개의 거주지를 포괄하지만 각 유지의 면적은 비교적 작아 일반적으로 몇 백m^2에 불과하며[11] 유지가 잇달아 이어져 있는 것이 이 시기의 현저한 특색이다.

양저문화 시기에 인류가 거주할 수 있는 지리적인 조건을 갖춘 지역이 확대됨에 따라 양저문화유지는 이전에 비해 급격히 확대되었다. 그러나 앞서 논한 바와 같이 양저문화가 이전 시기의 마가빈, 숭택 문화유지에 연속적으로 발전한 경우는 극히 일부라는 사실에서(마가빈문화와 양저문화가 연이어 있는 경우는 전체의 0.02%, 숭택문화와 양저문화가 연이어 있는 경우는 0.08%) 양저문화유지 대부분이 이전에 주민이 거주하지 않은 공백지대에 세워졌다는 사실을 주목할 필요가 있다. 특히 마가빈문화와 숭택문화 시기 고고유지가 매우 드물게 발견되는 태호평원의 서남부, 즉 지금의 호주湖州, 덕청德淸, 여항餘杭, 항주杭州 등지에 양저문화 시기의 고고유지가 밀집되어 여항 양저 주위, 즉 양저良渚, 안계安溪, 병요瓶窯 일대 약 30km^2 범위 내에서 30여 곳에 달하는 유지가 발굴되었을 뿐만 아니라, 이곳에 존재하는 반산反山, 요산瑤山을 비롯해 대관산大觀山의 대규모 인공 토돈유지

---

11 賀雲翔,「長江三角洲地區史前聚落的考察」,『南京博物院集刊』 8, 1985, pp. 42-45; 黃宜佩, 「關于良渚文化若干問題的認識」,『中國考古學會第1次年會論文集』, 文物出版社, 1980.

는 양저문화의 중심지역이었다.

그렇다면 양저문화 시기 이전까지는 양자강 하류 신석기문화의 중심지역이 태호지역이었는 데 비해, 양저문화 말기에 갑자기 여항을 비롯한 항주, 호주, 덕청 지구에 유적이 밀집한 원인은 어디에 있는가? 항가호지구는 완만한 기복이 있는 구릉으로 되어 있으며, 서쪽의 구릉과 항가호 대지 사이에는 태호에서 호주, 덕청, 여항, 항주를 거쳐 전당강錢塘江으로 들어가는 하나의 대지류가 있었다.[12] 7,000~6,500년 전 해침海侵이 최고 수위에 달하였을 때 호주, 항주의 계곡은 하구가 되어 그 부근 상당한 범위 내에서는 인류가 장기 거주하기 어려웠다는 자연조건과 관련하여, 이 지역에서는 마가빈문화와 숭택문화 시기의 유지가 매우 드물게 발견된다. 이후 천목산의 이사泥砂가 호주, 항주의 하구에 침적되면서 하구만은 바다 쪽으로는 완전히 막혀 담수호소淡水湖沼평원이 되었다. 기원전 2000년에야 항가호 주변의 자연조건은 비로소 인류생존에 적합하게 되었으며, 양저문화인이 번성할 수 있는 터전이 마련되었다.[13]

이상의 내용을 종합해 볼 때, 4,000~5,000년 전 양저문화 시기 취락수의 확대와 거주지 분포의 확산에는 비단 양자강 하류지구 신석기사회의 발전에 따른 인구와 영역의 자연 확대만이 아닌, 양자강 하류지역에 인류가 생존, 활동할 수 있는 공간이 확대되었다는 자연환경적 요인이 중요한 기초가 되었음을 알 수 있다. 여기에서 양자강 하류지역 문화의 발전과 확산에는 지리적 자연환경이 절대적인 요소로 작용한다는 이 지역 고대

---

12 嚴欽尙·黃山,「杭嘉湖平原全新世沈積環境的演變」,『地理學報』1987-1.
13 徐建春·鄭升,「太湖~寧紹平原新石器文化遺址分布與環境變遷的關係」,『東南文化』1990-5, pp. 255-256.

사회 문화발전의 특성을 이해할 수 있다.

2) 양저문화의 경제기초

양자강 하류지역은 토지가 비옥하고 물줄기가 사방으로 퍼져 있으며 기후가 온화하여 일찍이 5,000년 전 하모도河姆渡문화 시기부터 벼 재배가 시작되었다. 양저문화 시기에 이르러 태호지구의 농업은 비약적으로 발전하였던 듯하다. 오흥吳興 전산양錢山漾, 항주杭州 수전반水田畈, 오현吳縣 징호澄湖 등 유지에서 모두 도곡稻穀이 발견되었다. 전산양유지에서는[14] 도곡이 무더기로 쌓여 있었을 뿐만 아니라, 양식으로 쓰였던 것으로 생각되는 식용 종자로 땅콩, 깨, 잠두蠶豆, 맥麥, 복숭아씨, 참외씨를 비롯해 멧대추씨가 발견되었다. 이는 일부 채집에 의한 것도 있었겠지만, 당시 농산물이 다양하였던 듯하다. 이러한 농업 수준을 뒷받침하듯 전산양유지에서는 113건의 다량의 석도石刀와 함께 석분石錛, 석부石斧, 석리石犁 등 농구가 발견되었으며, 이외에 쌍익호인雙翼弧刃의 운전기耘田器, 목제의 천부千簩와 같은 새로운 농구가 출토되었다. 운전기는 수도水稻의 중경中耕, 제초除草에 쓰이는 농구로 양저문화유지에서 비교적 많이 출토되어, 양저문화에서는 수도를 재배하는 데 전간관리田間管理가 이루어졌음을 알 수 있다. 천부는 비료를 쌓는 공구인데, 천부를 사용하여 하천 진흙에 풀을 섞은 뒤 얼마간의 시간이 지나서 자연 발효하게 되면 발효한 진흙과 풀의 혼합물을 논밭에 부어 비료로 사용하였다. 천부의 출토로 말미암아 양저인들은 이미 시비施肥와 인조비료 제조기술을 습득하였음을 알 수 있다.[15] 이

---

14 浙江省文物管理委員會, 「吳興錢山漾遺址第一, 二次發掘報告」, 『考古學報』 1960-2.
15 양저 千簩는 오늘날 천부의 형태와 같으며, 아직까지 항가호지역 농민들에서 보편적으로

와 같은 운전기를 사용한 전간관리와 천부로 만든 시비에 의해 양저시기 농업 생산량은 전대에 비해 크게 증가하였으리라 짐작할 수 있다.

이외에 양저문화 유지에서는 석리가 보편적으로 출토되며, 유병석도有柄石刀, 반월형쌍공석도半月形雙孔石刀, 석겸石鎌 등과 같은 진보된 농업기술을 반영하는 새로운 농구들이 출현하였다. 또한 오현吳縣 징호澄湖, 곤산昆山 태사전太史澱, 가흥嘉興 작막교雀幕橋 등의 유지에서 많은 우물이 발견되었는데, 징호유지에서는 150여 곳이나 발견되었다.[16] 우물은 기후가 건조하여 호박湖泊의 수량이 감소한 자연환경의 변화에 적응하고자 하는 양저인들의 노력의 결과이다. 이와 같은 우물 파는 기술은 당시인들이 오랫동안 한곳에 정주하여 사회발전을 이루는 데 큰 역할을 했으며, 나아가 이러한 우물을 이용해 인공관개가 가능하였으리라 짐작할 수 있다.

이와 같은 양저사회의 높은 생산력은 증가된 인구를 부양하는 기초가 되었으며 나아가 잉여생산은 사회적으로 비생산인구를 부양하는 것을 가능하게 하였으리라고 생각한다. 이러한 당시 상황을 반영하듯 전산양 유지에서는 농업 생산품과 농구 외에 적지 않은 사마직품絲蔴織品이 발견되었다. 마포 잔편과 가는 마로 짠 줄을 비롯해 잠사직의 견편과 실이 발견되었다. 절강성 방직과학연구소의 감정에 의하면, 가잠사직물家蠶絲織物로서 견편의 밀도는 인치당 120올이며, 1올은 10줄로 짜여 있으며, 1줄은 3가닥으로 되어, 실 1올은 30가닥으로 짜여 있다고 한다.[17] 양저인들이 이미 상당한 수준의 방직기술과 양잠 경험을 갖추고 있었음을 알 수 있

사용되고 있다.

16 南京博物院·吳縣文管會, 「江蘇吳縣澄湖古井群의 發掘」, 『文物資料叢刊』 9, 文物出版社, 1985.

17 浙江省文物管理委員會, 「吳興錢山漾遺址第一, 二次發掘報告」 附錄 2, 『考古學報』 1960-2.

다. 이외에 전산양유지에서 출토되는 죽편직기竹編織機가 200여 건에 이른다. 용도상으로 물고기를 잡는 용구, 깔개를 비롯해 농업이나 일상생활상에 필요한 대그릇, 바구니, 조리, 키 등 다양하게 제작되었다. 편직문양도 다채로울 뿐만 아니라, 복잡한 편직무늬 방식은 당시 상당한 편직기술 수준이 아니었으면 이와 같이 짤 수 없었으리라 평가된다. 이러한 당시 편직기술 수준으로 볼 때 전문 편직작방이 있지 않았을까 추측케 한다.

태호지구 도기는 이미 숭택문화기에 상당한 수준에 도달하여 다양한 유형과 문양의 도기가 제작되었으며 제작은 대부분 윤제輪制에 의한다. 이 가운데 양저문화 도기의 새로운 성취는 바로 오현 초혜산草鞋山에서[18] 출토된 대개흑피도관이호帶盖黑皮陶貫耳壺와 같은 표면이 얇고 빛나는 흑도에 있다. 이러한 표면이 고르며 얇고 빛나는 흑도는 양저문화 도기의 정품으로 용산문화 흑도와 유사한 수준을 나타낸다. 양저문화 흑도는 가정 수공업에 의해 만들어진 제품이라고 보기 어려우며 독립된 전문 도공에 의해 제작된 수공업 제품이라는 것이 마땅하다. 이러한 분업화 현상은 옥기 제작에서 더 이상 의심할 바 없게 된다. 옥기는 양저문화의 특징으로, 옥제품이 매우 다양하며 조형이 매우 섬세하다. 옥벽玉璧, 옥종玉琮, 옥월玉鉞, 추형기錐形器를 비롯해 다양한 옥식玉飾이 있으며, 옥기상에 장식된 신인수면문神人獸面紋의 정교함은 전문 옥공기술에 의하지 않고는 도저히 불가능하다. 이와 같은 양저 옥기의 고도의 공예기술로 미루어 볼 때 양저문화 사회에는 이미 농업생산에서 분리된 계층이 존재하였을 가능성이 크다.[19]

---

18 南京博物院, 「江蘇吳縣草鞋山遺址」, 『文物資料叢刊』 3, 文物出版社, 1980.
19 李文明, 「關于良渚文化的兩個問題」, 『考古』 1986-11, pp. 1005-1007.

양저문화기에 건조해진 기후조건은 양자강 하류지역에 인간이 거주할 수 있는 공간을 확대시켰으며 비옥한 토지와 사방에 분포한 물길은 양호한 농업조건을 제공하였다. 이와 더불어 양저시기에 이루어진 전간관리라든가 시비, 나아가 인공관개 등에 의해 당시 농업생산의 혁신을 가져왔으리라 짐작된다. 양저문화의 높은 수준의 수공예품은 이러한 농업의 잉여생산에 의해 가능하였던 것으로 이해할 수 있다. 나아가 양저문화 사회에서 이와 같이 고도의 수공기술을 필요로 하는 마광흑도나 섬세한 옥기는 일상적인 용도로 제작되었다고는 생각되지 않는다. 그렇다면 이들 공예품은 누구를 위해 또 무엇을 위해 제작되었을까. 이러한 문제를 이해하기 위해 양저사회의 구성과 특성에 관해 살펴볼 필요가 있다.

2. 양저문화의 확산과 집중

1) 양저문화의 확산

앞에서 서술한 바와 같이 양자강 하류지역은 신석기 말기 양저문화 단계에 이르러 주변지역으로의 확산이 두드러진다. 양자강 하류지역 신석기문화는 양자강을 경계로 남부 태호지구에서는 마가빈문화 — 숭택문화 — 양저문화가 이어지고 있으며, 그 서북부 영진지구寧鎭地區에서는[20] 태호지구와 계통을 달리하는 신석기 북음양영北陰陽營문화가 발전하였다. 양자강을 경계로 그 이북의 강회지역은 오히려 황하문명과 밀접한 교류를

---

20 寧鎭地區는 오늘날 남경을 중심으로 鎭江, 江寧 등 지역을 포함한다.

갖고 대문구大汶口문화 — 용산문화가 발전하였다. 이와 같이 양자강 하류 지역은 신석기 초기부터 각각 계통을 달리하는 몇 개의 지역문화가 상호 영향을 주고 받으면서 각기 독자적으로 계승 발전하였다.

이 가운데 영진지구는 지리적으로 양자강의 폭이 넓어지기 시작하는 나팔형의 입구에 위치하여 고대 양자강 하류의 중요한 도하지였을 가능성이 있다. 만약 그렇다면 영진지구는 신석기시대 여러 문화의 교차지대로 고대 남북문화가 만나는 지역이었을 것으로 추측할 수 있다. 실제로 영진지구 신석기문화 가운데 동쪽지역은 태호지구 마가빈, 양저 문화와 밀접하며, 서쪽지역은 영완寧睆지구의 설가강薛家崗유지 문화와 근접하고 있다. 동시에 북쪽으로부터 대문구문화 — 용산문화에서 영향을 받은 흔적이 있다. 예를 들어 북음양영 2호 회갱灰抗에서 대문구문화 말기 유지 가운데 자주 보이는 왜당비대족矮襠肥袋足의 세경규細頸鬹가 출토되는가 하면,[21] 영진 2, 3기 북음양영유지에서 자주 보이는 직파관족규直把寬足鬹는 대문구문화의 대돈자大墩子유지에서 1건 발굴되었다. 이와 같이 일찍이 신석기시대 양자강을 사이로 영진지구와 강회지구 간에는 남북문화 교류가 이루어졌다.

신석기 말기 양저문화 단계에 이르러 전체 영진지구 문화 면모는 양저 문화의 강력한 영향하에 신속히 융합하는 추세를 나타낸다.[22] 뿐만 아니라 양저문화의 특징적 기물인 관이호貫耳壺라든지 관파배寬把杯가 대문구문화 가운데 화청花廳, 대돈자大墩子, 야점野店 등의 유지와 태기泰沂산맥 북

---

21 蔣贊初,「關于秦淮河流域古代文化的1次問題」,『中國考古學會第1次論文集』, 文物出版社, 1979, pp. 133-135.
22 劉建國,「淺論寧鎭地區古代文化的幾個問題」,『考古』 1986-8, p. 17.

측의 삼리하三里河와 장구시章丘市에서도 발견되었다.[23] 이렇게 볼 때 양저 문화는 양자강 건너 소북蘇北에서 북상하여 노남魯南에까지 영향을 미쳤으며 태기산맥 북측과 교동膠東반도지구에서까지 발전하였다는 사실을 확인할 수 있다.[24] 이때 영진지구는 양자강 하류와 황하 하류 양 지역의 신석기문화가 교류하는 통로 역할을 하였을 가능성이 있다.

사실 양자강을 넘나드는 태호지구 양자강문화와 강회지구 황하문화의 교류는 신석기 이래 줄곧 이어져 왔다. 그러나 양 문화지역 간의 교류는 종합해 볼 때 숭택문화기에는 북방으로부터의 영향이 비교적 컸던 반면, 양저문화 가운데 대문구문화로부터 수입된 것이 분명한 규鬶, 배호背壺, 화盉 등이 있음에도 불구하고 대문구문화에 대한 양저문화의 영향력이 더 우세하였다.[25]

이 가운데 양저문화와 대문구문화의 교류가 일상적 교류의 차원을 넘는 것임을 나타내는 도상이 양 지역에서 각기 등장한다. 미국의 프리어미술관이 소장한 단통短筒옥기의 외벽에 새겨진 부호는 산동 거현莒縣 능양하陵陽河와 대주촌大朱村에서 출토된 부호와 같으며, 이 옥기의 쌍익상雙翼狀 도상은 양저 도제형기倒梯形器(冠狀器)의 형태와 유사하여 양저문화의 특징을 구비하고 있으며 또한 그 형태는 하모도문화의 접형기蝶形器에까지

---

23 欒豊實, 「論大汶口文化與崧澤·良渚文化的關係」, 中國考古學會第9次年會發表論文, 1993, p. 9(未刊行).

24 앞 글, p. 14.

25 欒豊實, 「論大汶口文化與崧澤·良渚文化的關係」, pp. 10-15. 양저문화와 황하 유역의 대문구, 용산 문화의 관계에 대한 연구는 이외에 吳汝祚, 「論良渚文化與大汶口·龍山文化的關係」, 『東南文化』 1989-6; 吳詩池, 「試論良渚文化與山東龍山文化的關係」, 『東南文化』 1989-6; 杜金鵬, 「關于大汶口文化與良渚文化的幾個問題」, 『考古』 1992-10; 任式楠, 「長江黃河中河流新石器文化的交流」, 『慶祝蘇秉琦考古五十五年論文集』, 文物出版社, 1989 등이 있다.

소급이 가능하여, 양 문화 간 교류와 전파를 엿볼 수 있다. 이와 같은 동일한 도상기호가 양 문화에서 등장하는 배경에는 양 문화인들 간의 전쟁에 의한 획득, 혹은 양 부족 간의 혼인 시 신부가 가지고 간 기물, 혹은 양 부족 간의 우의에 대한 예물교환일 가능성 등을 생각해 볼 수 있는데,[26] 그 어느 것이건 양 지역인들의 밀접한 교류를 나타내는 것임에는 틀림이 없다.

특히 대문구문화 지역에 속하는 강소 북부 신기新沂 화청花廳유지 북구 22좌의 묘장에서 발굴한 220여 건의 도기는 양저문화와 대문구문화 중후기의 양 문화요소를 갖추고 있으며, 이 가운데 양저문화 요소가 차지하는 비중은 가히 놀랄 만한 정도이다.[27] 화청묘장 기물 가운데 옥질, 기형, 문양이 모두 태호지구 양저문화 옥기와 일치하는 옥기의 출토가 주목된다.[28] 이 가운데 주목되는 것은 신인수면의 '신휘神徽'가 출현한다는 사실이다.[29] '족휘族徽'나 '토템'은 신앙 숭배의 대상 혹은 상징으로 문화 교류나 전파를 통해 다른 종족에 의해 모방될 수 있는 것이 아니다. 그렇다면 화청유지에서 '신휘'가 장식된 옥기와 대량의 양저문화 기물이 출현하는

---

26 林巳奈夫, 「良渚文化和大汶口文化中的圖像記號」, 『東南文化』 1991-3·4, pp. 157-162.

27 M18 출토 灰陶寬鋬杯는 武進 寺墩과 상해 福泉山 양저문화 유지 가운데 같은 기물이 있으며, M18, 19에서 출토된 貫耳壺 역시 사돈, 복천산에서 보인다. 수량이 비교적 많은 瓦足鼎, 喇叭形瓦楞紋圈足豆, 橫貫耳高頸罐 등은 태호지구 양저문화 유지에서 모두 보이는 동류기이다. 이와 동시에 M21 출토 底形罐 및 수량이 비교적 많은 背壺, 管狀流盉, 深腹罐, 扁三角鑿形足折腹鼎 등은 전형적인 대문구문화 중후기 유물이나, 도색이 회흑색을 나타내 魯南地區와는 차이가 있다.

28 예를 들어 화청묘장의 簡化된 帶冠人面紋 장식의 琮形錐狀器는 일찍이 福泉山에서 발굴된 것과 같은 유의 기물이며, 鐲式琮에 장식된 簡化帶冠人面과 수면문 조합은 양저문화의 사돈, 복천산, 반산 유지에서 출토된 옥종과 일치한다(浙江省文物考古研究所反山考古隊, 「浙江餘杭反山良渚墓地發掘簡報」, 『文物』 1988-1).

29 南京博物院, 「1987年江蘇新沂花廳遺址的發掘」, 『文物』 1990-2, pp. 24-25.

현상은 양저문화와 대문구문화의 교류가 일상적인 교류의 차원을 넘어서는 것임을 말하는 것이 아니겠는가. 즉 양저문화 집단이 이 지역, 즉 양자강 너머에까지 직접 진출하였을 가능성을 말한다.[30] 만약 그렇다면 복천산福泉山에서 출토된 대문구문화의 완전한 채도배호彩陶背壺를 양저문화 집단의 전리품으로 추정하는 것도 지나친 추측은 아닌 것 같다.[31]

그 밖에도 양저문화 옥기는 양저문화권 외에서 발견되어 안휘 잠산潛山 설가강薛家崗,[32] 광동 전강典江 석협石峽[33] 및 화북의 산서 양분襄汾 도사陶寺,[34] 하북 당산唐山 대성산大城山[35] 등지의 용산문화 유지에서도 소량 나타난다. 양저문화는 지역적으로 서로는 북음양영 유지, 동으로는 상해 마교馬橋 유지, 남으로는 항주만 일대, 북으로는 양자강을 넘어 소북蘇北 해안海安의 청돈靑墩유지에까지 이르며,[36] 1993년 남경박물원의 조사결과에 의하면 양저문화의 분포가 회하 남안에까지 미쳤음을 확인할 수 있다.[37] 물

---

30 嚴文明은 화청북구묘장은 양저문화의 "타향에서 전사한 영웅"의 묘지라고까지 하였다(嚴文明, 「碰撞與征服 — 花廳墓地埋葬情況的思考」, 『文物天地』 1990 - 6).

31 上海市文物保管委員會, 「上海福泉山良渚文化墓葬」, 『文物』 1984-2.

32 옥산을 비롯해 옥환, 옥관, 옥종, 옥식 등이 출토된다. 이 가운데 옥종은 양저문화의 옥종과 형태가 유사하나 크기가 매우 작으며 조잡하다(安徽省文物工作隊, 「潛山薛家崗新石器時代遺址」, 『考古學報』 1982-3).

33 내원외방의 옥종을 비롯하여 옥벽, 옥환 등 옥장식이 다량 발굴되었다. 有肩石鉞의 형태 역시 양저문화 옥, 석월의 형태와 매우 유사하다(廣東省博物館等, 「廣東曲江石峽墓葬發掘簡報」, 『文物』 1978-7).

34 中國社會科學院考古研究所山西工作隊等, 「1978-1980年山西襄汾陶寺墓地發掘簡報」, 『考古』 1983-1.

35 옥규, 주상체, 옥산과 더불어 옥종이 발굴되었으나 이미 부서진 상태였으며, 표면은 광택이 나며 직선각문이 있다(河北省文物管理委員會, 「河北唐山大城山遺址發掘報告」, 『考古學報』 1959-3).

36 黃宣佩, 「關于良渚文化若干問題的認識」, 『中國考古學會第1次年會論文集』, 文物出版社, 1979, p. 126.

37 張敏等, 「高郵龍虯莊遺址發掘獲得重大成果」, 『中國文物報』 1993. 9. 5.

론 양저문화 옥기가 출토하는 지역 모두를 양저문화권으로 포함시킬 수는 없다. 다만 이와 같이 주변지역에 대해 문화적으로 강력한 확산력을 가질 수 있었던 양저문화가 어떠한 사회 단계에 있었는가 하는 문제에 관해서는 살펴볼 필요가 있다.

2) 인공퇴축유지와 권력 중심지의 형성

위장圍墻의 존재가 반드시 성시城市와 조기 문명사회의 발전을 의미하지는 않는다[38] 할지라도, 문명단계 진입의 표지 가운데 하나인 성시의 출현은 대부분의 경우에 성장城墻의 존재에 의해 확인된다. 성은 정치, 군사, 종교의 거점으로 막대한 노동력의 집중을 필요로 한다. 성의 존재는 어떠한 형태의 지배의 산물이며 권력의 존재를 표상한다. 따라서 이와 같은 중심지를 수반한 권력의 등장은 문명단계의 표시이며 국가단계의 지배질서를 의미한다. 그리고 성장의 존재는 그 사회가 문명단계에 진입하였는가 하는 문제를 이해하는 표식 가운데 하나가 된다. 그러나 성의 존재형태와 관련해서는 자연 지리적 환경에 따라 성장이 없는 경우도 있을 수 있다. 요컨대 문명의 요소로 성시가 의미하는 바는 문명의 중심지가 존재하느냐에 있다. 양자강 하류지역에서 성장을 갖춘 성지城址의 존재가 밝혀진 것은 춘추 말기 엄성淹城유지뿐으로, 그 이전 단계의 성지는 아직까지 확인되지 않고 있다. 그러나 문헌과 문물 자료상으로 볼 때 이 지역에는 이미 서주西周 초 오국이 성립하여 국가단계에 진입했음이 확인된 이

---

38 陳淳은 墻은 방어설비로 자연환경에 따라 그 형태는 달라질 수 있으며, 성지의 여부는 유존이 반영하는 사회계층의 분화 발전과 관련하여 결정된다고 한다(「聚落·居址與圍墻·城址」, 『文物』 1997-8, p. 46).

상, 엄성유지 이전에도 권력의 중심지로서의 성은 존재하였음이 확실하다. 그렇다면 양자강 하류지역의 경우 자연 지리 환경상 주거형태, 나아가 성의 형태가 단지 성장을 갖춘 일반적인 북방지역 성과 같지 않았을 가능성이 있다.

따라서 강소江蘇 무진武進 엄성유지는 시대가 훨씬 후대인 춘추 말기의 성지이기는 하지만 지금까지 발견된 오吳지역 성지의 가장 이른 유지이므로 이에 대한 검토를 통해 오吳지역에 이전에 존재하였을 성지의 특성을 조금이나마 유추해 볼 수 있지 않을까 한다(그림 I-1). 엄성유지는 삼중의 성장과 해자가 있고,[39] 북방의 고성과 비교하면 해자가 깊고 폭이 넓으며 수문이 없다는 특징이 있다. 즉 엄성을 둘러싼 넓은 폭의 하도는 북방지역 성장이 갖는 방어적 기능을 하기에 충분하였을 것이다. 이러한 하도에 의해 둘러싸인 엄성은 '수향水鄕'이라는 자연적 지리환경에 적합한 성의 형태였으리라 짐작된다.

양저문화 가운데는 성장을 갖춘 성지에 관한 보고는 없다. 그러나 1987년에 보고된 절강 양저, 장명長命, 안계安溪, 병요瓶窯 지역의 대형유지 군臺型遺址群과 밀집한 취락은 양저사회의 중심지에 관한 정보를 제공한다.[40] 이 가운데 대관산 과원중심지果園中心址는 동서 670m, 남북 450m의 직사각형의 토대로 전체 면적 30만m² 이상, 높이 5~8m의 토대가 인

---

39 外城河의 폭은 45m, 깊이는 10m이며, 內城河의 폭은 40m, 깊이는 8m이며, 子城河의 폭은 30m, 깊이는 5m이며, 또 하나의 하도가 삼도성하와 외성문, 내성문과 수문을 연결하며, 이곳에서 발견된 獨木船은 성내외로 나아가는 데 쓰였던 듯하다(倪振逵,「淹城出土的銅器」,『文物』1959-4; 趙玉泉,「武進縣淹城遺址出土春秋文物」,『東南文化』1989-4·5).

40 餘杭大觀山果園을 중심으로 한 양저문화유지군에 관해 費國平의 자세한 보고가 있다(費國平,「餘杭大觀山果園及反山周圍良渚文化遺址調査」,『南方文物』, 1995-2;「浙江餘杭良渚文化遺址群考察報告」,『東南文化』1995-2).

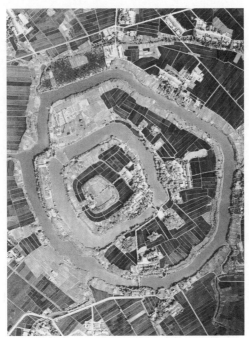

그림 I-1. 엄성淹城 조감도(강소江蘇 상주常州)

공적으로 조성되었음이 밝혀졌다. 이 가운데 대막각산大莫角山 서남에서
1,400m²에 이르는 넓은 면적의 양저문화 항토층夯土層이 발견되었다.[41]
한 층은 이토를 깔고 한 층은 모래를 뿌려 촘촘히 다지는 것을 반복하여
9~13층을 형성하였으며 가장 두꺼운 것은 50cm 정도에 이른다. 진흙층
은 습도와 점성을 높이기 위한 토층이며 그 층면은 매우 견고하다. 이러
한 항토 면에 빽빽하게 두드린 항토층은 양저문화에서는 물론이고 이 시
기 용산문화 가운데서도 기술이 가장 좋은 항토층으로, 이리두二里頭문화

---

41 楊南·趙曄,「餘杭莫角山淸理大型建築基址」,『中國文物報』1993. 10. 10.

의 항토와 별차가 없다고 평가된다.[42]

이처럼 공을 들인 항축夯築은 대형 건축의 기지基址를 위한 것으로 추측할 수 있으며, 이를 뒷받침하는 듯한 발견이 있다. 기지 위에서 남에서 북으로 3열로 배열해 있는 대형주동유지大型柱洞遺址가 발견되었다.[43] 주동유지 내에는 원형이나 타원형에 가까운 옅은 회색의 유적이 있는데, 이는 나무기둥의 재가 아니었을까. 하지만 주초석의 흔적은 보이지 않는다. 이러한 항토유지는 이 부근에도 분포하여 총면적은 적어도 3만m²에 달하며 이는 대형 건축군의 기지로 생각된다. 이와 관련하여 1987년 유지의 동남지역에서 대량으로 발견된 홍소토괴유적紅燒土塊遺迹은 바로 이러한 대규모 항축기지 및 대형주동유적과 관련이 있어 보인다.[44] 이러한 대량의 토괴는 가옥 건축의 중요한 재료이다. 고고발굴에 의하면 토괴는 용산시기에 발명된 것이다. 용산문화 외에 양저문화의 복천산, 조릉산趙陵山 유지 등에서도 발견되나 수량이 매우 적으며, 막각산莫角山유지에서 발견된 토괴의 수량은 양저문화 제諸 유지 토괴의 전체 양을 넘는 것으로 그 건축규모의 거대함과 기술의 선진성을 짐작할 수 있다. 따라서 막각산의 장방토대 위에 대형 건축물이 있었다고 추측하는 것도 무리가 아니다.[45] 그렇다면 비록 그 건축물의 구체적인 형태는 알 수 없으나 이는 궁전일 가능성이 있지 않을까.

---

42 嚴文明,『良渚隨筆』,『文物』1996-3, pp. 32-33.
43 구덩이의 각각 列 간의 거리는 1.5m 정도이며, 구덩이의 직경은 0.44~1.35m, 깊이는 0.21~0.72m에 달한다.
44 동쪽에서 서쪽으로 6곳의 대형 홍소토괴 항축유지는 鍋底形으로 대개 직경 20여m이며 저부 홍소토괴의 퇴적이 1.8m에 달한다.
45 토괴로 항축한 토층에서는 어떠한 시대적 유물도 발견되지 않는 점이 특기할 만하다.

또 하나 양저, 장명, 안계, 병요 지역의 대형유지군에서 주목되는 점은 앞서 서술한 거대한 인공건축 유지를 중심으로 반산反山, 요산瑤山, 회관산 滙觀山 등 대형유지와 제단이 주위에 분포해 있다는 점이다. 반산유지는 막각산 중심지에서 서북으로 200m도 채 되지 않는 곳에 있으며, 총면적 2,700m² 이상을 인공으로 쌓아 만든 높은 토돈으로, 토돈 정상에서 생토 층까지의 6~7m 높이의 토층 전부를 인공으로 운반해서 쌓았다.[46] 막각 산에서 동북으로 약 4km에는 3중 제단형식의 요산제단유지가 있다. 그 리고 막각산에서 서북으로 2.5km 떨어진 위치에 총면적이 거의 1,600m² 에 달하는 제단형식의 회관산유지가 있다. 회관산유지는 제단의 동부에 3개의 제사갱祭祀坑이 있으며 서남부에 제단을 부수고 만든 4좌의 대묘 가 분포해 있다.[47]

이외에도 막각산유지를 중심으로 주위에는 인공으로 쌓은 토곽과 취락 유지군을 비롯해 소묘지가 많이 분포해 있다. 막각산유지 서남 200m에 위치한 상수두桑樹頭유지에서는 1971년 순장의 증거와 2건의 대옥벽大玉 璧이 발견되었으며, 동남 500m 종가촌鐘家村에서는 근년에 대옥벽이 발견 되어 일종의 귀족 묘장일 가능성이 있으며, 동북으로 500m 거리에 위치 한 마금구馬金口에서도 많은 홍소토와 길이 7m, 너비 40cm의 목주木柱 또는 횡량橫梁으로 보이는 것이 발견되어 이 역시 중요한 건축 유지로 추 정된다.

이와 같은 대규모의 인공퇴축은 양저지역 밖 사돈寺墩, 복천산, 장릉산

---

46 浙江省文物考古研究所反山考古隊,「浙江餘杭反山良渚墓地發掘簡報」,『文物』1988-1(이하 「反山遺址」라 略稱); 王明達,「反山良渚文化墓地初論」,『文物』1989-12, pp. 48-50.

47 劉斌·王雲路,「餘杭滙觀山遺址發現祭壇和大墓」,『中國文物報』1991. 8. 4(이하「滙觀山遺 址」라 略稱).

張陵山, 조릉산,[48] 명산후名山后,[49] 해녕海寧 등지에서도 보고되고 있다. 복천산 제단은 인공으로 쌓은 4만여m²의 대토돈으로 이루어져 있으며, 사돈 유지의 인공토돈은 지면에서 20m 높이, 동서 100m, 남북 80m의 다원형 토돈이며, 토돈 아래 유지는 6만m² 면적에 달한다.[50] 이외에 소경산小卿山 및 현재 오현 행정구획 내의 장릉산과 초혜산 등지에서도 막대한 양의 옥기를 수장한 인공퇴축 토돈묘가 존재한다. 앞서 열거한 이러한 인공퇴축 토돈의 엄청난 규모는, 신석기시대의 저급한 생산공구와 낮은 인구밀도상에서 이루어졌다는 사실을 고려할 때 선사시대의 생산력과 사회에 관한 일반적인 인식을 뛰어넘는다. 이러한 대규모의 인공퇴축유지는 마땅히 당시에 부족 차원을 넘는 대규모 노동력을 구사하는 권력이 존재하였음을 시사하며, 이러한 권력층은 부족 일반 성원을 능가하는 특수한 계층 혹은 집단 성원이었음에 틀림없다. 여하튼 양저문화에 존재하는 인공퇴축유지는 당시 정치권력과 모종의 밀접한 관계에 의해 건축되었음에는 틀림없다.

최근 보고되고 있는 신석기 말기 유지 가운데 성지나 토성보土城堡취락이 군체를 이루어 분포하는 형태는, 양저문화의 '인공퇴축유지군'과 형식은 비록 다르지만, 권력중심지의 형성과 권력의 통합을 시사한다는 점에서 양저문화의 고대高臺토총의 기능을 이해하는 데 도움이 되는 듯하다. 내몽고지역에서는 하가점하층에서[51] 하곡河谷지대에 밀집 분포하며 거의

---

48 錢鋒,「趙陵山遺址發掘獲重大成果」,『中國文物報』1992. 8. 2(이하「趙陵山遺址」이라 略稱).
49 王海明,「奉化名山后發現五千年前的人工土臺」,『中國文物報』1992. 1. 26.
50 南京博物院,「1982年江蘇武進寺墩遺址的發掘」,『考古』1984-2, p. 109(이하「寺墩遺址」라 略稱).
51 李經漢,「試論夏家店下層文化的分期和類型」,『中國考古學會第1次年會論文集』, 1979, p. 165.

모든 방어설비를 갖춘 큰 토성보취락 하나와 작은 토성보취락 몇 개가 유기적 군체를 구성하고 있는 유지가 발견되었다. 특히 적봉赤峰 영금하안英金河岸 강구崗丘 위에 동서로 배열된 소성보대는 전국진한장성戰國秦漢長城과 거의 평행을 이루어 '원시장성原始長城'이라고도 한다. 이와 같이 크고 작은 성보가 무리를 이루어 촌마다 방어시설이 존재하는 체계는 모종의 사회구조를 의미하는 듯하다. 즉 이들 성보군보다 한층 높은 급의 취락이 발견될 가능성이 있다면, 문헌에 보이는 서주 이전의 연산燕山 이북에서 성장한 '고국古國'이 발견될 가능성이 기대된다.[52] 기원전 2000년경 감숙 일대의 제가문화에서 청동기가 발견되었으나[53] 성보는 아직 발견되지 않았다. 그러나 12만㎡에 달하는 황랑낭대皇娘娘臺유지, 300여 좌 이상의 유만柳灣유지의 묘장은 당시 대규모 취락이 발전하였음을 시사한다.[54] 특히 용산시기의 각 고고문화 가운데 성지가 여러 차례 발견되어, 작은 경우는 몇 만㎡에서 비교적 큰 것은 10여만에서 20여 만㎡에 이른다. 산동 요성聊城지구에서는 35만㎡의 경양강대형대지景陽崗大型臺地와 33만㎡의 교장포룡산성敎場鋪龍山城을 중심으로 주위에 3만~6만㎡의 성지군이 분포하는 것이 발견되었다.[55] 이것은 대성이 몇 개의 소성을 지배하는 형

---

52 蘇秉琦, 「遼西古文化古城古國-兼談當前田野考古工作的重點或大課題」, 『文物』 1986-8, p. 43.

53 「中國早期銅器的初步研究」, 『考古學報』 1981-3. 제가문화는 紅銅단계를 거치며 單範에서 合範 주조기술까지 확인되어 청동주조의 독자적 발생과 발전 가능성이 높다(張忠培, 「齊家文化研究」 上·下, 『考古學報』 1987-1·2).

54 中國社會科學院考古研究所 編, 『新中國的考古發現和研究』, 文物出版社, 1984; 李成珪, 「中國文明의 起源과 形成」, pp. 44-45.

55 景陽崗城址 내에는 대소의 두 좌의 臺地가 있으며, 대지의 범위는 약 10만㎡이나 대지는 한 번에 형성된 것이 아니라 용산문화기 이후까지 계속 확대되면서 형성된 것이다. 경양강 대형대지를 중심으로 8座의 용산문화 성지가 조를 이루어 분포하여, 경양강용산성 동북 10km에 王庄龍山城이 있으며 서남 8km에 6만㎡ 면적의 皇姑龍山城이 있다. 北組의 5조

세로, 일정한 범위를 통합한 정치권력의 형성을 추측케 한다.

이러한 시각에서 볼 때, 양저유지군 내 옥을 부장한 대묘나 인공퇴축유지는 모두 막각산을 중심으로 둘러싸고 있어 이는 마치 용산문화의 중심 성지와 주변의 성지군과 같은 유기적인 관계에 있는 것처럼 볼 수 있지 않은가. 또한 막각산의 토대 면적이 이미 이와 같은 용산성 대지의 규모를 넘는 것을 볼 때 막각산유지 역시 양저문화 성지의 중심대지가 아닐까.[56] 비록 막각산유지에서는 성장과 같은 방어시설은 발견되지 않았으나 주위의 호구壕溝가 이러한 방어기능을 하였으리라 짐작할 수 있다. 만약 그렇다면 양저사회 성지의 전형으로 중원지역 성지와 같은 성장에 의해 둘러싸인 형식만을 생각할 필요는 없다. 성은 일반 취락에서 발전한 형식이라는 점에서 양저사회의 취락구조를 통해 양저사회의 성지에 관한 일단의 정보를 얻을 수 있지 않을까 생각한다.

양저사회 성지를 증명할 만한 양저문화 취락의 분포나 구조에 관한 상세한 연구는 없다. 그러나 양저 취락은 보편적으로 토돈 위에 분포하며 절강 소흥 전산양錢山漾[57]과 항주 수전판水田畈[58]과 같이 물가의 낮은 지대에 위치하거나 물줄기가 밀포한 전야田野에 있는 경우도 있다. 토돈유지의 경우는 원래 지세가 비교적 높으며 다른 시기 지층 위에 중첩되어 있

는 敎場鋪龍山城을 중심으로 하며, 敎場鋪龍山城 동북 3km에 大尉龍山城이 있으며, 북편 동 6km에 3만여m²의 樂平鋪龍山城이 있으며, 북으로 19km에 4만m²의 尙庄龍山城이 있으며, 동남으로 4km에 38,000m²의 東阿王集龍山城이 분포한다(山東省考古所 聊城地區文研室,「魯西發現兩組八座龍山文化城址」,『中國文物報』1995. 1. 22).

56 嚴文明,「良渚隨筆」, pp. 33-34.
57 浙江省文物管理委員會,「吳興錢山漾遺址第一, 二次發掘報告」,『考古學報』1960-2; 汪濟英·牟永抗,「關于吳興錢山漾遺址的發掘」,『考古』1980-4.
58 浙江省文物管理委員會,「杭州水田畈遺址發掘報告」,『考古學報』1960-2.

는 것으로 보아 고도를 더 높이기 위해 인공으로 쌓아 올렸음을 알 수 있다. 절강의 양저, 안계, 장명, 병요의 4향진의 50km² 범위 내에서 대부분 양저문화에 속하는 고유지古遺址가 40~50곳 발견되었다. 양저유지는 비교적 분산적으로 발견되어 취락의 면모가 분명치 않으나, 유지는 흔히 서로 이웃한 몇몇 거주 유지를 포괄하기도 하지만 각 유지의 면적은 비교적 작으며 일반적으로 수백m² 정도이다.[59] 지금까지 발견된 대부분의 양저문화 취락유지는 면적이 10,000m² 이하로, 이전 마가빈문화 유존遺存에 비해 규모가 작으며 취락은 점점이 분포한 산촌散村이다.[60]

강소 오강吳江 용남龍南유지에서 발견된 취락유지의 경우 숭택문화 시기에 속하는 가옥유지는 천지혈식淺地穴式으로 2칸으로 구성되어 있으며 넓이는 19m²이다. 양저문화에 속하는 거주지의 현존하는 면적은 10m² 정도이다. 용남유지는 거의 800m²가 발굴되었는데, 당시의 촌락은 물길을 중추로 하여 가옥이 지어져 물길을 사이에 두고 서로 마주 보는 구조이다.[61] 가옥의 면적으로 보아 소가족이며 많은 인원을 포함하는 대가족이나 씨족일 수 없다. 양저문화 묘장은 일반적으로 분산적으로 생활 거주구 내에 매장되었고, 한 지점에서 발견되는 묘장의 수량도 많지 않아 일반적으로 몇 좌에서 십 몇 좌이며,[62] 2묘가 대칭을 이루어 배열하는 현상이

---

59 黃宣佩, 「關于良渚文化若干問題的認識」, p. 126.

60 錢山漾유지나 水田畈유지는 이러한 구조로 서로 격리된 작은 洼地에 주택을 건립하여 거주 유지는 오늘날의 이 부근 주택과 유사하게 분포하며 매우 분산적이다(賀雲翱, 「長江三角洲地區史前聚落的考察」, p. 43).

61 蘇州市博物館·吳江縣文管會, 「江蘇吳江龍南新石器時代村落遺址第1, 2次發掘報告」, 『文物』, 1990-7; 錢公麟, 「吳江龍南遺址房址初探」, 『文物』 1990-7.

62 양저문화 이전의 양자강 삼각주지구는 묘지와 주거지가 격리되어 있으며 씨족묘지가 한 구역을 이루어 분포한다(賀雲翱, 「長江三角洲地區史前聚落的考察」, p. 43).

여러 차례 발견되는데,[63] 이는 일부일처의 부부합장묘일 가능성이 있다. 이러한 현상들을 근거로 양저문화 사회가 이미 씨족제가 해체되고 소가족 단위의 사회단계로 진입하였다고 주장하는 논자도 있다.[64] 그러나 이러한 분산된 거주형태는 수향의 자연환경에 의해 수많은 물길로 조각난 거주지역의 특성상 나타나는 현상으로 이해하는 것이 보다 합당하다고 생각하며, 양저문화 단계에 과연 씨족제의 해체에까지 이르렀는가 하는 점은 의문이다. 오히려 이와 같은 분산된 거주지는 하나의 취락에 속하다가 인구증가 등의 이유로 분리되어 나온 취락일 가능성이 있다.

그렇다면 이들 분산된 취락을 하나의 정치중심에 의해 포괄하는 흔적이나 방어설비가 존재하는가 여부를 확인할 필요가 있다. 양저문화 유지의 주위에서는 성시의 표지가 되는 성장과 같은 방어설비는 아직까지 발견되지 않았다. 그러나 화북지구 앙소仰韶문화의 반파半坡, 강채姜寨 등의 취락 유지 주위는 모두 호구가 둘러져 있으며, 심지어는 시기적으로 훨씬 이른 내몽고 흥륭와興隆洼유지에도 호구 유지가 있다. 이들 호구는 흙을 다져 성장을 쌓기 이전 단계의 방어시설일 가능성이 있다. 이렇게 볼 때 양저문화 취락 유지 주위에 흔히 존재하는 수구水溝 역시 호구 혹은 기타 방어성 설비의 기능을 하였을 가능성이 있다.

수전판유지 주위에서 발견되는 폭 3m 정도의 수구는 한쪽 귀퉁이만 발굴되어 전모를 밝힐 수 없으나 취락 주위를 둘러싼 호구일 가능성도 배

---

63 海寧千金角의 10좌묘 가운데 4쌍, 徐步橋의 15좌묘 가운데 4쌍, 平湖平邱墩의 28좌묘 가운데 5쌍, 德清輝山 2좌묘도 대칭으로 배열해 있었다. 이러한 16조의 병렬묘 가운데 5쌍이 동 시기의 것으로 이혈합장묘일 가능성이 있다(浙江省文物考古硏究所,「浙江地區良渚小墓發掘簡報」; 吳綿吉,「試論良渚文化의社會性質」,『南方文物』1992-1, p. 16).
64 賀雲翔,「長江三角洲地區史前聚落的考察」, p. 43.

제할 수 없다. 강소 곤산 조릉산유지의 현존하는 4,000m² 토산 주위에는 북, 동, 남 삼면을 연결하는 폭 2~30m의 하도가 있다. 서쪽에도 원래는 하도가 있었는데, 현대 거주지가 건축되어 서면의 하도를 메웠으나 그형태는 판별할 수 있다.[65] 사돈寺墩유지는 1993년 강소성 사돈유지 고고발굴대의 조사에 의하면 남면과 동남면의 절벽 아래에 폭 20m의 하도가 있으며, 북, 동, 서 면의 지형에 의하면 서로 연결된 하도가 있었음을 나타낸다. 이는 사돈제단 아래 주위에 하도가 있으며 하도 바깥 측 주위에 대지가 있는 형태이며, 사돈대묘는 이 대지 위에 있다. 묘지의 바깥 측은 평지이며, 묘지에서 300~400m 밖에 폭 20m, 길이 3,500m의 또 하나의하도가 둘러 있어 전체 형태는 '甲'자형을 이룬다. 이 외하外河 안쪽에서양저문화 유물이 발견되어 전체 유지는 이 외하를 경계로 한다. 이렇게볼 때 전체 면적 90만m²의 사돈유지는 내하와 외하의 양중하도兩重河道가 형성되어 있으며 하도에 의해 거주지가 몇 개의 구역으로 분할되어 있다. 제단 묘지의 토량은 아마도 하도의 흙을 모두 사용하여 건축한 듯하며, 묘지의 높이는 10m, 제단의 높이는 10~25m로 제단과 묘지의 크기는 매우 웅대하다. 양저문화 시대의 전쟁 규모와 무기장비는 춘추시대에비할 바가 못 되는 점을 생각할 때, 조릉산과 사돈은 하나의 하도로도 족히 방어할 수 있었으리라 생각된다. 따라서 조릉산과 사돈의 하도로 둘러싼 형태는 태호지구 고성의 원시형태이며, 이러한 형태는 성장은 없지만 양저시대의 성의 역할을 하는 중심지였다고 추측해도 무리가 없을 것이다.

---

65 車廣錦,「良渚文化古城古國硏究」, 中國考古學會發表第9次年會發表論文, 1993, pp. 1-2(未刊行).

춘추시대 중원의 성장이 대부분 흙을 다져 쌓은 데 비해 춘추시대 오국의 엄성유지는 흙을 다져 성장을 쌓지 않고 단지 간단히 하도를 파 흙을 쌓아 성을 만들었다.[66] 엄성의 삼성삼하三城三河는 사돈의 양중하도와 기본적으로 일치하며, 이러한 태호지역의 역사적 전통을 통해 양저문화 유지 가운데 나타나는 하도는 일종의 성장의 역할을 하였음을 다시 확인할 수 있다.[67] 이렇게 볼 때 양저문화의 인공고대토돈은 주변의 분산된 작은 유지들을 통합, 지배한 정치권력의 중심지였을 가능성이 있으며, 이러한 유지를 중심으로 존재했던 권력은 하도에 의해 구획되는 일정한 범위를 포괄하여 통치하였다고 추측할 수 있다.

그렇다면 대형토돈유지를 권력의 중심지로 하는 양저사회 통치권력의 지배범위와 그 하위 지배구조는 어떠하였는가. 즉 양저지역에서 복수로 존재하는 정치세력들은 어떠한 유대관계 가운데 존재하였는가. 이러한 문제에 관해 양저문화 고대高臺토총 묘장에서 공통적으로 출토되는 옥종, 옥월을 비롯한 옥예기는 이들 복수의 정치세력 간의 모종의 유대를 시사한다. 특히 옥종, 옥월 등에 세밀하게 표현된 신인수면문은 단지 동일문화권에 속한 문물 풍격의 일치라고만 이해하기에는 부족하다. 옥종과 옥월의 구체적인 기능에 대해서는 여러 가지 의견이 있으나, 이들이 기본적으로 신권 통치권을 상징하는 예기라고 한다면, 이와 같은 예기의 형식과 문양의 일치, 특히 옥종상의 예배의 대상을 상징하는 듯한 신인수면문의 일치는 이들 양저문화 구역이 동일한 예배 대상을 가진 제의를 공유하는

---

66 앞 글, pp. 2-3.
67 이외에도 反山 주위에 크고 작은 못이 5, 6개 있어 반산을 퇴축할 당시 흙을 퍼낸 것과 관계있는 듯하다(「反山遺址」). 만약 고하도가 묻혀 개개의 못이 되었다고 하면 이 역시 조롱산유지 등과 유사한 호구일 가능성이 있다.

데 그치지 않고 나아가 통일된 정치권력에 의해 지배되었을 가능성도 시사한다. 그렇다면 양저문화 정치권력의 범위는 양저문화 옥예기가 분포하는 범위인 절강 북부, 항가호지구, 태호지구까지 확대되었다고 이해할 수 있다.

그렇다면 막각산성을 중심으로 하는 양저유지군이 양저문화 중 최대 중심이라고 한다면 가령 막각산성은 그 통치집단의 권력기구 소재지이며 도성이라고 칭할 수 있지 않을까.[68] 막각산의 대형 제의성祭儀性 건축 유지를 중심으로 그 주위에 분포한 제단 묘지들은 제의와 정치권력을 장악한 귀족들이 대량의 노동력을 구사하여 석산 혹은 토돈 위에 퇴토, 축조한 것이다. 따라서 막각산 건축유지를 비롯한 주변의 인공퇴축 대형유지는 양저문화의 정치, 종교, 군사의 중심지로 추정할 수 있다.[69]

3. 양저옥기와 신권정치

앞에서 양저문화에 존재하는 인공퇴축의 고대토총을 통해 양저사회 지배권력의 존재를 확인하였다. 그렇다면 대량의 노동력을 조직 강제할 수 있었던 이들 권력의 기초는 무엇이었는가. 일반적으로 고대사회의 지배권력의 기초로 무력을 들 수 있으나, 양저문화는 신석기 말기로 금속무기

---

68 嚴文明은 1977년 蘇秉琦와 함께 양저유지를 방문하여 대관산과원 초지에서 대화하는 가운데 "양저유지는 양저문화의 중심이며 가령 양저문화가 하나의 국가라고 할 때 양저유지는 그 수도이다."라고 하는 인상을 남겼으며, 1978년과 1992년 대관산 고고발굴 결과에 의해 이러한 그의 심증은 강화되었다(嚴文明, 「良渚隨筆」, p. 30).
69 許順湛, 「論良渚文化中原始宗敎的規範化」, 『東南文化』 1990-4, p. 248.

의 등장과 같은 무기의 혁신은 없었다. 게다가 양저사회 정치권력의 중심지로 꼽히는 인공퇴축 위의 묘장의 부장품 가운데 무기류가 차지하는 비중은 그다지 크지 않다. 그렇다면 앞에서 살핀 양저사회의 생산의 증가에 따른 잉여생산은 어떻게 지배자를 중심으로 집중되었으며, 또한 지배자의 지배는 어떻게 유지되었는가. 즉 양저사회는 어떻게 원시사회에서 지배권력을 탄생시켰으며 그 지배영역을 확대해 갈 수 있었는가. 이러한 문제를 해결하는 데 양저문화 인공퇴축의 고대토총 위에 매장된 묘장의 부장품은 당시의 권력자였던 인공퇴축 묘장의 주인들에 관한 정보를 제공한다.

요산유지[70] 제단 위에는 차례로 배열된 12좌의 대묘가 놓여 있다. 가장 안쪽에는 약 50m² 면적의 붉은빛의 정사각형 토대가 있으며 그 주위를 폭 2m 정도의 회색 흙 도랑이 둘러 있다. 또 그 주위 하단은 서, 북, 남 삼면에 황갈색 토축이 있으며 지면에는 비교적 많은 자갈이 있어 원래는 자갈로 덮여 있었던 것으로 추측된다. 이와 같은 홍토대, 회토 구덩이, 자갈면의 삼중 대지臺地는 변과 각이 바른 모양으로 산정에 위치해 있다. 특히 주위 구덩이의 회색 전토는 다른 곳에서 운반해 온 것이라는 점이 주목된다.

그렇다면 양저인들은 무엇을 위해 이렇게 대규모의 노동력으로 세심하게 토대를 건축하였는가. 그런데 이러한 토단 위에서는 건축을 위해 토대를 두드려 다진 흔적이나 기타 건축유적 혹은 생활유물은 발견되지 않으

---

70 浙江省文物考古硏究所, 「餘杭瑤山良渚文化祭壇遺址發掘簡報」, 『文物』 1988-1, p. 50(이하 「瑤山遺址」로 略稱).

며 풍부한 옥기를 수장한 12좌의 묘장이 배열되어 있을 뿐이다.[71] 그렇다고 해도 이러한 토단이 단지 묘지 전용으로 만들어졌다고 하는 데에는 의문이 있다. 산정에 제단을 건축한 것이 단순히 방습을 위한 것이었다면 산정에 다시 토단을 만들 필요는 없었을 것이다. 이러한 높이에서 다시 더 높게 만든 것은 하늘과 가까워지려는, 즉 위의 하늘을 향해 통하려는 뜻이거나[72] 혹은 지고至高의 지위를 나타내려는 권위의 상징이 아니겠는가.

신석기시대 제사유지 가운데 요녕 우하량牛河梁 여신묘제단, 동산취東山嘴, 내몽고 대청산大靑山 등에서 제단이 산상에 건립된 것은 바로 이러한 제천의 의미를 포함하고 있음을 짐작해 볼 수 있으며, 요산 인공퇴축의 토단 역시 '제천예지祭天禮地'를 위한 제단으로 쓰였을 가능성이 있다. 한편 이러한 거대한 규모의 제단은 일반적인 종교 장소, 즉 주민이 일상생활 중에 작은 규모의 제사활동을 벌일 수 있는 규모를 넘어서고 있다. 이는 촌락과 떨어져 있어 접근이 불편할 뿐만 아니라 개인이나 혹은 한 촌락의 인원만으로 이러한 대규모의 제단을 조성하는 것은 가능하지 않았을 것이다. 이러한 유형의 제단은 전체 부락 혹은 촌락 공동체에 속해 정기제사 등의 활동장소로 사용되었을 것이라고 짐작할 수 있다.[73]

양저문화권 안의 제단유지는 요산제단이 특수한 예가 아니며, 회관산雁

---

71 시기적 관계를 볼 때 12개의 묘장이 모두 토장을 훼손하고 있는 것으로 보아 토장이 묘장보다 먼저 건축되었음을 나타내나 토장을 만들 당시 사용하였던 돌무더기에서 나온 도기의 특징과 묘장의 陶鼎 등 기물은 동일 시기의 특징을 지니고 있어 토장을 만든 시기와 묘장을 만든 시기는 선후관계가 오래지는 않음을 알 수 있다. 묘장은 토단의 범위를 넘지 않으며 12座 묘는 남북으로 양 열로 나뉘어 있다.

72 墻을 방형으로 만든 것은 전통적인 '地方'의 뜻과 우연히 일치하는 것만은 아닐 가능성도 있다. 성도에서 발견된 羊子山 토대는 3단으로 구성된 장방형 토대의 형태가 요산제단과 유사하다(四川省文管會, 「成都羊子山土臺遺址清理報告」, 『考古學報』 1957-4).

73 靳桂雲, 「中國新石器時代祭祀遺址」, 『東南文化』 1993-2, pp. 57-58.

觀山유지의 2단 형식의 제단은 요산제단과 매우 유사하며 규모 면에서는 1,600m²에 달하여 요산보다 훨씬 크지만 파괴가 심하여 4좌의 묘장만이 제단 중심에 위치하고 있다.[74] 이외에 조릉산유지의 경우 높이 4m, 면적 3,000m²의 대형 토대 역시 토질이 깨끗하고 유물이 극히 적으며 인공퇴축으로 이루어졌으며 주위는 양 층의 홍소토층으로 둘러져 있다.[75] 이러한 대형 제단 외에도 해녕유지와[76] 같은 비교적 규모가 작은 제단도 존재한다. 이 경우 부장품의 규모가 대형 묘에 미치지는 못하며 작은 옥기 가운데는 비교적 많은 가옥假玉 제품이 있다. 다만 양저문화의 일반 묘장과 비교할 때 이러한 묘장의 주인 역시 특수한 계층에 속하며 양저문화 지배계층 간에도 차등이 존재하였음을 시사한다. 반산유지 인공퇴토의 경우 요산유지에서 보이는 것과 같은 제단형식은 보이지 않는다. 그러나 양저문화 가운데 이러한 고대토돈 외에 성지라든지 건축 유지 등 별다른 '중심지'가 발견되지 않는 상황에서 전용 묘장만을 위해 대규모의 엄청난 노동력을 구사하여 고대토총을 건축하였다고는[77] 생각하기 어렵다.

이러한 고대토총 위 묘장의 부장품들은 묘 주인의 생전의 신분과 그들이 묻힌 대지臺地의 관계를 이해하는 데 중요한 자료를 제공한다. 반산, 요산, 사돈, 복천산, 조릉산 유지 등 고대토총 위 묘장에 부장된 대량의 옥기는 양저인들의 옥 숭배와 중국 전통의 옥렴장玉斂葬을 연상케 한다. 반산 묘장의 경우 11좌 대부분에 장구葬具의 흔적이 있으며, 묘혈이 비교적 커

---

74 「滙觀山遺址」.
75 「趙陵山遺址」.
76 上墩 가운데 위치한 제단은 4종의 다른 토질과 토색의 泥土로 인공 축조되었다(王明達·藩六坤·趙曄, 「海寧淸理良渚文化祭壇和墓葬」, 『中國文物報』 1993. 9. 19).
77 「反山遺址」, p. 2; 王明達, 「反山良渚文化墓地初論」, p. 48.

길이 3m, 너비 2m 정도이며, 묘저墓底에는 관상장棺床狀의 토대와 이를 둘러싸는 10cm 정도의 얕은 구덩이가 있으며, 부장품이 관상棺床 위에 가득하여 적은 경우는 수십 건에서 많은 경우는 수백 건이며,[78] 전체 1,200여 건의 부장품 가운데 옥기가 90%를 점한다. 사돈유지 3호 묘의[79] 경우 묘혈과 장구는 없으며 엄토掩土 매장하였으나, 옥벽 24건 가운데 제작이 가장 정교한 것이 복부 위에 놓여 있으며 또 하나는 가슴 위에 놓여 있다. 33건의 옥종으로 인골 주위를 빙 둘러싸고 있다. 지골과 부장된 일부 옥벽, 옥종, 석부에 불에 그을린 흔적이 있는 것으로 보아 매장 시 모종의 불을 이용한 염장의식이 거행되었음을 알 수 있다. 이러한 풍부한 옥기에 의한 옥렴장은[80] 묘 주인의 재부 및 묘 주인이 특수 계층임을 반영하는 한편 의심할 바 없이 양저인들의 특수한 관념을 나타낸다.[81] 특히 사돈묘장의 발굴감정에 의하면 묘 주인은 20세 정도의 청년 남자로 밝혀져 당시의 지배층은 이미 일부 집단 가운데 세습되고 있었음을 추측할 수 있다.

그러나 이와 같이 양저문화 대형유지 묘장에서 발견되는 옥종을 비롯한 옥벽, 옥월 등의 옥기는 단순히 양저인들의 옥렴장을 위한 기물이라고 이해할 수 없다. '옥종왕玉琮王'이라고 불리는 반산유지 옥종과 옥월에 새겨진 완전한 형상의 신인수면문은 인간형태와 수면문이 표리를 이루며 합치하여 종교적 신비감을 표현한다. 이러한 신인수면문은 단순한 예술적 표현이라고 이해하기에는 부족하며 강렬한 신령숭배의 사회 분위기 가운

---

78 「反山遺址」, p. 3.
79 「寺墩遺址」.
80 汪遵國, 「良渚文化"玉斂葬"述略」, 『文物』 1984-2.
81 앞 글, p. 34.

그림 I-2. 반산反山유지 출토 옥종玉琮의 신인수면문神人獸面紋

데 탄생한 성취임을 느낄 수 있다(그림 I-2).[82] 일찍이 하모도문화의 유명한 '쌍조조양雙鳥朝陽'무늬 상아조각 접형기蝶形器에는 '태양'이 휘말리는 원

---

[82] 牟永抗,「良渚玉器上神崇拜的探索」, (『慶祝蘇秉琦考古五十五年論文集』, 文物出版社, 1989), p. 188; 劉斌은 옥종을 중심으로 하는 옥예기의 제작은 고도의 기술과 지혜를 필요로 할 뿐만 아니라, 이것이 포함하는 신 숭배와 관련한 신비와 신령의 의의는 일시에 만들어진 것이 아니며 오랜 종교적 분위기 가운데 점차 형성된 것으로, 이러한 옥기를 수장한 묘 주인은 옥기 제작자, 즉 玉工일 가능성이 있다고 하였다(劉斌,「良渚治玉的社會性問題初探」,『東南文化』1993-1, pp. 107-108).

으로 표현되어 원 밖으로 작열하는 불꽃이 조각되어 있으며 그 양측에 각기 새 한 마리가 태양을 향해 비상하고 있다. 이는 하모도인의 태양과 새에 대한 숭배관념을 엿볼 수 있으며, 이후 대문구문화의 옥기도상기호가 상징하는 태양과 달 숭배를 비롯해 양저문화에 속하는 것이 거의 확실한 프리어미술관 소장 옥벽 및 수도박물관 소장 옥종에 새겨진 입조상이 상징하는 새에 대한 숭배관념으로 전승된다.[83] 이는 곧 양저인의 종교 관념이 하모도문화시대부터 싹터 성장한 오랜 발전의 결과임을 말한다.

양저 옥기에 나타나는 신인수면문의 구체적인 모습에 관하여는, 무축巫祝이 호랑이를 타고 달리는 것을 표현한 인수복합문을 비롯해[84] 용형문龍形紋,[85] 신휘[86] 등이 있다. 이러한 형상은 양저인의 조선신祖先神이라든지 혹은 양저인의 토템을 의미하는 것이 아닐까.[87] 어쨌든 양저 옥종의 신인수면문을 단순히 양저문화를 대표하는 문양장식만으로 이해할 수는 없으며, 신인수면문의 내용이 신휘이든 조선신이든 혹 족휘이든 당시 사람들의 원시종교와 관련된 신성성을 담고 있음에 틀림이 없다.

양저문화의 가장 이른 시기의 옥종인 장릉산 출토 탁식종鐸式琮의 흉맹하고 위엄 있는 수면문은 인간에게 외경감을 줄 뿐만 아니라[88] 확실히 상주청동기商周青銅器에 성행한 도철문의 원형을 연상케 한다. 양저 수면문

83 林華東, 「論良渚文化玉琮」, 『東南文化』 1991-6, p. 141.
84 车永抗, 「良渚玉器上神崇拜的探索」, p. 189; 李學勤, 「良渚文化玉器與饕餮紋演變」, 『東南文化』 1991-5, p. 44; 汪遒國·吳榮清·郝明華, 「良渚文化玉器的考察」, 『南京博物院 建院60周年紀念文集』 1992, p. 96.
85 馬承源, 『中國青銅器』, 上海古籍出版社, 1988, p. 317.
86 張明華, 「良渚古玉琮論」, 『東南文化』 1992-2, p. 115; 王明達, 「良渚玉器若干問題的探討」, 『中國考古學會第7次年會論文集』, 文物出版社, 1989.
87 鄧淑苹, 「新石器時代的玉琮」, 『臺北古宮文物月刊』 34, 1986.
88 上海市文物保管委員會, 「上海青浦福泉山良渚文化墓地」, 『文物』 1986-10.

과 상주 도철문을 비교하면 어렵지 않게 공통점을 발견할 수 있다. 머리만 있고 몸이 없는 것이 많으며 눈, 코, 입이 안면형상을 구성하며 각부의 위치와 구성이 상당히 일치한다.[89] 더욱이 이들 양 문양은 절대 다수가 대묘 가운데 출토된다는 공통점이 있다. 단지 양저문화는 옥기 위에 조각이 되어 있으며 상주시대에는 청동기상에 문양이 주조되어 있다는 점이 다를 뿐이다.

이와 같은 신인수면문은 옥종마다 세밀한 혹은 간화된 신인 형상 혹은 신과 신수의 조합 문양이 조각되어 있어[90] 양저 옥종과 신인수면상 간에는 모종의 불가분의 관계가 있지 않을까 추측할 수 있다.[91] 즉 양저 옥종은 신인수면신 숭배를 핵심으로 하는 모종 물체의 전화물일 가능성이 있다. 이러한 점들로 볼 때 옥종의 기능이 구체적으로 무엇이었던가에 관해서는 구체적으로 알 수는 없지만 모종의 종교의식에 사용된 예기로 규정하는 데는 별 무리가 없다(그림 I-3).[92] 당시의 종교의식 형태가 구체적

---

89 1963년 산동 日照 兩城鎭 발견의 옥부의 하단에 새겨진 도철문은 그 형태에 있어서 양저문화 수면문과 비교적 유사함을 나타낸다. 이리두문화의 특유한 甘綠松石靑銅牌飾에서 보이는 도철문은 산동 용산문화 옥부와 頂部에서 안면에 이르는 부분의 특징이 매우 유사하여, 산동 용산문화와 이리두문화의 도철문은 확실히 양저문화와 상대 도철문의 중간단계를 나타낸다(李學勤,「良渚文化玉器與饕餮紋演變」, p. 47; 李學勤,「論二里頭文化的饕餮紋銅飾」,『中國文物報』1991. 10. 21).

90 王明達,「反山良渚文化墓地初論」, p. 50.

91 초기 옥종이 원형에서(玉鐲) 사각으로 발전하는 과정은 옥종에 표현된 神獸面의 입체감을 더하기 위한 것이라는 점에서 劉斌은 "신수면은 양저 옥종의 핵심요소로 양저 옥종의 영혼이며 琮體는 한마디로 이러한 영혼을 표현하기 위해 구사된 것이다."라고 하고 있다(劉斌,「良渚玉琮初探」,『文物』1990-2; 牟永抗,「良渚文化玉器: 前言」, 浙江省文物考古研究所 等 編,『良渚玉琮』, 文物出版社, 1990, p. 7).

92 그러나 여전히 이에 대한 반론으로, 옥종이 예기라고 하기에는 너무나 많은 수량의 옥종이 한 묘장에 수장되어 있어 수많은 巫師나 神通 공구가 있을 수 없다는 점과(安志敏,「關于良渚文化的若干問題」, p. 242), 한편『주례』에서 종벽을 연칭하여 예기로 기술하고 있으나 제단이 분명한 요산유지의 경우 벽이 1건도 발견되지 않는다는 점은 벽의 예기로서의 기능

그림 I-3. 양저문화 옥종玉琮
(기원전 3300~기원전 2200년경, 절강 무진武進 사돈寺墩 출토)

으로 어떠하였는가는 남아 있는 유물을 통해 복원하기는 용이하지 않다.
그러나 옥종의 기능에 관해 '양저문화의 토템 주柱'라든지[93] 혹은 제사
지낼 때 조상의 영혼을 담는 작은 방[94]이라든지 하는 의견도 있지만, 장
광직은 종의 '내원외방內圓外方'의 형태는 원시주민의 '천원지방天圓地方'의
우주관을 표현한 것으로, 중간의 천공은 천지간의 통로로 구멍에 꽂은
막대는 천지주天地柱이며 종 위의 동물문양은 무축이 천지주를 통과하여
동물의 도움으로 천지를 통하는 것을 표시한다고 해석하고 있다.[95] 그런
데 사천 삼성퇴三星堆유지에서 발견된 무축왕으로 추측되는 청동입인상이

을 의심케 한다(林華東,「論良渚文化玉琮」, p. 139). 따라서 옥종은 예기가 아닌 권력과 재
부의 상징이라는 반론도 제기되고 있다.

[93] 車廣綿,「良渚文化玉琮紋飾探析」,『東南文化』1987-3; 劉斌,「良渚玉琮初探」. 그러나 아직
까지 중국에서는 totem柱와 관련된 흔적은 찾을 수 없다(林華東,「論良渚文化玉琮」, p.
136).

[94] 林巳奈夫,「中國の古代玉器·琮について」,『東方學報』60, 1988.

[95] 張光直,「談"琮"及其在中國古史上的意義」,『文物與考古論集』, 文物出版社, 1986;「中國古代
史在世界史的重要性」,『考古學專題六講』, 文物出版社, 1986, p. 10.

옥종을 쥐고 있는 듯한 모습은, 바로 이러한 옥종이 무축의 신통神通 공구로 쓰였을 가능성을 뒷받침한다.[96]

원시종교의 제례는 하늘의 신령과 땅 위의 사람이 서로 교통하게 하는 것이며 이에 예기와 동물희생은 필수 불가결한 물건이었다. 상주商周시대 청동예기는 신과 사람이 교통하는 제사 의식을 돕는 데 쓰인 예기로, 그 위에 새겨진 동물문양 역시 예기로서의 기능상 반드시 필요한 부속물이 아니었을까.[97] 옥기와 청동기는 다른 재료이나 양자는 정치권력과 등급 관념, 종교의식 등을 응결하여 경외감과 신비감을 표현한다는 점에서 일맥상통한다.[98] 이와 같은 옥종의 신수문과 상주 도철문 간의 유사성으로 볼 때 옥종이 일반 장식품이나 명기冥器와 구별되는 예기임에 틀림없다.[99]

그렇다면 양저 제단유지 위 묘장의 주인과 이들과 함께 부장된 옥예기는 어떠한 관계에 있는가. 일반적으로 부장품은 사자死者 생전의 생활을 반영한다는 점을 고려할 때, 이들 옥예기를 부장한 양저묘장의 주인들은 생전에 옥예기를 사용하였던 신분, 즉 무축임을 추론할 수 있다. 이들 무축들이 고대高臺제단 유지 위에 집단적으로 매장되어 있었던 것으로 보아

---

96 沈仲常,「三星堆二號祭祀坑靑銅立人像初記」,『文物』1987-10.

97『左傳』卷11 宣公 3年 "在德不在鼎, 昔夏之方有德也. 遠方圖物, 貢金九牧, 鑄鼎象物, 百物而爲之備, 使民之神姦, 故民入川澤山林, 不逢不若, 魑魅魍魎, 莫能逢之, 用能協于上下, 以承天休."에 대해 張光直은 '物'자를 희생물로 해석하여 상주시대 청동기에 그려져 있는 동물문양은 무당을 도와 天地神人이 서로 교통할 수 있게 해주는 각종 동물들의 형상이라는 것이다(張光直 著, 李徹 譯,『신화 미술 제사』, 東文選, 1990, 110쪽(Chang, Kwang-chih, *Art, Myth, and Ritual-The Path to Political Authority in Ancient China*. Harvard University Press, 1983)).

98 王明達,「良渚玉器若干問題的探討」, pp. 58-59.

99 반산, 요산 등 양저문화 중기 묘장의 옥종은 형태와 신인수면문이 이미 규범화하고 있으며, 이러한 옥종의 규범화는 옥종이 예기로 기능하는 것과 관계가 있다.

무축들은 당시 이미 특수한 지위의 집단과 계층을 이루었다.[100] 또한 동렬 묘장 가운데 제단의 중심(紅土臺)에 가까울수록 부장품이 풍부하여 묘장의 서열은 사자 생전 제축전례에서의 지위를 반영하였을 가능성이 있다.

양저 대형臺型유지 묘장은 옥예기를 수장하는 외에 인순人殉 현상이 나타난다. 1990년 조릉산 발굴에서 제단 서북부 주변에서 19구의 인골이 발견되었다. 이러한 인골은 묘갱이 없으며 머리를 향하는 방향이 일정치 않으며 대부분 부장품이 없으며 반수는 하지가 잘리거나 다리가 묶이거나 몸체와 머리가 따로 있다.[101] 이러한 인순현상은 강소 신기화청촌新沂花廳村 대문구문화 중후기 묘지 등 각 지역 신석기 말기에 등장하기 시작하여, 양저문화 가운데는 매우 드물기는 하나 양저문화 초기 장릉산 묘지,[102] 양저문화 중후기 복천산 묘지에서 발견된다. 복천산유지 묘장의 경우 굴지장屈肢葬을 하였으며 무릎을 꿇은 듯한 형상의 25세 정도의 여성이며, 순장자는 옥과 마노질로 만든 장식물을 하여 노예나 전쟁포로는 아닌 듯하며 묘 주인의 첩으로 추정된다.[103] 초혜산유지 묘장은 1좌의 남성 묘에 2구의 여성 2차장二次葬이 부장되어 있다. 부장된 여성은 옥제 벽과 종, 옥식, 정교한 도기 등을 수장하여 신분은 노예에 속하지 않으며 묘 주인의 처첩인 듯하다.[104] 이러한 사례들은 양저 대형臺型유지 묘장의 주인들의 특수한 신분을 반영한다.

한편 양저사회에는 다른 계층을 반영하는 묘장이 있다. 즉 상해 마교문

---

100 「瑤山遺址」, p. 50.
101 「趙越山遺址」.
102 南京博物院, 「江蘇吳縣張陵山遺址發掘簡報」, 『文物資料叢刊』 6, 文物出版社, 1982.
103 上海市文物保管委員會, 「上海福泉山良渚文化墓葬」, 『文物』 1984-2.
104 「草鞋山遺址」, p. 12.

화馬橋文化, 송강松江 광부림廣富林 양저문화 묘장의 경우 규모가 비교적 작으며 모두 평토엄매平土掩埋이며 묘갱과 장구가 발견되지 않으며 부장품도 비교적 적어 일반적으로 1건 내지 2건이며, 이 가운데 1좌 묘장에 1건의 옥추형기가 수장된 외에 출토물 대다수가 석기와 도기이며 모두 문양이 없으며 제작이 비교적 거칠어 빈약하다.[105] 그러나 이들은 노예는 아니며 얼마간의 경제생활을 영유한 일반민들로 양저 고대토총을 건조한 노동력을 제공하였으리라 짐작할 수 있다. 양저사회에서는 장릉산유지, 초혜산유지, 사돈유지, 복천산유지 등 고대토총 위에 옥월, 옥종, 옥벽을 부장한 대묘의 주인과 더불어 이들 일반민들이 양저문화 사회를 구성하였다.

이와 같이 일반민을 지배하여 대규모의 인공퇴토를 건조할 노동력을 구사하고 대량의 옥기 부장과 함께 인순까지 할 수 있었던 양저문화 사회에 존재하는 특수 계층의 권력의 기초는 무엇인가? 고대사회에서 지배의 일차적인 기초는 무력의 장악에 있다. 그런데 양저문화 대묘 가운데는 이들의 무력 장악을 반영하는 무기류가 매우 빈약하다. 뿐만 아니라 부장품 가운데는 농공구류의 생산공구가 거의 없다. 이러한 사실은 이들이 직접 생산에 참여하지 않았을 뿐만 아니라[106] 이들 양저문화 지배층은 생산활동의 직접 장악에도 큰 비중을 두지 않았다고 이해할 수 있다.

양저묘장의 무기류 가운데는 무력과 권력을 상징하는 옥석월류玉石鉞類가 두드러질 뿐이다. 요산유지의 석기류는 석월 10건뿐이며, 반산유지는

---

105 上海市文物管理委員會,「上海馬橋遺址第1, 2次發掘」,『考古學報』1978-1.
106 그러나 이 경우도 상대 묘장 가운데 수장된 청동농구가 실용적으로 쓰인 것이 아니라 수장자가 생산활동을 장악하고 있음을 상징적으로 표현하는 의례적인 용도로 사용되었다는 점에 비추어 볼 때, 양저묘장의 생산 농공구의 절대적인 결여는 이들 양저 지배층이 생산활동에 대한 직접 장악에 큰 비중을 두고 있지 않았던 것은 아닌가 생각된다.

석기 54건이 모두 석월로 이외의 석공구류는 존재하지 않는다. 이들 석월역시 인부刃部에 사용한 흔적이 없으며 전체가 마제磨制로 섬세하게 가공되었으며 매끄러워, 이 역시 실제 사용하기 위해 제작된 것이 아니며 의례적 목적을 위해 사용되었던 듯하다. 석월은 무기류에 속하기는 하나 이외의 무기류 혹은 석공구류石工具類는 수장되어 있지 않은 가운데 다량 존재하는 석월은 무엇을 상징하며 혹은 어떠한 기능을 하는가. 반산에서 출토한 5건의 옥월은 1건을 제외하고는 형태가 완전히 균일하고 얇으며 사용한 흔적이 없으며, 특히 M2에서 출토된 옥월 1건은 인부 양면 귀퉁이에 정교한 '신휘'가 부조되어 있는 것으로 미루어 볼 때, 분명히 실용적공구나 무기가 아니며 무기의 상징물이다. 옥월은 사자死者의 왼편에 놓여있으며, 목질의 손잡이는 이미 부패하였으나 자루의 끝 손잡이가 사자의왼손에 있으며, 월신鉞身은 왼쪽 어깨 부분에 놓여 있으며 월 손잡이 상단에 옥관식이 있다.[107] 조릉산 양저문화 초기 묘장 주인의 허리 오른쪽에놓여 있는 대석월은 너비 29cm, 높이 22cm로 이제까지 발견된 것 가운데 최대이다.[108] 이러한 옥석월은 일반적으로 대형 묘장에 수장되어 지배층의 상징과 연관이 있어 보인다.

갑골문 및 금문의 '王'자는 부월의 상형으로, 월은 군대를 지휘하는'권장權仗'이라는 점으로[109] 미루어 볼 때 양저문화 옥월 역시 이러한 '권장'을 의미하는 상징물로 추측할 수 있다. 시대가 내려와서 신간新干 상묘

---

107 「反山遺址」, pp. 14-15.
108 趙陵山遺址 良渚墓葬은 길이 3.3m, 너비 1.1m의 彩繪葬具의 흔적이 발견되었으며, 人骨의 보존이 비교적 좋고 160件의 정교한 각종의 陶器, 玉石器가 발견되었다. 이 가운데 玉器가 125건에 이르며 人殉의 흔적이 있다(「趙陵山遺址」).
109 林澐, 「說"王"」, 『考古』 1965-6.

商墓, 안양 은허 부호묘婦好墓, 산동 익도益都 소부둔蘇埠屯 1호 묘, 호북 황피黃陂 반룡성盤龍城 이가저李家咀 2호 묘 등에서 발견된 대월은 그 육중함이나 문양장식으로 보나 극히 위엄 있는 대형 동월銅鉞로 권위를 상징하는 의장물임이 분명하다. 이러한 동월은 모두 관곽의 장구葬具가 있는 대형 묘에서 출토되며 한 조의 청동예기가 부장되어 있으며 묘 가운데는 인순이나 동물 희생이 흔히 따른다.[110] 그렇다면 양저문화 옥석월은 이후 상주 청동월의 조형이며, 이러한 옥석월을 수장한 양저문화 묘 주인 역시 생전에 대권을 장악한 통치자가 아니었겠는가.

따라서 이들 고대토총에 매장된 무축들은 신권 외에 정치적 권력, 즉 무력을 함께 옹유하였으며 양저문화 사회는 무축들이 지배계층을 이루는 신권정치 단계였음을 확인할 수 있다.[111] 즉 무축은 하늘과 통할 수 있는 수단을 장악하고 제례를 통해 종족 구성원을 속박하여 권력을 잡음으로써 정치적 우두머리이기도 하였던 것이다. 이러한 무축권력의 성격과 관련하여 갑골복사는 상왕조의 제왕들도 곧 무축들의 우두머리라는 사실을 확실히 말해 주고 있다.

이와 같이 양저문화 사회 단계는 이미 권력의 집중과 더불어 정치적·문화적 중심지가 존재했으며 이러한 지배권력을 유지하기 위한 제의가 발달하였다는 점을 확인할 수 있다. 양저문화 가운데 이미 이러한 문명적 요소의 맹아를 발견할 수 있다면 문명단계를 유지 발전시키는 데 주요한 역할을 하였던 문자의 존재를 기대할 수 있지 않을까. 이러한 문제와 관

---

110 徐靑, 「從新干商墓出土銅鉞看鉞的歷史軌迹」, 『南方文物』 1992-2, p. 56.
111 張忠培는 양저사회 가운데 軍權은 神權보다 높지 않았으며 양자는 사회적 위치에서 기본적으로 동등한 지위에 있었다고 한다(「良渚文化的年代和所處社會段階」, p. 57).

련하여, 양저문화에서 종종 발견되는 부호符號들에 대해 주의해 볼 필요가 있다. 남경 북음 양영유지에서 출토된 도항陶缸, 절강 여항에서 수집한 흑도반상의 '부호'는[112] 대문구문화 도기상의 '부호'와[113] 공통점이 있으며 이러한 '부호'의 분포지역으로 볼 때 적어도 이들 지역 간에는 이러한 부호의 함의가 양 지역에서 사회적으로 공인되었을 가능성이 있다. 상해 마교유지와 강소 오현 징호의 고정古井에서 출토된 양저문화 도기상의 '부호'의 경우는 몇 개의 '부호'가 하나의 도기에 함께 각획되어 그때까지 '부호'가 매번 단독으로 존재하던 단계를 넘어섰다.

양저문화 시기에는 이미 매우 세밀한 필법을 구사하여 신수면의 모습을 그렸으며 또한 신수면의 간화簡化에서 보이는 바와 같은 간화생략의 추상사유의 능력을 갖추었음을 고려할 때,[114] 이러한 부호의 등장은 원시문자의 맹아일 가능성이 있으며,[115] 앞으로의 고고발굴이 진전함에 따라 더 풍부한 부호의 표본이 발굴될 가능성도 있다. 그러나 양저문화 가운데 발견되는 이와 같은 '부호'가 원시문자인가의 여부는 앞으로 더 많은 발굴이 이루어져 광범위한 지역에서 통용되는 약속이었음이 증명되어야 한다. 이러한 양저문화 도기상의 '부호'는 여러 줄의 문장형태를 띤 용산문화 말기 정공丁公유지 출토 도문자陶文字와 함께[116] 갑골문 이전 단계 중

---

112 餘杭縣文管會, 「餘杭縣出土的良渚文化和馬橋文化的陶器刻劃符號」, 『東南文化』1991-5.
113 李學勤, 「論新出大汶口文化陶器符號」; 이에 대해 唐蘭은 '意符'문자라고 하였다(唐蘭, 「關于江西吳城遺址與文字的初步探索」, 『文物』1975-7).
114 牟永抗, 「良渚玉器上神崇拜的探索」, p. 196.
115 李學勤, 「論良渚文化玉器符號」, 『湖南省博物館文集』, 岳麓書社, 1991-1; 李學勤, 「良渚文化的多字陶文」, 『蘇州大學學報-吳學研究專輯』1992.
116 山東大學歷史系考古專業, 「山東鄒平丁公遺址制4·5次發掘簡報」, 『考古』1993-4; 「傳家筆談丁公遺址出土陶文」, 『考古』1993-4.

국문자의 기원에 관한 자료를 제공한다. 언어의 표현이라는 점에서 당시 각 지역에서 존재했을 여러 언어와 함께 문자의 기원과 형성과정은 다기多歧하였을 것으로 추측된다. 이러한 점에서 대문구문화, 정공유지 도문자가 동이족의 언어를 표현한 문자일 가능성이 주장되기도 한다.[117] 그러나 이들과 더불어 양저문화의 도문 부호가 문자 단계에까지 발전한 것은 아니며 제의와 관련한 부호의 단계였다 할지라도 각 지역에서 문자를 향한 초보 단계의 부호가 발생하였다는 점에 의미가 있다.[118]

양저문화 고대토총과 이 위에 매장된 무축 계층의 묘장을 통해 양저문화 시기 이미 복잡한 제의가 생겨났음이 밝혀졌다. 이러한 제의활동을 통해 양저사회에는 상하, 존비, 귀천, 친소 관계 등 신분의 안정화와 고착화가 이루어졌으리라 짐작할 수 있다. 이러한 점에서 양저문화의 제의는 문명시대 진입의 가장 중요한 표지이다.

특히 원시신앙이 자연숭배나 토템숭배에서 최후 단계로 조상숭배로, 또 다신숭배에서 일신 위주의 숭배로 전환하는 과정은 권위의 집중이라는 점에서 곧 왕권의 탄생과 밀접한 관계가 있다.[119] 양저문화의 극히 위엄 있고 신령스러운 신인수면문의 신휘가 남으로는 절강의 항주만, 북으로는 양자강을 넘어 소북의 해안, 동으로는 상해, 서로는 남경 부근의 영진산맥 지역에서까지 보편적으로 발견된다. 뿐만 아니라 이러한 동일 종교 신념과 관련해서 이 밖에도 이들 지역에서는 종, 벽, 월의 예기 및 용형龍形 옥기가 대량 출현할 뿐만 아니라 풍격이 일치한다. 이러한 사실은 일

---

117 「傳家筆談丁公遺址出土陶文」, p. 299.
118 李學勤, 「試論餘杭南湖良渚文化黑陶罐的刻劃符號」, 『浙江學刊』 1992-4, p. 109.
119 牟永抗·吳汝祚, 「水稻·蠶絲和玉器」, pp. 548-549.

단 이 지역이 공통된 종교적 신념, 나아가 동일한 지배체제에 의해 통합되어 있었음을 의미하는 것은 아닌가. 양저문화의 사회단계에서 단일한 지배자가 양저 옥예기가 출토되는 전 지역을 통치하였다고 단언하기는 어렵다. 그러나 양저사회의 형태는 이미 부락연맹 단계를 넘어 무축왕의 통치 조직하에 있었음을 알 수 있다.[120]

4. 소결

양저문화기는 건조한 기후조건으로 인간이 거주할 수 있는 공간이 확대됨에 따라 거주유지가 증가했으며 농업 기술이 발전하고 생산이 증가하였다. 이러한 경제적 발달은 양저문화 사회 내에서는 권력이 성장하는 기초를 마련하였으리라 짐작할 수 있다.

그러나 아직까지 양저문화 가운데는 권력의 중심지로서의 중원과 같은 성지城址는 발견되지 않았다. 그러나 양저지역에서 발견되는 반산, 요산, 회관산 유지를 비롯해 조릉산, 복천산 등의 인공의 고대토총은 대규모의 노동력을 구사하는 양저사회 권력의 존재를 시사한다. 나아가 이는 형태는 다르지만 용산문화 말기 성지군이 시사하는 바와 같이 대성이 소성을 지배하는 일정한 범위를 통합한 정치권력의 형성을 의미하지는 않는가. 즉 절강의 양저, 안계, 장명, 병요 지역의 양저문화유지와 인공퇴축토돈군의 중심에 위치한 막각산 항토대는 주변의 인공퇴축유지군의 소규모 권력

---

120 車廣錦, 「論古國時代」, 『東南文化』 1988-5, p. 14. 戴爾儉은 양저사회는 문명 전야의 酋邦사회라고 정의하고 있다(「從聚落中心到良渚酋邦」, 『東南文化』 1997-3).

을 통합 지배한 정치권력의 중심지였을 가능성이 있다. 또한 이들 인공퇴축유지 위 묘장에서 발굴된 대량의 정교한 옥예기를 통해 볼 때 양저문화 사회 지배계층은 제의를 주관함으로써 지배권력을 행사한 무축이었다는 이해가 가능하다.

양저문화기는 주변 문화에 강력한 영향을 미치면서 주변 지역을 양저문화권으로 포괄해 갔던 시기이다. 이러한 문화적 전파력은 양저사회 권력의 주변으로 향한 확장과 무관하지 않다. 양저문화의 신휘가 장식된 양저문화 옥예기가 양저진을 중심으로 항가호지구, 태호지구, 영진산맥에 이르는 지역에서 발굴되는 것으로 미루어 볼 때, 양저문화 사회는 이들 지역을 하나의 정치적 범위로 통합하였던 듯하다. 즉 양저문화 사회에서는 고도의 권력의 집중 현상과 주변의 소규모 권력을 아울러 지배하는 통치권력이 등장하였다. 따라서 비록 양저문화 단계는 청동기가 존재하지 않으며 문자사용 등이 증명되지 않는 등 아직 문명단계에 진입하였다고는 할 수 없으나, 제의를 중심으로 고도로 집중된 정치권력의 존재를 보여 줌으로써, 문명단계에 진입할 수 있는 가능성을 나타낸다. 상商문명 역시 청동농구의 보편적 사용이 확실치 않은 가운데 신권정치 권력의 성장을 중심으로 문명단계에 진입하였다. 따라서 양저문화의 신권정치 권력의 성장은 중국이 문명단계에 진입하는 맹아단계의 사회적 특성을 보여 준다는 점에서, 중국의 문명단계 진입 과정을 이해하는 데 도움을 준다.

기원전 4600년경 문명단계의 가능성을 구가하던 양저문화가 양자강 하류 유역에서 갑자기 사라졌다. 양저문화인은 어디로 간 것인가? 이와 관련하여 이후 중원 이리두문화와 상商문화 가운데 양저문화 요소의 등장이 주목된다. 앞서 양저문화 신인수면문과 이리두문화 동패식 문양 및 상商 청동기 도철문이 유사하여 연원관계에 있을 가능성을 언급하였다. 이외에도 전설상 하夏문화의 예기인 옥황, 옥월, 옥규는 중원지구에서는 이전 단계의 연원을 찾을 수 없으나 이러한 것들은 모두 양저문화에서 발달한 문화이다. 상대 정주鄭州유지 출토 수면문청동정鼎의 형태는 산동, 하남 용산문화 도정陶鼎보다는 양저문화, 설가강문화의 도정과 친연성이 있다든지, 양저문화 도기 장식인 운뢰문雲雷紋과 상商 청동기 운뢰문의 유사성 등등[121] 양저문화와 중원 이리두문화의 공통 요소들을 꼽을 수 있다. 이러한 현상을 놓고 양저문화인이 중원지역으로 옮겨 간 결과라고 단정할 수는 없지만, 적어도 중원의 문명은 이러한 유類의 주변의 높은 수준의 문화를 흡수하면서 이루어 낸 결과라고 하는 데에는 무리가 없다.

---

121 陳剩勇,「東南地區: 夏文化的萌生與崛起」,『東南文化』1991-1.

오국의 청동기문화

1. 오입국吳立國과 청동문화

    사마천은 『사기史記』 「화식열전貨殖列傳」에서 고대 중국 각 지역을 문화 경제적으로 구획하면서 강남지역에 대해 '화경수누火耕水耨'의 낙후된 경제지역으로 묘사하고 있으며,[1] 장강 하류에서 일어난 오월吳越은 뒤늦게 춘추春秋 중만기中晩期 오吳의 수몽壽夢 2년(기원전 584년)에 중원 역사무대

---

[1] 『史記』 「貨殖列傳」 "楚越之地, 地廣人希, 飯稻羹魚, 或火耕而水耨, 果隋蠃蛤, 不待賈而足, 地 埶 饒食, 無飢饉之患, 以故呰窳偸生, 無積聚而多貧. 是故江淮以南, 無凍餓之人, 亦無千金之 家."라고 하여 강남은 풍요한 자연환경으로 인해 생산력 증진을 위한 적극적 노력이 필요하 지 않았으며, 당시까지도 빈부의 차, 즉 계층 차가 없는 원시자연경제지역으로 묘사하였을 뿐만 아니라, 강남 경제의 낙후성을 자연환경에서 찾음으로써 강남지역은 이제까지 내내 낙 후되어 왔으며 이는 또한 필연적이라는 인상을 남기고 있다.

에 등장하여 월越이 초국楚國에 병합되기까지(기원전 221년) 짧은 기간 빛을 내다 사라지게 된다. 따라서 고대 장강 하류지역에 대한 역사인식은 경제적·문화적으로 낙후한 지역이라는 인상을 남기고 있다. 그러나 선사先史시기로 소급해 볼 때 장강 하류의 기원전 5000년 하모도河姆渡문화는[2] 북방 속작粟作농업에 대한 남방 도작稻作농업의 기원지로 주목받고 있다. 신석기 말기 태호太湖 유역을 중심으로 하는 양저문화의 옥기문화는 당시 중국 신석기문화의 선두적 위치에 있었으며, 양저良渚의 도문陶文·신권정치神權政治는 양저문화 시기 이미 방국문명시대方國文明時代에 진입하지 않았을까 하는 가능성이 조심스럽게 제기되고 있다.[3] 이후 춘추시기 오국吳國은 춘추제국 가운데 비록 뒤늦게 일어나긴 했으나 춘추 말 패자의 대열에 오를 만큼 강성하였던 경험을 갖고 있다.[4] 그러나 그간 이러한 장강 하류지역의 고대역사와 문화발전은 제대로 평가받지 못했으며, 짧은 시기에 강성함을 이루어 낸 오국의 정치적 역량과 독특한 문화발전형성 과정에 대한 규명이 충분히 이루어지지 못하였다.

오국의 경우 강성하기 시작하여 중원의 역사기록에 오르는 기원전 584년 춘추 중만기 수몽 이전의 역사에 대해서는 '태백중옹분형만太伯仲雍奔荊蠻'이라는 중원과 관련한 입국立國설화와 역대 왕들의 계보 외에는 알려

---

2 하모도문화에 대한 종합적 연구는 林華東의 『河姆渡文化初探』(浙江人民出版社, 1992)이 있다.

3 「中國文明起源硏討會紀要」, 『考古』 1992-6, p. 530; 張忠培, 「良渚文化的年代和其所處社會段階」, 『文物』 1995-5; 車廣錦, 「良渚文化古城古國硏究」, 『中換考古學第9次年會論文集』, 1993(인쇄물), p. 3.

4 吳는 夫差 12년(B.C. 482년) 魯, 衛, 宋 등 諸侯를 鄖에 소집하였으며 이듬해에는 晉, 魯 諸國이 참가한 '黃池之盟'을 주관한다(『左傳』 哀公 12·13年). 陳橋驛은 夫差의 패업을 위한 정책에 대해 논하면서 夫差의 패업을 齊 桓公과 楚 莊王에 비견하였다(「論勾踐與夫差」, 『浙江學刊』 1987-4).

진 것이 없다. 오국의 예에서 보는 바와 같이 중원과 관련한 고성왕古聖王이나 현신賢臣을 국가의 시조로 삼는다든가 중원의 역사무대에 등장하기 전까지의 역사가 불분명하다는 점은, 중국 고대 선진제국先秦諸國이 국가단계에 진입하는 선진제국 초기사의 공통된 문제이기도 하다. 춘추시기 오吳문화는 매우 이적시夷狄視되고 있으나 동시에 『춘추春秋』를 비롯한 문헌은 오국을 희성姬姓제후로 간주하고 있다. 이는 선진문헌이 대부분 전국시기에 이루어졌으며, 전국시기는 각국이 공동조상을 매개로 혈연적인 동류의식으로 결합되었다는 관념이 유행한 시기였다는[5] 점에서 볼 때, 오국 희성제후라든가 '태백중옹분형만'은 다분히 관념의 소산일 가능성도 있다.

여기서는 오국이 국가단계로 진입하는 데 문헌이 전하는 바와 같이 실제로 중원의 영향하에 이루어졌는가, 아니면 각 지역 사회발전의 연장으로 국가단계에 진입한 후 전국시기에 유행한 "각국이 공동조상을 매개로 혈연적 동류의식으로 결합되었다는 관념"의 소산으로 중원의 역사에 자신들을 결부시켰는가 하는 문제의식을 갖고 오입국吳立國 과정을 규명해 보고자 한다. 문제해결의 방법에 있어서, 지역문화발전의 연속성이라는 점에 주목하고자 한다. 즉, 선진제국이 국가단계로 진입하는 데 사회발전 단계의 연속에 의해 이루어졌을 경우와 외부 통치집단에 의해 국가지배 단계가 이식되었을 경우, 사회발전 단계를 반영하는 지역문화 계승발전상에 연속, 불연속의 차가 발생하리라 예상된다. 이러한 점을 오입국 문제에 적용하여 오吳지역 문화발전의 연속성 문제에 주목하여, 문헌자료에 결여

---

5 李成珪,「戰國統一論의 形成과 그 背景」,『東洋史硏究』8·9合輯, 1975, p. 80.

되어 있는 오입국에 관한 역사적 실체에 접근해 보고자 한다. 이와 더불어 청동문화 발전은 국가발전 단계의 지표 가운데 하나라는 점에서, 오吳 지역의 국가단계 진입과 관련하여 청동문화의 발생, 발전의 역사적 개별성은 어떻게 나타나는가 하는 문제를 살펴보고자 한다.

1) '태백중옹분형만'설의 검토

선진사적先秦史籍 가운데 오입국에 대한 기록은 매우 적으며『시경詩經』,『논어論語』,『좌전左傳』,『국어國語』,『주례周禮』및『목천자전穆天子傳』등에 단편적 기록들이 산재해 있다. 이들 선진문헌이 이루어진 전국시대는 아직 각국 역사에 관한 문헌과 구전이 남아 있었으며 제가諸家들 간에 활발한 논쟁을 통해 사실의 검증이 이루어졌던 시기다. 이외에도 선진시대의 저술이 담고 있는 역사적 사실은 명문銘文 자료와 대조해 볼 때 쉽게 부정할 수 없다는 점에서[6] 이들 선진저술이 전하는 오국 초기사는 비록 단편적이기는 하나 오국 초기사를 재구성하는 데 중요한 단서가 된다.

한대『사기』에 이르러 오吳 개국開國 단계의 역사는 선진에 비해 비교적 정연하게 서술되기 시작한다. 이후『한서漢書』「지리지地理志」,『오월춘추』,『회남자淮南子』,『한시외전韓詩外傳』,『일주서逸周書』등 늦게 나온 사료일수록 오吳 개국에 관한 기술이 점차 상세해지고 있으나 이는 후인의 가필에 의한 것인 만큼 신빙성도 떨어진다. 이 가운데『오월춘추』는『월절서越絶書』와 함께 오국과 월국에 관한 보다 상세한 당지當地 자료이나, 이들 지역 부족의 선사시기 전설이 실려 있을 뿐만 아니라 오월국사吳越國史 서술 중

---

6 吳浩坤,「"太伯奔吳說"不宜輕易否定」,『歷史敎學問題』1991-4, p. 35.

간에 황당한 이야기도 끼어 있다.[7] 따라서 『사기』와 같은 엄격한 사료선택과 신중한 기술에 의한 역사서술에 비한다면 사료의 신빙성에서 한 단계 떨어진다. 뿐만 아니라 현재에 전해지는 『오월춘추』가 한漢 조엽趙曄[8]에 의한 것인지 진晉 양방楊方[9]에 의한 것인지 작자와 연대에 있어서도 확실치 않다. 그러나 『오월춘추』의 저자가 조엽이건 양방이건 간에 『오월춘추』의 저자는 사마천이 이용한 자료를 당연히 보았을 것이며 이외에도 『월절서』를 비롯해[10] 당지에 전해 내려오는 전설을 접하였을 것이다. 또한 『오월춘추』가 선사시기 전설을 포함하고 있다 하더라도, 선사시기 전설이나 신화는 일정 부분 당대 사실을 반영하고 있음이 오늘날 각 지역의 고고 발굴자료에 의해 증명됨에 따라 신화나 전설과 같은 자료들의 역사자료로서의 가치가 재인식되고 있다.[11] 따라서 『오월춘추』가 조엽 한 사람에게서 나왔든 혹은 후대 사람에 의한 것이든가 간에 고대 오吳지역의 역사와 문화를 연구하는 데 특별한 비중을 두고 자료로 이용할 가치가 있다. 특히 『월절서』의 오월쟁패의 상세한 기록은 정사正史의 소략함을 보충하며, 「기오지전記吳地傳」은 오국의 성방궁전城防宮殿, 산천호박山川湖泊, 수륙교통水陸交通, 야련유지冶鍊遺地, 지리연혁地理沿革 등에 대한 풍부한 기록을 보유하고 있으며 많은 민간 전설을 포함하여 그 가운데 반영된 역사적 사실[12]

---

7 陳橋驛, 「『吳越春秋』及其記載的吳·越史料」, 『杭州大學學報』第14卷 第1期, 1984, p. 93.

8 『四庫全書』의 『吳越春秋』 提要에 의하면, 漢 趙曄 撰 외에 晉 楊方撰과 唐 皇甫遵 撰 『吳越春秋傳』이 있는데 오늘날 전해지는 것은 趙曄의 것이다.

9 徐天祐는 『吳越春秋』注를 내면서 漢晉 間의 稗官雜記體이며 漢文에 속하지 않으므로 今本은 楊方의 작품이라고 하였다.

10 『越絶書』嘉靖丁未刊本 陳壎跋에 의하면, "趙曄의 『吳越春秋』는 『越絶書』를 因하여 썼다." 고 한다.

11 陳橋驛, 「『吳越春秋』及其記載的吳·越史料」, pp. 93-97.

12 李泉, 「『越絶書』研究」, 『華東師範大學學報』, 哲學社會科學版, 1984-6, pp. 58-59.

을 추출할 수 있다. 따라서 오국사吳國史 및 오월지역의 문화를 복원하는 데 가장 풍부한 내용을 담고 있는 자료로『오월춘추』와『월절서』는 중심적 문헌자료임에 틀림없으나, 수몽 이전 오입국 시기에 관해서는 제왕諸王의 계보만 전하는 매우 소략한 서술을 하고 있다.

오국은 시조를 주周 태왕太王의 장자 태백太伯과 중옹仲雍으로 삼고 있다. 이는 중원 이외의 민족이 자신들의 역사를 중원에 관련지어 원고遠古에서 시작하는 것과 비교할 때 뒤늦게 역사가 시작되고 있으나,[13] 자신들의 역사의 시작을 중원과 연관하여 시작하는 점에서는 다른 여타 주변국과 마찬가지이다. 이러한 중원과 관련한 역사는 소수민족이 흔히 자신들의 정치적 위상을 높이기 위해 자칭 한족이나 한족의 후예임을 편조編造한 일종의 전설로[14] 그 역사적 사실 여부가 철저히 부정되기도 한다.[15] 고성왕과 현신賢臣들을 각국 조상으로 삼는 것은 전국시기 유행한 공동조상을 매개로 각국이 혈연적인 동류의식으로 결합되었다는 관념의 소산으로 볼 수 있으며, 혹은 모든 정치적 결합관계를 의제적인 혈연관계로 조직하려는 주대 종법질서관념의 연장으로 이해할 수 있다.[16] 한편 조선신에 관한 전설은 그들과 관련된 부족의 이동에 따른 타 부족과의 접촉, 통합과정을 반영한 것이라고도 볼 수 있으며,[17] 이러한 경우 과연 이 시기 오

---

13 吳보다 지리적으로 더욱 떨어진 越의 경우도 자신들을 '禹'의 후예이며 夏后 少康의 庶子가 봉해졌다고 越의 역사를 夏代로 소급하여 서술하고 있다(『越絶書』「記(越)地傳」). 蜀의 경우는 더욱 소급하여 중원 古傳承과 동일한 人皇에서 시작한다(『華陽國志』卷3「蜀志」).

14 陳橋驛은 이러한 類의 전설은 吳가 강대해진 夫差시절에 유포된 것이라고 한다(「"越爲禹後說"所源」,『浙江學刊』1985-3, p. 99).

15 衛聚賢,「太伯之封在西吳」,『吳越文化論叢』, 江蘇研究社, 1937.

16 李成珪,「戰國統一論의 形成과 그 背景」, p. 80.

17 顧頡剛,『古史辨』第一册, 自序.

68

국과 주周왕조는 모종의 접촉이 있었는가, 오吳지역의 국가단계가 과연 중원에 의해 이식되었는가의 사실 여부는 매우 불분명하다. 이러한 문제에 답하기에는 『오월춘추』나 『월절서』는 오입국에 관한 내용이 매우 소략하며, 오히려 시대적으로 가까운 선진문헌이 비록 단편적 내용이기는 하나 오입국을 재구성하는 데 중요한 단서를 제공한다.

A. 泰伯은 至德이라 이를 만하다. 세 번 천하로서 양보하였으나 백성들은 (그의 덕에 대해) 칭할 만한 것이 없었다. (『논어』 「태백」)

B. 圭를 주어 명하기를 吳伯이라 하고 吳王이라 하지 않았다. (『국어』 권19 「오어」)

C. 赤鳥氏는 周의 종실에서 나왔는데 大王亶父가 처음 서방에서 시작할 때 맏이인 吳太伯을 東吳에 봉하는데 金刃의 刑과 周室의 璧을 주었다. (『목천자전』 권2)

D. 태백은 한결같이 周禮로서 다스렸으나 仲雍이 이어서는 斷髮文身하고 조개로 장식을 하니 어찌 예라 하겠는가. (『좌전』 애공 7년)

일단 이들 전국 문헌이 밝히는 오입국에 관한 사실은 세 가지로 나누어 생각해 볼 수 있다. 첫째는 태백이 왕위를 양보하였다는 것이며(A) 이는 전통사회에서 예양禮讓의 모범으로 믿어져 왔다. 왕위계승에서 선양이 문제가 되기 시작하는 것은 전국시기 이후이며, 이는 소박한 고대세계의 잔재라기보다는 춘추전국의 피비린내 나는 권력 투쟁과 찬탈 가운데 유가에 의해 제시된 이상적 권력계승 형태이다. 오히려 이보다는 태백의 양위 사실은 형제 탈위奪位 투쟁 과정에서 몇 번인가 반복된 실패의 기록과 같은[18] 정치 현실의 반영이거나 아니면 말자상속제에 따라 고공단보古公亶父가 식민지 개척을 위해 장자를 파견한 역사적 사건을 반영한다고 볼 수 있다.

둘째는 오국이 희성이라는 것이다(B). 이러한 사실은 『국어』 외에 『춘추좌전』에서도 수차례 나타나[19] 전국 시기에 이미 확고한 사실로 인식되었음을 알 수 있다.[20] 셋째는 태백, 중옹이 외지에 봉해졌다는 사실이며, 태백이 봉해진 지역에 대해서는 '東吳', '斷髮文身 贏以爲飾'이라고 표현되었다. 위의 전국사료 가운데 가장 이른 시기의 자료인 『논어』에서는 태백이 강남지역으로 갔다는 언급은 아직 보이지 않는다. D의 '단발문신斷髮文身 영이위식贏以爲飾'은 강남 해안지역의 습속으로 태백, 중옹이 분출奔出한 지역이 강남이었음을 의미한다. C에서 말하는 '동오東吳'는 단순히 기원岐源 동쪽의 '오吳'만을 지칭한다. 산서의 '우虞'가 '오吳' 혹은 '의宜'라고도 칭해졌을 뿐만 아니라[21] 북우北虞의 경우 태백과 우중虞仲의 후예임을 명백히 밝히고 있어[22] 강남의 '오吳'뿐만 아니라 '북우北虞'를 지칭

---

18 陸振岳, 「關于古代吳國開端幾個問題」, 『蘇州大學學報』 1985-1. 그러나 『詩經』 「皇矣」는 太伯과 王季 형제의 우애를 전하고 있어, 太伯과 王季 간에는 골육상잔의 사정은 없었던 듯하다.

19 閔公 元年, 僖公 5年, 襄公 12年, 昭公 13年, 定公 4年, 哀公 元年·7年·13年.

20 그러나 한편 『春秋』와 『史記』는 壽夢시기에 비로소 중국과 통하였다고 하여 모순된 견해를 나타내며, 吳越은 楚와 함께 문화전통이 중원제국과 상이할 뿐만 아니라 중원문화의 접촉과 보급도 가장 늦어 이들에 대한 夷狄觀이 보인다(李成珪, 「戰國統一論의 形成과 그 背景」, p. 76).

21 長治市分水嶺 14호 묘에서 발굴된 銘文銅戈 6件 가운데 "吳□", "虞之戟", "宜□之剌戟"이라는 명문이 있어 이들 동기는 虞器이므로, '虞'는 '吳', '宜'라고도 겸칭함이 밝혀졌다(山西省文物管理委員會, 「山西長治分水嶺古墓의 淸理」, 『考古學報』 1957-1; 徐中舒, 『殷周金文集錄』, 四川人民出版社, 1984).

22 『左傳』 僖公 5年.

70

할 가능성도 있다.[23] 그러나 수몽 이후 산서의 우虞는 이미 멸망했으며 강남의 오국은 비로소 '오吳'라고 칭하기 시작하였음을 볼 때, 전국기 산서 '우虞'와 강남 '오吳'에 대한 지칭은 이미 확고하여 C의 '동오東吳'는 강남의 오국을 지칭한다. 이렇게 보았을 때 전국시대에 이미 태백, 중옹이 강남에 오를 입국立國하였다는 설은 확립되었음을 알 수 있다. 한대漢代에 이르러 '태백이 오입국을 하였다는 설(太伯吳立國說)'은 논리적 정연함을 갖게 된다.

E. 太伯과 弟 仲雍은 太王의 子이며 季歷의 兄이다. 季歷이 현명하고 아들 昌이 聖하여 太王은 季歷을 세워 왕위를 昌에게 전하고자 하였다. 이에 太伯, 仲雍 2인은 荊蠻으로 달아나 文身斷髮하고 쓰일 수 없음을 보여 季歷을 피하여, 季歷이 왕위에 올랐으니 王季이며 昌이 文王이다. 太伯은 荊蠻으로 달아나 스스로를 句吳라 칭하였다. 荊蠻人이 의롭게 여겨 그에게 귀의하는 자가 천여 가가 되었으며 吳太伯을 (왕으로) 세웠다. (『사기』 「오태백세가」)

F. 古公에게는 세 아들이 있었는데 장자는 太伯, 차자는 仲雍인데 雍은 일명 吳仲이라고도 하였다. …… 古公이 병이 나 두 아들이 衡山에서 약을 구한다고 하고는 荊蠻으로 가 斷髮文身하고 이적의 복장을 하였다. …… 古公이 죽자 太伯, 仲雍이 돌아와 상을 마치고는 荊蠻으로 돌아갔다. 국민이 그를 君으로 섬겼으며 勾吳라 칭하였다. …… 太子 發(武王) 왕위에 올라 …… 殷을 정벌하였다. 천하가 안정되자 …… 太伯을 吳에 追封하였다. 太伯이 죽자 梅里 平墟에 장례하였다. (『오월춘추』 권1)

---

23 張亞初, 「吳史新證」, 『江海學刊』 1963-8, p. 43.

사마천의 『사기』 「오태백세가」에 이르러서도 태백, 중옹의 입국지立國地가 '형만荊蠻'이라는 것 외에는 구체적으로 명확하게 서술되지 않아 사마천도 이 문제에 대해 분명치 않았음을 알 수 있다. '형만'의 개념은 상주商周에서 진한秦漢에 이르기까지 몇 번 바뀌었으나 『사기』의 '형만'은 '초월楚越의 경계'를[24] 지칭한다. 따라서 사마천이 『사기』 「오태백세가」에서 '형만'이라고 기술하였을 때는 지리적으로 장강 하류 오국의 범위를 지칭한 것이다.[25] 동한의 『오월춘추』에 이르러 갑자기 태백, 중옹과 관련된 지명이 두 곳 등장한다. 하나는 태백, 중옹이 처음 도착한 지역이 '형산衡山'이라는 것과 태백을 '매리梅里'에 장례 지냈다는 것이 명확하게 기술된다.[26] '형산'의 지명은 매우 많으나 안휘의 '곽산霍山'[27] 혹은 단양현丹陽縣의 '횡산橫山'[28] 두 곳이 장강 하류 호숙湖熟문화의 분포 내에 있다. 당대唐代 이후에는 좀 더 구체적으로 태백의 고성故城이 무석武錫 매리촌梅里村에 있다는 설이 유행하였다.[29] 오늘날 단도丹徒, 무석武錫, 소주蘇州에는 모두

---

24 '荊蠻', '荊楚'는 戰國 時 楚國을 지칭하였으나, 越이 楚에 멸망된 후 '荊蠻'은 秦代 장강 중하류의 지리개념으로 사용되었다(張守節, 『史記正義』 "荊蠻者 楚滅越 其地屬楚 秦滅楚 其地屬秦 秦諱楚 改曰荊 故通號吳越之地爲荊 北人書史 加之云蠻 勢之然也", 司馬貞, 『史記索隱』 "荊者 楚之舊號 以州而言之曰荊 蠻者閩也 南夷之名 蠻亦稱越 此言自號句吳 吳名起於太伯 明以傳未有吳號 地在楚越之界 考稱荊蠻.").

25 顧紹武·兪冠南, 「荊蠻與勾吳」, 『江蘇省哲學社會科學聯合會 1981年年會論文選』(考古學分冊), 1982, pp. 90-91.

26 『吳越春秋』 「吳太伯傳」 第1 "二人託名採藥於衡山 遂之荊蠻.", "遭殷之末世衰 中國侯王數用兵 恐及以荊蠻 故太伯起越 周三里二百步 外廓三百餘里 在西北隅名曰故.", 周武王 時 "追封太伯於吳 太伯殂卒葬於梅里平墟."

27 "衡山卽霍山 鳩玆當在舒鳩附近."(童書業, 「春秋末吳越國都辨疑」, 『中國古代地理考證論文集』, 中華書局, 1962)

28 『左傳』 襄公 3年 "楚子重伐吳 …… 克鳩玆至于衡山."; 『後漢書』 「郡國志」 "丹陽縣之橫山 去鳩玆不遠."

29 范成大, 『吳郡志』 卷39 "太伯冢在吳縣北五十里 武錫縣界西梅里村鴻山上 去太伯所去城十里."; 張守節, 『史記正義』 "太伯居梅里 在常州武錫縣東南六十里."

매리梅里라는 지명이 있으며 오늘날에도 매성梅姓의 주민이 간혹 보인다.[30] 『월절서』에 의하면 "월이 망한 후 월왕 자손이 영진寧鎭의 단양고향丹陽皐鄕에 도착하여 성을 '매梅'로 바꿔 이 지방을 매리梅里라고 불렀다."고 한다.[31] 이로 볼 때 동한 당시 매리는 아직 단양에 있었다.[32] 무석武錫 매리梅里가 당대唐代 사람의 저작 중에 여전히 보이는 것으로 보아, '매리梅里'는 위진, 수당 시기에 와서야 모산茅山 이서以西에서 태호太湖 동부로 옮겨졌으며 소위 '무석매리武錫梅里'는 후인의 위탁이다.[33] 이외에 소주蘇州,[34] 번리설藩離說[35] 등이 등장하여 오늘날에 이르기까지 이 지역을 중심으로 오국 활동 전설을 담은 유적이 전해지고 있다. 이처럼 문헌상 전국 이후 확립된 '태백중옹분형만'의 오입국 설화는 초기자료의 불명확함에서 점차 시간이 흐름에 따라 후인의 가필과 추론에 의해 내용과 입국지立國地의 지리적 위치가 구체화될 뿐만 아니라 이와 관련된 유적지까지 전하게 되는 허구성을 나타내고 있다. 여하튼 당시의 역사적 정황과 선진문헌에서 확인할 수 있는 '태백중옹분형만'의 설화가 갖는 역사적 사건의 실체는 고공단보가 연장자를 외지에 파견하였다는 사실이며, 그 지리적 위치와 관련해서는 초기 선진문헌에 비해 후기로 갈수록 기술이 명확해진다

---

30 이러한 현상은 주대 吳人이 여러 번 도읍을 옮기면서 그 발원지를 기념하며 옛것을 계승하는 현상으로 이해할 수 있다(商志潭, 「吳國都城的變遷及闔閭建都蘇州的緣由」, 『吳文化硏究論文集』, 中山大學出版社, 1988, p. 8).

31 『越絶書』, "自無餘封于越以來 傳聞越王子孫在丹陽皐鄕, 更姓梅 梅以是也."

32 丹陽은 조기 오문화가 가장 밀집한 지역이며 宜侯矢墓는 오늘날 丹陽 부근에 있는데, 宜侯矢墓가 丹陽 부근에 있는 것은 우연이 아니다.

33 董楚平, 『吳越文化新探』, 浙江人民出版社, 1988, pp. 156-157.

34 『漢書』 「地理志」 吳縣下注云 "故國, 周太伯所邑."

35 『世本』 居篇 "吳執哉居藩离" 漢宋忠注 "執哉 仲雍字."

는 점은 오吳 입국지의 모호함을 반영한다.[36] 그렇다면 과연 문헌자료가 한결같이 전하는 바와 같이 고공단보 시기 주周세력이 오吳지역에까지 미쳤을 가능성에 대해 검토해 볼 필요가 있다.

　주周는 문왕文王시기에도 상商에 신복臣服하는 관계에 있었으며[37] 상商과 정면으로 충돌하지 못하였다. 따라서 고공단보는 저항이 가장 적고 상商과의 관계가 비교적 먼 지방에 나아가 식민하여 국력을 배양하기 위해 태백, 중옹을 파견하여 강한江漢을 따라 오吳에 이르렀다고 생각할 수도 있다. 그러나 태왕시기 주周는 막 빈豳에서 기산岐山으로 천도하여 점차 세력을 확장해 나가던 시기이기는 하나 계력시기에도 서북의 견융犬戎을 정벌하여 서북 유목부락의 위협을 제거하고 오늘날 산서 일대 융족 제압에 주력하여 서방의 강대한 방국方國으로 자리 잡아 가는 시기였다. 게다가 문왕시기까지도 아직 연경융燕京戎, 여무융余武戎 등 산서지방 경영에 주력하는 형세였다는 정황으로 보아,[38] 고공단보 시기 강력한 회이淮夷의 장막 너머[39] 오吳지역까지 태백, 중옹을 파견할 필요성과 역량에 있어서는 무리라고 생각되며, 그보다는 이후 계력, 문왕에 의해 적극적으로 수행되는 산서지역의 제융諸戎 제압을 위한 전초기지 건설을 위해 이 지역에 파견하였을 가능성이 더 많다. 이와 같이 문헌이나 역사적 정황상의 오吳 입국지가 모호하다면, 다음으로 오吳 입국지로 추정되는 지역에 대한 주초周初

---

36 末子 傳位는 후의 楚國이나 蒙古에서 보인다(徐仲舒,『先秦史論考』, 巴蜀書社, 1992, p. 123).

37 文王시기 周와 商 왕조의 정치적 관계에 대해, 商周는 결코 臣服관계에 있지 않았으며 商은 한 方國의 왕조로 비교적 강한 方國聯盟의 수장의 지위에 있었다는 이해도 있다(王愼行,『文王非紂臣考辨-謙論文王的文治武功』,『歷史硏究』1994-5: k21. 1995-2, pp. 27-28).

38 앞 글, pp. 36-37.

39 이 시기 東夷, 淮夷는 매우 강성하여 商 왕조 말기 내내 동방원정 用兵에 분주하였다.

주周세력의 영향을 검토해 볼 필요가 있다.

2) '의후측궤宜侯矢簋'와 서주의 강남진출

고고유물 자료에 의하면 주초 이전 중원세력이 직접적으로 강남의 오吳지역에까지 미쳤다는 구체적인 흔적은 아직까지 드러나지 않고 있다. 그러나 한편 상商 방국方國유지를 통해 알려진 바에 의하면, 중원세력은 상대商代에 이미 강소江蘇 여주徐州, 호북湖北 황피黃陂, 안휘安徽 가산嘉山, 강서江西 청강淸江에까지 미쳤으며[40] 주周 문왕시기 멸상滅商 이전 촉국蜀國, 소국巢國을 정벌하였다[41]는 기록이 있다. 그러나 주초 이전 중원세력이 영진寧鎭지구에까지 미쳤다는 직접적인 문물자료는 없다. 단, 영진 및 환남皖南 지구는 동석의 풍부한 산지로 구용句容, 표수漂水, 강녕江寧 등에는 모두 동산銅山이 있어 고대 채광지였으며[42] 특히 근년에 환남의 동릉銅陵과 남릉현南陵縣에서 모두 상주商周시기 대형 동광銅礦유지가 발견되었다.[43] 고대 상주 왕조의 강남진출 목적 가운데 하나가 대량의 청동기 주조에 따른 청동 원료를 얻기 위한 것이었음을 고려한다면,[44] 주초 이전 이 지역에 중원세력이 미칠 수 있었을 가능성은 배제할 수 없다.

1954년 강소江蘇 단도현丹徒縣 연돈산烟墩山에서 주초 강남진출과 관련

---

40 中國社會科學院考古硏究所 編, 『新中國的考古發現和硏究』第3章(文物出版社, 1984) 참조.

41 陝西岐山周原에서 발견된 17,000여 편의 갑골 가운데 "伐蜀", "征巢" 등 武王의 克商 이전 文王시기의 기록이 있어 주초의 세력이 점차 강대해서 장강 하류 일대에 도달하였음을 나타낸다(陝西周原考古隊, 「陝西岐山鳳雛村發見周初甲骨文」, 『文物』1979-10).

42 蕭夢龍, 「對"湖熟文化"的幾個問題的再認識」, 『東南文化』1990-5, p. 166.

43 劉平生, 「安徽南陵大工山古代銅礦遺址發現和硏究」, 『東南文化』1988-6. 繁昌, 銅陵, 南陵 等 皖南지구의 古礦冶遺址는 서주만기에 채광이 시작되었다.

44 蕭夢龍, 「對"湖熟文化"的幾個問題的再認識」, p. 166.

한 '의후측궤宜侯夨簋'가 출토되었다.[45] 명문 내용 가운데,

…… 王省武王成王伐商圖 遂徙省東或圖 …… 王令虞侯夨曰□虞于宜 ……

에 대해 당란唐蘭은 "서주西周 강왕康王시기 우후虞侯 측夨을 '의宜'에 개봉改封하였는데 '의宜'는 출토지인 단도丹徒 혹은 그 부근일 가능성이 있다. 출토지인 단도는 주대周代 오국 범위에 속하며, 따라서 '의국宜國'은 '오국吳國'이며 '우虞'가 지칭하는 것은 북우北虞가 아니라 오월吳越의 '오吳'"라고 고석하였다.[46] 이렇게 볼 경우 오국은 강왕康王시기 주周에 의해 봉국封國으로 설치되었다는 것이 된다. 그러나 '의후측궤'와 우虞, 오吳, 그리고 출토지인 단도와의 관계에 대한 논란은 현재까지도 끊이지 않고 있다.[47] '의후측궤'와 오국의 관계를 중심으로 몇 가지 문제를 검토해 보자. 첫째, '의후측궤' 명문상의 '우虞'는 북우北虞인가 오월吳越의 오吳인가 하는 것과 우虞, 오吳는 어떤 관계인가 하는 문제이다. 우虞, 오吳의 논란은 '우虞'자는 고음에 오吳와 같은 어부魚部이며 동성同聲이므로 가차할 수 있다는 데서 나온다. 그런데 우국虞國의 명칭을 뒷받침하는 자료가 산서성 장치시長治市 분수령分水嶺 14호 묘에서 발굴되었다. 동과銅戈 6건 가운데 '오□吳□', '우지극虞之戟', '의□지자극宜□之剌戟'이라는 명문이 있어, 이

45 江蘇省文物管理委員會,「江蘇丹徒縣烟墩山出土的古代靑銅器」,『文物參考資料』1955-5.
46 唐蘭,「宜侯夨簋考釋」,『考古學報』1956-2; 郭沫若,「夨簋銘考釋」,『考古學報』1956-2; 李學勤,「宜侯夨簋與吳國」,『文物』1985-7.
47 黃盛章은 虞侯를 '宜'에 改封한 것이 武王, 成王 時에 伐商과 '東國圖'와 관련되어 이루어지고 있다는 점에서, 武王, 成王 伐商의 지리 노선상에 있는 王畿직할지 내의 '宜陽'이라고 한다(黃盛章,「銅器銘文宜·虞·夨的地望及其與吳國的關係」,『考古學報』1983-3, p. 297).

들 우국虞國 동기銅器에 의하면 '우虞'는 '오吳', '의宜'라고도 겸칭함이 밝혀졌다.[48] 우국虞國의 경우는 이처럼 '오吳'나 '의宜'라고도 하였으나 남방 '오吳' 출토 동기에 의하면 오吳, 공오攻吳, 공어攻敔, 공어攻𢾺라고 하고 우虞라 칭하지 않았다.[49] 서주시기 세력 확장에 따라 봉지를 이동하거나 제후가 새로운 영지에 봉해질 경우 구래의 국칭國稱을 사용하였음을[50] 고려할 때 일단 오국吳國과 우국虞國은 분봉관계에 있지 않은가 생각해 볼 수 있다. '오吳'와 '우虞'의 분봉관계를 나타내는 기술이 『사기』 가운데도 나타나는데,

周武王克殷, 求太伯仲雍之后, 得周章. 周章已君吳, 因而封之. 乃封周章弟虞仲於周之北故夏虛, 是爲虞仲. (『사기』 「오태백세가」)

라고 하여 '오吳'에서 '우虞'가 분봉되었다고 한다. 그러나 서주시대에 봉국의 이주나 분봉이 흔히 있어 왔으며, 이는 주周세력이 확장하면서 교통로의 안전한 확립, 군사적 거점의 확보 등의 필요에 따라 이루어졌으며, 따라서 봉국의 이주와 분봉은 중원에서 점차 외곽으로 확대되는 방향으로 행해졌다.[51] 이러한 서주시기 봉국의 이주와 분봉의 경향으로 보아 원격지 강남에 오吳가 먼저 봉해진 이후 그로부터 중원의 '우虞'가 분봉되었다고 하는 것은 다시 검토해 볼 필요가 있다.

---

48 山西省文物管理委員會, 「山西長治分水嶺古墓的淸理」; 徐中舒, 『殷周金文集綠』.
49 黃盛章, 「銅器銘文宜·虞·矢的地望及其與吳國的關係」, p. 298.
50 伊藤道治, 「姬姓諸侯封建の歷史地理的意義」, 『中國古代王朝の形成』, 創文社, 1976, p. 277.
51 燕의 경우 처음에는 河南省 郾城縣 근처에 봉해졌으나 후에 일부가 山東의 梁山 부근과 易縣으로 옮겨진 것도 한 예이다(伊藤道治, 「姬姓諸侯封建の歷史地理的意義」, pp. 261-262).

우선 북우北虞와 남오南吳가 성립한 시대적 선후관계를 보면, 『시경』 「대아大雅·면綿」에 문왕 시기 '우虞'와 '예芮'가 서로 간의 쟁송을 그만두었다는 내용에[52] 나타나는 '우虞'는 '예芮'와 인근이므로 '북우北虞'이지 '남오南吳'일 수 없으며 따라서 북우는 문왕시기에 이미 존재하였음을 알 수 있다. 한편 남오는 춘추시대에 비로소 문헌, 명문 자료에 나타난다.[53] 물론 문헌자료에 나타나는 시기를 곧 국가 성립시기로 보아 북우가 먼저 생겼으며 남오가 그 이후에 생겼다고 단정 지을 수는 없다. 그러나 '우虞'는 '오吳'나 '의宜'라고도 하나 남오의 경우 '우虞'라고 가차하지 않았다는 사실을 함께 고려해 볼 때, 북우보다 늦게 남오가 생긴 이후 북우와 혼란되지 않기 위해 '오吳'는 '우虞'라 칭하지 않았는가 생각한다.[54] 이럴 경우 '의후측궤'의 '우虞'는 북우를 지칭하며, 분봉관계에 있는 '오吳'와 '우虞'는 '오吳'가 '우虞'에서 분봉되어 나왔다고 봐야 한다.

그렇다면 '의후측궤'에서 우후虞侯가 봉해진 '의宜'는 어디이며, '의후측궤'는 단도와 어떤 관계에 있는가. 앞서 말한 산서성 장치시 분수령 14호묘에서 발굴한 청동기 명문에 의하면 '의宜'는 '우虞'와 서로 가차하며 우국虞國을 나타낸다. 이렇게 볼 때 '의후측궤'의 의宜는 원래 구지舊地 우국虞國을 지칭할 가능성도 있으며, '의후측궤'는 중원과의 전쟁을 통해 오국

---

52 『詩經』 「大雅·綿」 "虞芮質厥成 文王蹶厥生."
53 문헌상 확실한 남방의 吳에 대한 기록은 『左傳』 宜公 8年(B.C. 601) "楚爲衆舒叛 故伐舒蓼 滅之 楚子疆之及滑汭 盟吳越而還."에 처음 보인다. 청동 명문상의 吳의 명칭은 江西省 淸江縣 출토 '者減鐘'에 '工䲣', '工䖩'에 가장 처음 나타나는데, 종의 형태와 문양으로 볼 때 춘추 중기에 속하며 '者減鐘' 명문상의 皮難은 畢軫의 假借이며 이는 곧 句卑이다(董楚平, 『吳越徐舒金文集釋』, 浙江古籍出版社, 1992, p. 39).
54 董楚平, 「宜侯矢簋 "虞", "宜" 考釋」, 『江海學刊』 1987-3, pp. 77-79.

인오국인吳國人이 가져왔을 경우도 생각해 볼 수 있다.[55] 그러나 중원 청동기의 출토는 '의후측궤' 단독적인 것이 아니며 단도를 중심으로 하여 안휘安徽 둔계屯溪, 표수漂水 조산鳥山, 의징儀徵 파산구破山口 등지 묘에서 서주 초기, 중기 중원 박래舶來의 청동기가 발굴되고 있어, '의후측궤'는 오인吳人이 중원으로부터 단독으로 가져온 것이라고 볼 수 없으며 출토지 단도와 관계있는 기물이며 의宜가 곧 단도라고 보는 것이 자연스럽다.

그렇다면 우후虞侯는 왜 멀리 단도에 개봉改封되었는가. 이러한 문제는 우후가 의宜에 봉해진 것은 "무왕武王, 성왕成王의 상도商圖를 이어 '동역도 [東或圖]'를 살핀 것"과 관련하여 행해졌다는 사실을 통해 풀어 볼 수 있다. '의후측궤'의 '상도商圖'는 상商의 구도舊都인 위衛 지역이며, '동도東圖'는 조曹 이동以東을 말한다.[56] 서주는 동역東域 제압에 많은 노력을 했으며 엄奄을 비롯한 상商의 잔존세력과 동이東夷로부터 교통로를 지키기 위해 희성제후들을 제수濟水, 단수丹水, 기수沂水 유역에 배치하였다. 서주 봉건이 무왕武王의 벌상伐商 혹은 성왕成王의 동방정벌이 끝나는 어떤 고정된 시기에 한꺼번에 행해진 것이 아니라 무왕, 성왕 혹은 강왕康王 시기에도 서주 세력의 동진에 따라 교통로를 확보하기 위해 수시로 행해졌으며, 서주 군대의 거점을 확보했을 때 여기에 지휘관을 봉건하였다.[57] 당시의 군대는

---

55 劉建國,「宜侯矢簋與吳國關係新探」,『東南文化』1988-2, pp. 97-99.
56 『春秋左傳』에서는 曹를 포함하여 그 以東의 제후는 東諸侯라고 한다. 서주 전기 금문에 나타나는 東城은 1 保卣「乙卯 王命保及殷東或」, 2 明公簋「唯王命明公遣三族 伐東或 才□ 魯侯又□功」라고 하여, 1은 殷地域과 東城을 말하며, 2는 東城을 벌하는 데 魯侯가 관련되어 있다는 점 모두 『春秋左傳』의 東諸侯의 영역, 즉 曹 以東지역을 말한다.
57 邢國의 경우, 초기 周의 근거지인 陝西 華縣 일대에 봉해졌으나 이후 周세력이 東進하면서 군대진출을 위한 기지 및 주요 교통로를 확보하기 위해 河南省 溫縣의 邢丘, 이후는 다시 북방의 邢臺로 봉지를 옮겼다.

족적族的 편제를 기본으로 했으므로 지휘관은 자기 일족으로 군대를 구성하여.어느 지역에 정착했을 때는 그대로 영주로 이행하는 것이 가능하였으며, 이렇게 군사행동에 의해 동방에 진출하여 새로운 토지를 점하고 영주가 되었다는 점을 고려할 때[58] 우후가 단도지역에 봉해진 것 역시 장강 유역의 군사기지 확보를 위해 동방정벌에 나섰던 우후를 이곳에 배치하여 의후宜侯로 봉한 것으로 이해할 수 있다.

그러나 동방원정에 이어 행해졌다고는 하나 동역東域에서 장강의 단도까지는 너무 거리가 멀다. 또 회수 이남에 희성제후를 봉한 유일한 경우이기도 하다. 희성제후가 봉해졌다면 왜 멀리 오吳에까지 고립적으로 봉해졌는가. '의후측궤'에 기록된 '무왕성왕벌상도武王成王伐商圖'는 역사적으로 볼 때 '삼숙三叔의 난'을 평정하기 위한 성왕의 동정을 이르며[59] 서徐, 엄奄 등 산동, 노남소북魯南蘇北의 동이족은 서주의 군사적 압박을 피해 남천南遷하여 서徐는 강회江淮 유역에 이른다.[60] 성왕 이후 강왕시기에는 멸상 이후 주변국에 대한 지배를 확고히 하기 위한 일련의 무력 사용과 이를 이은 번병藩屛이 이어졌으며[61] 이것이 곧 '의후측궤'의 '徙성동역도徙省東或圖'에 해당한다. 강왕康王시기에 우후를 '의宜'에 개봉開封한 것은 남천한 동이족을 제압하기 위해 주인周人을 장강 연안에 이주시켜 하나의 군

---

58 伊藤道治,「姬姓諸侯封建の歷史地理的意義」, pp. 264-265.

59 근년 출토된 臨沂漢簡「孫臏兵法」에 "商奄反 故周攻淺(踐)之."라고 하여 奄의 반란을 정벌한 기록이 있다.

60 『左傳』杜注 "徐卽淮夷; 趙宗秀,「試論商末周初徐國之所在」,『東南文化』1995-1, p. 34. 徐, 奄은 본래 대국으로 문화선진의 顯族으로 南遷 후 여전히 周에 종속하여, 成王 時에 '東國'은 武王 時보다 훨씬 동남으로 확산하여 '東國圖'는 마땅히 江蘇 長江 연안을 포괄한다. 주의 세력이 이미 멀리 강회지역에 도달한 것과 관계가 있다.

61 『左傳』昭公 26年 "昔武王克殷 成王靖四方 康王息民 幷建母弟 以藩屛周."

사거점으로 삼을 필요성에 부합한다. 궤명簋銘의 "재의왕인(십)우칠생在宜 王人(十)又七生"의 구절에서 성왕시기 이미 주인周人을 의宜에 천사遷徙시켰음 을 알 수 있다. 강왕시기에는 서徐, 엄奄을 감시하기 위해 신분이 비교적 높은 희성 귀족인 '우虞'를 장강 변邊에 봉하여 군사거점으로 삼았다.[62] 오 吳와 마찬가지로 북방의 봉건이 부정된 연燕도[63] 적어도 서주 전기에 실 제로 연燕에 관계있는 사람들이 이鮞 혹은 북방에 나아간 사실이 확인되 어,[64] 서주세력이 원격지 오지吳地에 도착할 가능성도 무시할 수 없다. 이 러한 사실로 볼 때, 희성 집단이든 아니든 일단의 주周세력이 오吳지역에 도착하여 이후 어떤 형태로든 계승되고 그것이 춘추의 오국과 연결되었 을 가능성이 있다.[65] 동방원정에 이어 단도지역에까지 서주세력이 미쳤을 경우, 서주세력이 동남지역으로 남하하는 교통로상의 서주세력의 흔적은 비현邳縣에서 우이盱眙에 이르는 지역의 서주유지는 시기적으로 서주라는 것 말고는 상세히 알 수 없으나,[66] 황하 유역으로부터 사수泗水를 거쳐 동 남으로 내려갔으며, 비현으로부터 장강 유역으로 내려갔을 것으로 추정 된다.[67]

---

62 董楚平, 「宜侯矢簋"虞", "宜"考釋」, p. 79.
63 齊恩和, 「燕吳非周封國說」, 『燕京學報』 28, 1940.
64 1980년대 이후 北京市 房山縣 琉璃河에서 '匽侯' 명문이 있는 동기가 다수 보고됨에 따라 이 지역이 燕初의 도성일 가능성이 높아졌지만, 특히 최근 '太保', 즉 燕召公을 '匽侯'로 봉 하는 명문이 새겨진 동기를 수반한 대묘의 발굴은 이 문제를 결정적으로 해결한 것 같다 (李成珪, 「先秦 文獻에 보이는 '東夷'의 성격」, 『韓國古代史論叢』 제1집, 1991, p. 139; 中國 社會科學院考古硏究所·北京市文物硏究所琉璃河工作隊, 「北京琉璃河1193號大墓發掘簡報」, 『考古』 1990-1).
65 伊藤道治, 「姬姓諸侯封建의 歷史地理的意義」, p. 266.
66 沿海部의 新海連은 商末周初이며 그 북쪽의 贛楡는 서주시기이다.
67 黃河에서 吳지역에 이르는 데는 濮水를 이용하는 것이 가능할 것 같으나, 이 지대는 商代 에서 서주에 이르기까지 중원으로부터의 진출은 보이지 않아 교통로로 이용되지 않았음

그렇다면 이처럼 오吳지역은 강왕시기 서주세력이 이곳에 봉국을 행하여 중원과 일찍부터 관계를 맺었다고 할 때, 춘추 중기 수몽시기『좌전』 기록에 뒤늦게 등장하기까지 왜 중원과 오吳의 관계는 소원한가. 서주 전기, 중기에 봉해진 제후가 종실에 친견한 것을 나타내는 자료가 있으나 후기로 가면서 그러한 자료는 거의 보이지 않는다. 뿐만 아니라 '춘추 12제후春秋十二諸侯'에 포함되어 있는 희성제후에 대해서도 서주 중기 이후에는 분명하지 않으며 선왕宣王시기가 되어서야 역사가 다소 분명해지기 시작한다. 오吳지역에 강왕시기 희성제후인 우후가 봉해졌음에도 불구하고 이후 춘추 중기에야 비로소 다시 중원과의 관계를 나타내는 역사 기록에 등장하는 것은, 서주 중기 이후 서주의 지방제후에 대한 통제력 약화와 이에 따른 지방 제후국들의 독자적 발전에 기인할 가능성이 있다.

장강 이남 지역의 서주유지는 시기가 명확한 것은 서주 전기, 중기이며 그 후는 토착문화와의 혼합형이다. 이는 서주의 이 지역에 대한 진출이 강회지역에 대한 진출과 동시에 일어났으며 중기 이후의 시점에서 정지되었다는 것을 나타낸다.[68] 서주 후기의 역사를 나타내는 금문金文은 종주宗周지역 이외에서는 거의 보이지 않는다. 이는 서주 후기 지방제후가 점차 독자의 움직임을 취해 온 것을 암시하며[69] 서주세력의 약화에 따른 지방제후에 대한 통제력의 약화와 관계가 있다. 연燕의 경우도 일찍 북방에 진출하다 그 후 소식은 분명치 않으며 주위 융적의 내부에 매몰되었는데,

---

을 알 수 있다. 吳가 이용한 것은 魯宋 간의 수로라고 한 것으로 볼 때 泗水, 丹水 유역을 통하였으며 이는 곧 서주의 진출로와 같다(伊藤道治,「姬姓諸侯封建の歷史地理的意義」, p. 269).

68 伊藤道治,「姬姓諸侯封建の歷史地理的意義」, p. 275.

69 「兮甲盤」의 銘에 의하면, 宣王시대 제후가 周室의 통제에 반한 행동을 한 것과 관련이 있다.

이와 마찬가지로 오吳의 지역적 격절은 중원문화와의 단절 및 토착문화의 발전을 가속화하였다. 이외에 일찍이 서徐 등 강력한 회이족淮夷族이 이 지역에서 서주세력의 조직적인 진출을 누르고 있었기 때문이다.[70]

이와 같은 오입국에 관한 문헌, 명문 자료를 종합해 볼 때, 이제까지 널리 유포된 태백, 중옹에 의해 오吳가 입국되었다는 문헌전승은 후인의 가필에 의한 허구이며, 이보다는 강왕시기 장강 유역의 군사거점을 위해 우후를 '의宜'에 분봉하였으며 '의국宜國'은 곧 '오국吳國'이라는 추론이 더 역사적 정황에 부합한다. 한편 이러한 추론이 사실이라면, '의후측궤'에 의하면 강왕시기 우후를 의宜에 봉할 때 봉물로 창鬯 및 창구鬯具, 궁시弓矢, 토지土地(천읍川邑 등), 인력이 하사되었다. 따라서 의宜는 군사거점과 함께 주문화의 거점이 되기도 한다. 이렇게 볼 때 응당 의宜 부근에는 주인周人 통치 집단의 문화, 즉 주문화가 이식되었으리라고 예상되며 이로 인한 이 지역문화에 대한 파장을 기대해 볼 수 있다. 따라서 다음에서는 단도를 중심으로 한 지역문화 발전상에서 나타나는 변이현상에 주목하여 오吳지역 청동문화가 과연 외부세력의 영향에 의해, 특히 서주에 의해 이식, 발전되었는가 하는 문제를 중심으로 오吳지역 청동문화 발전을 검토해 보고자 한다.

3) 영진지구 청동문화와 사회

상대商代 이후 중국문명의 발달은 상商문화가 선진적 위치에서 주변 지역에 영향을 주면서 상商문화 영역을 확대해 가는 과정으로 인식된다.[71]

---

70 伊藤道治,「姬姓諸侯封建の歷史地理的意義」, pp. 165-166.
71 물질문화상 商을 핵으로 하는 하나의 문화적 공동체가 이미 황하 및 장강 중·하류역의 광

따라서 오吳지역이 문명단계의 중요한 요소인 청동문화 단계에 진입하는 데 독자적 청동기술에 의해 청동문화를 탄생시켰는가 아니면 중원 상주문화의 직접적 영향에 의해 청동문화 발생의 계기를 갖게 되었는가 하는 문제에 대해 관심이 모아지고 있으며, 이와 동시에 중원세력이 직접 영향을 미치는 시기는 언제인가 하는 것은 상주시기 지역사 연구의 중요한 문제 가운데 하나이다.[72] 이에 대해 최근에는 각 지역 청동문화 발전의 독자성을 찾으려는 연구가 이루어지고 있으며, 이 가운데 삼성퇴 청동문화의 독특한 면모는 사천지역 청동문화의 독자적 발전뿐만 아니라 역사시대 이후 선진중원문명에 비해 주목받지 못한 장강 유역 문명 발전의 독자성의 일면을 밝혀 준다는 점에서 중요한 의의를 갖는다.[73]

이러한 문제와 관련하여 오吳지역[74] 청동문화는 조기 청동기물에서부터 상商문화 요소가 나타나 오吳지역 청동문화의 발생 역시 상商문화의 야주治鑄기술이 전파된 결과라는 이해가 지배적이다.[75] 뿐만 아니라 오吳

대한 지역에 확립되어 있었다는 것이다(中國社會科學院考古研究所 編, 關野雄監 譯, 『新中國の考古學』, 平凡社, 1988, p. 227). 최근 盧連成이 商代 청동문화를 '商文化中心區', '商文化亞區', '商文化附庸區'로 구분하여 이해한 것은 商 문화중심론의 한 예이다(盧連成, 「商代社會疆域地理的政治架構與周邊地區靑銅文化」, 『中國歷史地理論叢』 1994-4, K21 1995-4).

72 李學勤에 의하면, 장강 하류의 청동기는 商代 중원문화의 큰 영향을 받았으며 서주 이후 점차 자기의 독특한 전통을 이루었으며 춘추 말년 장강 중류와 점차 접근하여 통일된 남방계의 청동형식에 도달하였다(李學勤, 「從新出靑銅器看長江下流文化的發展」, 『新出靑銅器研究』, 文物出版社, 1990, p. 262).

73 이에 대한 최근의 연구로는 金秉駿, 『中國古代 地域文化와 郡縣支配』, 일조각, 1997이 있다.

74 吳지역의 범위는 '宜侯大簋'에서 전하는 吳 立國地인 丹徒를 중심으로 하는 寧鎭지구를 비롯해 '太伯仲雍奔荊蠻'의 문헌에서 추정하는 오 입국지 太湖 지구 양 지구를 모두 포괄하여 일컫는다. 청동문화의 발생과 발전과정에서 양 지역은 각기 상이한 문화특성을 나타내고 있다.

75 曾昭燏·尹炳章, 「試論湖熟文化」, 『考古學報』 1959-4, p. 54; 蕭夢龍, 「對"湖熟文化"幾個問題的再認識」, p. 166; 劉興, 「東南地區靑銅器分期」, 『考古與文物』 1985-5, p. 91.

84

지역 청동기술의 비약적 발전은 곧 역사서가 전하는 '태백중옹분형만'의 직접적 결과라는 것이다.[76] 그렇다면 선진문헌이 말하는 '태백중옹분형만' 혹은 '의후측궤'가 전하는 강왕시기의 오吳 봉국, 즉 중원세력에 의한 오국의 성립은 당연히 중원의 선진문물의 이식을 가져왔을 것이며, 더불어 오吳지역은 토착문화의 계승 발전에 있어서 비약이 있었을 것으로 예상된다. 따라서 문자자료가 전하는 오입국에 있어서 중원의 영향이 당지 토착문화의 계승에서는 어떠한 양상으로 나타나는가 하는 문제를 살피고자 한다.

영진지구 청동문화는 발생에서부터 발전과정 내내 중원문화에서 일정한 영향을 받았음을 나타낸다. 한편 문자자료가 전하는 바와 같이 주초 영진지구에 주周 봉국이 세워졌다고 할 경우 봉건의 설치는 당연히 영진지구에 새로운 정치체제와 문화를 이식시켰을 것으로 예상된다. 따라서 여기에서는 주초 봉국지배체제의 이식과 중원문화의 유입의 결과 나타날 것으로 예상되는 토착문화 발전상의 비약과 단절 등을 통해 주초 영진지역의 사회적 변화를 살피고자 한다. 앞서 '의후측궤' 명문에서 확인한 주周 강왕이 우후를 봉한 사실과 관련하여, '의후측궤'가 출토된 단도지역에 서주 초기 주周 봉국이 설치되었을 경우 과연 이는 곧 '오吳'의 입국, 즉 영진지구의 국가사회 단계로의 진입으로 연결시킬 수 있는가를 알아보고자 한다. 이러한 문제를 해결하기 위해 서주 초기 영진지구는 어느 정도 국가단계의 조건들을 갖추고 있었는가 하는 문제를 아울러 살피고자 한다.

---

76 蕭夢龍, 「吳國青銅器分期·類型與特點探析」, 『考古與文物』 1990-3, p. 53.

국가단계의 표상은 문명의 조건에서 구할 수 있으며 이는 대체로 성시城市의 출현, 문자의 사용, 야금술과 청동기의 사용 등을 들고 있다.[77] 이 가운데 서주 초 영진지구 청동문화는 과연 어느 단계에 있었으며 어떠한 양상으로 발전하였는가. 상대 이후 주초에 이르기까지 영진지역에서 발견된 청동기는 표양하촌漂陽夏村, 강녕江寧 구용갈촌句容葛村, 횡계横溪에서 동작銅爵, 준尊, 삼양뢰三羊罍, 월鉞, 요鐃 등 몇 건이 발견된 것에 불과하여[78] 비교적 낮은 맹아단계에 있었다. 영진지구에서 발견된 동기 대부분은 서주西周 강왕시기 이후 것이며,[79] 특히 단도 연돈산 의후묘宜侯墓를 비롯한 대형 토돈묘土墩墓에서[80] 대량의 청동예기가 출토되어 이 시기 영진지구 청동기는 수량, 종류, 제작, 질량 면에서 모두 비약적인 발전을 나타낸다. 이러한 현상 가운데 주목할 만한 것은 비록 전체적으로 볼 때 소량이기는 하나 중원 제조 청동기의 출현이다. 이는 주인周人이 남하하며 가져온 것으로 '의후측궤', '모자돈묘백궤母子墩墓伯簋', 둔계 1호 묘의 '閔부기준閔父己尊', 3호 묘의 '공유公卣', 파산구자破山口子의 '작부보정作父寶鼎' 등 몇 건의 기물이 있을 뿐이다. 이러한 유類의 기물이 이 시기 영진지구 동기 중 점하는 비율은 극히 적으며, 이들 중원 청동기가 수장된 대형 묘는 의징, 단도, 표수, 둔계 등 영진, 환남 지구에 집중되고 있다. 이와 같이 청동문화와 당지當地 사회발전 관계에서 볼 때, 서주 초 영진지구 청동문화

---

77 白雲翔·顧智界, 「中國文明起源硏討會紀要」, 『考古』 1992-6, p. 534.

78 鄒厚本, 「寧鎭區出土周代靑銅容器的初步認識」, 『中國考古學會第4次年會論文集』, 1983, p. 132.

79 劉興, 「東南地區靑銅器分期」, 『考古與文物』, p. 92.

80 丹徒大港母子墩墓, 安徽屯溪一號墓, 漂水烏山一, 二號墓 및 儀徵破山口와 皖南屯溪墓 등이 여기에 속한다.

발전에 주요한 역할을 한 중원 청동기는 중원박래품中原舶來品이라는 점에서 당지의 생산력 및 사회와 무관함은 물론이며 이는 단지 중원과 영진지구의 직간접적인 교류를 의미하는 것이다.

그렇다면 중원 청동기가 어떻게 갑자기 영진지구에 출현하게 되었으며 중원 제조 청동기와 당지 사회는 어떤 관계에 있는가. 중원 청동기의 오吳지역 유입은 주인周人이 가져왔거나, 혹은 토착세력이 중원에서 가져왔거나, 아니면 제3지역을 통해 다시 유입되었을 경우를 모두 생각해 볼 수 있다. 단도 연돈산 '의후측궤'는 앞서 말한 바와 같이 이 지역에 서주 강왕 시기 서주에 의한 봉국이 설치되었을 가능성을 말한다. 그러나 영진지구의 이러한 서주 청동기를 수장한 대형 묘장을 서주 묘라고 규정할 경우, 이들 묘장은 토돈묘이며 절대 다수의 수장품은 모두 토착문화의 요소가 농후하다는 문제가 있다. 즉 이는 서주시대 각 봉국의 제후나 주인周人 귀족의 묘장의 형태가 모두 수혈식竪穴式 토갱土坑 목돈묘木墩墓이며 묘 내의 수장품 모두가 주周문화 혹은 주周문물 위주인 점과 차이가 있다.[81] 이러한 점은 '의후측궤'의 연돈산 대묘를 비롯하여 청동기를 수장한 토돈묘의 주인은 토착 수령이며, 영진지구 중원 청동기는 서주 초 이 지역 토착 방국이 주변 회이, 동이가 일으킨 서주 반란에 참가하였다가 획득한 중원 기물일 가능성도 생각해 볼 수 있다.[82] 그러나 영진지구 중원 청동기

---

[81] 北京市黃土坡燕國重臣伯矢巨·圖等墓, 昌平白浮西周大墓, 甘肅靈臺密國㵫伯·陵伯墓, 河北元氏縣軝國㚥墓, 山東曲阜魯國司徒仲齊墓, 湖北京山曾國曾侯墓, 河北陜縣虢國太子墓, 江蘇連雲港 大村西周墓 등. 이들 각 봉국은 대부분 토착민족 활동지역에 있으나 周人 귀족묘장의 수장품은 대부분 周문물 위주이다.

[82] 劉建國은 서주 초 寧鎭지구에는 東夷를 주체로 하는 大小方國이 존재했으며, 이미 群徐와 淮夷群體와 같은 구조가 형성되었으며, 凡徒지역에는 토착방국, '朱方國'이 존재하였다고 한다(劉建國,「宜侯矢簋與吳國關係新探」,『東南文化』1988-2, pp. 96-99).

의 출현은 비단 '의후측궤'뿐이 아니며 상기한 단도 대항모자돈묘, 안휘 둔계 1호 묘, 표수 오산 1, 2호 묘 및 의징 파산구 등지에서도 발견된다는 점에서 볼 때 당지인이 외부에서 가져온 몇 개의 전리품으로 보기 힘든 면이 있다. 특히 연돈산 2호 묘에서 출토된 승문별당력繩紋瘡襠鬲은 장안 長安 장가파長家坡 서주西周 묘에서 출토된 력鬲과[83] 완전히 일치하며 특히 서주西周 초기 력鬲의 전형적 특징을 갖추고 있다.[84]

중원 청동기의 유입과 더불어 중요한 것은 이러한 중원 청동기의 영향으로 중원 동기를 모방한 동기가 급증하여 영진지구 동기의 종류, 형태, 질량에 있어서 비약적 발전이 이루어졌다는 것이다. 단양 사도司徒의 봉문준鳳紋尊은[85] 서주 중기 강남에서는 거의 찾아볼 수 없을 정도의 대형 중기重器이며 동시에 주조기술이 매우 정교하여 이 시기 오국 청동기의 최고 수준을 대표한다. 이 그릇은 중원 서주 중기에 신흥한 수복준垂腹尊을 모방하였으나 그 복부腹部가 아래로 비대하며 권족圈足이 짧아 전체 기체 器體가 높이에 비해 비대하여 동류 수복준과 다른 격을 갖추고 있으며(그림 II-1), 그릇의 복부에 장식한 봉조문鳳鳥紋은 중원의 봉문鳳紋과 현저한 차이를 나타낸다. 이외에 이 시기의 서주기西周器를 모방한 정鼎, 궤簋, 준 尊, 유卣, 쌍이편호雙耳扁壺, 반盤, 이匜 등 동기들을 자세히 검토해 보면 형태와 문양이 다소 변형된 것이 대부분을 차지한다. 기형은 일반적으로 엄격하게 서주 양식을 지킨 것은 매우 드물며 문양은 어떠한 규정된 격식이 없는 정확하지 않은 모방품들이다(그림 II-2).[86]

---

83 「1967年長安張家坡西周墓葬的發掘」, 『考古學報』 1980-4.
84 江蘇省丹徒考古隊, 「江蘇丹徒大港土墩墓發掘報告」, 『文物』 1987-5, p. 33.
85 鎭江市博物館·丹陽縣文物管理委員會, 「江蘇丹陽出土的西周靑銅器」, 『文物』 1980-8.
86 蕭夢龍, 「吳國靑銅器分期·類型·特點探析」, p. 53.

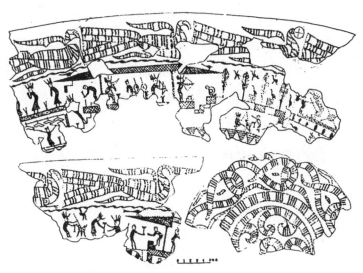

그림 II-1. 강소江蘇 진강鎭江 출토 동감각문銅鑑刻紋

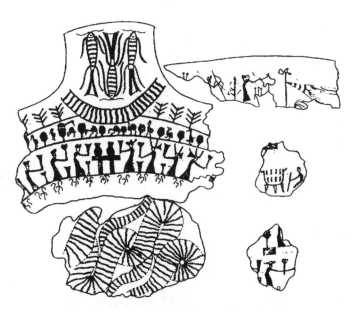

그림 II-2. 강소江蘇 진강鎭江 출토 동이각문銅匜刻紋

이처럼 중원 청동기의 출현과 더불어 중원 모방기模倣器의 유행으로 영진지구는 오랜 청동문화의 맹아기를 벗어나 비약적 발전을 이루었으나, 이러한 서주 초기 영진지구의 중원 모방기 중심의 청동문화의 비약은 당지 토착세력에 의한 문화발전이라고 보기 어렵다. 서주 초기 영진지구의 청동문화 발전이 외부문화의 영향을 넘어서 외부세력의 유입에 의해 이루어진 정도의 비약을 나타낸다고 할 때, 영진지구 청동문화 발전의 주체는 일단 중원박래품의 유입과 중원 모방기의 유행이라는 면을 고려할 때 주인周人세력의 존재가 가장 적절하다. 그러나 영진지구 중원 모방기가 대부분 변체變體이며, 특히 의후묘, 모자돈묘 및 파산구의 고호당대족력高弧襠袋足鬲은 그 조형이 호숙湖熟문화 도력陶鬲과 유사하며, 주변 회이, 동이 문화와 공통된 요소라는 점을 고려할 때, 중원 이외 영진지구 주변 족속의 천사 가능성도 생각해 볼 필요가 있다. 산동, 안휘 강회지구에는 상말商末 이래 중원과 밀접한 관계를 갖고 상商문화와 동보同步의 발전과정을 밟는 고도의 청동문화를 구가하는 상商의 방국方國이 존재하였다. 주초 이들 강대한 동이, 회이는 상商과 연합한 삼숙三叔의 반란에 참가했으나[87] 주周 성왕의 동정 결과 서徐, 엄奄, 담郯 등 회하 이북의 영성국嬴姓國들은 멸국의 화는 면했으나[88] 엄奄은 박고薄姑로 옮겨졌으며[89] 서이徐夷도 남

---

87 『逸周書』「作雒解」“三叔及殷, 東夷, 奄及熊盈以叛.”

88 李白風은 '徐'가 嬴姓이라는 데 회의하며(李白風, 「徐夷考」, 『東夷雜考』, 齊魯書社, 1981, pp, 97-98), 徐旭生 역시 徐國은 周初 山東東南部 曲阜縣 부근에 있었다고 하며(徐旭生, 『中國古史的傳說時代』, 社會科學出版社, 1960, pp. 166-167), 『費誓』와 『詩·魯頌·閟宮』은 徐와 淮夷를 명확히 구분하고 있다. 이는 서주, 춘추 시기 徐夷는 항상 淮夷와 구별되는 夷人의 一支이었음을 말한다(王迅, 『東夷文化與淮夷文化』, 北京大學出版社, 1994, p. 121).

89 『史記』「周本紀」“召公爲保, 周公爲師, 東伐淮夷, 殘奄, 遷其君薄姑.”

천하여 회하 연안에 이르러 회이에 잡처雜處하였다.[90] 서주시기 회이문화
는 이런 주초 서주의 동방정벌을 피해 남하한 산동지구 동이의 유입으로
역량을 강화시켜 번영의 시대에 진입하였다.[91] 이러한 선사시기 및 상대
이후 줄곧 밀접한 교류관계에 있었던 주변 동이, 회이와의 관계와 더불어
주초 성왕의 동방정벌 이후 산동지구 동이의 남하가 영진지구 청동문화
발전에 일정한 영향을 미쳤다든가 혹은 산동지역에서 남하한 동이의 일
파가 영진지구에 도착하였으리라는 가능성도 생각해 볼 필요가 있다.

이외에 영진지구 청동문화 발전이 전적으로 외지세력에 의해 주도되었
다고만 볼 수 없는 점이 존재한다. 즉 모방에 의하지 않은 오지吳地 특유
의 창조형 동기銅器[92]의 존재다. 수량은 중원 모방품에 훨씬 못 미치기는
하지만, 이러한 토착적 청동기물은 규모가 작은 동기銅器 묘는 물론 중원
주조 박래품이 수장된 대형 묘 가운데에서도 보편적으로 발견된다. 이런
점은 중원 모방기의 토착적 요소와 더불어, 서주 초기 영진지구 청동문
화 발전은 토착세력에 의해 이루어졌다고 볼 수 있는 증거이다. 한편 노魯
와 제齊의 중심부에서조차 외래의 지배층과 병존하여 토착집단이 고유문
화를 유지하였다고 한다면 여타 지역에서의 사정은 충분히 짐작할 수 있
다.[93] 즉, 영진지역의 경우 서주 초기 중원 청동기와 공존한 토착 동기 및

---

90 趙完秀, 「試論商末周初徐國之所在」, 『東南文化』 1995-1, p. 34.
91 王迅, 『東夷文化與淮夷文化』, pp. 119-121. 穆王代에는 徐偃王의 세력이 강대해져 거의 동
　　남지역을 석권하여 穆王으로부터 동방의 패주임을 반공개적으로 승인받기에 이른다(『後漢
　　書』 「東夷列傳」 "後徐夷僭號, 乃率九夷以伐宗周 西至河上 穆王畏其方熾 乃分東方諸侯 命徐
　　偃王主之.").
92 宜侯墓角狀器, 屯溪墓五柱器, 근년 출토의 鴛鴦型尊, 飛鳥盖雙耳壺 등이 이러한 유형에 속
　　한다.
93 李成珪, 「先秦 文獻에 보이는 '東夷'의 성격」, p. 123.

중원 모방 청동기에서 보이는 토착전통의 요소 등은 외래 집단의 지배 가운데서도 강고한 토착문화 전통을 말해 주는 것으로 보아야 한다. 이렇게 볼 때 서주 초 영진지구 청동문화의 비약적 발전은 외부세력의 유입에 의해 이루어졌다고 보아야 한다.

문화발전 양상은 해당 사회의 발전단계를 내포한다는 측면에서 볼 때, 영진지구 청동문화의 발전이 이와 같이 외부세력에 의해 주도되었다고 할 경우, 과연 영진지구 청동문화의 발달을 곧 당지사회 발전단계의 표지로 삼을 수 있는가 하는 문제가 제기될 수 있다. 더욱이 청동기 사용을 문명단계의 지표로 삼는 이유 가운데 하나가 청동 생산공구의 혁신에 의한 생산력의 비약이라고 할 때, 주초 영진지구의 중원中原 예기禮器 중심 청동문화는 당지 사회생산력 발전의 지표로 삼기 어렵다. 그러나 청동기의 주조는 기술의 축적은 물론 상당한 규모의 노동력의 집중과 조직을 전제로 하는 만큼[94] 청동기술의 도입은 내부적 발전 없이 외부로부터의 이식만으로는 가능하지 않다는 사실과 더불어 상대商代의 오랜 청동문화의 맹아기 동안 영진지구에서의 청동기 제조는 보편적 수공업이었으며[95]

---

94 商代 질이 가장 좋은 공작석 같은 동광석도 100kg의 동을 제련하기 위해서는 광석이 3,400kg이나 필요하다고 하며, 질이 떨어지는 광석의 경우 동과 광석의 비율은 1:50쯤이 된다(Chang, Kwang-chih, *Art, Myth, and Ritual-The Path to Political Authority in Ancient China*, Harvard University Press, 1983, p. 103). '宜侯矢簋'가 수장된 丹徒 烟墩山墓葬의 경우 모두 12건의 청동기가 수장되어 있으며 중원박래품으로 추정되는 '宜侯矢簋'를 제외한 11件은 당지 제조로, 이들 청동기의 무게는 각기의 무게가 보고된 丹徒 母子墩 청동기를 통해 추정할 경우(9건 청동기의 전체 무게는 44.3kg이므로 청동기 1건은 약 5kg) 55kg이 되며, 이외에 銅破片까지 포함할 경우 한 묘장의 청동기 제작을 위해 약 3,000kg 이상의 동광석을 사용하였다. 서주 말기로 내려가면 수장 청동기의 양은 배 이상으로 증가하고 있다.

95 湖熟문화유지 가운데 冶鑄靑銅器遺存은 상당히 보편적이며, 銅鑛石, 銅煉渣, 銅銹渣 및 煉銅의 陶鉢과 陶鉢을 뜨는 陶勺과 작은 청동기가 공존한다(蕭夢龍, 「對"湖熟文化"的幾個問

92

영진지구의 풍부한 청동원료는[96] 이 지역 청동문화가 발전하는 데 충분한 조건을 이루었다.

중국 상대 청동기는 주로 병기와 예기에 집중되어 있으며 농구는 소량에 불과하다. 중국의 경우 문명단계, 즉 국가단계로의 진입은 청동생산 공구의 혁신에 의한 생산력의 비약으로 설명하기 어려우며[97] 오히려 중국 상주 청동기에서 가장 중요한 것은 청동기가 포함하는 관념으로, '예禮'에 주목할 필요가 있다. 중국 청동문화는 청동기 배후의 인적 관계와 점유관계가 생산과정에서 비롯되는 관계보다 훨씬 중요하다. 즉 '예제'의 핵심은 귀족의 등급명분제도이며 이로써 존비, 상하의 예속관계를 확정하며 통치계급 내부권력 관계와 재산의 분배, 재분배 문제를 해결하며 이러한 예제의 표상이 청동예기이다.[98] 영진지구 청동문화는 서주 중기 이후 춘추시기에 이르기까지 계속 이어지고 있으나, 중원 청동기가 영진지구에 유입되는 서주 초기부터 영진지구 청동문화는 중원 모방기 중심으로 발

題的再認識」).

96 최근 寧鎭지구에서는 초보적 熔煉을 한 靑銅塊가 여러 차례 발견되었다. 예를 들어 1973年 句容縣 茅山公社에서 靑銅塊의 10塊, 7.5kg; 1976년 丹陽縣埤城公社에서도 靑銅塊 출토; 1975년 金壇縣 鱉墩 서주묘에서 70여kg의 靑銅塊가 幾何印紋硬陶墻 가운데 수장되어 있었다.; 1976년 이 부근에서 靑銅塊 150kg 출토; 1975년 句容縣 城東西廟大隊東 隊土墩墓에서 靑銅塊 150kg 출토. 寧鎭지구는 고대청동의 採煉이 상당히 보편적이었다(劉興, 「談秦江地區出土靑銅器的特色」, 『文物資料叢刊』 5, 文物出版社, 1981, pp. 112-113).

97 이에 대해 장광직은 대신 청동 무기의 역할을 강조하여, 착취계급의 무력적 기반이 바로 청동 무기에 의해 강화, 보증되었으며, 이들의 무력이 권력에 의한 잉여생산의 집중을 가능케 한 요인이었음은 분명하다고 하였다(Chang, Kwang-chih, "Urbanism and the King in Ancient China", *Early Chinese Civilization: Anthropological Perspectives*, Harvard University Press, 1976, pp. 55-57). 그러나 이것이 곧 문명의 탄생으로 연결되었는지는 의문이며 오히려 청동기의 출현과 보급은 단순한 기술상의 문제라기보다는 이미 상당한 규모의 노동력의 집중과 조직을 전제로 한다는 점에서 상당한 정치권력과 조직의 사회발전단계의 표지가 된다(李成珪, 「中國文明의 起源과 形成」, p. 53).

98 「中國文明起源硏討會紀要」, pp. 335-345.

전한다. 그러나 영진지구 중원 모방 청동기는 처음부터 서주 예기 규율을 따르지 않고 있으며, 따라서 오국 청동기 문양은 예기로서의 엄격함, 신비함은 파괴되고 대신 문양의 장식적 효과를 극대화시킨다든가, 당지 토기의 토착적 문양을 청동기에 응용하여 문양의 다양한 변화를 추구하였다. 이와 더불어 영진지구 청동 용기는 예기로서의 의미보다 실용기로 기능하였다는 증후가 나타난다.[99] 이렇게 볼 때 오吳지역 청동문화의 발전은 청동기문화 발전을 가능케 하는 통치 권력과 조직의 존재, 즉 국가사회단계로의 진입을 표상하고는 있으나, 오吳지역 청동문화는 중원지역과 같은 예제사회를 표상하고 있지는 않다.

그러나 과연 청동 용기의 발달만을 갖고 영진지구가 사회적으로 국가단계에 진입하였다고 말할 수 있는가. 문명의 표지는 일반적으로 청동기의 사용 외에 문자의 사용, 성시城市의 출현을 들고 있으며 이외에도 밀집형 농업, 종교적 통일역량, 예의성禮儀性 건축 등도 문명단계의 표지가 될 수 있다. 이러한 문명의 지표는 모두 어느 정도 복잡한 사회 혹은 공동체의 단계에 도달하였음을 말하는 것이며 이러한 의미에서 문명의 지표는 곧 국가단계의 지표이기도 하다.[100] 그렇다면 영진지구는 어느 정도 이러한 국가단계의 조건들을 갖추고 있는가.

문자의 사용이란 면에서 볼 때, 오현吳縣 징호澄湖, 상해上海 마교馬橋, 곤산昆山 태사전太史澱의 태호太湖 유역의 양저문화[101] 및 강서 오성吳城유지

---

99 母子墩墓 동기 가운데 炊器인 鼎, 鬲은 通禮范痕을 갈아 내지 않은 채 곧바로 사용한 실용기이다. 鼎, 鬲은 그을음이 가득하여 수리한 흔적이 있어 오랫동안 사용하였음을 알 수 있다(蕭夢龍, 「母子墩墓靑銅器及有關問題探索」, 『文物』 1984-5, pp. 11-14).
100 앞 글, p. 534.
101 張明華·王惠菊, 「太湖地區新石器時代的陶紋」, 『考古』 1990-10.

에서[102] 도문陶紋이 발견되어 각 지역에서 은허 복사卜辭보다 이른 초기문자가 형성되었을 가능성이 제기되고 있다. 영진지구는 이들 두 지역문화와 밀접한 관계를 갖고 발전하였으므로 이러한 초기문자가 도입되었을 가능성도 있으나 아직까지는 밝혀진 바는 없다. 영진지구에서의 문자의 흔적은 서주 초 중원 청동기 명문銘文에서 비로소 등장한다.[103] 물론 중원 청동기상의 명문은 영진지구 문자발전의 전통과 아무런 관련이 없으며, 이 지역에 청동기를 가져온 주인周人은 마땅히 그들이 향유하던 문자를 비롯한 선진 문화와 사회제도를 이식시켰을 것으로 보이나, 이후 당지 제조 청동기의 경우 명문이 있는 청동기는 춘추 초기, 중기 중원과 교류하기 이전까지는 보이지 않는다.[104]

중국에 있어서 문명의 진입은 생산력의 혁신이 아닌 최고 권력자의 삶의 질에 있어서의 도약과 함께 이루어진다. 성시는 비상한 정치적 권력을 소유한 통치자의 존재와 관련한 여러 기능을 수행하기 위해 발생했으며, 성시의 혁신은 사회제도의 혁신이며 문명은 바로 이러한 것들의 결과이다. 이렇게 볼 때 성시는 새로운 질서를 나타내는 중요한 표상이다.[105] 중국 성시의 출현은 하대夏代에 이미 시작되어[106] 상대 하남河南 정주鄭州, 안

---

102 唐蘭, 「關于江西吳城文化遺址與文字的初步探索」, 『文物』 1975-7. 적지 않은 문자부호가 도기와 石范상에 있으며, 이는 殷墟 甲骨卜辭문자의 商代문자보다 이르다.

103 영진지역 서주 초 청동명문은 '宜侯矢簋' 외에 丹徒 母子墩墓의 '雙鳥耳方座簋' 底部의 5자의 명문이 있다.

104 '者減鐘' 銘云 "工處王皮難之子者減"이라고 하여 이 종은 去齊가 태자시절에 제작한 것이다. '者減鐘'은 공예 수준이 높고 풍격이 중원과 같아 吳國은 壽夢 이전에 이미 "通于中國"하였다(黃楚平, 『吳城徐舒金文集釋』, 浙江古籍出版社, 1992, p. 39).

105 Chang, Kwang-chih, "Urbanism and the King in Ancient China", *Early Chinese Civilization: Anthropological Perspectives*, Harvard University Press, 1976, pp. 56-59.

106 二里頭유적 상층에서 발견된 宮殿址 등의 구조는 成溝의 도성과 관계있을 가능성이 있다

휘安徽 소둔촌小屯村의 발견으로 상 왕조 궁실 유적의 면모가 일부 복원되었다.[107] 상대에는 이외에도 많은 방국이 존재하였으며, 이 가운데 호북湖北 반룡성盤龍城유지에서[108] 궁성유지가 발견되었다. 남방의 경우는 수위水位가 높아 성지城址 출현이 비교적 늦어 아직까지 태호太湖 이북에서는 상당한 규모의 초기 오국 고성古城 유적은 발견되지 않고 있다. 현재 용산시기 북방에서 발견되는 성지와는 형태가 다르나 남방에도 춘추시기 취락 주변에 수구水溝가 있으며 주변에 수구를 파 성장城墻으로 삼은 성지가 나타난다.[109] 남방의 저습한 지리조건은 주대 성시의 전형인 수도水道와 구릉에 접근한 평원에 축성하는[110] 자연환경 조건에 맞지 않으며, 따라서 북방의 전형적 성시의 존재 여부를 그대로 남방의 문명 내지 국가 단계의 표지로 삼을 수는 없다. 북방의 성시에 대신하여 오히려 양저 일대의 대형 토축土築 고대高臺의 전통을 이은 영진지구의 대형臺型유지 및 토돈묘를 중앙집권적 정치기구의 존재 여부와 관련하여 고찰할 필요가 있다.

강남은 '수향택국水鄉澤國'이므로 자연조건이 중원과 다르다. 진강鎭江에

(中國社會科學院考古研究所 編,『新中國的考古發現和研究』第3章 商周時代 참조, 文物出版社, 1984).

107 中國社會科學院考古研究所二里頭隊,「河南偃師二里頭二號宮殿遺址」,『考古』1983-3; 陳志達,「安陽小屯殷代宮殿宗廟遺址探討」,『文物資料叢刊』第10輯, 1987.

108 「從盤龍城上代宮殿遺址談中國宮殿建築發展的幾個問題」,『文物』1976-2.

109 아직까지 발견된 가장 이른 城址는 武進常州에서 발견된 춘추만기의 것으로 보이는 淹城 유지가 있으며, 淹城에 대한 문헌기록은 『越絶書』「吳地傳」에 "毗陵縣南城 故古淹君地也 東南大冢 淹君之女冢也 去縣十八里 吳所葬."라고 되어 있다(趙玉泉,「武進縣淹城遺址出土春秋文物」,『東南文化』1989-4·5, p. 90).

110 Chang, Kwang-chih, "Towns and Cities in Ancient China", Early Chinese Civilization: Anthropological Perspectives, Harvard University Press, 1976, p. 67.

서 대항연강大港沿江 지대의 20여 좌 대형臺型유지 주위의 경우 대부분 호당湖塘, 소하小河 혹은 평지이며, 현재 이들 지면의 해발고도는 일반적으로 5~7m이며 매년 장강수위가 높아질 때는 6.8m에 달한다. 만일 강제江堤가 없는 경우 대다수 지면은 강물에 덮이며, 이는 사마천이 기술한 형만인荊蠻人이 '상재수중常在水中'하는 정경이다. 그러나 대형臺型유지 표면의 해발고도는 14.7~22.2m 사이이며 상면 퇴적문화층의 두께는 2~4m로 약 3m로 계산한다면 당시 거주면은 해발 11.7~19.2m 사이로 홍수에 쉽게 매몰되지는 않았으리라 생각된다. 이들은 산과 수원에 가까운 독립된 산구山丘 꼭대기 면面을 평지로 깎아 거주지로 개조하여 홍수, 맹수를 막았는데, 주거지를 건조하게 유지하고 부근에 수도水稻를 심고 수렵, 어로에 종사할 수 있는 이상적 거주지이다.

초기 성시는 거주형식을 모방한 것으로 자연조건과 생산력 수준에 의해 제약을 받는다. 따라서 강남 고성古城의 조기형태는 거주를 위한 대지臺地일 가능성이 있으며 강남 대지의 분포와 규모로 볼 때 확실히 성군星群이 달을 감싸는 형태를 이루었다. 간벽연대산諫壁烟袋山유지는 뢰원돈賴元墩유지와 일편一片을 이루어 면적은 4, 5만m²이며, 주위에 호조구산湖鳥龜山, 마반산磨盤山, 두부노산豆腐瑙山 등 면적 수천 제곱미터의 비교적 작은 10개 정도의 유지가 퍼져 있으며, 이들의 지세는 훨씬 낮다. 연대산유지는 위치와 규모가 압도적일 뿐만 아니라 문화유물 또한 특별히 풍부하다. 유사한 상황이 단도 태평하구太平河區의 단산돈斷山墩, 상당구上蕩區의 선자돈仙子墩, 단양 구곡하구丹陽九曲河區의 성두산城頭山, 구용句容 갈촌구葛村區의 백망대白蟒臺, 남경지구의 북음양영 등에 모두 존재한다. 이러한 돌출되고 규모가 비교적 큰 대지는 높이가 지면에서 수 미터에서 십 수 미터이며, 정상 주위에 다시 언연垣을 쌓고 구溝를 팠으며, 이는 홍수나 적을 막는 데 이상적인 초기 오성吳城의 형태라고 보아 틀림이 없다. 상대 호북 반룡성은 항토수축夯土修築하였으며 방형方形의 성원城垣이 있으나, 성의 주위에 일반유지가 분포했으며 성은 기복 있는 지세에 따라 수축하였다는 점 등은 강남 대식臺式 성성城城의 정황과 유사하다. 이로 볼 때 상商 왕조와 멀리 떨어진 강남 토착주민이 대형 대지를 성으로 삼은 것은 가능한 일이다. 생산력 수준이 비교적 낮으며 자연조건이 크게 변화하지 않은 상황에서 강남은 대식臺式 성성城城을 사용하였을 가능성이 크다.[111]

영진지구 대형臺型유지의 시대적 하한은 서주 초기이며 이 시기 영진지구에 대형臺型유지와 더불어 중원 청동기를 수장한 대형 토돈묘가 대량으로 생겨났다.[112] 토돈묘는 수장품의 연대로 볼 때 서주 초기에 영진지구에서 처음 만들어졌으며,[113] 진강鎭江 단도간벽丹徒諫壁에서 대항연강大港沿江 일대에 분포한 토돈묘는 봉토돈 형태가 비교적 크며 묘지 선택에서 대부분 하나의 산두山頭를 점한다.[114] 이러한 봉토기분封土起墳의 토돈묘는 대

---

111 劉建國,「吳城形態初探」,『江蘇省考古學會1983年考古論文選』, 1983, pp. 28-36.
112 土墩墓는 대형유지와 마찬가지로 일찍이 1950년대에 이미 발견되었으나 고고학자들은 이러한 특수한 형태와 葬俗의 묘장에 대해 인식하지 못하였다. 1974년에 句容浮山果園一號墓에 대해 과학적 발굴을 하면서 土墩墓의 특징을 전면적으로 파악하기 시작하였으며, 그 결과 강남지구에 광범위하게 분포한 묘혈을 파지 않고 墳을 만드는 특수한 墓葬俗으로 '土墩墓'라고 정식으로 명명되었다(鎭江市博物館浮果山果園古墓發掘組,「江蘇句容浮山果園土墩墓」,『考古』1979-2). 그 후 오늘날까지 정리된 土墩墓만도 100座 이상(一墩으로 계산하여)이며 遙感 조사 결과 鎭江 丹陽에만 3,134座에 이른다. 土墩墓의 분포는 기본적으로 湖熟文化大型遺址와 대응하며 寧鎭에서 晥南東部를 중심으로 발생하여 이후 太湖유역 및 浙北 일대 上海金山戚家墩, 浙江江山, 衢州, 義鳥와 東陽 등지까지 확산되어, 강남 전역에 걸쳐 적어도 10,000座 이상이 분포한 것으로 추산한다(蕭夢龍,「寧鎭地區吳文化臺型遺址與土墩墓的發掘研究」,『遙感考古研究』, 華東師範大學, 1992, p. 145).
113 漂水鳥山 一·二號墓, 丹徒大港雙墩一號墓, 烟墩山宜侯墓·二號墓, 母子墩墓 등.
114 蕭夢龍,「寧鎭지구吳文化臺型遺址與土墩墓的發掘研究」, p. 145. 商代 이전 강남지구에 보

98

량의 인력, 물력을 소비한 고대돈묘高大墩墓 형식으로, 통치자 사후 고귀한 신분과 노예주 귀족계급의 존엄을 나타낸다는 점에서 현저한 계급관념을 엿볼 수 있다. 수장품으로 볼 때 토돈묘 수장품은 정미한 도자기 외에 예기, 병기 및 거마기를 포함하는 청동기를 포함하여 그 신분지위가 일반 평민과 같지 않음을 나타낸다. 이와 같은 대규모의 묘장을 만들기 위해 대량의 노동력을 조직할 수 있는 사회적 조직력과 지배력, 통치자의 고귀한 신분, 지배층만이 독점하는 청동기물과 청동기 주조의 사회경제 발전단계 등 토돈묘장이 반영하는 사회, 경제, 정치 의식형태는 영진지역이 이전과는 다른 사회발전단계에 들어섰음을 나타낸다.

이렇게 볼 때 영진지구에서 서주 초에 흥기한 신형 묘제 토돈묘는 역사 문헌기록 및 '의후측궤' 명문자료와 결합해 볼 때 오국 확립과 밀접한 관계가 있으며, '구오句吳' 국가문명 확립의 상징과 체현이다. 이와 같은 국가단계 진입의 표상인 토돈묘에서 중원에서 제조한 청동기가 발견되는 현상은 곧 영진지역이 서주의 직접적인 영향하에 국가단계에 진입하였음을 나타낸다. 즉 서주에 의한 오吳 봉국의 설치가 바로 그 역사적 실체이다.

서주시기 주인周人 귀족은 각지 봉국에 분거하면서 심지어 멀리 변방지방에 들어가서도 봉국의 각종 토착문화 가운데서도 본족의 제도문물을 숭상하였으며, 따라서 이미 발견된 서주시기 각 봉국제후 혹은 주인周人

편적으로 유행한 平地掩埋의 葬俗에는 封土起墳의 현상이 보이지 않는다. 장강 하류지역은 지세가 낮은 데 비해 수위가 비교적 높아 깊은 구덩이를 팔 수 없었다. 따라서 신석기 시대 이래 지면에 매장하는 방법을 썼으며, 초의 선진 공예기술의 영향으로 白膏泥를 바른 葬具로 방습을 해결하게 된 후에야 竪穴棺槨葬俗으로 대치되었다(鄒原本, 「江蘇南部土墩墓」, 『文物資料叢刊』 6, 1982, p. 71). 土墩墓大型墳堆의 건조는 그 내원이 태호지구 양저문화에서 보이는 人工堆築高土墩 귀족묘지의 작법을 흡수한 것이며, 이는 당시의 사회 변혁을 반영한다.

귀족의 묘장은 수혈토갱목곽묘垂穴土坑木槨墓이며 수장품은 주周 문물 위주로, 이러한 주인周人 귀족의 묘상 형제는 당지 토착귀족의 장제葬制와 분명히 구별되며 여전히 주제周制의 풍격을 지니고 있다. 그러나 단도 및 그 부근 서주묘는 서주시기 독특한 토돈묘가 성행하였으며, 수장품이 원시자기와 인문경도印紋硬陶 위주로 청동기가 매우 적거나 심지어는 없는 경우도 있고, 수장품 조합에 있어서 중원 서주 묘장과는 다른 특징이 있다. 즉 서주 청동기가 발견되는 단도 부근의 대형 묘 가운데 대부분이 지방적 색채가 농후한 주기周器 모방품이 주를 이루며, 청동예기의 조합 등도 전혀 중원의 예에 맞지 않으며 묘의 대소와 예기의 서열관계도 일정치 않은 등 주례周禮와 차이가 보인다.[115] 이러한 현상은 곧 다른 주周 봉국과는 달리 이곳 지역에서 서주 통치계급이 토착 전통문화를 수용하였음을 의미한다. 따라서 대형 묘장에 중원 주조 청동기와 함께 중원 모방품 및 토착 기물이 함께 수장되어 있다든가 기물의 조합 및 장제葬制가 중원예법에 어긋나는 등은 바로『사기』,『좌전』에서 전하는 "중옹사지仲雍嗣之 단발문신斷髮文身 영이위식贏以爲飾" 하였다는 주인周人 통치자의 오吳지역 풍속 수용의 실제적 상황을 나타낸다.

그리고 주목할 만한 것은 이러한 모방 기물이 매우 이르거나 늦거나 간에 방주倣鑄의 선택표준은 서주西周 초기, 중기 기물器物과 매우 유사하다

---

115 이렇게 볼 때 묘 주인은 모두 周귀족에 속하지 않으며 토착수령 혹은 方國의 君으로 볼 수도 있다. 출토된 많은 양의 청동예기의 격식으로 보아 이 지구는 지방성의 국가형태가 존재하였음을 알 수 있다. 劉建國은 丹徒 일대는 서주시기에는 宗周에 봉해진 宜國, 吳국에 속하지 않았으며 이 方國의 명칭을 丹徒 古地名上에서 찾는다면 '朱方'이라고 하였다 (劉建國,「宜侯矢簋與吳國關係新探」, pp. 97-99).

는 것이다.[116] 이는 중원으로부터의 문화적 충격이 한시적이었음을 나타낸다. 즉 서주 초기, 중기 한 차례의 중원세력의 강력한 충격은 오吳지역 청동문화를 비약적으로 발전시켰으나, 이후 중원으로부터의 영향은 계속 적이지도 직접적이지도 강력하지도 못하였음을 의미한다. 오吳지역에 대해 주周는 강왕시기 동이, 회이 세력을 견제하기 위해 장강 유역에 군사거점의 확보를 위한 한 차례의 대규모 봉건을 행한 이후 이 지역을 계속해서 직접 통치하지는 못하였다. 동이족의 남천은 서주시기를 통해 안휘安徽, 강회江淮 지구의 회이 제방국諸方國의 발전을 가져왔으며,[117] 이들 안휘, 강회 지구 회이족의 강성함은 오吳지역 문화에 대한 회이문화의 영향을 확대시키는 한편 중원으로부터의 직접적인 영향을 차단하는 결과를 가져왔다.

서주 초기에 사회 상층에 유행한 토돈묘는 오국 특유의 묘장 제도로,[118] 서주 중기 이후에 광범위한 평민계급에 보급되어 일돈다묘一墩多墓형으로 오국에서 보편적으로 유행하여 춘추 시기까지 성행하나 전국 초기에 소실된다.[119] 그 분포 범위나 시기상 모두 오국의 영역 및 흥망과 일치한다.[120] 1970년대 이후 영진지구 토돈묘의 발견과 연구는 오국 역사 문화 연구에 공헌하여 역사에 기록되지 않은 오문화의 원지源地와 최초의 입국지立國地를 찾을 수 있게 되었다. 이와 같은 상주商周 영진지구 청동기물에

---

116 馬承源,『中國靑銅器』, 上海古籍出版社, 1988, pp. 499-500.

117 王迅,『東夷文化與淮夷文化』, p. 119.

118 吳國葬制로서 土墩墓에 대한 묘사는『吳越春秋』,『越絶書』에도 나타난다. "吳國闔閭和安葬其女以及慶忌諸人死葬皆是取土爲墓 而使附近成湖."라 하여 주위의 흙을 퍼서 묘를 만들었으며 흙을 퍼 올린 주위는 자연 湖가 조성되었다.

119 劉興·吳大林,「談談鎭江地區土墩墓的分期」,『文物資料叢刊』 6, 文物出版社, 1982.

120 蕭夢龍,「寧鎭地區吳文化大型遺址與土墩墓的發掘研究」, p. 148.

의한 연구결과로 볼 때, 주인周人이 강남에 도착한 시기는 주周 태왕太王시기 '태백중옹분형만'에 의해서가 아니라 서주 성왕, 강왕 연간이다. 또한 주인周人이 처음 강남에 도착한 지점은 문헌에서 전하는 무석武錫, 소주蘇州 일대가 아니라 중원 제조 청동기가 수장된 대형 묘가 집중되어 있으며 '의후측궤'가 출토된 단도를 비롯한 의징, 표수, 둔계 등 영진에서 환남 일대이다.[121] 춘추시기 '제번남천오諸樊南遷吳'에 이르러 비로소 오국의 정치, 경제, 문화 중심이 초기의 영진지구에서 태호太湖 평원의 소주 일대로 옮겨 갔다.

4) 소결

오국 초기사에 관해 주 태왕의 아들 태백, 중옹이 동생 계력에게 양위했다는 사실만 분명할 뿐 구체적인 지명이 나타나지 않으나, 한대 이후 『사기』에 이르러 오입국 설화는 내용적으로 정연해지기 시작하였으며, 『오월춘추』에서는 좀 더 구체적인 지명으로 '형산', '매리'가 나타난다. 당대唐代 이후에는 무양武陽 매리, 소주 설說이 유행하기 시작하여 오늘날에 이르기까지 이 지역을 중심으로 오국 활동전설을 담은 유적이 전해지고 있다. 이와 같이 문헌자료가 전하는 오吳입국지는 초기자료의 불명확함에서 점차 구체화되어 가는 후인의 가필에 의한 허구성을 나타내고 있다.

주초 이전 중원세력이 장강 하류지역에까지 미쳤다는 구체적인 흔적은 아직까지 드러나지 않으나, 서주세력의 강남진출에 관한 구체적인 자료로

---

121 黃楚平은 儀徵破山口의 묘제가 서주 귀족 묘장과 같은 '長方竪穴土坑古墓'이며 청동기의 형태와 문양 제조기법상 서주 초기 產品이라는 점에서 周人이 처음 도착한 지점은 儀徵 일대라고 추정하고 있으며 이 역시 상당한 설득력이 있다(黃楚平,『吳城文化新探』, p. 142).

단도 연돈산 출토 '의후측궤' 명문은 "동방을 살피고 우후 측을 의宜에 봉한다."라는 내용을 전하고 있다. 이는 서주 시기 봉국은 서주세력의 확대에 따라 교통로나 군사거점을 확보 유지할 필요에 따라 점차적으로 행해졌다는 역사적 정황으로 볼 때, 성왕의 동정東征 후 남천한 '서徐' 등 동이족을 제압하기 위해 장강 연안에 군사거점을 둘 필요가 있었으며 이에 따라 강왕시기 희성제후인 우후虞候를 '의宜'에 봉하였으며, 당시 오국의 범위에 있던 '의국宜國'은 곧 '오국吳國'이라는 역사적 추론으로 이어질 수 있다.

상대 청동문화가 발생한 이후 주초에 이르기까지 영진지구 청동야주는 별로 발달하지 않아 이제까지 발견된 이 시기 동기는 몇 건에 불과하다. 그런데 단도를 중심으로 영진지구에서 '의후측궤'를 비롯한 청동예기를 수장한 대형 토돈묘가 출현하기 시작하였다. 이들 토돈묘는 봉토돈의 형태가 비교적 크고 정미한 도자기 외에 청동 예기, 병기, 거마기를 수장하여 묘주가 계급적으로 고귀한 신분임을 나타낼 뿐만 아니라, 이와 같은 대규모 묘장은 대량의 노동력을 조직할 수 있는 사회 조직력과 지배력, 지배계층만이 독점하는 청동기물과 청동 주조술 등 당시의 사회, 경제, 정치, 의식형태의 발전단계를 반영하는 것으로 이는 곧 영진지역이 국가단계에 들어섰음을 나타낸다.

여기에서 주목할 것은 비록 전체적으로 볼 때 소량이기는 하나 의징, 단도, 표수, 둔계 등 영진, 환남 지구 대형 묘 가운데 중원 제조 청동기가 출현하며, 이들은 시기적으로 서주 초기, 중기에 집중되어 있다는 점이다. 중원 제조 청동기의 출현과 더불어 이 시기 중원 청동기를 모방한 청동기가 급증하여 이 지역 동기의 종류, 형태, 질량에 있어서 비약적 발전이 이루어지고 있다. 이러한 국가단계 진입의 표상인 토돈묘에서 중원에서 제조한 청동기가 발견되는 현상은, 곧 영진지역이 서주의 직접적인 영향하에 국가단계에 진입하였음을 나타낸다. 이러한 사실들을 종합해 볼 때, 오입국은 문헌이 전하는 '태백중옹분형만'에 의해 무양, 소주의 태호 유역을 중심으로 발생한 것이 아니라, 단도를 중심으로 하는 영진지역에 입국되었으며, 단도 발견 '의후측궤'는 서주 강왕시기 오국이 북우北虞에서 분봉되었다는 오입국의 역사적 실상을 전한다.

한편 영진지구 청동기 수장 대형 토돈묘는 그 묘장 형태가 중원과 다를 뿐만 아니라 수장품에 있어서도 토착적 요소에 의해 형태와 문양이 다소 변형된 중원 모방 청동기가 대부분을 차지하며 이외에 오지吳地 특유의 토착 동기가 소량이나마 보편적으로 발견된다는 점에서, 대부분의 지역 주周 봉건국의 통치자의 묘장이 중원 예법을 따르고 있는 것과 비교된다. 이는 서주 통치자들이 문헌에서 전하는 '중옹사지仲雍嗣之 단발문신斷髮文身 영이위식贏以爲飾'의 상징적 표현과 부합하듯 이 지역 토착풍속에 적응해 갔음을 알 수 있다. 오吳지역은 주周 봉국이 설치되었지만 중원 예제사회의 이식은 가능하지 않았다. 또한 이후 중원으로부터의 영향은 지속적이지도 직접적이지도 강력하지도 못하였음을 의미한다. 오吳지역에 대해 주周는 강왕시기 한 차례의 대규모 봉건을 행한 이후 계속적인 직접 통치가 가능하지 않았다.

2. 춘추시대 오국의 청동기문화 : 중원문화와의 관계를 중심으로

춘추시기 오국吳國은 기원전 482년 부차夫差가 중원제후를 황지黃池에 소집 회맹하여 진晉과 패주霸主를 다투었을 정도로 한때 강성하였던 춘추 제국 가운데 하나이다. 그런데 『좌전』, 『사기』의 문헌기록에 의하면, 오국 은 뒤늦게 춘추 중기 수몽壽夢 2년(기원전 584년) 진晉의 신공무신申公巫臣이 사신으로 오면서 비로소 중원제국과 교류하기 시작하였다고 한다.[122] 그 런데 춘추시대 청동기 명문자료 '자멸종者滅鐘'에 의하면 중원과 오국의 교류는 수몽 이전으로 소급되는 듯하다. '자멸종'은 시기적으로 수몽(기 원전 585~기원전 561년) 이전 거제去齊기[123] 태자 때 제작한 것으로, '자멸종' 의 공예 수준은 매우 높으며 풍격이 중원과 같을 뿐만 아니라 종의 형태 와 문양장식 및 명문의 어휘는 모두 중원과 같다.[124] 따라서 오국은 수몽 이전에 이미 '통우중국通于中國'하였음을 알 수 있다. 또한 거제시기 '자 멸종'의 형식과 명문의 문자사용의 엄격함으로 볼 때 당시 오국 상층부는 이미 중원문화에 익숙하였음을 알 수 있다. 또한 기원전 506년 오국은 초 국楚國의 수도 영郢을 위협할 정도로 빠르게 성장하였으며 나아가 오국은 희성제후로 진晉과 패주를 다투었다고 하지만, 그럼에도 불구하고 오국은 당시 중원 국가들에 의해 이적시夷狄視되고 있었다.[125]

---

122 『史記』「吳太伯世家」, 『左傳』 成公 7年.
123 去齊의 재위 연대는 魯 文公(B.C. 626~B.C. 609년) 혹은 魯 宣公(B.C. 608~B.C. 591년) 간으로 추정된다.
124 董楚平, 『吳越徐舒金文集釋』, pp. 29-39.
125 『左傳』 哀公 13年 "太子死乎 且夷德輕 不認久 請少待之."

춘추시대 이와 같은 오국과 관련된 사실들을 종합해 볼 때, 오국의 기원과 문화의 정체에 관한 몇 가지 의문이 생긴다. 오국이 희성제후라는 사실은 『국어』 외에도 『좌전』에 수차례나 나타나 춘추시대 당시에 확고한 사실로 인식되었음을 알 수 있다. 그렇다면 오국은 왜 춘추 중기에 이르기까지 중원의 역사서에 등장하지 않으며, 수몽 2년에 비로소 중원과 통하기 시작했다고 하였는가. 과연 서주 초 이후 춘추 중기 '자멸종'이 만들어지기까지 오랜 기간 오국의 역사는 중원과 단절된 가운데 성장하였는가. 또 하나의 문제는 '자멸종'의 문물자료에 의하면 춘추시대 오국 상층은 중원의 문물에 익숙하였던 듯하며, 게다가 오국이 희성제후라고 한다면 그럼에도 불구하고 왜 오국의 문화는 이적시되었는가 하는 점이다.

이러한 문제들은 결국 오국 초기사와 춘추시대 오국 문화의 정체에 관한 이해가 불분명한 데서 비롯된다. 그러나 춘추 중기 이전 오국 역사에 관하여는 문헌자료상으로는 역대 왕들의 계보 외에는 전적으로 결여되어 있다. 이러한 문헌자료의 한계를 보충하기 위해, 오국의 영역으로 추정되는 지역의 고고발굴 성과와 오국의 전세기물 등의 자료를 이용하여 춘추시대 오국을 성장시킨 문화적 정체에 접근해 보고자 한다.

1) 주의 강남진출과 의후측궤

오국은 과연 언제, 어디에, 어떻게 세워졌는가. 이러한 문제에 관해 문헌은 주초周初 고공단보古公亶父의 아들인 태백太伯과 중옹仲雍이 멀리 형만荊蠻지역으로 가서 오국을 세웠다는 설화를 전한다.[126] 이러한 설화는 시대

126 "太伯과 弟 仲雍은 太王의 子이며 季歷의 兄이다. 季歷이 현명하고 아들 昌이 聖하여 太王은 季歷을 세워 왕위를 昌에게 전하고자 하였다. 이에 太伯, 仲雍 2인은 荊蠻으로 달아나

그림 II-3. 의후측궤宜侯夨簋(강소江蘇 단도丹徒 연돈산烟墩山 출토)

가 갈수록 분식되어, 문헌상 전국시대 이후 확립된 '태백중옹분형만太伯
仲雍奔荊蠻'의 오입국吳立國 설화는 초기 자료의 불명확함에서 점차 시간이
흐름에 따라 후인의 가필과 추론에 의해 내용과 입국지의 지리적 위치가
구체화될 뿐만 아니라 이와 관련된 유적지까지 전하게 되는 허구성을 나
타내고 있다. 단지 『논어』, 『국어』, 『좌전』 등 선진先秦문헌이 전하는 단편
적인 사실을 종합해 볼 때, '태백중옹분형만'의 설화가 갖는 역사적 사건
의 실체는 고공단보가 장자를 외지에 파견하였다는 사실만을 확인할 수
있을 뿐이다.

그런데 1954년 강소江蘇 단도현丹徒縣 연돈산烟墩山에서 발견된 '의후측
궤宜侯夨簋'와 중원 청동기물은 이 지역에 중원세력이 직접 진출하였음을
나타내는 직접적인 자료를 제공하는 듯하다(그림 II-3). '의후측궤'의 명문

文身斷髮하고 쓰일 수 없음을 보여 季歷을 피하여, 季歷이 왕위에 올랐으니 王季이며 昌
이 文王이다. 太伯이 荊蠻으로 달아나 스스로를 句吳이라 칭하였다. 荊蠻人이 의롭게 여겨
그에게 귀의하는 자가 천여가가 되었으며 吳太伯을 (왕으로) 세웠다."(『史記』 卷31 「吳太伯
世家」) 이외에 『吳越春秋』도 유사한 내용을 전한다.

내용은 강왕康王시기 동방정벌에 나섰던 우후虞侯를 의宜에 봉한 사실을 기록하고 있다.[127] 여기에 주周의 봉건이 세워진 '의宜'가 '오吳'인가에 관한 논란이 있기는 하지만, 전술한 대로 '의宜', '우虞', '오吳'는 서로 가차했다는 사실과 함께,[128] '의후측궤'가 출토된 단도는 오국의 범위에 속하므로, '의宜'는 곧 오국이라고 추론하는 데 무리가 없다.

서주 초 오吳지역에 봉국이 세워졌다는 사실과 관련하여 서주 초 오吳지역 청동문화는 오랜 맹아기를 벗어나 비약적으로 발전하였음을 나타낸다. 단도 연돈산 의후묘宜侯墓를 비롯하여 부근 지역 의징儀徵, 표수溧水, 둔계屯溪 등 영진,[129] 안휘安徽 지구 대형 토돈묘에서 중원 청동기를 모방한 청동예기와 더불어 서주 초기, 중기 중원 제조 청동기가 발견되었다.[130] 이로써 일단 서주 초기, 중기 오吳지역은 중원 청동문화의 직접적 영향을 받았음을 확인할 수 있다.

태백, 중옹과 관련한 전승, 주 무왕시기 태백, 중옹의 후예 주장周章을 오에 봉한 기록[131]과 더불어 '의후측궤'의 발견은 오吳지역에 주周의 봉국이 세워졌다는 사실을 확실히 해주는 증거가 되는 듯하다. 주周는 봉건을 행할 때 산천山川, 토전土田을 비롯해 봉물로 대로大路(제후가 사용하는 수레), 대기大旂의 깃발류, 궁弓·갑甲·시矢와 같은 무기류, 종鐘·고鼓의 악기류와

---

127 "…… 王省武王成王伐商圖 省東或圖 …… 王令虞侯矢日□虞于宜 ……"(「江蘇丹徒縣烟墩山出土的古代青銅器」, 『文物參考資料』 1955-5)
128 山西省 長治市 分水嶺 14호 묘에서 발굴되었는데, 銅戈 6件 가운데 '吳□', '虞之戟', '宜□之刺戟'이라는 명문에 의하면 이들 동기는 虞器이므로 '虞'는 '吳', '宜'라고도 겸칭함이 밝혀졌다(山西省文物管理委員會, 「山西長治分水嶺古墓的清理」).
129 오늘날의 南京을 중심으로 鑛江, 江寧 등지를 포함한다.
130 청동예기 가운데는 비록 소수이기는 하나 宜侯矢簋 외에도 母子墩墓 伯簋, 屯溪1號墓 父己尊, 屯溪3號墓 公卣, 破山口 子作父寶鼎 등이 있다.
131 『史記』 卷31 「吳太伯世家」.

108

예기를 비롯해 주족周族과 은인殷人을 분사分賜하였다. 이러한 봉물은 곧 주周문화를 공유하며, 특히 주周의 예제에 동참함으로써 종법제에 의한 주왕실을 정점으로 하는 정치조직에 포섭하기 위한 물적 표상이다. 따라서 주봉건의 기초는 주왕실의 예제를 공유하며 이에 참여하는 데 있다. '의후측궤'의 경우에도 창鬯 및 창구鬯具, 궁시와 같은 예기와 무기류를 비롯해 산천, 읍邑, 그리고 주족周族과 은인殷人을 분사하였다는 내용이 기록되어 있다.[132] 따라서 응당 오吳지역에도 봉건과 함께 주周의 문화와 사회 제도가 이식되었으리라 기대할 수 있다.

그러나 오吳지역의 경우 '의후측궤'를 비롯한 중원 청동기를 수장한 대형 묘장의 경우에도 이들 묘장 형식은 토착적인 토돈묘이며 절대 다수의 부장품은 토착문화의 특징이 농후하다는 데 문제가 있다. 즉 서주시대 각 봉국의 제후나 주인周人 귀족의 묘장의 형태가 모두 수혈식竪穴式 토갱土坑 목곽묘木槨墓이며 묘 내의 부장품이 전부 주周문화 혹은 주周문물 위주인 점과 차이가 있다. 이러한 점에서 본다면 오국의 주周봉건은 의심될 만하다. 그러나 오의 봉국에는 특수한 사정이 있었던 듯하다. 봉국을 행할 때 이미 의宜지역의 인구, 산천, 읍邑에 대해 상세히 파악하고 있었다는 사실이다. 오吳지역이 상주의 정치 중심에서 멀리 떨어진 동남부의 편벽한 지역에 위치하였다는 사실에 비추어 볼 때 매우 예외적인 상황이다.[133] 이는 의후宜侯를 봉할 때 주족周族을 하사하는 데 '의宜에 있는 왕인

---

132 唐蘭, 「宜侯矢簋考釋」.

133 서주 초 魯지역은 東國이라고 칭하였고, 춘추시대에도 曹 以東의 제후는 東諸侯라고 불려 중원제후와 구별되었다. 아마 영역을 나누는 것이 가능하지 않았으며 그 영역은 魯侯에게 개척과 확대가 위임된 것이 아니었겠는가(伊藤道治, 『中國古代國家の支配構造』, 中央公論社, 1987, p. 95).

[才(在)宜王人]'의 존재와 관련하여 이해할 수 있다. 즉 의宜지역에는 이미 주족周族이 거주하고 있었던 사실을 시사하는 것은 아닌가. 이러한 사실들과 관련하여 우虞(虞)는 의宜의 주변에 거주하던 주족周族으로 강왕시기 의宜지역에 봉해졌다는 이해도 가능하다. 측夨은 상商의 유민으로 주周에 들어간 후로는 작책作册으로 왕정王庭에 봉사하였으며, 주왕周王이 호방虎方을 정벌한 뒤 측夨을 호후虎侯로 삼았으며, 동국東國을 정벌하고는 다시 호虎를 양자강 유역의 의후宜侯로 삼았다는 주장도 있으며, 혹은 이미 외지에 파견된 주족周族의 후예(곧 태백, 중옹의 후예)일 가능성도 있다.[134] 즉 이미 외지에 일단 정착하였던 주족周族이 이봉移封되었을 가능성이 있다. 그렇다고 한다면 주초 중원 청동기가 출현할 때 이미 변형된 모방기와 토착적 청동기가 동시에 출현하는 현상도 설명할 수 있게 된다. 이와 같이 주초 오吳 봉국과 관련한 다양한 가능성 가운데 확인할 수 있는 사실은 주초 오吳지역에 분명히 주인周人세력이 직접 도달하였으며 이때 오吳 봉국이 세워졌다는 사실이다.

2) 오국 청동기와 중원문화의 영향

앞에서 오국은 주초에 봉건되었음이 확실하며 주초 중원문화가 이미 침투하여 오吳지역 청동문화 발전에 영향을 미쳤음을 논하였다. 그렇다면 오국은 서주 초 이후 춘추 중기에 중원 문헌에 나타날 때까지 중원과 어떤 관계 가운데 발전해 왔는가. 과연 문헌에서 전하는 바와 같이 중원과 단절된 채 이적夷狄의 문화로 발전해 왔는가. 또 왜 오국은 춘추제국에 의

---

134 許悼雲, 『西周史』, 聯經出版事業公司, 1984, pp. 135-136.

해 희성제후로 인정되면서도 문화적으로는 이적시되었는가. 이러한 오국 초기사에 해당하는 문제들을 당시 중원 화하華夏문화의 대표적인 기물인 청동예기의 발전을 중심으로 살펴보고자 한다.

서주 말 춘추 초에 속하는 단양丹陽 사도司徒, 강녕江寧 도오陶吳, 남경 포구浦口, 단도 마반돈磨盤墩, 표수 관광돈寬廣墩 및 안휘 번창繁昌 유지에서 서주 동기와 유사한 정鼎, 궤簋, 준尊, 작爵, 유卣, 용종甬鐘 등이 발굴되고 있다. 특히 남경 포구에서 출토된 동정銅鼎의 경우 서주 말 춘추 초의 전형과 매우 일치하는 동시대의 산물이다.[135] 이런 점에서 볼 때 서주시기 오국은 결코 중원문화와 격리된 채 고립적으로 발전하였다고는 볼 수 없다.

그러나 서주 말 춘추 초 오국 청동기문화는 중원 청동기를 모방하면서도 기형과 문양에 변형을 가한 오국 특색을 지닌 청동기 발달이 두드러진다. 단양 사도司徒유지에서 출토된 정鼎의 형식은 기본적으로 중원 동기와 일치하지만, 넓고 큰 귀[耳]가 밖으로 뻗치며 분형천복盆形淺腹, 수제獸蹄의 삼고족三高足이 모아져 있으며 다리[足]가 비교적 높아 전체 기형이 매우 날렵하다. 이러한 정鼎은 오吳지역에서 널리 유행하여 고순高淳, 번창 등지에서도 여러 차례 발견되었다.[136] 특히 동궤銅簋의 경우 오吳지역에서는 서주 중기 중원 형식 동궤銅簋 대신 지방색이 풍부한 다채로운 유형의 편체궤扁體簋가 대량으로 유행하였다. 단양 사도의 경우 출토된 7건의 궤簋 중 하

---

135 河南 陜縣 上村嶺 虢國墓, 河南 新野와 湖北 壽縣의 曾國鼎, 湖北 武漢 "曾伯從寵"鼎, 山東 烟臺 출토의 "侯"鼎, "己華父"鼎 등 器型과 기본적으로 같으며, 傳世의 서주 말에 속하는 毛公鼎, 虢文公鼎 등과도 매우 흡사하다(南京市文物保管委員會, 「南京浦口出土一批青銅器」, 『文物』 1980-8, p. 11).

136 劉興, 「談秦江地區出土青銅器特色」, p. 114.

나만 제외하고 모두 지방색이 농후하다.[137] 이외에 모자돈묘母子墩墓에서 출토된 동유銅卣의 제량양단提梁兩端의 황우두黃牛頭 장식은 중원에서 볼 수 없는 독특한 조형이다. 이와 같이 서주, 춘추 시대 오국에서는 여전히 중원풍의 청동기가 존재하며 대부분의 기물이 토착적 변형이 가해지기는 하였으나 기본적 형태는 중원 청동기물의 영향을 받고 있기 때문에 서주, 춘추 시대 오국은 중원문화에서 절대적으로 고립되어 있었다고는 볼 수 없다.

그런데 오국이 중원문화를 흡수하는 방식에서 주목되는 점은 같은 시기 중원에서는 이미 사라진 상대 중원 청동기가 유행하였다는 사실이다. 예를 들어 상말 주초 중원에서 일찍이 유행한 삼단식三段式 고통준高筒尊은 중원에서는 이미 거의 보이지 않으나 강남江南 공장工匠의 새로운 설계를 통해 오국 중기의 전형 유행기물 중 하나가 되었다. 오월吳越 청동준靑銅尊은 복부고복部鼓가 상당히 돌출한 풍만한 원형 혹은 편구형扁球形을 이루며 입, 복부, 권족圈足의 비례가 같다는 데서 서주 중원준中原尊과 분명히 구별된다.[138] 특히 오吳지역에서 출토한 구조句鑃는[139] 은탁殷鐸에서 발전해 온 것으로, 당시 중원에서는 보이지 않는다. 이외에도 단양 사도에서 출토된 주형柱形, 원추형圓錐形, 첨추형尖錐形의 동정족銅鼎足은 모두 상대에 유행한 정족鼎足 형식이다. 특히 1족足과 1이耳가 수직의 위치에 있고 또 하나의 이耳가 양족兩足의 중간에 위치하는 것은 상정商鼎의 독특한 특

---

137 劉興, 「東南地區靑銅器分期」, p. 96.

138 屯溪1號墓尊, 丹陽 司徒公社III式尊, 武進 淹城尊 등이 여기에 속한다.

139 武進 淹城, 高淳縣 頤隴公司, 靑山茶場 등지에서 발견되었다(倪振達, 「淹城出土的銅器」, 『文物』 1959-4; 劉興, 「鎭江地區近年出土靑銅器」, 『文物資料叢刊』 5, 1981).

징이다.[140]

이와 같이 당시 중원에서는 사라진 상대 청동기의 특징이 강남의 오吳지역에서 이어지는 현상에 대해, 상문화가 서국徐國에 남아 있다가 오월국에 전파된 결과라고 이해하기도 한다.[141] 혹은 상商 청동기문화의 영향을 받은 중원인中原人이 오吳지역에 옮겨 오면서 이후 중원문화를 흡수하는 데 상商 청동기문화가 잔존한 것은 아닌가. 즉 일찍이 강남에 진출한 상인商人집단이 주초 주족周族의 압박을 피해 오吳지역으로 옮겨 왔을 가능성은 없는가. 혹은 선주先周시기 강남에 파견된 주족周族(태백, 중옹 집단의 후예일 가능성도 포함하여)이 오吳지역으로 옮겨 왔을 가능성 또한 생각해 볼 수 있다. 이외에 채후묘蔡侯墓에서 발견된 오왕광감吳王光鑒의 명문과 채후반蔡侯盤의 명문은 오국과 채국蔡國이 통혼관계에 있었음을 밝히고 있어,[142] 채국과의 교류를 통해서도 오국은 중원문화를 간접적으로 수입하였을 가능성이 있다.[143] 어쨌든 오국이 중원문화를 흡수하는 데는 중원과의 계속적인 직접교류에 의해 이루어지지 않고 한정적이었던 듯하다.

서주시기를 통해 중원 청동기문화의 영향은 비록 한정적이기는 하지만 계속적으로 이어졌음을 확인할 수 있다. 그렇다면 이러한 중원 청동기문

---

140 劉興·李長傳,「江蘇丹陽出土的一批靑銅器」,『文博通訊』25.

141 劉興,「談鎭江地區出土靑銅器的特色」,『文物資料叢刊』5, 文物出版社, 1981, p. 113.

142 安徽 壽縣 蔡侯墓에서 출토된 吳王光鑒의 명문은 "隹(惟)王五月 旣子白期 吉日初庚 吳王 光擇旣吉金 玄銑白銑 台(以)乍(作)叔姬寺吁宗? 鷹鑒 用膏用孝 眉壽無疆. 往已 叔姬 虔敬乃 后孫 勿忘."라고 하여 吳王光의 女가 蔡侯의 孫에게 시집을 갈 때 가지고 간 勝器임을 밝히고 있다. 이외에도 함께 출토된 蔡侯盧銘에 의하면 이는 蔡聲侯가 吳王 夫差에게 시집 간 그의 娣 孟姬에게 보내기 위해 제작한 것이다(郭沫若,「由壽縣蔡器論到蔡墓的年代」,『考古學報』1956-1).

143 吳國이 중원의 문물을 받아들이는 통로였을 것으로 짐작되는 주변의 徐, 蔡國과의 관계에 관해서 吳榮曾,「論吳與徐·蔡的關係」[中國先秦史學會第5屆年會 吳文化學術硏討會 발표문(未刊行)가 있다.

화는 오국 청동기문화에 어떻게 영향을 끼치며 이식되었는가. 오국 청동기
는 기본적인 형태나 문양에서 중원 청동기의 영향을 받은 중원 모방기가
대부분이다. 따라서 오국의 청동기에 중원 청동기의 수면문獸面紋이 흔히
장식된다. 그런데 당시 중원의 청동용기는 제사나 혹은 제사 후의 향연에
사용하는 예기로 제작되었으며 수면문은 이에 상응하여 종교적 신비감과
엄숙함을 표현하였다. 따라서 중원 청동기의 기종과 문양은 예기로서의
본질과 밀접히 관련이 있으며 따라서 일정한 규율이 있다.[144] 그런데 모자
돈묘 출토의[145] 쌍수수이궤雙獸首耳簋의 경우 복부腹部의 문양이 중원 동기
의 도철문饕餮紋을 모방하기는 하였으나, 단순화된 형태로 바탕 문양이 없
으며 경부頸部 및 권족圈足에는 모두 지방 특색의 기하형구연문幾何形勾連紋
이 있고 경부頸部 중간에는 희수犧首를 부조하여 호접형蝴蝶形을 만들었다.
이러한 도철문의 단순화된 변체變體는 중원 도철문의 신비하고 엄격한 풍
격을 잃었다. 이러한 현상은 중원에서도 춘추시대 체제가 해이해져 가는
과정에서 나타나기도 하지만, 오국의 청동기에서는 서주시기에 이를 모방
할 때부터 도철문이 갖는 엄격함은 적용되지 않았다.

이외에도 표수우漂水盂·고순유高淳卣, 포구력浦口鬲 및 청동정靑銅鼎의 귀
[耳] 위에는 상주商周 말기에 성행한 전형적 문양인 수린문垂鱗紋과 중환문
重環紋이 크고 작게 임의로 장식되어 있다. 중원에서는 이러한 문양을 사
용하는 데는 일정한 규율이 있어서 정鼎, 궤簋, 반盤, 이匜 등 기물에 한정
하여 사용하고 있다. 그런데 오국 청동기는 이들 중원문양을 사용하는
데 중원예기 규율에 제한을 받지 않고 자유자재로 응용하고 있다. 예를

---

144 伊藤道治, 「靑銅器とその背景」, 『中國の美術·銅器』, 淡交社, 1982, p. 104.
145 鎭江博物館 等, 「江蘇丹徒大港母子墩西周銅器墓發掘簡報」, 『文物』 1984-5.

들어 포구에서 출토된 력鬲의 복부에 수련문을 사용했으며 력족鬲足에 도철도안을 장식하였는데, 이와 같은 문양의 활용은 중원에서는 거의 볼 수 없다.[146] 이외에 중원문양에 오국문양을 결합하여 하나의 기체器體에 활용하기도 한다. 무석無錫 북주항北周港 2호 묘에서 출토된 궤簋에 세밀한 기하형문幾何形紋과 중원 풍격의 2조組의 유정문乳釘紋이 함께 장식된 수법이 대표적이다. 이러한 오국 청동예기 문양의 변형은 중원 청동기가 내포하는 예禮 의식의 변질을 의미하는 것이 아니겠는가.

중원 청동기의 엄격함을 대신하여 오국 청동기는 자유로운 표현 가운데 장식적으로 발전하였다. 모자돈母子墩 비조개쌍이호飛鳥盖雙耳壺의 경우 호壺 전체를 4분하여 각 부분에 호방한 운형구연문雲形勾連紋 도안을 활용했으며, 각 운형문雲形紋은 종횡縱橫이 같지 않고 서로 대칭되지 않는 등 자유로이 표현하였다. 이러한 호壺의 문양은 조형이 독특한 비조형개飛鳥形盖 아래 강렬한 장식 효과를 유감없이 발휘하였다. 오국 청동기의 자유로운 문양장식에는 중원에서는 찾아볼 수 없는 강남의 토착문화 요소가 활용되고 있다. 모자돈묘에서 출토된 동기銅器의 방운문方雲紋, 권점문圈點紋 및 세승문細繩紋 간의 원점문圓点紋, 비조개쌍이호의 운형구연문이 바로 그것이다. 이와 같이 선으로 구성된 각종 기하형 문양은 강남 동기銅器에서 자주 보이는데, 이들 문양은 서주, 춘추 시대 강남에서 유행한 도기陶器상의 기하인문幾何印紋을 옮겨다 놓은 것이다. 오국 청동기는 이들 토착적 기하도형의 다변성을 충분히 이용하여 풍부하고 다채로운 문양형태를 구사할 수 있었다. 청동 기하인문 가운데 기하극자문幾何棘刺紋은 오

---

146 南京市文物保管委員會,「南京浦口出土一批靑銅器」, p. 11, p. 34.

월吳越 청동기에서 가장 특징적인 문양으로, 둔계에서 출토된 준尊, 단양 사도준司徒尊, 무진武進 엄성준淹城尊 등과 같은 치구통형준侈口筒形尊상에 주로 장식되어 있다. 이외에 엄성淹城 삼륜동반三輪銅盤이나 희이犧匜에 장 식된 미사문米篩紋도 원시 자기의 문양을 채용한 것이다.[147] 이와 같이 청 동기 문양장식에 강남지역 도기의 기하형 도안을 응용한 것은 오국 청동 기 문양의 특징이며[148] 이러한 경향은 기하인문도기가 발달한 남방의 안 휘, 강소, 호남, 광서의 광범한 지역에서 나타난다.[149] 이와 같은 지방문화 의 특성은 춘추시대 청동기 양식에서 새로운 요소로 성장하였다. 따라서 춘추시대 청동기문화는 더 이상 중원으로부터 주변 지역을 향한 일방적 복사가 아니며 이 시기 지방문화는 중원문화의 변형과 새로움에 기여하 는 주요한 원천이 되었다.[150]

중원지역에서도 춘추 후기부터는 청동기의 문양 장식에 새로운 감각이 출현하기 시작한다. 하남 신정新鄭에서 출토된 입학방호立鶴方壺가 대표적 인 예로 꼽힌다. 신정호新鄭壺의 경우는 기형은 중원 예기를 계승하면서 문양장식에 있어서 학이나 용을 사실적으로 묘사하여 입체적 수법으로 장식하였다는 점에서 독특하다. 그러나 신정호는 춘추시대 청동문화의

147 이외에도 丹徒 烟墩山 宜侯墓 출토의 角狀器상의 菱形紋, 折線紋, 高淳 頤隴公社 출토의 銅鼎腹部의 線條紋, 高淳, 漂水 출토 靑銅簋상의 문양은 음선으로 구성된 陰回紋, 丹陽 司徒 출토의 II식 銅尊과 IV식 銅簋상의 尖葉鉤連紋, 이외에 청동기상의 圓点紋 등은 吳 지역 陶器상에 보편적으로 나타나는 印紋이다(劉興, 「談秦江地區出土靑銅器的特色」, pp. 114-115).
148 蕭夢龍, 「母子墩墓靑銅器及有關問題探索」, 『文物』 1984-5, p. 14.
149 Jenny F. So, "New Departures in Eastern Zhou Bronze Designs: The Spring and Autumn Period", Wen, Fong ed., *The Great Bronze Age Of China*, New York: The Metropolitan Museum of Art, 1980, p. 255.
150 江村治樹, 「靑銅禮器から見た春秋時代の社會變動」, 『名古屋大學文學部硏究論集(史學)』 34, 1988, pp. 19-22.

새로운 경향 속에서도 여전히 기형은 중원 청동예기의 전통의 연속상에 있다. 이러한 청동문양의 장식적 효과는 전국시대에 더욱 발전하여 증후을묘曾侯乙墓에서 출토된 동준銅尊과 동반銅盤의 경우는 이러한 경향의 극치에 이르렀다고 할 수 있다.[151]

그런데 오吳지역에서는 다른 지역에서 원형을 찾을 수 없는 오吳지역만의 독특한 청동기물이 일찍부터 존재한다. 단도 의후묘에서 출토된 각상기角狀器라든가,[152] 오주기五柱器, 형태가 기이한 수형굉獸形觥, 인형기좌人形器座와 같은 독창적 기물들이 서주 초부터 계속 이어지고 있다. 이 가운데 모자돈묘의 원앙형준鴛鴦形尊은 강남에 산재한 호소湖沼에서 볼 수 있는 원앙의 형태를 취하였으며, 구개호鳩盖壺나 엄성 삼륜동반 역시 중원에는 없는 매우 특이한 것으로 형태가 기이하고 아름다워 오국 청동기문화의 장식적이고 독창적인 특성을 나타낸다. 이러한 오국의 토착적 청동기들은 신정호와는 달리 중원 청동기의 유형에서 완전히 벗어난 독창적인 기물들이다. 이러한 오국 청동기물들은 중원문화의 영향을 받으면서도 어느 정도 일정한 거리를 두고 중원문화에서 자유로울 수 있었던 오국 청동기문화의 특성을 시사한다.[153] 다시 말해 오국 청동기의 간화된 도철문이라든가 기하형 도안과 같은 독특한 문양장식, 그리고 장식적인 형태의 청동기 등 오국 청동기물이 내포하는 관념은 중원 청동예기와는 달랐다는 것을 의미하는 것은 아닌가.

---

151 江村治樹,「春秋·戰國時代の青銅器」,『中國の美術·銅器』, 淡交社, 1982, pp. 136-138.

152 남방 특유의 기물로 연구자 간에 명칭, 용도의 해석이 일치하지 않았으나 鎭江 諫壁 王家山 청동각문에 의하면 炊器임을 알 수 있다.

153 Jenny F. So, "New Departures in Eastern Zhou Bronze Designs: The Spring and Autumn Period", p. 258.

중원에서도 서주 중기 이후 청동기의 수면문은 쇠퇴하기 시작하였으며 이러한 변화 이면에는 청동기가 제기에서 향연의 기물器로 전환되는 변화가 내포되어 있었다.[154] 또한 춘추시대 청동예기는 조정의 의식을 행하는 귀족의 권리를 참람僭濫하려는 제후들의 욕구에 의해 대량으로 제작되었다. 예를 들어 소국인 채국에서 나온 대량의 사치한 청동예기는 제후의 권위의 상징이었으며 예제 참여의식이 얼마나 강렬하였는가를 반영한다.[155] 춘추시대 청동예기는 제후들뿐만 아니라 부유한 상인들이 자신들의 신분상승의 욕구 및 부를 과시하기 위한 목적에서도 제작하기 시작하였다.[156] 이러한 청동예기 기능의 변화가 곧 청동기 유형과 장식의 변화를 불러일으켰음을 알 수 있다.

이러한 서주, 춘추 시대 중원 청동예기의 발달과 비교할 때 오국의 경우는 서주 초 중원 청동기를 모방하면서부터 중원 모방 청동기의 문양 장

---

154 이러한 변화는 명문상에서도 나타나 殷末 周初의 명문은 청동기 소유자가 전쟁 등에서 공적을 이룬 데 대해 왕이 恩賞을 주었다는 기록이 대부분이었다. 서주 중기, 특히 恭王 이후가 되어서는 이제까지와는 다른 내용이 나타난다. 왕의 恩賞의 기록 외에 재판에 승소한 것 혹은 토지매입 등의 명문이 나타나 명문이 일종의 증거서류로서의 성격을 갖게 되었음을 나타낸다. 서주 후기가 되어서는 誓語가 자기를 비롯해 자손의 영속과 행복을 조상에게 비는 말로 변화하여 조상과 자손의 관계를 확고히 하는 것으로 변질하였다. 이러한 변화는 주왕의 권위가 저하되는 데 비해 귀족층의 강대화로 말미암아 사회기구와 질서가 이완되었으며 질서의 회복보다 자기 일족의 유지와 번영이 주요한 관심사가 되었으며 다분히 연회를 위한 것으로 되어 갔음을 나타낸다(江村治樹, 「春秋·戰國時代の靑銅器」, pp. 119-120).
155 Jenny F. So, "New Departures in Eastern Zhou Bronze Designs: The Spring and Autumn Period", p. 253.
156 청동예기는 이 시기 제후들 간의 맹약을 기념하기 위해서라든지 媵器로 제작되는 외에, 부를 축적한 상인 계층에 의해 단순한 탐미의 대상의 가치로 혹은 그들의 사회적 지위의 상승을 위해 제작되었다(앞 책, p. 252). 전국 曾侯乙墓 출토 銅尊과 銅盤의 정교한 장식은 바로 이러한 춘추에서 시작된 청동기의 장식적 발전의 결과이다(江村治樹, 「春秋·戰國時代の靑銅器」, p. 144).

식은 이미 중원 청동예기의 규율에서 벗어나 변용되기 시작하였다. 이처럼 오국 청동기 문양이 중원 청동기의 규율성에서 탈피하였다는 사실에서 중원 청동예기가 오국에 이식될 때 이미 청동예기가 내포하는 중원 예제의 의례적 의미는 상실하였다고 보아야 한다. 즉 오국에 중원 청동기문화와 동반하여 중원 예제가 실현되었다는 징후는 보이지 않는다. 따라서 오국 청동기의 문양장식은 애초부터 규율성에 제한받지 않고 자유로운 양식으로 표현될 수 있었으며 장식적으로 발전할 수 있었다. 춘추시대 진강 간벽 왕가산묘에서 발굴된 순우錞于의 대칭하지 않은 변형된 형태라든지 인면문人面紋, 조문鳥紋 장식의 사실성과 같이 오국 청동기는 상商 이래 오랫동안 청동기 문양을 지배해 온 공포와 신비한 형상의 환상적 수면문(도철문) 모식을 타파하였다.

이와 같이 오국 청동기가 중원기中原器를 모방하면서도 중원예기의 규율에서 자유로울 수 있었으며, 청동기물에 오吳지역의 토착적인 도기의 문양을 적용하는가 하면 처음부터 예기로서의 장중함을 배제한 채 탐미적 의식하에 제작된 듯한 독창적인 청동기물이 발달할 수 있었던 데에는, 춘추시대 오국은 중원 예제의 범위 밖에 존재하였다는 사회구조와 밀접히 관련되어 있다. 오국에 주周의 봉건이 이루어졌다 하더라도, 주왕실을 정점으로 하는 '공후백자남公侯伯子男'의 중원 예제의 지배질서는 오국에 뿌리내리지 못하였다고 할 수 있다. 즉 오국에 중원의 청동기문화는 이식되었지만 중원체제는 이식되지 못하였음을 알 수 있다. 따라서 오국이 문화적으로 이적시되었다는 의미는 오국문화의 야만성이라든가 저급성을 의미한다기보다는 이러한 중원 예제 밖의 체제였음을 의미한다.

3) 오국 청동각문과 화하문화

중원 청동예기의 규율에서 자유로울 수 있었던 오국의 청동문화는 청동각문靑銅刻紋이라는 새로운 기법의 청동기문화를 발달시켰다. 일찍이 춘추 말에 오국에서 시작된 것으로 추정되는 청동각문은[157] 전국시대 이후 각지에서 유행하게 되었다. 각문동기刻紋銅器는 강소 육합정교六合程橋 1호 묘에서 출토된 각문반刻紋盤 잔편殘片과[158] 강소 진강 간벽 왕가산묘에서 출토된 각문이刻紋匜, 반盤[159] 외에 근래 하북, 강소, 산서의 몇몇 춘추 말기 묘장에서 출토된다. 기물의 종류, 문양내용, 공예수법, 풍격을 비롯한 특징이 동일하여 한 국가나 지역에서 제작한 청동공예일 가능성이 있다.[160] 육합정교, 간벽 왕가산에서 출토된 매우 얇은 선각화상문양線刻畵像文樣의 반盤, 이匜 등의 기물은 종이처럼 얇으며 주조기법의 정교함과 난도難度는 유례가 없다. 동기상에 각획을 털끝처럼 가는 선으로 묘사한 연회, 수렵 등의 그림은 극히 예리한 철도鐵刀 공구가 없으면 가능하지 않은 것으로 오국의 야주冶鑄 수공업의 선진성을 유감없이 반영하고 있다.[161]

앞서 살핀 바에 의하면 오국의 사회규범은 중원의 예제와 달랐음에 틀림없지만, 그렇다면 오국은 어떤 사회 모습을 하고 있는가 하는 문제에 답

---

157 우선 청동각문이 가능하려면 강하고 예리한 공구가 있어야 한다는 점이다. 吳國은 춘추시대 철을 생산한 소수의 국가 중 하나라는 점과 춘추시대 각문동기는 대부분 吳國 묘장에서 출토되어 전체 7건 가운데 4건이 吳墓에서 출토되었다는 점으로 볼 때, 동기상의 線刻畵像이 吳國에서 발생하였을 가능성이 높다(蕭夢龍,「吳國靑銅器分期·類型與特點探析」, p. 60).

158 江蘇省文物管理委員會·南京博物院,「江蘇六合程橋東周墓」,『考古』1965-3(이하「六合程橋墓」라 약칭).

159 「江蘇鎭江諫壁王家山東周墓」,『文物』1987-12.

160 葉小燕,「東周刻紋銅器」,『考古』1983-2;「河北懷來北辛堡戰國墓」,『考古』1966-5;「山西省潞城縣潞河戰國墓」,『文物』1986-6;「戰國靑繪燕樂畵像銅器殘片」,『文物』1962-2.

161 劉建國,「春秋刻紋銅器初論」,『東南文化』1988-5, p. 88.

하는 데는 한계가 있다. 선진시기 중원 밖에 존재하였던 오吳지역 사회를 이해할 수 있는 문헌자료가 매우 드문 상황에서 오吳지역 청동각문은 당시 상층사회의 연회 내용을 지극히 사실적으로 묘사하고 있다. 따라서 춘추시대 오국 청동각문은 당시 사회를 이해하는 데 매우 유용한 자료를 제공함에 틀림없다. 여기에서는 이러한 오국 청동각문의 내용을 분석함으로써 오국 사회에 관한 이해를 보충하고자 한다.

진강 간벽 왕가산 동주묘에서 출토된 동기각문이 묘사하는 내용은 예악이 주요 주제이다. 고대누옥高臺樓屋이 중심에 있으며, 당내堂內 정면에 '설조치주設俎置酒'하고 주요 인물이 술잔을 들고 서 있거나 앉아서 음주하고 있거나 궤배跪拜하고 상견相見하는 연음宴飮이 묘사되어 있다. 가옥의 양측에는 설정設鼎, 사후射侯, 진악奏樂, 무도舞蹈, 수작酬酢, 영송迎送 등의 예의 장면이 묘사되어 있다. 어떤 각문은 그 연장되는 공간에 수렵, 어로, 농경 활동을 그리고 있다(그림 II-1, 그림 II-2 참조).[162] 이러한 청동각문의 전체적인 내용은 중원 예악의 웅장한 장면이다. 특히 사후射侯가 많은 부분을 차지하고 있으며, 인물의 심의深衣, 관식冠飾, 개정盖鼎·두豆·준尊 등의 문물은 중원 연음 및 문물의 내용과 매우 흡사하다. 이는 일반적으로 춘추시대 오국이 이적시되었다는 점에 미루어 볼 때는 매우 의외의 장면이다.

진강 왕가산 동반각문상에 펼쳐지는 중원과 다름이 없는 오국 상층사회 예악 장면을 좀 더 자세히 살펴보면, 이들의 복장은 아래가 이어진 심의 외에 저고리에 바지를 입은 인물도 있다. 각문에서 판별 가능한 34인

---

162 鎭江 諫壁 王家山 東周墓 각문의 宴樂圖에는 編磬이 묘사되어 있어, 이제까지 吳國 악기는 軍樂器(錞于, 句鑃 등)만이 발굴되었으나 編磬과 같은 禮樂器가 연회에 사용되었음을 알 수 있다(「江蘇鎭江諫壁王家山東周墓」, p. 29).

가운데 17인이 단발斷髮을 하고 있다. 그런데 이들 인물들은 대관戴冠은 하였지만 심의를 입지 않았다거나, 단발자斷髮者가 심의를 입고 활을 쏘기도 하며, 대관자戴冠者와 단발자가 함께 정鼎에 음식을 끓인다거나 예기를 나른다거나 하는 점으로 볼 때 대관자와 단발자의 활동은 어떤 구별이 없다. 뿐만 아니라 대관자가 가옥 밖에서 무무舞를 하는데 단발자는 가옥의 중심에서 수작음주酬酌飮酒하거나 빈객을 맞기도 한다. 이렇게 볼 때 단발자와 대관자는 신분 지위 면에서 평등하게 보인다. 이러한 단발자를 존중하는 형상은 독특한 현상이며 전국 동기각문에는 거의 존재하지 않는다.[163] 춘추시대 중원제국은 심지어 남방南方 초국을 포함하여 발식髮式은 모두 관冠 풍속이었다. 소위 "君子死 冠不免"은[164] 이러한 풍속의 중요함과 신성함을 반영한다. 이에 비해 당시 강남 오국에서는 오히려 이와 달리 단발을 존중하는 풍속이 있었다고 전해진다.[165] 그런데 과거에는 오인吳人의 단발 형식은 단지 추측할 뿐이었으나 동기각문화상銅器刻紋畵像은 그 구체적 실상을 생생히 묘사하고 있다. 이처럼 강남 특유의 수향水鄉 풍모와 생활, 오국 고유의 토착문화 풍속이 중원문화를 반영하는 화상과 동일한 화면에 병존하며 단발자와 대관자가 함께 있는 형상은 오국 사회문화의 이원적 구성을 시사한다.

오국 상층사회의 이러한 화하문화와 토착문화의 이원적 구성은 장속葬俗에도 반영되어 있다. 춘추시대 오국에는 중원식 토갱묘土坑墓와 토착

---

163 河南 山彪鎭 1호 묘 戰國墓의 상감장식 銅鑒의 전쟁도안 가운데는 斷髮者가 戰敗者로 굴욕적인 형상으로 표현되어 있다(『山彪鎭與琉璃閣』, 科學出版社, 1959).

164 『左傳』 哀公 15年.

165 『左傳』 哀公 11年(B.C. 484년) 齊吳戰時 "將戰, 公孫服命其徒歌虞殯, 陣子行命其徒具含玉, 公孫揮其徒曰 人尋約 吳髮短."

적 토돈묘가 공존한다. 이들은 묘제가 다를 뿐만 아니라 묘제에 상응하여 부장품의 내용에도 차이가 있다. 토갱묘에서는 명문이 있는 청동기가 출토되어 이들 토갱묘의 주인이 중원문자를 사용하였음을 나타낸다. 토갱묘에서 출토된 오왕광감, 전세傳世의 오왕부차감吳王夫差鑑, 자멸종, 강소 육합정교 동주묘東周墓 출토의 장손종戕孫鐘, 관부鑵缶, 각문용기刻紋容器 잔편殘片 등은 기물의 유형, 명문과 문양 등으로 보아 중원 계통의 청동기이다. 이들 중원 기물은 기본적으로 춘추 말기에서 전국의 전형적인 기물로 지방적 특색은 없으며, 지방색을 띠고 있는 기물은 구조句鑃 정도이다. 이들 중원 계통의 청동기를 수장한 토갱묘의 주인은 중원문화에 깊이 동화되었던 듯하다. 이들 토갱묘장에 부장된 왕손장편종王孫戕編鍾과 전해 내려오는 자멸종 악기에서 보듯이 춘추시대 오의 왕족들은 수준 높은 중원의 예악을 향유하였음을 확인할 수 있다. 이러한 토갱묘의 부장품은 바로 진강 간벽 출토 청동각획문이 묘사하는 오국 상층사회 예악의 모습과 표리를 이룬다.

반면 토돈묘를 비롯한 석실묘石室墓, 천갱식淺坑式 토갱묘의 부장품은 원시청자와 인문경도印紋硬陶 위주이며,[166] 서주 초 소수의 중원 청동기 가운데 명문이 존재한 이후 중원 문자가 나타나지 않는다. 이들 토돈묘의 주인들은 중원 문자에 익숙하지 않았던 듯하며 이는 이들의 언어가 중원과 달랐기 때문일 가능성이 있다.[167] 토돈묘는 전기에 소량의 중원 청동기가 부장된 것을 제외하고는 대부분은 오吳지역의 풍격과 특색에 의해 변형

---

166 석실묘는 원시청자와 印紋硬陶가 출토유물의 85%를 점한다. 단, 淺坑式 土坑墓 가운데 규모가 비교적 큰 磨盤墩墓에서 靑銅尊, 匜 및 車馬器가 출토되었다.
167 吳지역 토착적 언어발생의 가능성을 나타내는 屯溪 3호 묘 簋에 '서 있는 사람 형태'와 '화살형'의 부호가 있으나 아직 문자 단계라고는 할 수 없다.

된 중원 모방기이며 독창적 청동기물이 일부 발견된다. 뿐만 아니라 토돈 묘 가운데는 아직까지 편종이 발견되지 않았으며 일반적으로 청동악기를 부장하지 않아 토갱묘의 주인들과 기본 예악제가 달랐던 듯하다.[168] 이 와 같이 장제에도 오국 상층사회의 이원적 구성이 반영되어 있다. 이러한 장제의 이원성을 청동각문상에 표현된 대관자와 단발자의 이원적 구성과 연결 지어 볼 수 있지 않을까. 중원식 토갱묘의 주인은 청동각문상의 대 관자이며, 토착적 토돈묘의 주인은 단발자가 아니었을까.

이러한 청동각문의 내용을 종합해 볼 때, 춘추시대 오국의 상층계층은 이미 화하문화를 적극적으로 수용하여 중원의 예의에 익숙하였음을 알 수 있다. 그러나 오국이 중원 예제를 수용하는 과정에서도 여전히 대관자 와 단발자가 함께 존재했으며 이들이 상징하는 토착문화는 온존하였던 듯하다. 이러한 오국 상층문화의 이원적 구성은 묘장에서도 토갱묘와 토 돈묘가 공존하는 현상과 표리를 이루고 있다. 이처럼 춘추시대 오국 상층 사회에서는 중원의 화하문화와 거의 동류의 예의가 행해지는 가운데 여 전히 토착문화의 전통이 완고하게 유지되고 있었음을 확인할 수 있다. 즉 오국은 중원문화를 수용하면서 중국의 범위에 포섭되어 가지만, 여전히 문화적으로 사회적으로 이적의 지역으로 남을 수밖에 없게 하는 토착문 화와 사회의 완고성이 존재하였다. 이와 같은 오국의 예를 통해 춘추시대 제국에서 토착문화와 화하문화가 결합하여 각 지역의 독특한 지방문화 를 형성하는 과정을 이해할 수 있다.

---

168 馬承源, 「長江下流土墩墓出土靑銅器的硏究」, 『上海博物館集刊』 4, 上海古籍出版社, 1987, p. 218.

4) 오국 청동병기의 발달

오국은 기원전 584년 진국晉國이 신공무신을 오국에 파견하여 오군吳軍에 사법射法, 어법御法, 차전진법車戰陣法을 가르침으로써 비로소 중원제국과 교류하기 시작하였다고 『좌전』은 전하고 있다. 이후 오국은 주변 국가들을 겸병하며 영역을 확장하기 시작하여[169] 급격히 성장하였다. 이러한 사실은 중원의 병법을 도입하면서부터 오국이 적극적으로 중원제국과 교류하기 시작하였다는 것을 의미한다. 즉 중원의 선진적 청동병기류는 오국이 중원문화와 교류하는 데 중요한 매개의 역할을 하였음이 틀림없다. 따라서 여기에서는 춘추시대 오국의 청동병기를 통해 오국과 중원문화의 관계를 살펴보고자 한다(표 II-1 참조).

춘추 말 오국이 진晉으로부터 병법과 함께 중원 병기를 받아들이기 전 오국의 병기는 어떠하였는가. 고고발굴에 의하면 오吳지역 청동기문화 초기에 속하는 구용句容, 고순이라든지, 남경 북음양영北陰陽營, 쇄금촌鎖金村 등 호숙湖熟문화 초기 유지에서 출토되는 직내과直內戈, 동촉銅鏃은 형태가 상대商代 초기 유형과 같아 오국은 동병기銅兵器를 처음 주조하기 시작하면서부터 중원문화의 영향을 받았음을 확인할 수 있다. 그러나 갈촌葛村 동월銅鉞은 상주商周시기 중원에서 유행한 네모난 형태의 월鉞과는 다르며 오吳지역 양저문화 석월石鉞의 형태와[170] 거의 일치하여 당지當地 토착문화 전통을 잇고 있다. 따라서 오국 청동병기는 초기부터 중원 병기와 함께 토착 병기가 존재하였음을 알 수 있다.

서주에서 춘추시대에 오국 경내에서 발굴되는 청동병기 묘장은 영진지

---

169 『左傳』成公 7年.
170 「江西吳江梅堰新石器時代遺址」, 『考古』1963-6.

구에 집중되어 있으며 대부분 중소형 묘에서 발굴된다. 춘추 초 남경 포구浦口유지에 의하면, 과戈 2, 모矛 1, 검劍 1, 족鏃 30여 건이 동정銅鼎, 력鬲과 함께 출토되어 춘추 초 오국은 멀리 쏘는 시촉矢鏃, 격투를 위한 과戈와 모矛, 자신을 방어하기 위한 검劍이 갖추어져 있었음을 알 수 있다. 서주 중기에서 춘추 초기까지 발견되는 오국의 병기는 주로 과戈, 모矛가 단독 혹은 함께 발견되거나[171] 혹은 검劍이 단독으로 부장되어 있어, 당시까지 오국의 병기는 과戈, 모矛 위주이며 특히 모矛는 주요 격투기였음을 알 수 있다.[172]

춘추 말의 육합정교 1, 2호 묘에는 과戈, 모矛, 극戟, 검劍, 족鏃이 부장되어 있으며 이 두 묘에는 이외에도 청동 예기, 악기를 비롯해 거마기 등이 부장되어 있는 것으로 보아[173] 묘 주인은 춘추 말 오국의 귀족이었을 것으로 추정된다. 이러한 청동병기 조합으로 볼 때 춘추 말에 이르러 오국의 병기는 중원 병기류의 대부분을 갖추게 되었음을 알 수 있다. 무신巫臣이 오국에 사어射御, 승차乘車, 진법陳法을 가르치면서 중원의 병기류가 도입되었음을 알 수 있다. 특기할 만한 것은 육합정교 묘장에 부장된 병기는 일정한 배열에 따르고 있으며, 이는 중원의 병법과 상당히 부합한다는 사실이다. 이로 볼 때 오국 보병 진법의 병기배치 및 전투대형의 편성은 대체로 중원제국과 일치하였던 것으로 추정할 수 있다.[174]

---

171 漂水 烏山 2號 墓, 句容 浮山果園 2號 墓, 江寧 陶吳 等 遺址.
172 馮普仁,「吳國靑銅兵器初探」,『中國考古學會第4次年會論文集』, 文物出版社, 1983, p. 141.
173「六合程橋墓」,「六合程橋2號墓」.
174 중원 周代의 步兵戰은 5종의 戈, 殳, 戟, 矛, 弓矢의 병기를 사용하였다. 『司馬法』의 "長以衛短 短以球長"의 병기 배합의 조합원칙에 의해 보병의 기본 편제단위 배열은 戈手, 戟手, 矛手, 殳, 手, 弓矢手의 순서로 배열된다. 六合程橋에 부장된 병기의 배열은 劍이 殳를 대신한 것을 제외하고는 중원의 무기 배열에 상당히 부합한다(馮普仁,「吳國靑銅兵器初探」, p.

춘추 말 오국은 주변 지역과 부단한 전쟁을 하며 영역을 넓혀 갔으며 이러한 영토전쟁을 수행하는 가운데 병기의 발달이 함께 이루어졌으리라는 점은 가히 짐작할 수 있다. 춘추시대 오국 병기류의 발달에는 앞서 살핀 바와 같이 중원 병기류의 영향이 지대하였음에 틀림이 없다. 그러나 오국은 중원문화를 수용하는 데 토착문화 전통이 항상 온존했음을 앞서 확인하였다. 그렇다면 춘추시대 오국은 중원으로부터 도입한 청동병기를 어떻게 발전시켜 나갔는가. 오국에서 출토된 병기 가운데는 모矛, 검劍의 수량이 가장 많으며 과戈는 비교적 적다. 오국 모矛의 형태는 중원 교말공구평제형모骹末銎口平齊形矛의 특징과는 구별되는 협엽양차공식모狹葉兩叉銎式矛가 유행하였다. 오국에서 이제까지 발견된 목비木秘의 과戈는 두 사례뿐이다. 춘추 말기 오국에서 유행한 과戈는 봉단鋒端의 각도가 매우 작은 직선 혹은 호선弧線 삼각형으로, 원援이 비교적 좁고 긴 장호長胡이며 과내戈內에 많은 문양이 있다. 과戈의 쌍구문雙鉤紋과 과문過紋, 특히 원천援穿 윗부분의 비식鼻飾은 오월과吳越戈의 특징적인 표지이기도 하다. 육합정교 2호 묘 출토의 과戈는 목비木秘의 길이가 1.3m로 이러한 단비과短秘戈는 보병이 사용한 도과徒戈이다.[175] 육합정교묘에서 2.3m에 달하는 극戟이 출토되었으나, 이 역시 장사長沙 유성교瀏城橋 1호 묘에서 출토된 초국 차전용車戰用의 극戟의 길이가 거의 3m인 것을 참고하면 보전용극步戰用戟에 속한다.[176]

이와 같은 고고자료로 볼 때 오국의 청동병기는 보전용步戰用의 단병기

---

142).

175 「六合程橋2號墓」.

176 「六合程橋墓」.

위주인 것으로 나타난다.[177] 따라서 오군吳軍 병력의 구성은 도병徒兵 위주였던 것 같다. 기원전 505년 오초전吳楚戰에서도 오국은 보병 위주였던 듯 하며,[178] 기원전 482년 오진吳晉의 황지지회潢池之會에서 역시 오군은 모두 보병으로 구성되어 있다.[179] 이와 같은 오국의 근전용近戰用 검劍을 포함해 날카롭고 가벼운 단병기는 중원제국과 다르며 남방의 초楚와도 달라 오국 군대 특유의 무기장비이다.[180] 오국은 수향水鄉지구란 지리적 조건 때문에 중원의 전법과 무기를 받아들이는 데 있어 특히 차전車戰은 한계가 있었던 것 같다.[181] 이와 같이 오국은 서주 중기 이후 춘추 중기에 이르기까지 자신들의 지리적 여건에 적합한 무기를 만들어 점차 자신의 독특한 전통을 형성하였다.

오국 병기 가운데 청동검의 주검鑄劍 수준은 중원제국을 앞서 오월吳越지구는 '보검지향寶劍之鄉'으로 칭해졌다. 오국 병기발달의 높은 수준과 관련한 유명한 '계찰괘검季札挂劍'의 설화는[182] 정교한 오월동검吳越銅劍이 당시인들에게 보물로 여겨져 제후들이 열망하는 대상이었음을 생동감 있게 전해 준다. 이러한 문헌기록과 상응하여 오吳, 월越 왕명王銘의 청동검은 전세품傳世品을 제외하고도 산서, 호북, 하남, 안휘 등 광범한 지역에

---

177 曹錦炎, 「浙江出土商周靑銅器初論」, 『東南文化』 1989-6, p. 108.
178 『呂氏春秋』 卷8 「決勝篇」 "利趾者三千人以爲前陣"이라고 하여 소위 利趾者는 吳軍 보병을 뜻한다.
179 『國語』 「論語」.
180 馮普仁, 「吳國靑銅兵器初探」, p. 142.
181 "以船爲車, 以楫爲馬"(『越絶書』 卷8)라고 하여 水戰 위주였으며, 車戰이 적합치 않았음을 시사한다.
182 『史記』 卷31 「吳太伯世家」 "季札之初使 北過徐君 徐君好季札劍 口弗敢言 季札心知之 爲使上國 未獻 還至徐 徐君己死 於是乃解其寶劍 繫之徐君 樹而去 從者曰 徐君己死 尙誰予乎 季子曰 不然 始吾心已許之 豈以外倍吾心哉."

서 여러 건이 발견되었다.[183] 산서, 호북, 하남, 안휘 등지에서 발견되는 오월 검은 교류를 통해 혹은 전쟁의 노획물로 주변국에 확산된 것으로, 오국 병기에 대한 제국의 열망을 입증한다. 산서에서 발견되는 일부 오국의 명문 청동기는 춘추 말기 진晉, 오吳의 왕래가 빈번하였으며 오吳가 망한 후 일부가 진국晉國으로 도망하면서 가져간 것이 아닐까. 오기吳器 가운데 절강浙江에서 출토되는 것은 오월 간의 빈번한 전쟁과 교류를 통해 월인越人이 얻은 것이며, 이후 월越이 초楚에 의해 멸망되면서 오검吳劍은 다시 초지楚地로 유입되었을 것으로 추측된다.[184] 이들 청동검은 지하에 매장되어 2,000여 년이 지났으나 출토된 후에도 여전히 은광이 빛나며 예리함은 머리카락을 자를 수 있을 정도로 새로이 주조한 것과 같아 다른 지역에서 주조한 같은 시기 동검과 비교되지 않는다. 이러한 동검의 수준은 고도의 기술을 요하는 것으로, 오월지구에 당시 다른 지역보다 훨씬 오랜 동검 주조의 역사가 없었다면 이러한 높은 수준의 기술은 도달하기 어려운 것으로, 오월지구는 확실히 가장 일찍 동검을 주조한 지역 가운데 하나일 가능성을 시사한다.[185]

춘추시대 오국의 철검에 대해서는 『오월춘추』 「합려내전闔閭內傳」에 간장干將이 검을 주조할 때 "오산五山의 철정鐵精을 채취"하였다고 하며, 『월

---

183 平原 峙峪東周墓에서 출토된 吳王 光劍; 湖北 襄陽 蔡坡에서 출토된 吳王 夫差劍; 安徽 淮南 蔡家崗趙, 家孤堆에서 출토된 吳太子 姑發□反劍; 湖北 江陵 望山에서 출토된 越王 勾踐劍; 湖北 江陵 藤店에서 출토된 越王 州勾劍; 河南 淮陽 平粮臺에서 출토된 越王劍; 河南 輝縣 琉璃閣東周墓에서 출토된 吳王 夫差劍과 淮陽에서 수집된 2건의 越王劍 등이 있다.

184 李學勤, 『東周與秦代文明』, 文物出版社, 1984, p. 155.

185 顧頡剛은 문헌기록의 검증을 통해 중원 동검의 기원을 吳越지구에 두었다[顧頡剛, 「吳越兵器」, 『史林雜識』 初編, 中華書局, 1963, pp. 163-167(李伯謙, 「中原地區東周銅劍淵源試探」, p. 46에서 轉載)].

절서越絶書』에도 초왕楚王은 "풍호자風胡子로 하여금 오吳에 가서 구야자歐 冶子, 간장을 만나 철검을 만들게 하였다."는 설화가 전해지나 아직까지 실 물이 발견되지는 않았다. 널리 유전流轉되는 간장, 막야莫耶의 철검설화는 신화와 전설의 성격을 다분히 지니고 있기는 하나, 이런 보검은 고대 야 금 기술자의 뛰어난 기술과 춘추시대 오국 청동검의 우월성을 반영하는 사실임에 틀림이 없다. 일부 청동검의 손잡이에는 철심鐵芯을 상감象嵌한 흔적이 있으며[186] 이외에 표양漂陽에서 출토된 용종甬鐘과 동정용銅鋌勇 내 에도 철심을 감嵌한 것이 있다.[187] 또한 안휘 귀지貴池에서 발견된 청동괴靑 銅塊에 자성磁性이 있는 것으로 볼 때 동괴銅塊는 동철합금銅鐵合金이다.[188] 춘추시대 오국 철검의 실물은 아직 발견되지는 않았지만 춘추시대 오국 에서는 이미 철검을 주조하였을 가능성이 있다.

오국 병기의 특색 가운데 하나인 조전문鳥篆文은 오국의 왕자간과王子于 戈에서 처음 나타나며[189] 전해 내려오는 오기吳器 가운데 오왕吳王 광박과 光迫戈, 공어왕攻敔王 광과光戈와 오계자지자검吳季子之子劍 등에 조전문이 새겨져 있으며 이들의 주조 연대는 모두 비교적 이르다. 그런데 근래 호 북 수현壽縣 증후을묘曾侯乙墓에서 출토된 일부 병기에서도 조전문이 발견 되며 이는 오국의 과戈를 모방한 것으로 추정된다.[190] 따라서 오국 이외에 월越, 초楚, 채蔡, 송국宋國의 병기에 나타나는 조전문은 오국 병기의 영향

---

186 鎭江博物館藏靑銅劍; 蕭夢龍, 「鎭江博物館藏商周靑銅器-謙論江南吳器的地方特色」, 『東南 文化』 1988-5, p. 58.
187 劉興, 「鎭江地區近年出土的靑銅器」, 『文物資料叢刊』 5, 文物出版社, 1981.
188 화학분석에 의하면 동은 59.35~60.68% 포함되어 있으며, 나머지는 철이라고 한다(「安徽 貴池發現靑銅器」, 『文物』 1980-8).
189 이는 吳王僚가 왕자였을 때의 기물에 속하며 주조 연대는 B.C. 526년이다.
190 馮普仁, 「吳國靑銅兵器初探」, p. 144.

을 받아 생긴 것으로 오국 병기가 주변국에까지 영향을 미쳤음을 확인할 수 있다. 춘추 말 오국은 영역을 확장해 가는 가운데 주변국들과 무수히 교전을 한 기록들이 전해진다. 특히 오월 간에는 끊임없이 교전이 이루어졌다. 아마도 이러한 전쟁을 통해 병기류의 교환과 모방이 이루어졌으리라고 짐작할 수 있다.

오국 병기와 주변 지역 병기의 교류는 비교적 광범위하게 나타난다. 소주 봉문하도葑門河道에서 출토된 암문동검暗紋銅劍은 호북 강릉江陵에서 출토된 월왕越王 구천검勾踐劍과[191] 유사하여 오월 양국의 청동주검은 형태나 문양 방면에 있어서뿐만 아니라 전체적으로 일치한다. 또한 춘추 말 오국 묘장의 전형인 육합정교 동주묘에서 출토된 대비식과帶鼻飾戈와[192] 대광극帶釳戟 등 병기는 안휘 수현 채후묘와 회남淮南 채가강묘蔡家崗墓 출토의 동류기同類器와 유사하다.[193] 육합六合 화인和仁 동주묘東周墓에서 출토된 1건의 모矛 위에 새겨진 문양은 광동廣東 덕경德慶, 장사 유성교묘에서도 일찍이 발견되었다.[194] 이러한 오국과 주변국들 간의 문화적 교류와 융합은 춘추시대 각국 간의 전쟁을 통해 근접한 국가 간에, 그리고 자연 지리적 환경이 비슷한 지역 간에 가속화되었으리라 짐작할 수 있다. 육합은 강북회남江北淮南에서 천연의 고지였으며 춘추전국 동안에는 오월 양국이 여러 차례 전쟁을 일으켜 쟁취하려 한 요지였다.[195] 그런데 육합정교 동주묘의

---

191 湖北省文物管理委員會等,「湖北江陵三座楚墓出土大批重要文物」,『文物』1966-5.
192 壽縣八公山蔡侯墓에서도 같은 형식의 戈가 출토된다(「安徽淮南市蔡家崗趙家孤堆戰國墓」, 『考古』1963-4).
193 馮普仁,「吳國靑銅兵器初探」, p. 114.
194 吳山盖,「江蘇六合縣和仁東周墓」,『考古』1977-5, p. 301.
195 六合의 古名은 棠邑이며 춘추 말 楚國 귀족 伍尙의 食邑이었으며 기원전 559년 楚가 吳를 공격할 때 棠에 둔병하였다. 이는 六合이 당시 楚에 속하였으며 吳境에서 멀지 않음을 나

병기의 경우 오월의 풍격과 초국의 특징을 함께 갖추고 있어, 육합에서 벌어지는 오월 간의 전쟁과 교차되는 점령을 통해 오국 병기는 초국 병기와 접근하였음을 알 수 있다. 이처럼 춘추 말 오국 청동병기의 발전과 특징은 춘추 말 오국의 역사발전과 일치한다.[196] 이와 같은 교류를 통해 월越, 초楚, 서舒, 송宋, 증會 등 춘추시대 남방의 병기는 형태나 문양에 있어서 서로 영향을 주면서 점차 비교적 통일된 남방 계통 청동병기로 융합해 갔음을 확인할 수 있다.

5) 소결

'의후측궤'에 의해 오국은 주周 봉건에 의한 희성제후국임이 확인되었다. 그리고 이와 상응하여 서주 초 오吳지역 청동기문화는 중원문화와 직접 접촉하면서 영향을 받았다는 흔적이 있다. 그렇다면 그 이후 춘추 말 중원 문헌에 오국이 등장하기까지 오국의 문화는 중원과 어떤 관계 가운데 발전하였는가.

문헌자료상에서 파악할 수 없는 서주, 춘추 시대 내내 오국에서는 여전히 중원풍의 청동기가 존재하며 대부분의 기물에 토착적 변형이 가해지기는 하였으나 기본적 형태는 중원 청동기물의 영향을 받고 있었다. 따라서 서주, 춘추 시대 오국은 중원문화에서 절대적으로 고립되어 성장하였다고는 볼 수 없다. 그러나 중원에서는 이미 사라진 상대商代 청동기물이

타낸다. 史書에 六合은 吳國지역이라고 했으며, 吳國 통치집단 내 투쟁이 발생하였을 때 吳王 僚의 專諸는 吳 棠邑人이었다. 기원전 486년 吳王 夫差가 邗城을 건립하고 邗溝를 뚫어 江淮에 통하였다. 楚가 越를 멸망시키고 吳地를 모두 취했으므로 다시 楚에 속하였다.
196 춘추 말 吳國 묘장 가운데 吳國 기물과 함께 수장된 일부 楚 풍격의 동기 가운데는 戰利 虜獲品일 가능성도 있다. 吳縣 何山墓銅는 '楚叔之孫途'라는 명문이 있어 楚器임이 증명된다.

유행하는 현상에서도 볼 수 있듯이, 서주시기 오국은 중원 청동문화의 영향을 계속 받기는 하였으나 중원과의 관계는 직접적이지 않았으며 한정적으로 이루어졌다. 춘추시대 중기 자멸종에 의하면 수몽 몇 세대 이전에 이미 오국의 상층은 중원문화에 상당히 익숙하였음을 알 수 있다.

그런데 오국이 중원 청동기문화를 모방하는 방식에서 주목되는 점은, 오국 청동기에는 서주 청동기가 갖는 예기로서의 조형과 문양의 규율성과 엄격성은 적용되지 않았다. 대신 오국 청동기는 자유로운 표현 가운데 장식적으로 발전하였다. 오국 청동기의 간화簡化된 도철문이라든가 기하형 도안과 같은 독특한 문양장식, 그리고 장식적인 형태의 청동기의 발달은 춘추시대 오국은 중원 예제의 범위 밖에 존재하였다는 사회구조와 밀접히 관련되어 있다. 즉 오국에 주의 봉건이 세워졌다 하더라도 주왕실을 정점으로 하는 '공후백자남'의 중원의 지배질서는 오국에 뿌리내리지 못하였음을 알 수 있다. 따라서 오국이 문화적으로 이적시되었다는 의미는 오국의 야만성이라든가 저급성을 의미한다기보다는 이러한 중원 예제 밖의 체제를 의미한다. 즉 오국은 서주 이래 중원과 계속 교류했으며, 춘추시대 오국의 상층은 중원문화에 익숙하였음에 틀림없으나, 오국 사회는 주왕실을 정점으로 하는 중원지배 질서 밖에 존재함으로써 당시 이적의 문화로 인식되었다. 또한 진강 왕가산 동반각문에서 단발자와 대관자가 공존하는 묘사에서, 춘추시대 오국 상층사회에서는 중원의 화하문화와 거의 동류의 예의가 행해지는 가운데 여전히 토착문화의 전통이 완고하게 유지되고 있었음을 확인할 수 있다. 이러한 오국의 예를 통해 춘추시대 제국에서 토착문화와 화하문화가 결합하여 각 지역의 독특한 지방문화를 형성하는 과정을 이해할 수 있다.

서주 춘추시대 중원 권력의 기초가 주왕실을 정점으로 하는 예제에 있었다면, 중원의 예제 밖에 존재하였던 오국 권력의 기초는 무력에 있었던 듯하다. 오국이 춘추 중기 중원과 교류하면서 특히 중원의 청동병기를 도입하는 데 매우 신속할 수 있었던 것은 이러한 중원의 예제질서 밖에 존재하였던 오국의 사회체제와도 밀접한 관계가 있었다고 이해할 수 있다.

부론附論
기하인문도와 원시자기의 발달

앞에서 서주에서 춘추시대 오국吳國 청동기문화의 발달을 검토하면서 춘추 중기까지 오吳지역은 중원 예제禮制의 청동기문화권에 속하지 않았을 뿐만 아니라 중원의 문화와 예제가 이식되어 정착하는 것에 대항하는 비교적 안정된 자신들의 토착문화가 존재하고 있음을 확인할 수 있었다. 이러한 점에서 본다면 서주, 춘추 시대를 통해 오직 중원만이 예제를 형성하였으며 그 외의 지역은 단지 낙후한 주변지역으로 남아 있었는가에 의문을 가질 필요가 있다. 중원의 예제는 그 형식과 내용이 문헌 혹은 청동기물 등의 문물자료를 통해 잘 전해 내려오고 있다. 그러나 중원 이외 지역의 지배질서나 문화체계에 관하여는 그 존재, 나아가 내용과 형식이 전해지지 않으므로 구체적인 모습을 복원하기는 어렵다. 그러나 오吳지역이 서주시대에 국가단계에 들어섰다면, 지배체제 유지를 위한 예제를 필요로 하였을 것이다. 또한 오吳지역이 중원예제권中原禮制圈에 속하지 않았다면 나름대로 독자적인 지배질서와 문화체계를 발전시켰을 것으로 기대할 수 있다. 따라서 여기에서는 서주에서 춘추시대 중원문화권 외에서 성장한 이른바 만이지역인 오吳의 독자적 지배질서와 문화체계에 접근해 보고자 한다.

일반적으로 청동기문화 시기에 접어들면서 도기의 제조 수준은 신석기 말기에 비해 쇠퇴하는 경향이 있다. 이는 신석기 말기 용산문화나 양저문화의 흑도와 같은 높은 수준의 도기가 지녔던 가치와 기능이 청동기문화 시기에 진입하면서는 청동기물에 전이됨으로써 나타나는 현상이라고 이해할 수 있다. 그럼에도 불구하고 남방에서는 상주시기를 통해 기하인문도幾何印紋陶가 융성, 확산되고 있다는 점이 주목된다. 서주시기 이후 계승되고 있는 오국 토돈묘土墩墓와 석실묘를 비롯해 천갱식토갱묘淺坑式土坑墓 부장품은 원시자기와 인문경도印紋硬陶 위주라는 점에서 볼 때, 이들 원시자기와 인문경도는 오吳지역의 토착문화체계에서 주요한 기물임에 틀림없다. 따라서 여기에서는 서주, 춘추 시대를 통해 오吳지역에서 융성한 기하인문도를 통해 오국에서 형성된 문화체계에 접근해 보고자 한다.

1. 기하인문도의 유입

기하인문도는 남방 고대사회에서 보편적으로 사용된 대표적인 도기이다. 기하인문도의 특징은 도기의 표면에 각종의 기하형 문양을 장식하는 것인데, 이러한 문양은 기본적으로 선을 배열하고 교차시킨 구성으로, 그 배열과 교차는 일정한 각도와 거리 방향으로 연장되어 사방 연속하는 문양 위주의 규칙적인 기하형 도안을 형성한다. 이러한 기하형 도안을 장식한 문양은 새기거나 그린 것이 아니라 찍는 방법을 사용하였다. 기하인문도는 영진지구에 상초商初 남경 북음양영北陰陽營, 양주揚州 봉황하鳳凰河, 강녕江寧 점장대点將臺, 구용句容 손두산孫頭山 등의 유지에서 청동기물과 함께 처음 등장하였다. 그러나 이 시기 남경 북음양영유지에 의하면 아직 협사홍도夾砂紅陶가 주류를 이루어 61%를 차지하며, 이질홍도泥質紅陶

가 26%, 이외에 협사회도夾砂灰陶, 이질회도泥質灰陶의 수량이 상당하며, 인문경도와 원시자기가 출현하기 시작하지만 수량은 극히 적어 경도硬陶는 2% 정도에 불과하다. 이 시기의 기하인문은 승문繩文, 패문貝紋, 운뢰문雲雷紋 등 한정된 종류이고 수량도 매우 적으나 전 단계 신석기문화에서는 보이지 않던 새로운 요소이다(표 II-2 참조).[197]

서주, 춘추 시대를 통해 표수漂水 조산鳥山 1, 2호 묘, 안휘 둔계묘屯溪墓, 구용 부산과원묘浮山果園墓 부장품 중 기하인문도가 차지하는 비중이 급격히 증가하여 원시자기와 함께 기하인문도의 발전이 두드러진다. 서주 중기 대표적 묘장인 구용 부산과원 1호돈의 경우,[198] 1돈墩 내에 16묘장이 시대를 달리하며 겹쳐져 있다. 부장품 가운데 청동기는 하나도 없으며 1건의 방각기蚌殼器를 제외한 257건 모두가 도기이며, 이 가운데 기하인문 경도가 27%, 원시자기가 44%를 차지한다.[199] 주의할 만한 것은 묘장마다 원시청자와 기하인문도가 있으며, M12 묘장의 경우는 원시청자가 2건, 원시자기가 1건 있고, 묘장의 선후 관계에 의하면 시대가 내려갈수록 점차 원시자기의 비례가 증가한다(그림 II-4, II-5).

태호지구에서도 중원 상대에 해당하는 상해지구 마교문화의 대표적 유지인 마교유지 4층에서는 이질홍도, 이질홍갈도泥質紅褐陶의 수량이 가장 많다(41.1%). 도기 대부분에는 기하형 문양이 찍혀 있는데, 엽맥문葉脈紋, 석문席紋, 방격문方格紋, 회자문回字紋, 운뢰문 혹은 남문藍紋 등의 문양이며, 두 종류 이상의 기하인문이 조합되어 장식된 기물도 있다. 마교유지에서

---

197 『北陰陽營』.
198 鎭江博物館浮山果園古墓發掘組, 「江蘇句容浮山果園土墩墓」, 『考古』 1979-2; 南京博物館, 「江蘇句容縣浮山果園西周墓」, 『考古』 1977-5.
199 鎭江博物館浮山果園古墓發掘組, 「江蘇句容浮山果園土墩墓」, pp. 115-117.

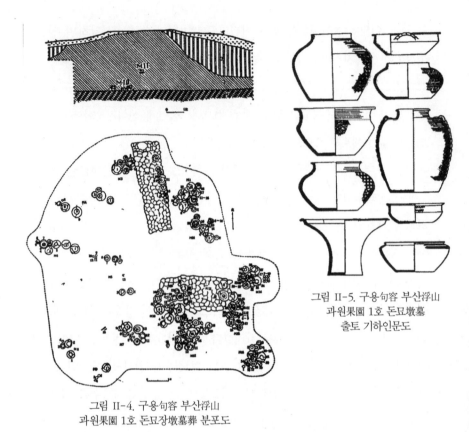

그림 II-5. 구용句容 부산浮山
과원果園 1호 돈묘墩墓
출토 기하인문도

그림 II-4. 구용句容 부산浮山
과원果園 1호 돈묘장墩墓葬 분포도

는 협사홍도, 협사홍갈도와 이질회도 일부분에도 기하형 문양을 장식하
여 마교 중층 도기상의 기하형 문양장식은 상당히 발달하여 태호지역은
이미 상대商代에 기하인문도가 상당 수준 발달하였음을 나타낸다. 이와
같이 서주, 춘추 시대 오吳지역에 성행한 기하인문도는 어디에서 전파된
것인가?

　기하인문도는 영진지구와 태호지구를 제외하고는 신석기 말기부터 광
동 동북부, 강서 감강贛江 파양호鄱陽湖 유역, 복건 민강閩江 유역, 절강 항

138

가호杭嘉湖지구 등 여러 곳에서 초기 형태가 나타나고 있다. 이 가운데 복건 민강 하류지역의 경우 신석기 말기 민후閩侯 담석산曇石山중층中層유지에서[200] 소량의 회색 승문 혹은 남문의 인문경도와 이질황도가 제조되기 시작하여 승문, 남문, 부가퇴문附加堆紋, 원권문圓圈紋, 사방격문斜方格紋 등이 발전하였다. 담석산중층문화는 민후황토륜閩侯黃土侖유지와 비교해 볼 때 조금 더 빠르며 원시성을 나타내고 있어 가장 이른 시기의 인문도 묘장이다.[201] 광동지구에도 일찍이 신석기 말기 기하인문도가 출토된 유지가 비교적 많이 밀집해 있으며, 석협石夾유지 하층에서 일부 관罐, 두豆, 부釜의 견복부肩腹部에 방격문, 사방격문, 선과문漩過紋, 곡절문曲切紋, 중권문重圈紋 등의 기하형 문양이 찍혀 있으나 일반적으로 희미하고 분명하지 않다.[202] 그러나 이들 광동 동부, 북부 지역의 기하인문의 출현은 비교적 이르며 강서지구 초기 기하형인문과 기본적으로 일치한다. 이외에 절강 북부 태호지구의 많은 유지에서 발견된 기하인문경은 문화층이 양저문화 층 위에 이어져 있으며, 오흥吳興 전산양錢山漾 하층 양저문화 퇴적 중에서도 소수의 초기 기하인문도가 발견된다.[203] 구성중층丘城中層 H2(전산양 하층에 해당)에서 출토된 죽절두병竹節豆柄에서 희미하게 찍힌 운뢰문이 발견되었다. 이러한 기하인문은 강서, 복건의 초기 인문도와도 대체로 유사하다.

이처럼 남방지구에는 신석기 말기부터 기하인문도가 공통적으로 출현하고는 있으나, 감파구贛鄱區와 민대구閩臺區는 방격문 위주이며 영남구嶺南區와 광동 동부, 복건 남부는 주로 곡절문으로, 각 지역에서 가장 일찍

200 福建省博物館, 「閩侯曇石山中層遺址第六次發掘報告」, 『考古學報』 1976-1.
201 彭適凡, 『中國南方古代印紋陶』, 文物出版社, 1987, pp. 64-67.
202 廣東省博物館·曲江縣文化局石峽發掘小組, 「廣東曲江石夾墓葬發掘簡報」, 『文物』 1978-7.
203 浙江省文物管理委員會, 「吳興錢山漾遺址第一, 二次發掘報告」, 『考古學報』 1960-2.

부터 출현한 기하형인문은 같지 않다. 뿐만 아니라 시기적으로도 감파구와 민대구는 기하인문연도幾何印紋軟陶가 출현할 뿐만 아니라 경도硬陶도 출현하며 감파지구에서는 원시자기도 이미 출현하여 각 인문도 유존遺存 간의 발생과 성장의 시기는 일치하지 않는다. 이렇게 볼 때, 남방 기하인문도의 발전과 확산은 북방 청동기문화의 확산에서 보이는 바와 같은 고도로 발전된 핵지구로부터의 일방적인 복사輻射와는 다른 양상을 나타낸다. 처음에 한 지역에서 발생하여 한 기원에서 주변으로 전파, 분화하여 다른 유형으로 되는 것이 아니라, 동남지구의 광범위한 각기 다른 지구에서 발생하였음을 알 수 있다.[204] 이들 광동(북부, 동부), 강서 감강 파양호 유역, 복건 민강 유역, 절강 항가호지구 각 지역의 주민들은 각기 일종의 초기 기하인문도를 창조하였다. 뿐만 아니라 이들 남방지구 기하인문도 유존 간에는 문화 면모가 같지 않아 각기 절강 양저문화, 광동 석협石峽문화, 복건 담석산曇石山문화, 대만 봉비두鳳鼻豆문화 등 다른 원시문화 구역으로 나누어진다.[205] 그러나 신석기 말기에 이르러 이들 '백월百越'지구 여러 문화는 비록 다른 고고문화에 속할지라도 점차 많은 공통적 특징이 형성되고 있음을 나타낸다. 신석기 말기 양자강 하류지역에서는 황하문명과 어깨를 같이하여 양저문화가 강서, 복건, 광동까지 영향을 미쳐 기원

---

204 李伯謙, 「我國南方幾何印紋陶遺存的分區, 分期及其有關問題」, 『北京大學學報』 1981-1, p. 50.

205 江西省博物館"印紋陶問題"研究小組, 「試談南方地區幾何印紋陶的分期和斷代」, 『文物集刊』 3, 文物出版社, 1981, p. 42; 이에 대해 鄒衡은 강서 築衛城下層, 복건 曇石山中層, 광동 石峽下層은 모두 양저문화의 분지 혹은 유형분별일 가능성이 있으며 통칭하여 양저문화구역이라고 할 수 있다고 한다. 양저문화 및 이후 인문도 유지의 有肩石器(鏟)과 有孔石鉞은 越人文化일 가능성이 있다. 이렇게 볼 때 양저문화 분포 범위는 越文化 혹은 百越文化와 같다고 한다(鄒衡, 「江南地區諸印紋陶遺址與夏商周文化的關係」, 『文物集刊』3, 1981, pp. 46-47).

전 3000~기원전 2000년 산배문화山背文化, 석협문화石硤文化에서 양저문화의 요소가 출현하는데,[206] 이는 양저문화가 이들 지역을 포괄하게 되었다고는 말할 수 없어도 적어도 이들 지역과 교류하였음을 나타낸다.

상대商代에도 기하인문도는 각 지역에 따라 각기 발전하여 영진지구와 태호지구는 기하인문도가 막 시작되었는 데 비해 감파지구와 민대지구는 이미 전성 단계에 들어섰으며 감파지구에서는 원시자기가 매우 높은 비율을 차지한다. 상대 강서 청강淸江 오성유지吳城遺址는[207] 감강과 파양호 유역의 대표적인 인문도 문화로, 상대 초 오성유지에 의하면 협사질회색夾砂質灰色, 홍색연도紅色軟陶가 79.6%로 대부분을 차지하며 인문경도가 16.2% 정도 차지하며 이외에 소량의 유도釉陶와 원시자기의 비율이 거의 41.5%에 달하여 급격히 발전하였다. 지방적 특색이 있는 토착기물에는 거의 모두 상부에 기하형 문양이 찍혀 있으며, 기하형문은 조승문粗繩紋, 남문, 방격문, 원권문, 운뢰문, S형문形紋, 곡절문, 잠문蠶紋, 화판문花瓣紋, 승색상繩索狀 혹은 거치상부가퇴문鋸齒狀附加堆紋 등 30~40종이 유행하였다.[208] 이 시기에는 한 기물에 두 종류 이상의 문양이 결합된 조합문식이 특히 성행했으며, 전체 문양의 풍격은 매우 세밀하며 치밀했고, 철괴문凸塊紋과 같은 부조형식浮彫形式의 박인공예拍印工藝가 새로이 출현하였다(그림 II-6).

---

206 曾騏, 「"白越"地區的新石器時代文化」, 百越民族史研究會 編, 『百越民族史論集』, 中國社會科學出版社, 1985, p. 40.

207 江西省博物館等, 「江西淸江縣吳城商代遺址發掘簡報」, 『文物』1975-7; 江西省博物館·淸江縣博物館, 「江西淸江吳城遺址第四次發掘的主要收穫」, 『文物資料叢刊』 2, 文物出版社, 1978.

208 彭適凡, 『中國南方古代印紋陶』, p. 75.

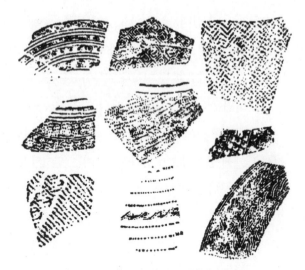

그림 II-6. 오성吳城유지 출토 원시자 기하인문

　　상주시기 영남지구는 석협중층묘장이나[209] 불산하탕佛山河宕유지의 기
하인문도의 점유율이 60%를 넘으며, 문양은 승문, 남문, 중권문이 전前
시기에 이어 계속적으로 사용되었다. 이 시기 특히 곡절문이 유행하여
50% 이상을 차지하고, 이외에도 운뢰문, 방격문 등 20종 이상의 기하인문
이 번성했으며, 특히 조합문양이 나타나기 시작하였다.[210] 민대지구 상말
대표적인 인문도 묘장인 황토륜黃土侖유지의[211] 경우에도 출토된 도기의
거의 전부가 기하인문경도기이며, 여기에 장식된 문양은 섬세하고 화려하
며 겹쳐 있는 현상은 비교적 드물어 당시의 인문제작 기술이 상당히 숙련
되었을 뿐만 아니라 매우 엄격하게 제작되었다는 것이 주목된다. 또한 황

209 廣東省博物館·曲江縣文化局石峽發掘小組, 「廣東曲江石夾墓葬發掘簡報」.
210 彭適凡, 『中國南方古代印紋陶』, p. 186.
211 陳龍等, 「試談黃土侖印紋陶器的時代風格和地方特色」『文物集刊』3, 文物出版社, 1981.

토륜유지에서는 변체운뢰문變體雲雷紋 도안과 같은 청동기문식을 모방한 기하인문이 등장하나 같은 유존에서 청동기 유물이 아직 발견되지는 않았다. 이처럼 각 지역의 기하형 인문도는 발전속도와 수량에서뿐만 아니라 기하인문 문양에서도 차이를 나타낸다. 영진지구에서 유행한 제격문梯格紋과 패문이 다른 지역에서는 보이지 않으며 태호지구의 운뢰문과 어조문魚鳥紋, 민대지구의 양선운뢰문陽線雲雷紋, 광동 동부, 복건 남부의 견행난문鑒行蘭紋 등이 다른 지역에서는 보이지 않는다.[212]

그러나 서주 말 춘추 초에 이르러 기하인문도는 영진지구를 비롯해 감강 파양호지구, 태호지구에서 모두 점차 각 지역 도기의 주요기물이 되는 번성한 단계로 발전하였으며 동시에 각 지역 인문도는 일치하는 경향을 나타낸다. 춘추 초 오국의 대표적 묘장인 엄성유지의 경우 도기 28건 가운데 20건이 인문경도이며, 지금까지 채집된 수백 개의 도편 가운데 박인문식拍印紋飾이 가장 많으며 각획문식刻劃紋飾이 그다음이며 퇴첩문식堆貼紋飾이 비교적 적다. 엄성유지 도기인문은 석문, 회문回紋, 대소방격문大小方格紋, 엽맥문, 수파문水波紋, 절선문折線紋, 현문弦紋, 창격문窗格紋, 능형전선문菱形塡線紋, 구연문勾連紋, 운뢰문, 승문 및 점선문點線紋 등이 다양하게 구사되고 있다. 뿐만 아니라 이들 단일문식이 복합적으로 조합된 석문과 방격문, 엽맥문과 파랑문波浪紋, 운뢰문과 회자문 등의 조합문이 있어, 자유자재로 인문도를 운용하여 풍부하고 다채로운 인문도 문양을 구사하고 있다(그림 II-7).[213]

이와 같이 기하인문이 번성하면서 영진지구는 태호지구와 문화적으로

---

212 李伯謙, 「我國南方幾何印紋陶遺存的分區, 分期及其有關問題」, p. 50.
213 趙玉泉, 「武進淹城遺址出土春秋文物」, 『東南文化』 1989-4·5, pp. 79-80.

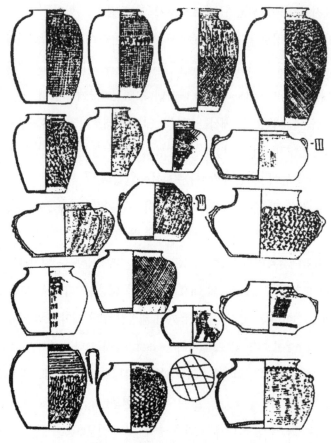

그림 II-7. 엄성淹城유지 출토 인문도기

접근하는 면모를 나타낸다. 춘추시대 엄성유지에서 출토된 기하인문도 VI식 관관罐은 상해 금산척가돈金山戚家墩유지 출토 II식 관罐과[214] 형태(侈口, 圓脣, 矮頸, 鼓腹, 平底徵凹), 문식紋飾(몸체에 방격문을 장식)에 있어서 일치하여 양 지역문화가 점차 일치하는 경향을 확인할 수 있다. 반면 서주 초까지 유

---

214 梁志成·黃宣珮,「上海市金山縣成家墩遺址發掘簡報」,『考古』1973-1.

행한 이 지역 특색의 뿔 모양 손잡이가 달린 력鬲과 정鼎은 더 이상 보이지 않으며, 언甗이 점차 감소하여 서주 중기 이후 보이지 않게 되어, 영진지구의 토착적 특색은 감소하는 경향을 나타낸다. 호숙문화 초기의 고권족두高圈足豆는 서주 초, 중기에는 원시자기 질質의 왜권족두矮圈足豆로 대치되었는데, 이들 전호복淺弧腹과 절복折腹의 원시자기두原始瓷器豆는 강서, 태호를 비롯해 민월閩粵지구에서 유행한 원시자기두의 형태와 일치한다. 이들 지구의 원시자기두는 민대지역을 제외하고는 크게 감소하거나 심지어는 보이지 않게 되며 점차 각종 호복완弧腹碗, 절복완折腹碗, 충식완盅式碗과 우盂 등으로 대치되었다.

이와 같이 중원이 청동문화의 번영을 구가하던 시기에 남방지역에서는 강서 오성문화, 상해 마교문화, 영진 호숙문화, 복건 민강 황토륜묘장, 광동 조산평원潮汕平原, 요평饒平 부교묘장浮橋墓葬, 광동 북부지구 석협중층石峽中層 등을 대표로 하는 여러 문화 유존에서 기본적으로 동시거나 대략 선후의 기하인문도 문화가 융성하였음을 확인할 수 있다. 또한 춘추시대 이들 영진지구를 비롯한 남방지역은 기하인문도의 발전과 흥성에 따라 서주 초의 각 지역의 토착적 특징이 점차 사라지고 기하인문도를 공통요소로 하여 각 지역 간의 문화 면모가 비슷해지는 경향을 나타내는 것을 확인할 수 있다.[215]

그렇다면 상주시기 남방에 기하인문도를 발달시킨 주민은 누구인가. 문화의 구분이 곧 족族의 구분이 될 수는 없으며 동일한 문화라도 다른 족에 의해 공유될 수 있다. 그러나 문화의 정체는 곧 그 주민의 정체를 이해

---

215 彭適凡, 『中國南方古代印紋陶』, p. 166.

하는 기본적 조건이 된다. 이러한 의미에서 남방 전역에 걸쳐 전파된 기하인문도를 향유한 주민의 정체를 이해하는 것은 남방문화의 정체를 이해한다는 의미에서 중요하다.

문헌과 역사전설 자료에 의하면, 하夏 이전 4,000년 전 중국 고대부족은 크게 화하華夏, 동이東夷, 삼묘三苗 3집단으로 나누어진다. 이 가운데 남방지역에 거주하였다고 하는 삼묘는 전쇄顓頊에서 시작되는 고대남방 신화에서 보이는 원시 씨족부락으로, 고대 화하족이 남방의 많은 씨족부락을 범칭한 것으로, 중국 남방 고대문화를 대표한다.[216] '삼묘'의 활동구역에 관해『한시외전韓詩外傳』에 의하면 기산岐山의 남南, 가강嘉江·민강泯江 상류, 양자강을 따라 동으로 동정호, 파양호에 이르는 일대라고 한다. 이 외에『전국책戰國策』,『한비자韓非子』,『사기史記』 등에 약간의 기록이 있으나 모두 부족하고 온전치 못하나 삼묘의 활동 범위는 호남, 호북, 광동, 안휘와 강서 파양호 일대로 추정할 수 있다.[217] 그러나 그 동쪽으로 오월지역이 '삼묘'에 속하는지는 분명치 않다.[218]

상대 이후 중원지구 출토 청동기 명문 가운데 나타나는 '남이南夷', '창오倉吾', '남구南甌', '남국南國', '남해南海' 등은 모두 남방부락을 지칭하

---

216 呂榮芳,「三苗·越族與印紋陶的關係」, 百越民族史研究會 編,『百越民族史論集』, 中國社會科學出版社, 1982, p. 66; 중국 전설시대에 관한 연구는 徐旭生의『中國古史的傳說時代』(科學出版社, 1960)가 있다.

217 『戰國策』卷7「魏策」에 "昔者 三苗之居 左彭蠡之波 右有洞庭之水 文山在其南 而衡山 在其北 恃此險也 委政不善 而禹放逐之.": 彭蠡는 오늘날의 鄱陽湖이다. 左彭蠡, 右洞庭은 오늘날 湖南, 江西 北部이다. 그러나『韓詩外傳』,『說苑』「君道篇」에서는 左彭蠡, 右洞庭라고 하여 좌우가 도치되어 있어 문헌 기재의 지리적 위치가 같지 않으나 어쨌든 三苗 활동구역은 兩湖間에 있었음을 추정할 수 있다.

218 徐旭生도 이들 지역을 苗蠻의 범위에 포함시키지 않고 있다(徐旭生,『中國古史的傳說時代』, 科學出版社, 1960, p. 66).

며, 기산岐山 남南의 묘족苗族에 대해 몽인蒙人이라고 칭하였으나 주周 이후 몽인 명칭은 사라졌다.[219] 춘추시대 이전에는 '월족越族'의 명칭은 볼 수 없으며, 중원 한족이 동남에 거주하는 씨족을 '형만荊蠻', '초만楚蠻', '형초荊楚'라고 칭하였다.[220] 춘추전국시대는 한족 세력이 이미 동남방 만이 인蠻夷人 거주지구까지 세력을 확대하던 시기로, 이들 동남 거주인들을 한인과 구분하여 '백월百越'이라고 불렀다.[221] '백월'의 거주지는 오늘날의 절강, 강서, 복건, 광동, 광서, 월남 혹은 안휘, 호남 제성諸省에 이른다.[222] '백월'지구는 여러 종족이 잡처雜處하며[223] 각 지구마다 다른 명칭이 있으며 사회 역사 발전도 각기 다르다. 한수漢水 중류 일대 지구에 거주하는 월족은 양월揚越, 호북 북부, 즉 초楚 영도郢都 이남以南에 거주하는 초국楚國과 서로 인접한 지역은 이월夷越(이월은 양월에 속한다.), 호북 자귀秭歸에서 사천 봉절奉節 일대 지구는 기월夔越, 절강 연해沿海지구는 간월干越 이외에 민월閩越, 산월山越 등으로 분류된다.[224]

문헌상 백월, 삼묘(묘만苗蠻)의 활동구역은 중원에서 청동기문화가 발달하던 시기에 동남지역에서 인문도 문화가 발달한 절강, 강서, 복건, 대만,

---

219 呂榮芳,「三苗·越族與印紋陶的關係」, p. 69.

220 『詩』殷武 "達彼殷武 奮伐荊楚 罙入其阻 裒荊之後 有截其所 湯孫之緒 維女荊楚 居國南鄉 ……";『國語』鄭語 "當成周者南有荊蠻, …… 卽皆蠻荊戎狄之人也.";『史記』卷31「吳太伯世家」索引注 "荊蠻者 閩也, 南夷之名 蠻也稱越."

221 "百越"은『呂氏春秋』卷二十 恃君覽第八 "際漢之南, 百越之際, 敝凱諸夫風余靡之 縛婁陽禺 歡兜之國 多無君."에 처음 나온다.

222 朴惠祥,『中國民族史』, 商務印書館, 1953, p. 111: 呂思勉은 좀 더 포괄적으로 淮水以北은 모두 夷이며 장강 이남은 越이라고 한다(『中國民族史』, 中國大百科全書出版社, 1987, p. 186).

223 『漢書』卷8「地理志」顏師古注: "自交阯至會稽七八千里, 百越雜處, 各有種姓."

224 陣國强·蔣炳劍·吳綿吉·辛上成,『百越民族史』, 中國社會科學出版社, 1988.

광동 및 강소, 안휘, 호남, 호북, 하남과 일치하고 있음을 알 수 있다.[225] 이들 인문도를 창조, 향유한 족族은 바로 고대 이 지역에서 융성한 월족이며, 인문도가 남방 각 지역문화의 특징으로 일치된 면모를 나타내는 상대부터 서주의 전성기를 거쳐 춘추시대에 이르러 월족문화의 영향이 확대되었음을 확인할 수 있다.

오吳지역은 청동기문화 단계에 이르면서 북방의 동이, 회이 문화의 영향이 급격히 증가하지만 이 시기 기하인문도가 유입되기 시작하였다. 이후 서주, 춘추 시대를 통해 기하인문도가 급격히 증가하면서 오吳지역 내의 영진지구와 태호지구 간의 문화 면모가 점차 일치하게 된다. 서주에서 춘추시대를 통해 오吳지역은 기하인문도를 공통 요소로 하여 감파贛鄱지구와 민대閩臺구역에 이르는 남방 월족문화의 면모에 접근하게 된다.

2. 기하인문도와 원시자기의 예기적 기능

오吳지역 가운데 영진지역에 서주 초 새로이 등장하는 거대한 토돈묘는 이 지역에 이전과는 다른 단계의 지배층이 형성되었음을 표명한다. 서주 초 오吳지역은 국가단계에 진입하면서 지배층의 신분적 권위를 표상하는 어떠한 종류의 예제형식이 필요하였을 것으로 예상된다. 그러나 앞에서 오吳지역 청동기 문양은 중원 청동기 문양의 규율에 제한받지 않았다는 점과 관련하여 오吳지역에서는 청동기가 예기로 기능하지 않았음을 고찰

---

225 呂榮芳,「三苗·越族與印紋陶的關係」, p. 71.

하였다. 이로써 오국에는 중원의 예제가 적용되지 않았다는 사실을 확인할 수 있다. 오吳지역이 서주 초 국가단계에 진입하였음이 분명하나 이후 오국에는 청동예기를 중심으로 하는 중원 예제가 적용되지 않았음이 확실하다면 오吳지역에 형성된 지배질서와 이를 뒷받침하는 문화체계는 어떠한가?

사회발전 단계상 청동기문화는 문명단계 및 국가단계 진입의 표지 가운데 하나이다. 이는 청동공구에 의한 생산력의 비약적 발전이라는 의미도 있지만, 청동기를 만들기 위해서는 일정한 기술과 노동력의 집약이 있어야 가능하기 때문이다. 청동기의 작풍을 모방한 도기가 존재하지만 청동기가 발견되지 않는 경우는, 청동기문화의 유입이 있었음에도 이 지역의 사회경제적 발전수준이 청동기문화를 발전시킬 수 있는 수준에는 도달하지 못하였을 가능성이 있다. 당시 고도의 기술을 요하는 원시자기[226]에 북방 청동문양을 장식했다는 것은 청동기문화를 발전시킬 만한 정도의 사회 권력의 집중이 가능하지 못한 지역에서는 북방 청동기의 기능을 원시자기로 대치하였을 가능성을 생각해 볼 수 있다.

오吳지역에 국가 단위의 대규모 권력이 존재한다 하더라도 중원과 같은 수량의 청동예기를 운영할 만한 사회·경제적 역량이 부족하였을 가능성

---

[226] 원시자기의 燒性溫度는 1,150~1,200°C로 이러한 정도의 고온은 일반적으로 청동 야련에 필요한 1,000~1,100°C와 맞먹는 온도이다. 이러한 높은 온도라야 자기의 질을 견고히 할 수 있었으며 금속성의 맑은 소리를 낼 수 있었다고 한다(李科友·彭適凡,「略論江西吳城商代원시자기器」,『文物』1975-5, pp. 79-81). 이러한 점에서 볼 때 기하인문도 제작은 청동기와 마찬가지로 일정한 사회, 경제적 수준을 필요로 함을 알 수 있다. 吳城遺址나 寧鎭地區에서 기하인문도문화가 청동문화와 함께 시작되는 원인이 여기에 있다. 이런 의미에서 볼 때, 광동 石峽中層墓葬 기하인문도 유존의 경우 청동기는 발견되지 않으나 생산력 수준 및 사회경제 형태에서 이미 일정한 수준에 도달하였다고 이해할 수 있다.

이 있다. 강남지역은 수향지역水鄕地域으로 물길에 의해 지역적으로 분할되어 한대에도 '지광인희地廣人稀'하였음을 볼 때, 중원과 같은 대규모 인력의 편제와 노동력의 장악이 용이하지 않았으리라 생각한다. 따라서 많은 사회적 역량과 노동력을 필요로 하는 청동 예기를 도기로 대치하였을 가능성이 있다. 영파寧波에서 발견된 원시청자 편종編鍾, 절강 해염海鹽의 편종과 구조勾鑃 등의 예기가 도자원료로 대치되어 있는 상황은, 오吳지역에서 인문도 및 원시자기가 예기에 사용되었을 가능성을 더욱 높게 한다.

중원문화권 외의 소위 '만이지역蠻夷地域'은 지배질서나 문화체계에 대한 문헌사료가 남아 있지 않으며 중원과 같이 국가단계의 문화를 일찍부터 개화시키지 않았으므로 구체적인 모습을 복원하기는 힘들다. 그러나 조금이나마 오吳지역의 문화체계에 접근해 보기 위해 생전의 생활의 일부를 반영하는 이 지역 묘장의 부장품을 검토해 보고자 한다(표 II-3 참조).

토착문화가 가장 번성하였던 서주 말 춘추 초 오吳지역의 대표적인 묘장인 부산과원 1호돈의[227] 16개 묘장을 예로 보자. 서주, 춘추 시대 중원의 묘장 속 정鼎은 예기로 수장되고 묘 주인의 신분을 나타내는 데 비해, 부산과원 1호돈의 경우는 16개 묘 가운데 14개 묘에 정鼎이 있으며 적게는 1개에서 많게는 6개가 있으나, 그 배열에는 일정한 규율이 없고 마음대로 쌓아 놓아 심지어는 2개의 정鼎이 포개져 있을 뿐만 아니라 어떤 것은 증甑 내에 놓여 있으며 혹은 기물의 덮개로 사용되기도 하였다. 또 부장품 가운데 정鼎은 기타 실용기인 력鬲, 증甑 등과 마찬가지로 연기에 그을린 흔적이 있다. 이로 볼 때 1호돈의 정鼎은 중원의 청동정靑銅鼎과 같

---

227 鎭江博物館浮山果園古墓發掘組, 「江蘇句容浮山果園土墩墓」.

이 묘 주인의 신분관계를 나타내는 중심적 예기로는 볼 수 없다. 이처럼 오吳지역에서는 중원 예제의 신분서열을 대표하는 정鼎의 규율이 지켜지지 않았다.

반면 부장된 원시자기 두豆와 충盅의 배열은, 두豆와 충盅의 수는 1, 3, 5, 7, 9로 나뉘며 그 배열방법도 3개는 삼각형, 5개는 매화형 혹은 십자형, 9개는 가로세로 3개씩의 방형方形으로 일정한 규율이 있음을 확인할 수 있다. 또한 두豆나 충盅은 묘장마다 모두 있고 배열에 차례가 있을 뿐만 아니라 수량이 부장품의 수와 대응한다.[228] 이는 중원 예제의 중심 기물인 청동정의 수량이 묘 주인의 신분 및 이에 상응하는 부장품의 수와 상응한다는 사실과 대비가 된다. 따라서 원시자기 두豆나 충盅이 오吳지역의 예제와 관련이 있는 특수한 기물일 가능성이 있다.

춘추시대 오국의 연회와 예기들의 기능과 관련하여 진강鎭江 간벽諫壁 왕가산王家山 춘추묘春秋墓 동이각획문銅匜刻劃紋은 이에 대해 구체적으로 묘사하고 있다. 이 각문刻紋의 내용은 전체적으로 볼 때 중원 의례의 내용과 흡사하며 시기는 춘추 말기에 속하는데, 이 시기 오국의 지배층은 이미 중원의 예제를 적극적으로 수용하였음을 반영한다. 따라서 이러한 그림 내용을 통해 오吳지역의 토착적 문화체계를 복원하는 것은 무리일 수도 있다. 그러나 그림 내용 가운데는 단발자斷髮者의 모습이 등장하여 오吳지역 토착문화가 함께 어우러져 있으므로 오吳지역 사회질서와 문화의 특수성을 도출해 낼 수 있으리라 생각한다. 정鼎은 화면 한쪽 구석에

---

228 예를 들어 M8은 豆가 1건이며 M19는 盅이 1건인데, 그 수장품은 각각 4건에 불과하다. M12盅은 兩 組로 배열되어 있었으며 每 組는 5건인데 수장품은 48件에 달한다. M14 盅은 1組가 9건으로 배열되어 있으며 수장품 37건이다.

서 음식물을 끓이는 장면으로 묘사될 뿐인 데 비해, 연회에 두豆를 가운데 놓고 무릎을 꿇고 있다거나 연회를 준비하는 과정에서 묘사된 두豆의 모습은[229] 오吳지역 제의에서는 두豆가 특별히 중시되었음을 알 수 있다. 그럼에도 오국 출토 청동기 가운데 청동두靑銅豆는 찾아보기 힘들다(표 II -4 참조). 설령 실제 제의에서는 청동두를 사용했으나 묘장에서는 명기冥器로 원시자기두로 대치하였을 가능성도 있다. 그렇다 하더라도 두豆가 오吳지역 제의에서 중시되었음은 틀림없다. 이는 바로 구용 부산과원 1호돈의 두豆, 충盅이 일정한 형식과 수 배열의 규율을 갖춘 점과 관련해 볼 때, 두豆와 충盅이 바로 중원의 정鼎과 같은 의미를 지닌 오吳지역 제례의 중심기中心器였을 가능성이 한층 높다고 하겠다. 원시자기는 호숙문화 거주유지에서는 거의 보이지 않으나 토돈묘에 비교적 많으며 종류도 원시자기두에 집중되어 있는 점, 또한 원시자기는 당시의 선진적 도제술이었으며 이것이 보편화되기 이전에 두豆와 충盅에 먼저 적용되었다는 점 등은 두豆가 다른 용기와는 구별되는 좀 더 특별한 기물일 가능성을 말한다.

기하인문은 일반적으로 비교적 규칙이 있으며 명확하고 찍은 흔적이 깊다. 뿐만 아니라 인문이 비교적 크며 겹치거나 흐트러진 현상은 매우 드물며[230] 장식된 문양은 섬세하고 화려하여 당시의 인문 제작기술이 상당히 숙련되었을 뿐만 아니라 매우 엄격하게 제작되었다는 점이 주목된다. 또 서주 말 춘추 초에 이르러 기하인문도가 영진지구를 비롯해 감강파양호지구, 태호지구에서 모두 점차 각 지역 도기의 주요 기물이 되는 번성한 단계로 발전하면서 각 지역 인문도는 일치하는 경향을 나타낸다.

---

229 鎭江博物館, 「江蘇鎭江諫壁王家山東周墓」, 『文物』 1987-12.
230 楊式挺等, 「談談佛山河宕遺址的重要發現」, 『文物集刊』 3, 文物出版社, 1981.

이러한 점들은 마치 중원 청동기가 예기로서 장식문양에 일정한 규칙이 있다는 점을 연상케 한다.

물론 오吳지역에서도 대규모 묘장과 명문동기가 수장된 왕릉 등 상층 지배층의 묘장에는 청동용기가 집중되어 있다. 이들 오吳지역 청동용기가 귀중품으로서의 의미 혹은 특권층이 향유하는 권력과 부의 상징이었음을 부정할 필요는 없으나, 중원예기가 갖는 특별한 의미는 없다는 것은 앞에서 고찰한 바와 같다. 그렇다면 오히려 오吳지역에서는 원시자기가 이러한 역할을 담당하였을 가능성이 있지 않은가.

원시자기두에는 양자강 하류지역의 서주, 춘추 시대 묘장에서 발견되는 각획부호가 집중되어 있다. 무석無錫 찬산璨山에서 출토된 완류기碗類器 대부분에는 밑바닥에 각획문자刻劃文字 혹은 부호가 있으며 이외에 인돈산烟墩山에서 출토된 원시자기두, 안휘 둔계屯溪 서주묘西周墓에서 나온 원시자기[231]에도 각획부호가 있다. 이외에도 마교유지 4층에서 출토된 도기의 각획부호, 단도丹徒 마반돈주묘磨盤墩周墓 도기의 각획부호, 강소江蘇 단도 조가요단산유지趙家窯團山遺址 도기의 각획부호 등이 있다(그림 II-8). 이러한 도기상의 각획부호는 문자의 기원과 관련하여 주목받고 있다. 서안 반파유형 도기의 각획부호가 중국문자의 기원이라고도 하며,[232] 혹은 대문구 도문陶文이 반파 각획부호보다 훨씬 빠르기 때문에 중국은 6,000년의 문명사를 갖고 있다고도 한다.[233] 그러나 중국은 광활한 지역으로 많은 민족과 부족이 생활하며 여러 종류의 언어가 존재한다. 따라서 비슷

---

231 王業友, 「安徽屯溪發現的先秦刻劃文字或符號當議」, 『東南文化』 1991-2.

232 郭沫若, 「古代文字之辨證的發展」, 『考古學報』 1972-1.

233 唐蘭, 『大汶口文化論文集』, 齊魯書社, 1981.

그림 II-8. 무석無錫 찬산璨山 출토 각획刻劃부호

한 역사단계에 각기 다른 지역에서 자신의 언어를 기록할 부호-문자를 창
조하였을 가능성이 있다. 남방 신석기 말기에서 상주시기의 20~30곳 유
지에서 각획부호 혹은 문자가 모두 300여 개 발견되었다. 이 300여 개 문
자 혹은 부호 가운데 적지 않은 것이 많은 유지에서 공통적으로 발견된
다.[234] 강남에서 발견된 300여 개 부호들 가운데는 극소수가 중원 출토
와 유사하고 그 밖에 상당한 정도가 중원에서 보이지 않는 것이다. 따라
서 고대 남방에서는 중원과 완전히 다른 초보적 문자단계가 발생하였을
가능성이 있다.[235] 이러한 남방지역 도기상의 각획부호들은 일부 공통성

---

[234] 예를 들어, 'x' 혹 '+'는 河姆渡遺址 2層, 良渚, 上海 馬橋遺址 5層과 4層, 臺灣 鳳鼻豆文化
類型遺址, 福建 浮村遺址 및 香港, 淸江 吳城遺址 등에서 발견된다.; 'ᐧ' 자는 江西 修水 長
窩嶺遺址, 淸江 吳城遺址, 上海 馬橋 4層, 廣東東部地區遺址에서 발견되며; 'N'은 湖北 澧
縣 楚溪遺址, 馬橋 4層, 淸江 吳城과 廣州 遲岡遺址에서도 발견되며; 'V', 'ᐸ' 자는 馬橋 4
層, 福州 浮村, 淸江 吳城, 廣州 遲岡과 香港遺址에서 발견된다(王業友, 「安徽屯溪發現的先
秦刻劃文字或符號當議」, 『東南文化』 1991-2, p. 129).

[235] 江西省博物館 "印紋陶問題" 硏究小組, 「南方地區幾何印紋陶幾個問題的探討」, 『文物集刊』
3, 文物出版社, 1981.

154

을 지니고 있어 남방언어와 관련된 문자라는 주장도 제기되고 있으나[236] 문자단계라고 하기에는 지나치게 단순하다. 또 남방에 도제업이 발달하면서 도기를 제작하는 과정에서 도공에 의해 만들어진 기수법記數法이라는 주장도 있다.[237] 그러나 도기의 각획부호 대부분이 원시자기, 특히 원시자기두에 새겨져 있다는 점에 주목할 필요가 있다. 앞서 논한 바와 같이 원시자기두가 오吳지역의 예기라면 여기에 새겨진 각획부호는 제의와 관련한 부호일 가능성이 있다. 중원 갑골문甲骨文 역시 제의와 관련된 문자였다는 점에서 볼 때, 원시자기두에 새겨진 부호 역시 남방의 문자단계를 향한 초보형태였다고 이해할 수 있다. 한편 이와 같은 부호가 원시자기두에 집중적으로 새겨졌다는 사실은 원시자기두가 특별한 기물, 즉 예기였을 가능성을 한층 높게 한다.

물론 이와 같이 기하인문도라든지 원시자기두만을 가지고 오국의 토착적 제의라든가 만이蠻夷 문화체계를 복원하기에는 충분하지 않다. 단지 만이문화권이 중원문화가 적용되지 않는다는 점 때문에 비문화권非文化圈으로 인식되어 왔던 데 이의를 제기하고 만이문화권에는 자신들의 토착문화에 기초한 제의와 문화체계가 존재하였음을 확인하고자 할 뿐이다. 절강 소흥紹興 전국 초 묘에서 발견된 동가옥모형銅家屋模型의 기이한 모양

---

236 이러한 부호는 남방지구에 광범위하게 분포하였던 古越族의 언어를 기록한 초보적 문자일 가능성이 극히 크다는 것이다(彭適凡,「江南地區印紋陶問題學術討論會紀要」,『文物集刊』 3, 文物出版社, 1981). 특히 1970년대 초 淸江 吳城遺址에서 100여 개 부호가 출토되었으며, 이는 商周時代 贛江, 鄱陽湖 流域에 거주하던 古越族이 사용하던 것이라고 한다(唐蘭, 「關干江西吳城遺址學文字的初步探索」,『文物』1975-7). 屯溪 원시자기와 기하인문도 刻劃 문자와 부호 역시 古越族이 창조하여 사용하던 것으로, 屯溪 문자와 부호는 吳城 文字, 부호와 관계있으며 동일 문자체계에 속할 가능성도 있다고 한다(王業友,「安徽屯溪發現的先 秦刻劃文字或符號當議」, p. 130).

237 廖根深,「鷹潭角山陶器符號及其與制陶的關係」,『東南文化』1993-5, p. 155.

그림 II-9. 소홍紹興 306호묘 출토 기악동옥伎樂銅屋(전국 초 기원전 5세기경)

이나 특수한 생활정취와 신비함 가운데에서도, 춘추전국시대 중원문화와
는 이질적인 남방지역 만이문화의 일면을 엿볼 수 있다(그림 II-9).[238]

　영진지구 기하인문도는 전국시기에 이르러 특징이 대부분 소실되었고,
춘추 말 혹은 전국 초에 남방 각지 대부분 지역에서 기하인문도는 단순
화하여 쇠퇴하기 시작하였으며 한대 이후 완전히 소실되었다. 춘추 말 전
국시기에 시작된 인문도의 간화簡化와 쇠퇴의 조짐은 주로 인문도의 수량

---

238 지붕 위에는 새가 한 마리 있으며 가옥 내에는 6인이 꿇어 앉아 연주하거나 노래하고 있
　　다. 이들은 鼓, 琴, 笙의 소악대를 이루어 연주하고 있는데, 이는 楚人의 鼓, 琴, 笙 소악대
　　구성과 유사하며, 鐘, 磬, 句鑃, 錞干 유가 없는 것으로 보아 궁정악대는 아닌 듯하다. 4인
　　의 악사와 2인의 가수는 나체로 경건하게 연주하고 있어 신을 위한 연주인 듯하다. 혹자
　　는 가옥의 八角柱는 totem柱라고도 한다. 이러한 모습은 춘추전국시대 남방지역의 초문
　　화의 영향과 독특한 토착문화의 일면을 생생하게 전해 준다.

과 문양 종류가 감소하는 데서 나타난다. 이 시기 주요 문양은 일반적으로 방격문, 미자문米字紋, 중회자대각교차문重回字對角交叉紋, 초엽문蕉葉紋, 마포문麻布紋 등이다. 전국시기 도기 제작기술은 전에 비해 높아졌으나, 일부 기하인문도기에 쾌륜성형快輪成型을 채용하여 규칙적이고 섬세해지기도 하였으나 전체 기하인문도 제작으로 볼 때 예전의 규모와 풍부함은 없어졌으며 간화되고 거칠어졌다.[239] 전국시기 일반적인 도기 제작기술이 높아졌는데도 기하인문도 제작이 조야해진 것은 기하인문도가 갖는 수요 내지 가치가 전대에 비해 감소한 것은 아닌지 생각해 볼 수 있다.

남방 기하인문도는 중원 상주 청동시대에 접어들면서 융성하기 시작하여 문양이 다채로워졌다. 일정한 규율을 갖는 한편 각 인문도 문화 간에 일정한 문양에 대한 공통성이 강화되는 현상은 중원 청동기문화의 번성에 비견될 수 있는 주목할 만한 현상이다. 즉 중원에서 청동기문화가 융성하던 시기에 남방에서는 기하인문도가 흥성했는데, 상주시기에 남방에서는 기하인문도가 발전하였던 것은 중원 청동기문화가 갖는 것과 같은 의미, 즉 남방 월족 사회질서와 문화체계의 강화를 표상할 가능성이 있다. 만약 그렇다면 기하인문도의 쇠퇴는 남방 만이문화의 쇠퇴에서 나아가 사회규율의 해체를 의미한다. 절남浙南의 동월東越, 복건의 민월閩越, 광동의 남월南越은 전국시기 비로소 화하족과 융합이 시작되고 한 이후 한족이 대량 남이南移하면서 월족은 한족과 융합하는데, 이 시기와 기하인문도의 쇠퇴의 시기가 일치하는 것은 우연이 아니다. 이는 곧 기하인문도의 발생, 발전, 소실은 월족의 역사와 궤도를 같이함을 알 수 있다.

---

[239] 彭適凡, 『中國南方古代印紋陶』, p. 309.

이상에서 오吳지역은 서주에서 춘추 중기를 통해 남방 만이문화가 강화, 발전했음을 확인하였다. 그런데 오吳지역에는 서주 초 주실周室의 봉건이 설치되었으며 다른 남방지역에 비해 일찍부터 중원과 교류했음에도 불구하고 서주, 춘추 시대 선진문화인 중원문화보다 남방문화와 친화력이 더욱 강하였던 원인은 무엇인가? 일단 자연지리적 환경이 이들 강남의 남방문화와 일치하였다는 점을 생각할 수 있다. '수향水鄕'의 자연환경하에 '지광인희地廣人稀'한 사회구성으로는 중원의 집중된 권력의 사회체제를 수용하기 어려웠으리라 생각된다. 따라서 오국에서 중원의 예제를 적극적으로 수용하기 시작하는 흔적이 나타나는 시기는 오국이 고도의 정치적 집권력과 경제력을 갖춘 춘추 말에 이르러서이다. 서주시기 오국이 남방문화와 친화력을 가졌던 또 다른 원인으로는 언어가 중원과 다른 남방 월족 언어계통에 속하였을 가능성이 있다. 오吳지역은 일찍이 서주 초부터 중원과 교류하였으며 중원 선진 청동기문화의 세례를 받았으나, 지리적·언어적 친화성으로 인해 서주 중기 이후 춘추 중기를 통해 남방문화에 통합되어 갔다. 따라서 춘추 중기 갑자기 중원기록에 등장하는 오국의 강성함을 일구어 낸 원동력은 서주에서 춘추 중기를 통한 남방 만이문화의 융성에 있다.

　서주에서 춘추시대를 통해 오吳지역에서 급격히 증가한 기하인문도와 원시자기는 일찍이 광동 동북부, 감강 파양호, 민강 유성 등 남방의 여러 지역에서 다원적으로 발생하였다. 서주 말 춘추 초 기하인문도가 각 지역에서 번성한 단계에 접어들면서 각 지역 인문도는 일치하는 경향을 나타낸다. 뿐만 아니라 이 시기 남방의 기하인문도문화 지역의 문화적 면모가 접근하는 경향을 나타낸다.

이와 같은 기하인문도를 비롯한 원시자기는 청동용기를 대신하여 남방지역에서 예기로 기능하였을 가능성이 있다. 오吳지역에서 발견되는 청동예기는 중원 청동예기와 같은 규율성이나 예제와 관련된 엄격함이 결여되어 있다. 반면 기하인문경도와 원시자기는 문양에 일정한 규율이 있을 뿐만 아니라 섬세하고 엄격하게 제작되었으며, 청동기 주조 단계의 고온을 요하는 선진 제작기술이 적용되었다. 이들은 또한 토돈묘 부장품의 주요 기물이었으며 부장 시에는 일정한 규율이 적용되었다. 따라서 서주, 춘추 시대 오吳지역은 청동예기가 표상하는 중원예제가 적용되지 않은 대신에 기하인문도나 원시자기를 중심 예기로 하는 제의가 형성되었을 가능성이 있다.

3. 소결: 토착문화와 중원문화의 병존

서주 초 이후 춘추 중기 중원과의 교류가 분명치 않은 기간에도 오국문화는 끊임없이 중원문화로부터 영향을 받아 중원 모방 청동기가 유행한다. 그러나 중원 청동예기의 규율에 제한받지 않고 독특하고 사실적 문양을 창조한 오국 청동기에는 중원 청동기의 예기적 성격이 결여되어 있다. 이는 오국에서 중원의 청동기는 모방하였으나, 중원 청동기가 표상하는 중원의 예제는 오국에 이식되지 않았음을 의미한다. 즉 춘추 중기까지 오국은 중원의 화하문화권 밖에 존재하였다.

중원 제국諸國이 자신들의 권력을 보증받기 위해 중원 예제 참여를 중시하였으며 따라서 청동예기 제작에 열을 올렸던 데 비해, 중원 예제 질서 밖에 있었던 오월국은 권력의 기반을 무력과 생산력에 두는 경전체제耕戰體制에 의존할 수밖에 없었다. 이러한 결과 이루어진 오월검吳越劍을 비롯한 청동 병기의 뛰어난 성취와 이 지역의 수리 개발 등은 춘추시대 오월국 부강의 밑거름이 되었으리라 짐작할 수 있다.

서주, 춘추 시대 오吳지역은 청동예기가 표상하는 중원 예제가 적용되지 않은 대신에 기하인문도나 원시자기를 중심 예기로 하는 제의가 형성되었을 가능성이 있다. 이는 서주 초 오吳지역에는 서주의 봉건이 이루어졌음에도 불구하고 중원의 예제가 이식되지 못하였음을 의미한다. 즉 서주, 춘추 시대를 통해 오吳지역에서는 토착문화가 강화, 발전했으며 중원과는 다른 원시자기를 중심기물로 하는 문화체계가 존재하였음을 확인할 수 있다. 이와 같은 오吳지역의 기하인문도의 발달은 남방지역에 상주 시기를 통해 기하인문도가 확산되면서 문화적 면모가 일치되는 현상과 밀접하게 관련된다. 따라서 오吳지역의 토착적 문화체계의 형성은 나아가 남방 '만이지역蠻夷地域'의 문화체계의 형성과 관련이 있을 가능성이 있으나 이러한 문제는 지금까지의 논증의 한계를 벗어난다. 여기에서는 상, 주, 춘추 시대는 화하문화가 체제를 강화하며 주변 지역을 향해 확장하는 시기였다면 같은 시기 화하문화권 밖의 소위 '만이지역'에서도 자신들의 문화를 강화, 발전, 확대해 갔으며 이 시기를 통해 오吳지역은 남방문화권에 포섭되어 갔음을 확인하였다.

한편 지역문화의 특수성 문제와 더불어 연구되어야 할 문제는, 오吳지역의 역사 가운데 춘추시대를 통해 오국의 토착문화는 중원의 화하문화와 어느 정도 공통기반을 마련하였는가 하는 문제이다. 진한의 통일이 전국 7국 영역에 한정되었다는 점과 관련하여 춘추전국시대에 형성된 중원문

160

화와의 융합은 진한 통일국가 내의 편입과 통합국가 내에서의 지역적 특성의 문제에 중요한 밑거름이 된다. 따라서 춘추시대 오문화는 과연 얼마나 중원문화를 수용하였는가 하는 문제를 중심으로 고찰할 필요가 있다.

춘추시대 화하문화 상층 사회의 기본적인 요소 가운데 하나는 문자의 사용이며 서주, 춘추 시대는 주 봉건과 관련하여 전국 각지에서 청동명문이 출토된다. 오吳지역의 중원 청동기 명문은 서주 초 의후측궤宜侯矢簋, 백궤伯簋 이후 자취를 감추었다가 춘추 중기에 이르러 거제去齊가 태자시기에 제작한 '자멸종者滅鐘'에서 다시 등장한다. 따라서 아직까지는 춘추 중기 이전에 오국의 상층 사회에서 중원문자를 사용하였다는 흔적은 보이지 않는다. 그러나 '자멸종'의 종鐘 형태와 문양 및 명문의 어휘 등의 풍격은 모두 중원과 같아[240] 당시 오국 상층 사회는 이미 중원문자를 사용하는 데 익숙하였음을 알 수 있다.

춘추 말 오국이 중원문화를 흡수하는 데 적극적이었다는 흔적은 문헌상에서도 찾아볼 수 있다. 중신重臣 계찰季札을 중원 제국諸國에 보내 예를 배워 왔으며,[241] 계찰의 학덕은 이후 사마천이 '광현박물군자閎賢博物君子'라고 평할 정도에 이르렀다.[242] 이외에도 채후묘蔡侯墓에서 발견된 오왕광감吳王光鑒의 명문과[243] 채후로蔡侯盧의 명문에 의하면[244] 오국은 채국蔡國과 통혼관계에 있었다. 당시 채국은 동남방의 소국이었으나 채국묘蔡國

---

240 黃楚平,『吳越徐舒金文集釋』浙江古籍出版社, 1992, p. 39.
241『左傳』襄公 29年.
242『史記』卷31「吳太伯世家」.
243 吳王의 女 叔姬가 蔡侯에게 시집을 갔다고 하여 蔡와 吳는 통혼하였음을 알 수 있다.
244 蔡聲侯의 姊 大孟姬가 吳王夫差에게 시집을 가 후에 이 器를 그에게 바치기 위해 제작하였다[郭沫若,「曲壽縣蔡器論到蔡墓的年代」,『考古學報』1956-1(『吳文化資料選集』第3輯, p. 88)].

墓에서 출토된 막대한 양의 청동 예악기는 채국이 당시 중원 예제에 동참하는 것을 매우 중시하였음을 반영한다. 이렇게 볼 때 오국은 채국과의 밀접한 관계를 통해 중원 예제를 받아들였으리라고 짐작할 수 있다. 이와 더불어 오왕 부차가 황지회맹黃池會盟를 주관하여 패자의 자리에 오르려 하였다는 사실에서 단지 오국 무력의 강성함만을 말할 수 없다. 중원 패자의 자리에 오르기 위해서는 문화적으로도 오국은 적극적으로 중원의 화하문화를 수용하지 않을 수 없었을 것이다.

진강鎭江 간벽諫壁 왕가산王家山 동주묘東周墓에서 출토된 동기각문銅器刻紋의 내용은 춘추 말 오국 상층 사회가 얼마나 중원문화를 흡수했으며 중원 예악에 익숙하였는가를 잘 보여 준다. '예악禮樂'이 주요 주제인 각 획화刻劃畵에는 장관의 고대누사高臺樓榭, 가옥을 중심으로 당내堂內 정면에 '설조치주設俎置酒' 하고 주요 인물이 술잔을 들고 서 있거나 앉아서 음주하고 있거나, 궤배跪拜하고 상견相見하는 연음宴飮, 규모가 큰 주악무도奏樂舞蹈 등이 묘사되어 있다.[245] 뿐만 아니라 각문刻紋 내용에는 사후射侯가 많은 부분을 차지하고 있으며, 이러한 장면들은 모두 고대 상층 사회의 중요한 의례의 일부로 인물의 심의深衣, 관식冠飾 및 개정盖鼎, 두豆, 존尊 등의 문물은 중원 문물 및 연음의 내용과 매우 흡사하다. 이는 일반적으로 춘추시대 오국이 '만이시蠻夷視'되었다는 점에 미루어 볼 때는[246] 매우 의외의 장면이다(그림 II-2 참조 및 그림 II-10, II-11).

오국 상층 사회의 '화하화華夏化'와 오국 사회의 이원적 구성은 장속葬

---

245 鎭江 諫壁 玉家山 東周墓 刻紋의 宴樂圖에는 編磬이 묘사되어 있어, 이제까지 오국 악기는 軍樂器(錞干, 句鑃 등)만이 발굴되었으나 編磬과 같은 예악기가 연회에 사용되었음을 알 수 있다(鎭江博物館浮山果園古墓發掘組,「江蘇鎭江諫壁王家山東周墓」, p. 29).
246 『史記』卷31「吳太伯世家」"太史公曰 …… 余讀春秋古文 乃知中國之虞荊蠻句吳兄弟也."

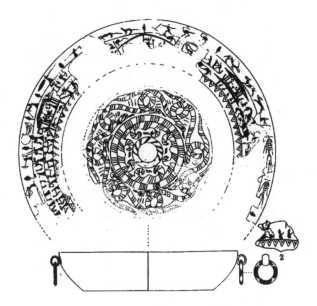

그림 II-10. 진강鎭江 간벽諫壁 출토 동반각문銅盤刻紋

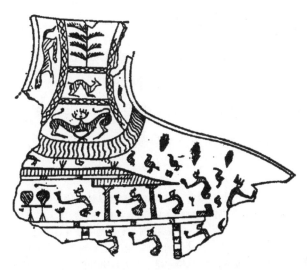

그림 II-11. 육합六合 화인和仁 출토 동각문銅刻紋

俗에도 반영되어 있다. 오吳지역 토착적 장제葬制의 전통은 완고하여 서주 초 명문이 새겨진 중원 청동기를 부장한 단도의 의후묘宜侯墓라든지 모자 돈묘母子墩墓 등의 묘 주인이 중원 귀족으로 추정됨에도 불구하고 중원과 같은 수혈토갱묘竪穴土坑墓는 출현하지 않으며 오吳지역 토착의 토돈묘의 장제를 따르고 있다. 그러나 춘추시대 오국 장속葬俗의 변화에서 나타나는 지배층의 '화하화華夏化'는 이미 주목할 만한 정도에 도달하였다. 양산 석혈묘粮山石穴墓에는 춘추시기 중원문화가 오국 장속葬俗에 매우 깊은 영향을 미쳤음이 나타난다. 양산석혈묘에서 수혈竪穴을 깊이 판다든지 2층 대臺에 순인제생殉人祭牲을 설치하는 것 등은 중원 묘장의 전통 형식과 유사하며 오吳지역에서는 춘추시대 이전에는 출현한 적이 없는 새로운 형식의 장제이다. 그러나 여전히 중원의 장제와는 차이를 나타내 산정山頂에 석혈石穴을 뚫었으며 목관장구木棺葬具를 설치하지 않았으며 2층 대를 길고 좁은 석대石臺로 만들었다는 점 등은 지방특색을 나타낸다.[247] 이러한 장속葬俗의 변화는 춘추 말기에 이르러 더욱 두드러져 소주 호구묘虎丘墓에서 나타나는 수혈토갱竪穴土坑, 항축전토夯築塡土, 관곽설치棺槨設置 등 여러 방면에서 중원장제中原葬制와 거의 일치한다.[248]

한편 단도 양산석혈묘의 2층 석대에서는 어린아이의 순인골殉人骨이 마馬의 두頭, 아牙, 지골肢骨과 함께 출토되었는데, 이는 오국에 새로이 나타

---

247 劉建國, 「江蘇丹徒粮山春秋石穴墓-謙論吳國的葬制及人殉」, 『考古與文物』 1987-4, pp. 35-36. 문헌에 의하면, "(吳王)闔閭塚在閶門外名虎丘, 河池廣六十步, 水深丈五尺, 銅槨三重, 塡池六尺" "吳王有女勝玉, …… 葬干國西閶文外, 鑿池積土, 文石爲槨, 題湊爲中". (『越絶書』 卷2 「記吳地傳」)라고 하여 오국 후비 지배층은 중원 葬制를 모방하였다.
248 출토 동기의 형태도 대부분 중원 전국시대 동기와 유사하며 鼎, 豆, 壺의 조합도 춘추시대에 성행한 것이다(蘇州博物館考古組, 「蘇州虎丘東周墓」, 『文物』 1981-11, pp. 51-52).

나는 현상 가운데 하나이다.[249] 인순人殉은 상주시대에 유행한 제도로,[250] 춘추시대 예제가 쇠퇴하면서 인순 현상은 중원지구에서 드물게 보이게 되지만 중원 이외의 진秦, 거莒, 송宋, 채국 등지에서 여전히 발견된다.[251] 아직까지 오국에서 발견된 인순의 예는 양산석혈묘 외에는 찾아볼 수 없지만 『월절서』의 합려자녀몽闔閭子女冢의 인순 기록은[252] 당시 오국에서 인순이 행하여졌음을 시사한다.

그러나 춘추시대에 도입된 수혈토갱묘는 완전히 전통적인 토돈묘, 석실묘石室墓와 천토갱묘淺土坑墓를 대치하지는 못하였다. 토돈묘는 무혈無穴, 평기기봉平地起封이며 대부분 장구葬具가 없다. 서주 초에 출현하여 영진지구에서 보편화되었으며 춘추시대에는 금단金壇 별돈묘鼈墩墓, 표수 봉황정묘鳳凰井墓, 서주 말 구용 부산과원묘, 고순高淳 신롱頣隴, 상해 금산金山 척가돈묘戚家墩墓 등에 나타난다. 석실묘는 서주 중기에 출현하여 태호 주위에 주로 분포하며 춘추시대에는 무석 찬산묘璨山墓 및 무진武進 의흥宜興 석실묘石室墓, 절강 오흥吳興 창산묘蒼山墓 등에 나타난다. 이외에 양저문화 시기에 이미 출현한 천갱식淺坑式 토갱묘가 서주시기에도 계속 이어지고 있어 무석 화리만묘華利灣墓, 단도 석가돈묘, 마반돈묘磨盤墩墓 등이 이에 속한다. 반면 대갱심혈묘大坑深穴墓는 춘추시대에 새로이 출현한 장제이

---

249 劉建國, 「江蘇丹徒粮山春秋石穴墓—謙論吳國的葬制及人殉」, pp. 29-30.

250 『墨子』「節葬」"天子殺殉, 衆者數百, 寡者數十, 將軍大夫殺殉, 衆者數十, 寡者數人."

251 陝西 鳳翔高庄秦墓의 18좌의 춘추전국시대 간의 진한 내에서 4墓 9人 殉葬, 南大店1, 2號 墓 殉葬 10人; 河南 固始侯 古堆春秋墓는 묘 주인이 勾吳 부인으로 宋公의 妹로 사후에 宋에 매장되었으며 이 묘에는 순장이 17인; 春秋 末 蔡昭侯墓 내에서 그 갱저 동남에 부패하고 남은 장구가 없는 인골 역시 순장이다(劉建國, 「江蘇丹徒粮山春秋石穴墓—謙論吳國的葬制及人殉」, p. 36).

252 『越絶書』卷2「記吳地傳」"闔閭子女冢 …… 殺生以送死."

며 소주 호구묘虎丘墓와 진강 왕가산묘王家山墓가 대표적이다.[253]

춘추시대 오국에 이와 같이 여러 장제가 병존하는 가운데 주목되는 현상은 토돈묘를 사용하는 묘 주인과 토갱묘를 사용하는 묘 주인의 문화가 다르다는 점이다. 토돈묘를 비롯한 석실묘, 천갱식토갱묘의 부장품은 원시청자와 인문경도 위주인 데 반해[254] 토갱묘에서는 명문이 있는 청동기가 출토되어 이들이 중원문자를 사용하였음을 나타낸다. 오왕광감, 전세傳世의 오왕부차감吳王夫差鑑, 자멸종, 강소 육합정교六合程橋 동주묘東周墓 출토의 장손종戕孫鐘, 관부鹽缶, 각문용기잔편刻紋容器殘片 및 기타 토갱묘 자료는 기물의 제도, 명문과 문양 풍격 등으로 보아 중원 계통의 청동기이다. 이들 중원기물은 기본적으로 춘추 말기에서 전국시대 사이의 전형적인 기물로 지역적 특색은 없으며 지역적 특징이 나타나는 것은 구조 정도이다. 이러한 점으로 미루어 볼 때, 이들 중원 계통의 청동기를 수장한 토갱묘의 주인은 중원문화에 깊이 동화되었음을 확인할 수 있다. 이들 토갱묘장土坑墓葬에 부장된 왕손장편종王孫戕編鍾, 전해 내려오는 자멸종 등에서 수몽 이전에 오 왕족은 이미 중원과 같은 편종을 사용하는 등 이미 수준 높은 춘추시대 중원의 예악을 향유하였음을 확인할 수 있다. 이러한 토갱묘의 부장품은 바로 진강 간벽 출토 청동각획문이 묘사하는 오국 상층사회 예악의 모습과 표리를 이룬다.

반면 토돈묘에서는 서주 초 소수의 중원 청동기 가운데 명문이 존재한 이후 이를 제외하고는 중원문자가 나타나지 않는다. 이들이 중원문자에

---

253 劉建國, 「江蘇丹徒粮山春秋石穴墓 — 謙論吳國的葬制及人殉」, pp. 34-35.
254 石室墓는 원시청자와 인문도가 출토유물의 85%를 점한다. 단, 淺坑式土坑墓 가운데 규모가 비교적 큰 磨盤墩墓에서 靑銅尊, 匜 및 車馬器가 출토되었다.

익숙하지 않은 것은 언어가 달랐기 때문일 가능성이 있다. 오吳지역 토착적 언어 발생의 가능성을 나타내는 것으로 둔계 3호 묘 궤簋에 '서 있는 사람 형태'와 '화살형'의 부호가 있으나 아직 문자 단계라고는 할 수 없다. 토돈묘는 전기에 소량의 중원 청동기가 부장된 것을 제외하고는 대부분은 오吳지역의 풍격과 특색을 갖춘 변형된 중원 모방기이다. 이외에 독창적 청동기물이 일부 발견된다. 이러한 토돈묘 청동기는 서주에서 춘추 초 오국의 고립적인 역사발전 가운데 형성된 토착문화를 반영한다. 뿐만 아니라 토돈묘 가운데는 아직까지 편종이 발견되지 않았으며 일반적으로 청동 악기를 수장하지 않아 토갱묘의 주인들과 기본 예악제가 달랐음을 확인할 수 있다.[255]

이러한 현상들을 통해 춘추시대 오국 상층문화는 중원의 예제와 문물을 적극적으로 수용하려 하였음을 확인할 수 있다. 그러나 오국이 중원 예제를 수용하는 과정에서도 여전히 대관자戴冠者와 단발자斷髮者가 함께 존재하며 토돈묘의 장속葬俗이 유지되는 등 토착문화의 전통이 완고하게 유지되고 있음을 또한 확인할 수 있다. 따라서 춘추시대 오국 지배계층은 적극적으로 화하문화를 수용하였으나 오吳지역에는 여전히 토착문화가 완고히 계승되고 있는 이원적 문화가 형성되었다. 여기에서 춘추시대 오吳지역에서 이루어지는 만이문화와 화하문화가 결합하는 과정의 원형을 볼 수 있다. 또한 이러한 과정을 통해 오吳지역은 중국의 범위에 포섭됨과 동시에 그 가운데에서도 이질적 특성을 갖는 지역으로 남을 수밖에 없는 지역문화의 완고성을 확인할 수 있다.

---

255 馬承源,「長江下流土墩墓出土靑銅器的硏究」,『上海博物館集刊』 4, 上海古籍出版社, 1987, p. 21.

〈표 II-1〉 오구총 출토 청동 병기

위치	矛	叉	斧	戈	劍	刀	鉞	匕	箭鏃	戟	시대	출전
丹徒 大港 母子墩	8	1	1						120		西周 西周 末 春秋初	『文物』1984-5
儀徵 破山口	1			1					32		西周 初	『文物參考資料』1956-12
屯溪 3號墓					2	1					西周 中期	『東南文化』1991-2
句容 赤山湖							1				商周	『文物考古資料匯編』
句容 葛村				1			1				商周	『文物考古資料匯編』
六合程橋 1號	1		1	4	3					1	春秋 末	『考古』1965-3
六合程橋 2號	2		1	4	3				2		春秋 末	『考古』1974-2
六合 和仁	2		1	3	3				8		春秋 末	『考古』1977-5
高淳				1	1				7		西周 末 春秋 初	『文物資料叢刊』5
漂水 烏山 2號				1							西周 初	『文物資料叢刊』2
句容 浮山 2號				1							西周 中期	『考古』1977-5
南京 浦口	1			2	1				?		西周 末 春秋 初	『文物』1980-8
丹徒 糧山								1			春秋	『考古』1981-5
吳縣 何山	3			1					?		春秋	『文物』1984-5

遺蹟						時期	出典
高淳 漆橋 里溪	23		6			春秋	『考古』 1966-2
蘇州 封門 河道				2		春秋	『文物』 1980-8
安徽 靑陽	1		1			西周	『安徽文博』 1983-3
鎭江 諫壁 王家山	1	2	3	1	33	1	春秋 末期	『文物』 1987-12

〈표 II-2〉 오국 출토 도기

위치	재질	鼎	鬲	罐	豆	缽	罐	瓿	壺	盂	碗	盆	甂	器蓋	盤	盆	盉	기타	시대	출전
丹徒 大港 母子墩	印紋硬陶			2			1												西周末 春秋初	『文物』 1984-5
	原始瓷器				6															
漂水 鳥山 2號墓	印紋硬陶		1	3															西周初	『文物資料叢刊』 2
	原始瓷器			1								1								
句容 浮山 果園 2號墩	印紋硬陶	8	1	1			9	7					7	7	1				西周	『考古』 1977-5
	原始瓷器			8	19	3							9	6	66	6				
句容 浮山 果園 1號墩	印紋硬陶	48	1	12			37	7										7	西周 中期	『考古』 1979-2
	原始瓷器			26	7	1	5							12	7	72				

遺蹟	種類												時期	出典
溧水 鳥山 4號墩	印紋硬陶	5	2	1	2		2		2		1		西周 中期	『考古』1985-8
	原始瓷器			5	2						2			
丹陽 大仙墩	印紋硬陶			33			2				2		西周	『考古』1985-8
	原始瓷器													
丹徒 磨盤墩	印紋硬陶		18				29						西周	『文滙報』1982. 4. 17
	原始瓷器		1	9					3					
高淳	印紋硬陶		1										西周 末 春秋 初	『文物資 料叢刊』5
	原始瓷器													
吳縣 何山	印紋硬陶		1				1						春秋 中· 末期	『文物』1984-5
	原始瓷器													

유형	鼎	鬲	罐	豆	缽	罍	瓿	壺盂	碗	盆	甂	器蓋	盤	盆	盉	기타	시대	출처
漂水.烏山 2號 印紋硬陶		1	1							1							西周初	『考古』1976-4
漂水.烏山 2號 原始瓷器																		
金壇 鱉墩 印紋硬陶			21			17											西周	『考古』1978-3
金壇 鱉墩 原始瓷器			8					1	19	1								
武進 淹城 印紋硬陶	1		10	4	1	1	2				7						春秋 末期	『文物』1959-4
武進 淹城 原始瓷器	1		1	13					2									
六合程橋 1號 印紋硬陶			6	1								2	1				春秋 中·末期	『考古』1965-3
六合程橋 1號 原始瓷器		1	1															
六合程橋 2號 印紋硬陶			1	1	1												春秋 末	『考古』1974-2
六合程橋 2號 原始瓷器																		

遺蹟	종류		수량	時期	出典
六合 和仁	印紋硬陶		2, 3	春秋 中·末期	『考古』1977-5
	原始瓷器		5		
鎭江 諫壁 王家山	印紋硬陶		13	春秋 末期	『文物』1987-12
	原始瓷器		13		
蘇州 虎丘	印紋硬陶		1	春秋 中·末期	『文物』1981-11
	原始瓷器				
蘇州 新蘇 絲綿織廠	印紋硬陶		1	春秋 中·末期	『文物』1980-8
	原始瓷器				

〈표 II-3〉 오국 묘장

위치	묘장형태 및 규모		室內遺物				시대	출전
	土墩墓	土坑墓	青銅器	陶器 印紋硬陶	原始瓷	기타		
丹徒 烟墩山		坑 長 1.3m, 寬 1.2m, 深 0.44m	12				西周 初	『文物參考資料』1955-5
丹徒 大港 母子墩	底徑 30m, 高 5m	墓底에 40×35×30m 불규칙 石塊를 깔음.	9	3	9		西周 中末期, 春秋 初	『文物』1984-5
安徽 屯溪 1,3號墓			20	1			西周 中期	『考古學報』1959-4
儀徵 破山口		長方竪穴土坑墓, 高 15m, 長 3.8m, 寬 2.6m, 深 0.5m	40			5	西周 初~中期	『文物』1960-4 『文物參考資料』1956-12
句容 浮山 果園 1號墩	底長 24m, 底寬 23m, 高 2.5m	16座의 墓葬 M2, M11 墓底에 卵石 조각을 깔음.		70	124	161	西周 中期	『考古』1977-2
句容 浮山 果園 2號墩	長 20m, 寬 15m, 高 3m	8座의 墓葬이 疊壓	1	17	19	28	西周 中期	『文物資料叢刊』6

174

金壇鼈墩墓	土墩墓			38	29	6		
安徽 繁昌		地面 60m 山頂에 위치, 坑 長 약3m, 寬 약2.4m, 深 약0.5m	13				西周 末期	『文物』1982-12
南京 浦口		破壞, 해발 20~40m, 坑 長 약4m, 寬 약1m, 深 약2m	7				西周 末~春秋 初	『文物』1980-8
安徽 貴池		坑 長 1.6m, 寬 0.9m, 深 약 0.5~0.8m	12				春秋 中末期	『文物』1980-8
吳縣 何山		破壞, 해발 63.8m, 坑 長 약8m, 寬 약5m, 深 약2m	33	1	1		春秋 中末期	『文物』1984-5
六合程橋 1號	葬具 腐朽	竪井土坑墓, 坑 長 4.5m, 寬 4.03~6.36m, 深 2.4m	57	1		7	春秋 末期	『考古』1965-3
六合程橋 2號	墓底에 白泥	長方形土坑墓, 墓 長 5.1m, 寬 4.5m, 深 1.3m	46				春秋 末期	『考古』1974-2

위치	묘장형태 및 규모		室內遺物				시대	출전
	土墩墓	土坑墓	青銅器	印紋硬陶	原始瓷	기타		
				陶器				
六合 和仁		長方竪穴墓, 坑 長 4.3m, 寬 3.5m, 深 1.8m	21	3		7	春秋 中末期	『考古』 1977-5
丹徒 糧山 M2	石穴土墩墓 封土墩高 4m, 底徑 14m, 穴口長 11.2~12m, 寬 6.4~7m, 穴底長 9.4~9.8m, 寬 5.2~5.9m, 深 9m	墩頂 3.5~4m 아래에 20~80cm 두께의 돌들이 깔려 있음. 봉토는 정면 아래 인공으로 관 장방형의 斗式石穴 존제. 아등과 말 순장	8	2	39	2	春秋 初期	『考古與文物』 1987-4
鎭江 諫壁 王家山	墓 內 東部에 3×3× 1.2m의 生土臺	長方形竪穴土坑墓, 坑 長 6m, 寬 3m, 深 6m	102				春秋 末期	『文物』 1987-12
蘇州 虎丘		土坑竪穴墓 深 2.8m 葬具: 獨木棺	7			1	春秋 中末期	『文物』 1981-11

〈표 II-4〉 오국출토 청동 용기

위치	鼎	簋	尊	卣	盤	盉	罍	盂	瓿	匜	盃	杯	觥	缶	角器器	甑	釜	簠	기타	시대	출전
丹徒 烟墩山	1	2	2	1	2	1			1		2		2	2	2					西周 初	『文物參考資料』1955-5
丹徒 大港 母子墩	2	2	2	1		1	1													西周 西周 末 春秋 初	『文物』1984-5
安徽 屯溪 1,3號墓	4	2	3	2	2								1						五柱器 2件 三足器 1件 鳥飾 2件	西周	『考古學報』1959-4
儀徵 破山口			2		3	2			1								1			西周	『文物參考資料』1956-12
溧水 鳥山 1號	1																1			西周	『考古』1976-4
溧水 鳥山 2號墓	1		1		1															西周 初	『文物資料叢刊』2
安徽 青陽		3			1														編鐘 4件	西周	『安徽文博』3
丹徒 磨盤墩			1							1										春秋 初	『考古』1985-11

II. 오국의 청동기문화 **177**

지역	鼎	簋	尊	卣	盤	盉	壺	盂	瓴	匜	盃	杯	觥	缶	角形器	甗	釜	簠	기타	시대	출전
江寧 陶吳	1					1				1										西周末 春秋初	『考古』1960-6
南京 浦口	1																			西周末 春秋初	『文物』1980-8
漂水 寬黃墩	1	1		1	1			1		2										西周末期	『東南文化』2
安徽 繁昌	6	1		1	1						1					1			甬鐘 1件 鳥飾 2件	西周末期	『文物』1982-12
高淳	5	1	1					1		1									甬鐘 2件 句鑃 10件	西周末 春秋初	『文物資料叢刊』5
南京 浦口	1					3														西周末 春秋初	『文物』1980-8
武錫 北周巷		2																		春秋 初期	『考古』1981-4
丹陽 司徒公社 磚瓦廠	11	7	4		3				1											春秋 初·中期	『文物』1980-8
安徽 貴池	2				1							1								春秋 中·末期	『文物』1980-8

출토지											기물	시기	출전
吳縣 何山	5		2				1			1	2		春秋 中·末期	『文物』1984-5
武進 淹城	1	3	2			1	1					鐘 1組 7件	春秋 末期	『文物』1959-4
六合程橋 1號	1									1		編鐘 9件 5片 刻劃紋	春秋 中·末期	『考古』1965-3
六合程橋 2號	3					1						編鐘 1組 7件 編鎛 1組 5件	春秋 中·末期	『考古』1974-2
六合 和仁	1												春秋 中·末期	『考古』1977-5
鎭江 諫壁 王家山			1			1	1					虎子形器 錞于 句鑃 鑑 1건	春秋 末期	『文物』1987-12
蘇州 虎丘	2			1		1	1					豆 1件 鑑 1件	春秋 中·末期	『文物』1981-11
蘇州 新蘇 絲織廠	2							1					春秋 中·末期	『文物』1980-8

춘추시대 오국의 패권에 관한 분석

춘추시대 패자는 '존왕양이尊王攘夷'를 명분으로 회맹을 통해 중원 제
후국 간의 정치질서를 주도하는 역할을 하였다. 이른바 춘추시대 오패에
관해 선진문헌 중 일부는 제齊 환공桓公, 진晉 문공文公, 초楚 장왕莊王, 오吳
합려闔閭, 월越 구천勾踐을 꼽고 있으나,[1] 『국어』에서는 제 환공과 진 문공
이 백伯, 즉 패주가 된 사실만을 기록하고 있다.[2] 사실상 제 환공과 진 문
공을 제외하고 초 장왕, 오 합려(혹은 부차), 월 구천에 의한 패권을 만이蠻夷

---

1 『墨子』「所染」, 『荀子』「王覇」; 『白虎通』「號」, 『風俗通義』 卷1에서는 제 환공, 진 문공, 진 목
　공, 송 양공, 초 장왕을 들고 있으며, 『漢書』「諸侯王表」 顔師古의 주에서는 초 장왕 대신 오
　부차를 꼽고 있다.
2 『國語』 卷6 「齊語」 "唯能用管夷吾, 寧戚, 隰朋, 賓胥無, 鮑叔牙之屬而伯功立."; 同書 卷10 「晉
　語」 "遂伐曹衛 出谷戍 釋宋圍 敗楚師于城濮 于是乎遂伯."

의 위협으로부터 중화세계를 지킨다는 '양이'의 명분으로 일관되게 이해할 수 없음은 물론이다. 초 장왕의 패업 이후에는 주왕실의 명목적 세력도 약화되어, 패자는 회맹을 통해 소국에 대한 지배권을 강화하는 수단이란 성격이 노골화되었다. 그러나 중원질서의 주재자라는 패자의 명분이 무너졌음에도 불구하고 중원제후들이 비중원 패자들이 주도하는 회맹에 참여한 것은 패자에 의한 정치질서가 현실적으로 필요하였기 때문일 것이다. 따라서 이들 만이蠻夷 왕들에 의해 이어졌던 패자체제를 통해, '존왕양이'의 명분 외에 춘추시대 중원외교를 움직였던 역사적 실상과 추이를 조명할 필요가 있다.[3]

제齊, 진晉, 초楚의 패권과 달리 오吳, 월越은 동남방의 낙후한 소국이었다. 특히 오吳는 진晉과의 경쟁에서 맹주 지위를 쟁취한 '황지黃池의 맹'(기원전 482) 직후 월에 의해 멸망한다. 즉, 오吳의 패권은 황지의 맹이라는 사건에 기초한 다분히 명분적인 것으로, 오吳의 중원 제후국들에 대한 실질적인 패권에 관해서는 회의적이다.[4] 따라서 선진문헌이 춘추시대 오패를 언급할 때 모두 오吳의 패업을 들고 있기는 하나, 시간적으로나 공간적으로 매우 작은 범위에서 이루어진 탓으로 오吳의 패권에 관해서 지금까지 별다른 주목을 하지 않았다. 그러나 최근 발굴된 오국 왕릉급의 소주蘇

---

3 吉本道雅에 의해 제, 晉의 패업을 중심으로 춘추시대 중원외교에 관해 연구된 바 있다(「春秋齊覇考」, 『史林』 73-2, 1990; 「春秋晉覇考」, 『史林』 76-3, 1993).

4 『吳越春秋』나 『越絶書』는 오의 중원 진출에 관해 부차 개인의 공명심에 의해 오의 멸망을 불러온 무모한 계획으로 서술하고 있다(『吳越春秋』 卷5 「夫差內傳」 "子貢曰夫吳王爲人貪功名而不知利害."). 『國語』 「吳語」에서는 황지의 회맹에서 오가 맹주의 자리를 차지하는 과정에 관해 오왕이 밤에 晉 군영을 급습, 협박하여 맹주의 자리를 차지하는 모습으로 묘사하고 있다. 뿐만 아니라 『左傳』은 '황지의 맹'을 전후하여 오가 무도하였음을 전한다(『左傳』 卷26 哀公 22年(B.C. 473) "子羽曰 吳方無道 無乃辱吾君 不如止也. 子木曰吳方無道 國無道 必棄疾於人 吳雖無道 猶足以患衛 往也.").

182

州 진산眞山 대묘大墓를 통해 춘추시대 당시 오왕이 누렸던 권세를 추측할 수 있게 되었다. 진산대묘는 비록 이미 도굴되었지만, 그 규모와 현재 남아 있는 옥으로 만들어진 예기에 반영된 오왕의 권세는 춘추시대 동남방 소국의 왕에 관한 예상을 넘는다. 그뿐만 아니라 춘추 말 오국이 수몽시기(기원전 584)에 처음 중원 정치무대에 등장하게 되기까지에는 오히려 중원 국가들의 적극적인 회유가 있었음을 추적할 수 있다. 즉, 춘추 말 오국에는 중원의 정세 가운데 특수한 지위와 역할이 있었으며, 이를 통해 오국은 중원 제후국들에 대해 상당한 영향력을 행사하였을 가능성이 있다. 따라서 여기에서는 춘추 말 오吳의 패권에 관한 검토를 통해, 오吳가 만이문화권蠻夷文化圈의 소국임에도 불구하고 잠시나마 혹은 명목적이라도 패자의 지위에 있었음을 인정하지 않을 수 없었던 춘추시대 중원 정치질서의 실체를 파악하고자 한다.

고대 동산지에 관한 발굴자료에 의하면, 양자강 중류의 동록산銅綠山 외에도 최근에 양자강 하류 안휘성 남부의 남릉南陵을 비롯해 동릉東陵, 번창繁昌 등지에서 고광야古礦冶유지의 발굴이 보고되고 있다. 이들 양자강 하류 고대 동산지는 춘추시대 오국 패권의 발판이 되었을 가능성이 있다.[5] 춘추시대 양자강 중류의 동산지를 비롯해 강회지역의 남방 동銅 교역로가 초楚에 의해 장악되었음을 고려할 때, 춘추 말 오吳가 중원국들에 의해 중원 정치무대에 회유되어 백여 년 만에 패자의 지위에 이르기까지 오국과 중원의 관계를 '동'이라는 춘추시대 주요물자의 공급이라는 문제를 통해 살펴보는 것도 의미 있는 작업이 될 것이라 생각한다.

---

5 劉平生, 「安徽南陵大工山古代銅礦遺址發現和硏究」, 『東南文化』 1988-6, p. 56; 張國茂, 「安徽銅陵地區古礦冶遺址調査報告」, 『東南文化』 1988-6, p. 82.

    그러나 동남방의 편벽된 소국으로 중원 패업을 지향한 오吳가 황지의
맹 이후 월에 의해 멸망한 바가 증명하듯, 월의 위협에도 불구하고 오吳
스스로 중원 패업에 적극적이었던 이유는 여전히 의문이다. 이에 관해
『오월춘추』 등의 문헌은 오왕 부차 개인의 공명심으로 돌리고 있으나, 이
러한 역사서술은 패배자에 대한 결과론적인 폄하가 한몫을 차지하고 있
음을 부인할 수 없다. 따라서 오왕들이 중원 진출과 패권을 지향하는 문
제와 관련하여 오吳의 국내 문제, 특히 오국 왕권의 성격을 분석해 볼 필
요가 있다. 오왕들은 희성姬姓제후로 알려져 있다. 그렇다면 주왕실의 후
예로 중원의 종법제적 질서 가운데 합류하고자 하는 것이 당연할 터이지
만, 오히려 오국은 서주 초 책봉된 이후 춘추 말 수몽시기에 이르기까지
주왕실을 비롯한 중원 국가들과 단절된 가운데 발전하였다. 이러한 문제
와 관련하여 춘추시대 오국의 왕릉과 귀족 묘장에서 나타나는 중원 양
식의 문물과 토착적 양식의 이중구조는 춘추 말 오국 지배층 사회의 특
수성을 이해하는 실마리를 제공하는 듯하다. 따라서 오국의 지배자들이
지향한 중원 패업을 오국 지배층 내부의 문화적 구조와 관련하여 조명해
보고자 한다.
    춘추시대 중원의 정치질서는 진晉, 제齊, 초楚 등 강국을 중심으로 이해
되어 왔으나, 만이蠻夷의 소국 오吳가 패업을 이루며 중원정치의 중심에 위
치하게 되는 과정을 통해 춘추시대 패자정치의 다양한 실상을 이해할 수
있을 것이다. 또한 주변문화권이 중원의 역사와 문화권으로 통합되는 과
정을 이해할 수 있을 것이다.

1. 회수 동 교역로와 패권

제 환공은 존왕양이를 표방하며 제후들을 규합하여 춘추시대 최대 범위의 패업을 이루었으며, 진 문공은 초와의 성복城濮의 대전을 승리로 이끌어 초의 중원 침략을 저지하여 패자의 지위를 공고히 하였다. 그러나 제, 진晉의 패권이 중원 전체에 미쳤다는 의미는 아니었을뿐더러 반드시 '양이'의 명분에 의해 중원제후들이 연합하여 이적에 대항하였던 것도 아니었다. 제 환공 말기 이후 제는 주변의 증鄫, 기杞, 거莒, 래萊 등 동방 소국을 복속시키는 데 더 큰 관심이 있었으며,[6] 진 문공 이후 진晉의 회맹 역시 실질적으로는 주로 송宋, 노魯, 위衛, 진陳, 정鄭, 조曹 등을 중심으로 이루어졌다. 뿐만 아니라 춘추시대 후기 제, 진晉은 적대관계에 있었으며, 기원전 555년 이후 수차례에 걸쳐 서로 직접 정벌하기까지 하였다.[7] 기원전 591년 진晉이 제를 정벌하여 제와 동맹하자 노는 이를 두려워하여 초楚의 도움을 얻어 제를 정벌하려 하였다.[8] 이는 진晉, 제, 초가 강국으로서 각기 세력권을 구축하였던 춘추시대 말 중원정치의 한 단면을 보여

---

6 童書業은 제환공 패업의 세력 범위는 실제적으로 동방 일대에 한하였다고 평가하고 있다(童書業, 『春秋史』, 臺灣開明書店, 1969, p. 164).; 『左傳』 僖公 14年(B.C. 646) "諸侯城鄫陵而遷杞焉."; 同書 僖公 16年(B.C. 644) "會于淮謀鄫 且東略也. 城鄫役人病 有夜登丘而呼 曰齊有亂 不果城而還."; 同書 宣公 13年(B.C. 596) "齊師伐莒 莒恃晉而不事齊故也."; 同書 襄公 6年(B.C. 567) "齊侯滅萊 萊恃謀也."; 同書 昭公 22年(B.C. 520) "齊北郭啓帥師伐莒."; 『春秋』 昭公 26年(B.C. 516) "公會齊侯莒子邾子杞伯盟于鄟陵."

7 『春秋』 襄公 18年(B.C. 555) "公會晉侯宋公衛侯鄭伯曹伯莒子邾子滕子薛伯杞伯小邾子同圍齊."; 同書 襄公 23年(B.C. 550) "齊侯伐衛 遂伐晉."; 同書 襄公 24年(B.C. 549) "公會晉侯宋公衛侯鄭伯曹伯莒子邾子滕子薛伯杞伯小邾子于夷儀."; 『左傳』 襄公 24年(B.C. 549) "會于夷儀 將以伐齊."; 同書 定公 9年(B.C. 501) "齊侯伐晉夷儀."

8 『左傳』 宣公 18年(B.C. 591) "春晉侯衛太子臧伐齊至于陽穀 齊侯會晉侯盟于繒 以公子彊爲質于晉.", 同書 同年 "夏公使如楚乞師 欲以伐齊."

준다. 여기에는 중원 동서방의 이질적 정치적 풍토가 작용하였던 듯하다.

한편 춘추시대 내내 초와 대결하였던 진晉이 중원제후들을 규합하여 남방 초를 물리치는 데에는 '양이'라는 명분만으로는 충분하지 않았던 듯하다. 기원전 632년 진 문공이 패권을 확립한 성복의 전戰에서 초는 패배했으나, 제, 송은 초의 침략을 받았으며, 노, 위, 정, 진陳, 채 등은 이미 모두 초에 복속하였다.[9] 또 진晉이 춘추 중기 이후 실질적인 중원 패자의 역할을 하는 동안 중원제후들이 항상 진晉을 중심으로 초에 대항하였던 것만은 아니었다. 정의 경우는 진晉, 초라는 대국 사이에 위치한 지리적 환경 탓으로 양쪽을 오가며 복속하였다. 또한 진 문공 이후 진晉의 내정이 세족에 의해 좌우되는 가운데, 중원제후들은 오히려 초와 연합하여 때로 진晉에 대항하기도 했으며,[10] 제, 노는 왕왕 초에 접근하려 하였다.[11]

중원의 진晉, 제와 남방의 초의 충돌은 상대국에 대한 침략보다는 회수 유역의 동맹국을 복속시키는 데 집중되었다. 초의 성왕(기원전 671~기원전 626)과 목왕(기원전 625~기원전 614)은 회수 유역 소국들과 여수汝水, 영수潁水를 통해 중원에 이르는 지역의 소국들을 병합하기 시작했는데, 회수 유역에는 서주시대 이후 희姬, 강姜, 위성嬀姓의 봉국들이 존재하였다. 남양南陽 신申 문화유지에서 발굴된 청동 궤簋 명문의 '남신백南申伯'은 선왕

---

9 『左傳』, 僖公 28年(B.C. 632); 童書業, 『春秋史』, p. 180.

10 『春秋』 成公 16年(B.C. 575) "晉侯及楚子鄭伯戰于鄢陵 楚子鄭師敗績."

11 『左傳』 文公 9年(B.C. 618) "楚子越椒來聘."; 同書 宣公 4年(B.C. 605) "其孫箴尹克黃使於齊."; 同書 宣公 15年(B.C. 594) "公孫歸父會楚子于宋."; 同書 成公 元年(B.C. 590) "齊楚結好."; 『春秋』 成公 2年(B.C. 589) "公及楚人 …… 齊人 …… 盟于蜀."; 同書 成公 4年(B.C. 587) "公至自晉, 欲求成于楚而叛晉."; 同書 成公 11年(B.C. 580) "晉人以公爲貳於楚 故止公."; 同書 成公 16年(B.C. 575) "魯之有季孟 猶晉之有欒范也 …… 今其謀曰 晉政多門 不可從也 寧事齊楚."; 同書 襄公 24年(B.C. 549) "齊侯旣伐晉而懼 將欲見楚子 ……"; 同書 同年 "(齊大夫陳無宇가 楚에 군대를 요청하니) 冬楚子伐鄭以救齊."

宣王의 처남으로 주周의 중요한 직무를 맡은 신하였으며,[12] 신은 선왕 때 남양분지의 남쪽 땅으로 개봉改封된 여呂와 함께 동쪽으로 회수와 통하며 남으로 형초荊楚와 접하는 중요한 번병藩屛이었다. 선왕시기 남방에 관한 관심은 혜갑반兮甲盤, 사원궤師袁簋, 구부수개駒父盨蓋와 같은 청동기 명문에 잘 나타나 있다. 서주시대 봉건의 목적이 중요한 교통로를 확보하기 위한 것임을 고려할 때,[13] 성주成周, 즉 낙양에서 남하하는 진로상에 봉건된 이들 신, 여는 서주의 남방진출의 거점이었다고 이해할 수 있다. 『시경』 「대아」편의 숭고崧高는 바로 신에 남방통치가 위임되었음을 기록하고 있다. 이러한 신, 여가 기원전 688년 초에 의해 점령됨에 따라 중원의 남방진출은 크게 타격을 받았으리라 짐작할 수 있다.[14] 이후 기원전 680년 회수 상류의 희성의 나라인 식息을 병합한 초는 영성嬴姓의 강江, 황黃, 희성의 현弦, 도道, 그리고 백栢 등 회수 상류 제의 동맹국들을 차례로 멸망시켰으며,[15] 나아가 허許, 심沈과 같은 여수, 영수 유역의 국가들까지 복속시켰다(그림 III-1).[16]

회수는 여수, 영수를 통해 북상하여 중원지역으로 이어지는 남북을 잇는 교통로였으므로, 이러한 초의 회수 유역 소국들에 대한 병합은 곧 중원에 대한 위협인 동시에 중원의 남방진출의 교통로를 막는 결과를 가

---

12 崔慶明,「南陽市北郊出土一批申國靑銅器」,『中原文物』 1984-4.

13 伊藤道治,「姬姓諸侯封建の歷史地理的意義」,『中國古代王朝の形成』, 創文社, 1975, p. 257.

14 『左傳』 成公 7年(B.C. 584) "子重請取於申呂以爲賞田 …… 申公巫臣曰不可 此申呂所以邑也 是以爲賦 以御北方."

15 『左傳』 僖公 12年(B.C. 648) "黃人恃諸侯之睦于齊也. 不共楚職曰自郢及我九百里 焉能害我. 夏楚滅黃."; 同書 僖公 5年(B.C. 655) "楚鬬穀於菟滅弦 弦子奔黃 於是江黃道栢方睦於齊 皆弦姻也. 弦子恃之而不事楚 又不設備故亡."

16 『左傳』 僖公 33年(B.C. 627) "晉陳鄭伐許 討其貳於楚也."; 同書 文公 3年(B.C. 624) "莊叔會諸侯之師伐沈 以其服於楚也."

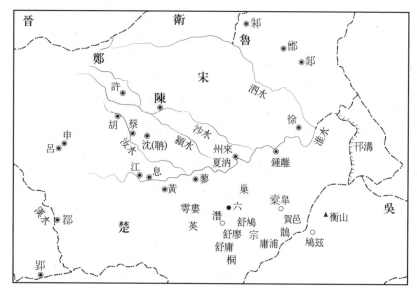

그림 III-1. 춘추시대 오월지역

져왔다. 따라서 초의 회수 유역 진출에 대해 제는 회수 중하류 유역에 위치한 서徐, 려厲, 증鄫 등 회수 유역 교통의 거점지들을 적극 방어하였다.[17] 초에 점령된 소국의 회복에 나선 진 문공은 기원전 635년 한수漢水 유역의 약鄀을 정벌했으며,[18] 초에 복속한 채와 영수 유역의 허를 수차례 정벌하였다.[19] 이후 역시 초에 복속한 회수 유역의 심, 강까지 진출하

---

[17] B.C. 668년 제는 노, 송과 함께 서로 출병; B.C. 645년 제는 노, 송, 진, 위, 정, 허, 조와 牧丘에서 맹약하고 조와 함께 초의 동맹국인 여에 출병하여 서를 구하였고; B.C. 644년 제는 여에 출병하여 이어 노, 송, 위, 정, 허, 조와 회에서 회합하고 증에 축성; B.C. 624년 晉은 초의 江國 점유에 적극 대처하여 초로부터 강을 구하였다.

[18] 『左傳』 僖公 25年(B.C. 635) "晉秦伐鄀 楚鬪克屈禦寇以申息之師成商密."

[19] 『左傳』 文公 15年(B.C. 612) "新城之盟蔡人不與 晉郤缺以上軍下軍伐蔡 ……"; 同書 成公 6年(B.C. 585) "晉欒書救鄭 與楚師遇於繞角 楚師還 晉師遂侵蔡."; 同書 成公 8年(B.C. 583) "晉欒書侵蔡遂侵楚獲申驪."; 同書 僖公 33年(B.C. 624) "晉陳鄭伐許 討其貳於楚也."; 『春秋』 襄公 16年(B.C. 557) "叔老會鄭伯晉荀偃衛甯殖宋人伐許."

였다.[20] 따라서 회수와 황하를 잇는 노선에 위치한 심, 강, 허의 소국들은 북방 제후들과 남방 초 사이에서 빈번한 쟁탈의 장이 되었다.

중원 왕조들의 회수 유역 진출은 이미 서주시기 회이와의 빈번한 전쟁을 통해 알려졌다. 서주 금문金文의 전쟁기록 가운데는 회이의 침입과 정벌에 관련한 기록이 가장 많으며, 주왕의 친정도 회이가 가장 높은데,[21] 특히 회이와의 전쟁 기록은 주 목왕 이후에 집중되어 있다. 주의 소왕, 목왕 시대 청동기 명문은 성왕, 강왕 시대의 40여 년간의 안정을 바탕으로 한 무제, 청 건륭에 비견될 만한 융성한 시대였음을 전한다.[22] 주 소왕은 『죽서기년竹書紀年』에 의하면 직접 한수를 건너 남방의 형초 정벌에 나섰으며,[23] 과백궤過伯簋 명문에 의하면 과백過伯은 왕을 따라 형을 정벌하여 동을 약탈하였다.[24] 주 소왕의 남방정벌은 문물자료상으로도 그 흔적이 추적된다. 상왕조의 남방기지가 건설되었던 호북성 황피黃陂의 반룡성에서 멀지 않은 황피 노대산魯臺山에서 발굴된 서주 묘장군 가운데 M30에는 소왕시대 묘장으로 천자나 제후급에서만 사용하는 묘도가 갖추어져 있을 뿐만 아니라 부장품 가운데 소공召公 석奭의 아들(혹은 필공畢公 고高의 아들)로 추정되는 '공대사公大使'가 상商의 유민으로 추정되는 '장자長子 구狗'에게 딸을 시집보내며 제작한 명문 청동기가 출토되었다.[25] 노대

---

20 『左傳』文公 3年(B.C. 624) "莊叔會諸侯之師伐沈 以其服於楚也."; 同書 同年 "楚師圍江 晉先僕伐楚以救江."

21 黃盛璋, 「淮夷新考」, 『文物研究』第5集, 黃山書社, 1989, p. 25.

22 唐蘭, 「論周昭王時代的青銅器銘刻」, 『唐蘭先生金文論集』, 紫禁城出版社, 1995, p. 332.

23 『竹書紀年』 "周昭王十六年 伐楚荊 涉漢 遇大兕."

24 《過伯簋》 "過伯從王伐反荊 俘金 用作宗室寶尊彝."(郭沫若, 『兩周金文辭大系圖象攷釋』下, 上海書店出版社, 1999, p. 54)

25 「湖北黃陂魯臺山兩周遺址與墓葬」, 『江漢考古』 1982-2, pp. 41-49; 張亞初, 「論魯臺山西周墓的年代和族屬」, 『江漢考古』 1984-2, pp. 24-25.

산 일대는 양자강 중류지역의 요충으로, 서로는 한수漢水, 운수溳水에 닿으며, 동으로는 양자강에 이를 수 있으며, 이곳에서 멀지 않은 곳에 양자강 중류 동록산, 서창瑞昌 등 옛 동광유지가 있다. 주 소왕은 두 차례에 걸쳐 남방정벌에 나섰으나, 서주시대는 상왕조에 비해 이 지역을 직접적으로 장악하지 못하였다. 주왕실은 멀리 남방의 상의 유민에게 귀족의 딸을 시집보내는 이른바 혼인을 통해 이 지역을 장악하려 하였는데, 이러한 남방 정책은 바로 이 지역의 동 원료 때문임을 쉽게 짐작할 수 있다. 그러나 노대산 서주유지는 출토유물로 볼 때 상주문화가 융합되기는 했으나 기본적으로 상문화를 계승했기 때문에 주왕조의 영향은 미약하였다.[26]

주 목왕 시기 청동기 명문에 의하면, 주왕실은 주로 회이와의 전쟁에 치중하고 있었다. 주의 목왕에서 여왕, 선왕 시대 회이와의 전쟁을 기록한 청동기 명문을 살펴보면, 당시 회이는 회수 유역을 따라 분포하고 있었음을 알 수 있다.[27] 주 여왕 시기에 회이와의 전쟁이 가장 많았는데, 요생수翏生盨는 회이와의 전쟁을 통해 동을 획득하였음을 전한다. 주 선왕 시기 혜갑반兮甲盤 명문에 의하면, 남회이南淮夷는 주왕조의 무력적 위협하에 공납을 바치는 한편 주왕조와 교역하였는데,[28] 같은 시기 사환궤師寰簋 명문에는 회이와의 전쟁 사실 가운데 '부금俘金'을 기록하고 있어,[29] 남회이와

---

26 陳賢一, 「黃陂魯臺山西周文化剖析」, 『江漢考古』 1982-2, p. 69.

27 목왕시대 회이와의 전쟁에 참여했던 彔伯과 관련된 청동기 명문상에서, 당시 주는 성주 이남의 엽과 堂師에서 회이를 방어했으며 회이는 城林(엽현의 북쪽), 馭(언성)을 침입한 것으로 보아 목왕시대 회이는 회수 상류에서 여수를 통해 중원에 침입하였다(黃盛璋, 「淮夷新考」, pp. 40-41).

28 《兮甲盤》 "…… 王命甲政成周四方(積)至于南淮夷 淮夷舊我人 毋敢不出其其 進人 其毋敢不卽(次)卽(市) ……"(郭沫若, 『兩周金文辭大系圖彔攷釋』 下, pp. 144-145)

29 《翏生盨》 "王征南淮夷 …… 執訊折首, 俘戎器, 俘金."(馬承源, 「關于翏生盨和者滅鐘的幾的意見」, 『考古』 1979-1, p. 60);《師寰簋》 "征淮夷 …… 俘吉金."(郭沫若, 『兩周金文辭大系圖

190

의 교역의 주요물자 역시 동석銅錫임을 짐작할 수 있다. 즉, 이들 회이는 회하 중하류지역에 거주하면서 동석의 교역로를 장악하고 있었으며 주왕조가 남진하는 데 장애가 되었는데[30] 주왕조에서 이어지는 회이, 형의 정벌은 동을 약탈하고 동석 교역로 '금도金道'를 확보하기[31] 위한 것이었다. 『시경』「노송」에는 노송魯公이 회이를 정복한 이후 전승을 찬미하며 회이로부터 동이 헌상되었음이 묘사되어 있다.[32] 상주시대 지배 권력을 유지하기 위한 제사와 전쟁에서 청동기는 불가결한 요소였던 만큼 회이지역의 확보를 포기할 수 없었을 것이며,[33] 나아가 여수 유역의 엽葉, 호胡, 채蔡의 봉건은 여수, 회수를 통해 중원으로 운반되는 동의 안정적 공급을 위한 군사적인 거점의 확보라는 시각으로 이해할 수 있다.[34]

이러한 사정은 춘추시대 역시 다르지 않았으며, 동의 수요는 오히려 확대되었다. 춘추시대에는 주왕실의 약화에 수반하여 강력해진 지방제후들에 의해 그들의 권위와 부의 상징으로 청동예기의 제작이 확대되었다. 안휘성 수현壽縣 채후묘蔡侯墓에서 발견된 486건에 달하는 청동예악기는 채와 같은 소국에서도 이처럼 분에 넘치는 청동예악기를 제작하고 보유함으로써 중원의 의례에 참여하고자 하였던 당시 제후들의 열망을 대변한

泉攷釋』下, pp. 146-147);《仲偁父鼎》"仲偁父伐南淮夷 孚(俘)金."(黃盛璋,『淮夷新考』, p. 31). 고대에는 동을 금이라고 하였으므로, 이는 모두 동을 약탈한 기록이다.

30 萬全文,「商周王朝南進掠銅論」,『江漢考古』1992-3, p. 55.

31 《曾伯簋》"克狄淮夷 抑燮繁陽 金道錫行 貝卽卑方 ……"(屈萬里,「曾伯簋考釋」,『中央研究院歷史語言研究所集刊』33, 1963, p. 332)

32 『詩經』「魯誦」泮水 "憬彼淮夷, 來獻其琛, 元龜象齒, 大賂南金."

33 李成珪,「中國文明의 起源과 形成 ─ 先史文化에서 商·周文明으로 ─」, 서울대학교동양사학연구실 편,『講座中國史 I』, 지식산업사, 1989, p. 72.

34 彭明瀚,「銅與中原王朝의南侵」,『江漢考古』1992-3.

다.[35] 뿐만 아니라 춘추 중기 이후 중원의 청동기문화는 새로운 전개를 나타내는데, 춘추 전기까지 제후가 매장된 대형 묘에만 정鼎, 궤簋, 호壺, 반盤 혹은 이匜의 4종의 예기가 부장되었으나, 춘추 중기 이후에는 소·중형 묘에도 이러한 조합이 갖추어져, 당시 새로운 실력자로 부상한 대부와 사 계층에 의해 신분에 넘치는 의례가 향유되었음을 알 수 있다. 이러한 춘추 말 신분에 따른 예제의 이완은 청동기 수요를 증대시켰으며, 이는 곧 대량 생산체계를 필요로 하였다.[36]

후마侯馬 진국晉國 고성지古城址의 청동기 작방作房유지에서 발견된 대량의 도범陶範, 동괴銅塊, 연괴鉛塊, 주동鑄銅 생산공구 등의 출토유물은 춘추시대 진晉의 청동기 생산 규모와 수준을 전하고 있다. 도범류 5만여 점 가운데 완전하거나 짝을 맞출 수 있는 것만도 수천 건에 달하며, 출토 도범기류는 예기, 악기 외에 공구류, 그리고 소량의 병기와 화폐가 포함되어 있다. 유지 가운데 발견된 8천 건에 가까운 대구복면범帶鉤腹面范에 의하면, 일정한 정도의 규격화, 계열화에 의한 대량생산이 이루어졌음을 알 수 있다.[37] 이와 같이 규격화에 의해 예악기가 생산되었다는 사실은 청동기가 당시 생활의 훨씬 많은 영역에서 많은 사람에 의해 사용되었음을 시사한다. 금속화폐 역시 상품교환의 중요한 표지와 수단인데, 후마유지侯馬

---

35 Jenny F. So, "New Departures in Eastern Zhou Bronze Designs: The Spring and Autumn Period", *The Great Bronze Age of China*, edited by Wen Fong, New York, Metropolitan Museum of Art, 1980, pp. 252-253.

36 江村治樹, 「靑銅禮器から見た春秋時代の社會變動」, 『名古屋大學文學部硏究論集』, 1988, pp. 56-80.

37 帶鉤腹面范은 크기가 대체로 13종의 규격으로 나누어져 있으며, 2호 유지의 鼎, 편종 및 이에 붙어 있는 鋪首, 環, 鈕 등은 크기가 일정하다(山西省考古硏究所, 『侯馬鑄銅遺址』, 文物出版社, 1993, pp. 441-452).

遺址에서 발견된 10만 개에 달하는 공수포심空首布芯, 10여 건의 공수포범空首布范과 공수포空首布는 당시 상품교환의 발전을 뒷받침해 준다. 춘추시대 청동기문화는 양적으로뿐만 아니라 분포면적도 확대되어, 특히 남방 초, 오, 월 지역에서는 토착적 유형의 독특한 양식의 청동기를 생산하여 춘추시대 청동문화를 예술적인 단계로 발전시켰다. 따라서 어느 시대보다 청동 원료에 대한 수요가 많았을 춘추시대 중원 국가들의 동 산지에 관한 관심은 쉽게 짐작할 수 있다.

『관자』의 "出銅之山 四百六十七山 出鐵之山 三千六百九山."이란 구절은[38] 고대 중국에 동광산이 상당히 많았음을 전한다. 하지만 고대 동광유지의 발굴은 아직까지 드물어 선진시대 동광유지는 양자강 유역에 집중되어 있다. 양자강 중류에서는 호남성 마양麻陽, 호북성 대야大冶의 동록산, 양신陽新의 항하港下, 강서성 서창瑞昌의 동령銅嶺, 그리고 양자강 하류에서는 안휘성 남부지역의 남릉南陵, 동릉銅陵에서 고대 동광유지가 발굴되었다. 『상서』「우공」에 의하면 남방의 형주荊州와 양주揚州는 중요한 동 산지였으며,[39] 이들 동광유지는 고대 형주, 양주에 속해 문헌의 기록을 뒷받침하고 있다. 양자강 중류 대야의 동록산 고광유지는 서주시대에 시작하여 전국초까지 채광되었으며, 현재에도 노천 채광장으로 채광이 이어지고 있다.[40] 춘추전국 당시의 폐사량은 40만 톤가량으로 추산되며,[41] 여기에 서창의

38 『管子』「地數篇」.
39 양주, 형주에 관해 '厥貢惟金三品'이라고 하여, 형주(오늘날 양호지구 및 강서)와 양주(오늘날 안휘성 회수 이남에서 강절지구)에서 진공하는 물품은 금, 은, 동이었다고 한다.
40 黃石市博物館, 『銅綠山古礦冶遺址』, 文物出版社, 1999.
41 銅綠山考古發掘隊, 「湖北銅綠山春秋戰國古礦井遺址發掘簡報」, 『文物』 1975-2, p. 1, p. 10.

동령, 양신의 항하[42] 등의 폐사량을 합하면 양자강 중류 동광의 폐사량은 60~80만 톤에 이르렀던 것으로 추산하여 고대 이 지역의 채광량의 규모를 짐작케 한다.

양자강 하류 안휘성 남부지역의 남릉을 비롯한 동릉, 번창繁昌, 청양靑陽, 귀지貴池 등 당唐 이전의 채광, 야련 유지는 모두 60여 곳에 이르며 총 분포 면적은 2,000여km²로 실제로 하나의 거대한 동광유지군을 이루고 있다. 서주에서 춘추시대로 추정되는 남릉 대공산大工山 강목충江木沖 야련유지는 1.5km²에 이르는 규모에 50만 톤 이상의 연사煉渣가 분포하며, 유지의 보존 상태가 좋아 유지 가운데 발견된 4좌의 연동수로煉銅竪爐는 연벽煉壁의 두께가 15~20cm, 연로煉爐의 내경이 70~80cm, 전체 노의 높이가 1.5m에 이르러 당시 야련 규모를 짐작케 한다.[43]

이외에 동릉지구의 수십 곳의 고광야유지는 서주시대에 시작되어 대부분 춘추전국시대까지 채광되었는데, 이 가운데 동관산銅官山, 사자산獅子山, 봉황산鳳凰山, 동산에서는 아직까지 채굴되고 있으며, 조동粗銅 산량이 전국에서 세 번째이다. 동릉과 이 인근에서는 형태와 문양에서 지역적 특색이 농후한 대량의 청동기뿐만 아니라 석범石范이 출토되어 이 지역이 선진시기 양자강 하류지역 청동기 생산의 중요한 기지였음을 알 수 있다.[44] 동릉은 동관산에서 지명이 유래했다고 하는데, 이 지역은 특히 제련에 필요한 물이 풍부하여 제련에 유리하였다.[45] 동릉은 전한시대에는 단양군丹

---

42 「湖北陽新港下古礦井遺址發掘簡報」, 『考古』 1988-1; 「湖南麻陽戰國時期古銅礦淸理簡報」, 『考古』 1985-2.

43 劉平生, 「安徽南陵大工山古代銅礦遺址發現和硏究」, pp. 46-57.

44 張國茂, 「安徽銅陵地區古代礦冶遺址調査報告」, p. 82.

45 『明一統志』 卷16「池州府」"銅官山 …… 又名利國山, 有泉源冬夏不竭 可以浸鐵烹銅, 舊嘗於

陽郡에 속하였고 단양군에는 '동관'이 설치되어[46] 한초漢初 오왕 유비劉濞는 동 생산으로 천하의 '망명亡命'을 불러 모을 수 있었다.

이들 안휘성 남부지역의 동 생산 규모는 남릉 강목충, 동릉 봉황산, 목어산木魚山 등 3곳 동 제련유지의 폐사량과 여기에 기타 지역을 합하면 적어도 100만 톤 이상의 폐사량에 이르는 것으로 추정된다. 당시 1:10의 동銅:사渣의 비율로 추산하면, 안휘성 남부 양자강 하류지역에서 생산한 동만도 적어도 10만 톤 이상으로[47] 양자강 하류지역은 고대 동원료의 최대 산지였음에 틀림없다. 양자강 중류 호북성 대야 동록산 춘추시대 광야유지 고광정과 연로에서 출토된 동광석은 대부분 양화동氧化銅광석으로 공작석, 적동광과 함께 자연동인 데 비해,[48] 안휘성 남부 양자강 유역의 고동광유지 부근에서 발견되는 동정銅錠은 동철 합금의 빙동정冰銅錠으로, 이는 서주시기에 이미 양화광에 비해 훨씬 복잡하고 선진적 기술인 유화동광연동硫化銅礦煉銅 기술을 사용하였음을 의미한다.[49]

춘추시대 안휘성 남부 양자강 남안의 고동광유지는 지리적으로 동쪽으로 오와 접해 있으며, 서쪽으로 양자강 너머 초의 영역에 이어지며, 회이문화와는 강을 사이에 두고 있어, 당시 고동광유지를 장악한 주민과 그

此置銅官場.";『新唐書』卷41 地理志 "利國山, 有銅, 有鐵."이라고 하여 南陵에 銅官冶가 있었다.

46 嚴耕望,『中國地方行政制度史』上編 卷上, 臺北, 商務印書館, 1988, p. 202.

47 楊立新,「晥南古代銅礦的發現及歷史價値」,『東南文化』1991-2, p. 133.

48 銅綠山 XI호 광채 상층은 銅硫礦에 포함되어 있으나, 동록산의 일반적인 채취의 심도는 양화대를 넘지 않았으리라 추정한다(『銅綠山古礦冶遺址』, p. 7).

49 인류가 가장 먼저 사용하기 시작한 지표광층에는 자연동이나 함동량이 풍부한 氧化銅礦物이 있으며 이러한 광물은 1,083.4°C를 넘는 고풍로에서 직접 순동이 제련되어 나온다. 이에 비해 양화광층 아래에 있는 硫化銅礦은 800°C의 온도에서 장시간 야련하여 유황성분을 없애 銅硫化合物을 양화물로 전환시킨 후에 다시 제련하면 함철량이 비교적 높은 빙동이 되며 이를 다시 반복 제련해야 순동을 얻을 수 있다(앞 글, pp. 131-132).

문화를 이해하기가 상당히 복잡하다. 동릉에서 발견된 도철문 작爵, 가斝 등은 상대 중원 동기와 일치하며, 동화銅盉는 강회지역에서 출토된 서주 獸鋬盉와 같을 뿐만 아니라 력족鬲足, 관罐, 분盆, 호壺, 언甗 등은 회이문화와 기본적으로 일치한다. 춘추시대에는 서쪽으로부터 초의 영향을 받아 동릉에서 출토된 동기 가운데 특히 병기는 초문화의 영향이 비교적 짙다.[50] 회이문화 주변 지역으로 동쪽 양자강 하류 오吳와의 관계가 주목되는데, 일찍이 상 초기 남경 진강지구의 호숙문화 지층 가운데 흔히 발견되는 동련사와 각종 작은 청동기 및 연동에 사용된 도발과 도작 등은 안휘성 남부 동광지역의 청동 야련 및 주조 기술과 유사하여, 양자강 하류 오吳지역 청동기문화는 안휘성 남부 동산지와 밀접한 관계에서 발생한 것으로 추정할 수 있다.[51] 더욱이 서주, 춘추 시대 안휘 남부지역은 오吳문화의 특징인 토돈묘 분포 영역에 속할 뿐만 아니라, 남릉 강목층 야련유지에서 채집된 협사도력夾砂陶鬲, 평저인문경도관平底印紋硬陶罐, 왜권족원시청자두矮圈足原始靑瓷豆, 원시청자충原始靑瓷盅은 모두 서주, 춘추 시대 오국 범위의 토돈묘의 기물과 유사하여,[52] 서주, 춘추 시대 남릉의 채광과 야련지는 오국과 밀접한 관계에 있었음을 알 수 있다.

『주례』「고공기」에 의하면 오월의 병기는 동질이 좋을 뿐만 아니라 야주가 정교한 것으로 이름이 있었으며,[53] 구야자歐冶子, 간장干將, 막야莫耶

---

50 청동검의 扁莖無格, 청동과의 長胡直內, 狹長援, 鋒端呈三角形의 특징은 초의 병기와 유사하다(張國茂, 「安徽銅陵地區先秦靑桐文化簡論」, 『東南文化』 1991-2, pp. 141-142).

51 楊立新, 「皖南古代銅礦的發現及歷史價値」, p. 135.

52 劉平生, 「安徽南陵大工山古代銅礦遺址發現和硏究」, p. 53.

53 『周禮』卷39「考工記」" …… 吳越之劍遷乎其地而不能爲 良地氣然也. …… 吳越之金錫 此材之美者也."

등 오월 야장의 주검과 관련한 전승 역시 오월지역의 고도한 청동 야련기술을 전한다. 이러한 문헌기록과 표리하여 서주 오국의 범위에서는 흔히 청동괴靑銅塊가 출토된다. 서주 중후기에 속하는 별돈묘鱉墩墓에서 70여kg에 달하는 230괴의 청동괴가 기하인문도담幾何印紋陶壜에 담겨 발견된 것을 비롯하여, 이 부근의 한 토교土窖와 구용句容의 한 토돈묘에서도 각각 150여kg의 청동괴가 발견되었다.[54] 이처럼 묘장에 다량의 청동괴를 부장하는 현상은 이 지역에서만 볼 수 있는 독특한 현상으로 청동이 재부의 표상이었던 듯하며, 당시 이 지역은 청동원료가 풍부하여 청동 채련과 저장이 상당히 보편적이었음을 알 수 있다. 이 지역 청동괴는 대부분 연의 함량이 30~50%로 높으며,[55] 서주, 춘추 초기 오국 청동기 역시 연의 함량이 비교적 높을 뿐만 아니라 철의 함량 역시 높은 편이다. 이것은 주동기술뿐만 아니라 광산자원과도 관계가 깊다.[56] 그런데 이 지역 범위 내에서는 표수현성溧水縣城에서 동남으로 15km 떨어진 관산동광 부근에 아직 채굴되고 있는 연광을 제외하고는 아직까지 대규모의 고대 동광은 발견되지 않았다. 반면 동릉에서 출토된 청동기의 성분 분석에 의하면, 춘추 초 청동기의 연과 철의 함량이 비교적 높아 오吳지역과 유사하여, 오국 청동기는 동릉지구 광산자원과 깊은 관계가 있음을 추정할 수 있다.[57] 뿐만 아니라 춘추시대 오월지역에서는 청동 생산공구가 특히 많이 발견되는데,[58] 이는 당시 오인들은 안휘성 남부 양자강 하류 동산지의 풍부한

---

54 劉興,「談鎭江地區出土靑銅器的特色」,『文物資料叢刊』5, 文物出版社, 1981, p. 112.

55 劉興,「談鎭江地區出土靑銅器的特色」, 註 7.

56 曾琳·夏鋒·蕭夢龍·商志,「蘇南地區古代靑銅器合金成分的測定」,『文物』1990-9, p. 44.

57 張國茂,「安徽銅陵地區先秦靑銅文化簡論」, p. 142.

58 중원의 청동농공구의 발견이 매우 부진한 데 비해, 1980년대 초까지 남방에서 발굴된 춘

동원료를 쉽게 이용할 수 있었다는 사실과 무관하지 않으며, 따라서 양자강 유역의 동광은 춘추시대 오국 강성의 경제적·군사적 기초가 되었음을 알 수 있다.

춘추시대 양자강 하류 남안 동산지가 오국의 세력 범위에 있었던 반면, 서주시대 이래 중원 국가들의 남방 청동원료 공급로였던 강회, 회수 지역은 춘추 중기 이후 대부분 초에 의해 장악되었다. 초성왕의 대외 확장정책은 회수 유역을 정벌한 이후 동쪽으로 진출하여 기원전 646년 안휘성 강회지역의 영英, 육六을 멸망시켰으며, 이어 초목왕은 요蓼, 식息, 종宗, 소巢를 비롯한 군서群舒, 즉 서구舒鳩, 서요舒蓼, 서용舒庸, 서포舒鮑를 차례로 장악했으며, 초장왕 역시 서요를 멸망시켜 초의 영역으로 삼음으로써 이 지역에 대한 지배를 확실히 하였다.[59] 중원 국가들로 볼 때 이러한 초의 회수 장악과 강회의 군서 지배는 안휘성 남부 양자강 남안 동산지를 잇는 교역로에 대한 차단을 의미하였으리라 짐작할 수 있다.

따라서 중원 국가들이 회수 유역 소국의 복속을 둘러싸고 초와 치열한 공방을 벌였을 뿐만 아니라, 특히 서徐의 향배에 민감하게 대응하였던 것도 동 보급로의 확보와 무관하지 않은 것 같다. 서는 오늘날 강소성 사홍泗洪 부근으로 추정되는 회수 유역의 강국으로, 서주 시기 주의 숙적이었

추시대 말에서 전국시대 초 72건의 청동농구 가운데 46건이 오월지역에서 출토된 것이다. 1975년에서 1980년까지 소주지역에서 출토된 청동기 약 86건 가운데 공구가 52건으로 전체의 60%를 차지하며, 이 가운데 농구가 40건으로 청동기 총수의 반을 차지한다「蘇州市地近年來(1975-1980) 出土靑銅器一覽」, 『蘇州文物紫蔘選編』, pp. 64-65(董楚平, 『吳越文化新探』, 浙江人民出版社, 1988, p. 234에서 轉載)].

59 『左傳』文公 5年(B.C. 622) "六人叛楚卽東夷 秋楚成大心仲歸帥師滅六.": 同書 同年 "楚公子燮滅蓼"; 同書 文公 12年(B.C. 615) "群舒叛楚 夏子孔執舒子平及宗子 遂圍巢."; 同書 宣公 8年(B.C. 601) "楚爲衆舒叛故 伐舒蓼 滅之 楚子疆之 及滑汭."

다.[60] 춘추시대 이전 오吳, 초가 강대해지기 전까지 남방에서는 서가 가장 강하였을 뿐만 아니라, 서왕량정徐王糧鼎, 서왕경종徐王庚鐘, 서왕의초관반徐王義楚盥盤 등 청동기 명문에 의하면, 춘추시기에도 서의 군주는 왕이라 칭하여 강회 간의 소국 가운데 특수한 지위에 있었음을 알 수 있다. 안휘성 서성舒城의 구리돈九里墩 춘추 묘에서 출토된, 서의 기물로 증명된 동주 고좌鼓座 상면의 명문 중 "이극초사以克楚師", "동토지우회東土至于淮" 등의 기록에 의하면,[61] 서는 춘추 말 여전히 초의 군대를 공격하는 군사행동을 하였던 것을 알 수 있다. 즉, 서는 비록 소국이었으나 무력이 강하였을 뿐만 아니라[62] 강회 간의 군서를 통어하는 수령이었을 가능성이 있다. 따라서 기원전 645년 서가 북방의 제후와 친밀한 것을 이유로 초가 침벌하자 제, 송, 노, 진陳, 위, 정, 허, 조 등이 회합하여 서를 구했으며,[63] 기원전 643년 제가 강회의 영을 정벌하는 데 서가 함께하였다는 사실은, 서의 군서 국가들에 대한 지배력과 서를 통한 중원국가의 군서지역 동 교역로의 확보전과 무관하지 않은 것 같다. 수몽시기 진晉으로부터 중원의 병법을 전해 받은 오吳가 곧 초를 침략하면서 서를 정벌한 사실[64] 역시 당시 남방지역에서 서의 위상을 엿보게 한다.

춘추시대 중원 패자가 이끄는 초와의 전쟁이 회수와 황하에 이르는 교

---

60 『禮記』「檀弓」 "(서용거가 말하기를) 昔吾先君駒王 西討 濟于河." 여기서 駒王은 아마도 徐偃王을 지칭하며, '西討'는 주를 토벌한다는 의미이다. 즉, 서의 군대가 황하 변에 이른 사실을 말한 것으로, 당시 소국으로서는 드문 일이다.

61 董楚平,《舒城古座》,『吳越徐舒金文集釋』, 浙江古籍出版社, 1992, pp. 330-331.

62 吳榮曾,「春秋時吳與徐,蔡關係說略」,『周一良先生八十生日記念論文集』, 中國社會科學出版社, 1993, p. 12.

63 『左傳』僖公 15年(B.C. 645) "盟于牧丘 尋蔡丘之盟 且救徐也."

64 『左傳』成公 7年(B.C. 584) "吳始伐楚 伐巢伐徐 ……"

통로상에 위치한 진陳, 정 등의 복속을 놓고 이어진 것 역시 남방 동 교역로와 무관하지 않은 것 같다. 영郢에서 회수에 이르러 여수를 타고 북상하는 길목에 위치한 채나 사수沙水(즉 복수濮水)가에 위치하여 회수를 통해 황하에 이르는 교통로에 있었던 진陳이 진晉과 초 사이에서 쟁탈의 대상이 되었던 것도 바로 이러한 이유에서였음을 짐작할 수 있다. 진晉, 초 간에 복속을 놓고 가장 빈번한 전쟁을 벌였던 정鄭 역시 회수에서 영수를 통해 유수洧水로 이어지는 교통로상에 위치하였다. 그런데 진晉, 초 사이에서 복속과 이반을 반복한 정은 정백이 처음 초에 조회할 때 초왕이 동을 하사했다는 사실에서 볼 때[65] 반드시 초의 무력에 복속하였던 것만은 아니었던 듯하다. 때때로 정은 진晉을 배반하고 초와 맹약을 맺는데, 이때 초를 통한 청동원료의 공급이 중요한 원인으로 작용하였음을 이해할 수 있다. 따라서 춘추시대 정의 연학방호蓮鶴方壺와 같은 뛰어난 청동 공예품이 우연의 산물이 아님을 알 수 있다. 정뿐만 아니라 춘추시대 중원국가들이 자발적으로 초에 접근한 데에는 청동원료 확보라고 하는 실질적인 요구가 있었음을 이해할 필요가 있다. 동원료의 안정적인 공급을 위해서는 초가 장악하고 있는 회수를 통한 동로銅路의 회복이 불가결하였으며, 춘추 말 진晉의 오吳에 대한 원조는 바로 초에 의해 차단된 동로를 회복하기 위한 것이었음을 이해할 필요가 있다.

---

65 『左傳』僖公 18年(B.C. 642) "鄭伯始朝于楚 楚子賜之金 旣而悔之 與之盟曰無以鑄兵 故以鑄三鐘."

2. 오국의 외교와 중원 진출

기원전 584년 수몽 2년 진晉이 초를 견제하기 위해 신공무신申公巫臣을 오吳로 보내 병법을 가르치게 한 이후, 오는 초의 복속에서 벗어났을 뿐만 아니라 채, 서를 정벌하고 일시에 초의 속국들을 모두 복속시켰다고 한다.[66] 오吳를 통한 진晉의 초에 대한 견제는 성공적이었던 듯하며, 이후 진晉은 적극적으로 오吳를 회유하였다. 기원전 582년 진晉은 제후들과 포蒲에서 회맹하는 데 오吳를 불렀으며, 기원전 576년 진晉이 제, 송, 위, 정 등 제후국들과 회수 부근 종리鍾離에서 회합하였을 때 그 회합의 내용이 구체적으로『좌전』에 기록되지는 않았으나 오吳와 회합하기 위한 것임이 분명하다.[67] 이후 오吳가 중원제후들과의 일련의 회맹에 참가하게 되는 데에는 중원 국가들의 적극적인 접근이 있었다.[68]

오吳가 중원의 정치무대에 등장하기 시작한 기원전 6세기 초, 진晉은 문공文公 이후 전례 없이 강성한 시기로 동방의 제를 비롯하여 초, 진秦 등 춘추시대 3대국과 차례로 전쟁을 벌였다. 진 경공(기원전 599~기원전 581), 진 려공(기원전 580~기원전 574) 시기 진秦은 진晉의 우방에서 점차 초의 동맹국이 되어 진晉과 대치하여 자주 침략했으며, 남방의 초는 북상하

66『左傳』成公 7年(B.C. 584) "武臣請使於吳 晉侯許之 吳子壽夢說之 乃通于晉 以兩之一卒適 吳 舍偏兩之一焉與其射御 教吳乘車 教之戰陳 教之叛楚 寘其子狐庸焉 使爲行人於吳 吳始伐 楚 伐巢伐徐 子重奔命 馬陵之會 吳人入州來 子重子鄭奔命 子重子反於是乎一歲七奔命 蠻夷 屬於楚者 吳盡取之 是以始大通吳於上國."

67『春秋』成公 15年(B.C. 576) "冬十有一月 叔孫僑如 會晉士燮, 齊高無咎, 宋華元, 衛孫林父, 鄭公子鰌, 邾人會吳于鍾離."라고 하여, 오를 회합에 참여한 중원제후들과 병렬하지 않고 '오와 회합하였다'라고 하였다.

68『左傳』襄公 3年(B.C. 570) "晉爲鄭服故 且欲修吳好 將合諸侯 …… 晉侯使荀會逆吳子于淮 上 吳子不至."; 同書 襄公 5年(B.C. 568) "九月丙午盟于戚 會吳且命戍陳也."

여 진晉과 패권을 다투며 자주 진晉을 위협하였다. 진晉, 초 사이에는 회수에서 중원에 이르는 길목에 위치한 진陳, 정, 송의 복속을 놓고 전쟁이 이어졌으며, 이들 국가는 진晉, 초 사이에서 배반과 복종을 되풀이하였다. 기원전 565년 초의 정벌 소식에 정은 초를 따라야 한지 진晉에 구원을 요청해야 할지 결정하지 못한 채, 진晉, 초에 가까운 두 국경에서 폐백幣帛을 가지고 기다리다 먼저 당도하는 나라를 따르자는 의논을 벌이기까지 하였다.[69] 초는 기원전 597년 진晉과의 필邲의 전쟁에서 크게 승리한 이후 진陳, 제에 대한 영향력을 확고히 할 수 있었던 반면, 진晉의 동맹체제는 분화되어 중원 동서방의 진晉, 제 간에는 긴장관계가 깊어졌다. 기원전 589년 진晉은 노, 위, 조의 군대를 이끌고 제를 정벌하여 안鞍에서의 전쟁을 승리로 이끌었음에도 불구하고 제후들의 이반을 막을 수 없었다. 이 해에 초는 진秦, 송, 진陳, 위, 정, 제, 노, 조, 주邾, 설薛, 증 등을 비롯해 속국인 채, 허와 촉蜀(오늘날 산동성 태안 동남)에서 맹약을 하였다. 반면 당시 진晉은 여전히 백적白狄, 적적赤狄을 비롯해 진秦으로부터 불시에 습격을 받는 등[70] 주변 사방에서 긴장관계가 조성되었다. 경공(기원전 599~기원전 581) 말 진晉은 남방 오吳와의 대외정책의 변화를 통해 위기를 탈피하고자 하였던 듯하다.

수몽시기 오吳가 진晉으로부터 지원을 받은 이후 계속된 오吳, 초 간의 전쟁은 주로 회수, 강회 지역의 주래州來, 소巢, 종리鍾離 등의 점령을 두고 벌어졌다. 공왕共王시기(기원전 590~기원전 560) 초는 공자公子들의 정권 참여

69『左傳』襄公 8年(B.C. 566) "姑從楚以紓吾民 晉師至吾又從之. 敬共幣帛以待來者小國之道也 犧牲玉帛待於二境 以待彊者而庇民焉 寇不爲害民不罷兵 不亦可乎."
70 李孟存·常金倉, 『晉國史綱要』, 山西人民出版社, 1989, pp. 80-92.

가 현저해지면서 정권이 약화되었고,[71] 오吳와의 전쟁에서 실패하면서 퇴세는 더욱 현저하게 되어 오吳, 초 간의 관계에서 초의 열세가 현저하였다. 기원전 570년 초는 오吳를 공격해 양자강을 건너 구자鳩玆(오늘날 안휘성 무호시 동남), 형산衡山(오늘날 횡산)에까지 이르렀으나 결국 오吳에 패배했으며, 오吳는 반격하여 초의 가읍駕邑(오늘날 안휘성 무위현)을 점령하였다.[72] 결국 양자강을 넘는 초의 동방원정은 실패하였으며, 양자강 이남의 동산지로 직접 진출하려는 초로서는 양자강은 극복하기 어려운 장애였던 듯하다.[73] 따라서 강회지역 대부분이 초의 속국이었음에도 불구하고 안휘성 남부 양자강 남안의 동산지는 여전히 오吳 영역에 속하였음을 알 수 있다. 한편 기원전 574년 오吳는 초가 진晉에 패한 틈을 타 강회지역 군서 가운데 하나인 서용舒庸과 함께 소읍巢邑을 정벌하였으나, 초의 공자公子 탁囊이 오吳의 군대를 내몰고 서용을 멸망시킴으로써[74] 남방 동산지와 중원을 잇는 동로를 장악하고 있었던 강회지역의 군서는 여전히 초의 부용국으로 남게 되었다.

기원전 559년 초 강왕이 즉위한 해에 오吳 정벌에 나선 영윤令尹 자낭子 囊은 양자강 북안의 당棠(오늘날 강소성 육합 부근)에 군대를 주둔시키고 공격 했으나 실패하고는 오吳에 대비하여 영郢에 성을 쌓으라는 유언을 남겼는

---

71 吉本道雅, 「楚史研究序說」, 『立命館文學』 541, 1995, pp. 110–116.
72 『左傳』 襄公 3年(B.C. 570) "楚子重伐吳 爲簡之師 克鳩玆至于衡山 使鄧廖帥組甲三百被練 三千 以侵吳 吳人要以擊之獲鄧廖 …… 吳人伐楚取駕 駕良邑也 鄧廖亦楚之良也."
73 吳와 楚 간의 전쟁에는 주로 회수가 교통로로 이용되었는데, 지류가 많은 양자강은 당시로서는 교통로로 이용하기에 어려움이 많았기 때문인 듯하다(史念海, 『河山集』, 生活·讀書·新知三聯書店, 1978, pp. 72–76).
74 『左傳』 成公 17年(B.C. 574) "舒庸人以楚師之敗也 道吳人圍巢伐駕圍釐虺 遂恃吳而不設備 楚公子囊師襲舒庸滅之."

데,[75] 그만큼 오吳는 초에 위협적인 세력으로 성장하였다. 겹오郟敖를 살해하고 즉위한 영왕(기원전 540~기원전 529)은 오吳와의 전쟁에서 실패한 책임을 물어 구세족을 제거했고, 세력권의 대규모 재편을 시도하여 제齊 공자公子 기질棄疾, 정에서 망명한 우윤右尹 연단然丹과 같이 기존의 정치적 기반이 없는 자를 등용하여 군주의 전권을 확립하고자 하였고, 동시에 대외적으로 적극적인 정책을 펼쳤다.[76] 기원전 538년 초는 채, 진陳, 정, 허, 서, 등滕, 호, 심, 예郳 등 소국 및 회이 군장과 회합하여 회수 중류와 황하에 이르는 교통로 주변의 소국과 함께 산동지역의 소국들에 대한 영향력을 확인하였으며 회수 이북 채, 진陳을 현에 편입시켰다.

반면 당시 중원의 진晉, 제齊 대국들은 서로 반목하여 직접 공격하는 등 분열이 깊었을 뿐만 아니라, 대부들의 전정專政과 이를 제거하는 내란에 시달리는 가운데 초의 회수 유역 진출에 대해 적극적으로 대처할 수 없었다. 진晉은 초가 진陳, 채를 병합하는 데 대해 아무런 조치도 취하지 못하였다.[77] 기원전 506년 진晉은 채후의 청에 의해 제후들을 회합하여 초를 벌하려 했다가 채후가 순인荀寅의 뇌물 요구를 거부하자 채를 구원하는 것을 중지하기도 하였다. 이처럼 당시 진晉이 대외적으로 소극적이었던 데에는 국내정치뿐만 아니라 각국 간의 맹약과 같은 대외정책까지도 특정 세족의 이해에 좌우되는 춘추 말 중원의 대부정치의 폐해와 관련이 있다. 진晉이 노와의 관계에서 난범欒范과 계맹季孟, 극씨郤氏와 숙손씨叔孫

---

75 『左傳』襄公 14年(B.C. 559) "楚子囊還自伐吳 卒將死遺言 謂子庚必城郢."
76 吉本道雅, 「楚史硏究序說」, pp. 116-121.
77 『左傳』昭公 8年(B.C. 534) "楚公子棄疾帥師奉孫吳圍陳 宋戴惡會之 冬十一月壬午滅陳.";
　　『左傳』昭公 11年(B.C. 531) "楚師在蔡 晉荀吳謂韓宣子曰 不能救陳 又不能救蔡 …… 以爲盟主而不恤亡國 將焉用之 …… 晉人使狐父請蔡于楚 不許."

氏 등 양국의 세족들 간의 관계로 분열된 것과 같이, 진晉과 동맹국의 관계는 국가 간의 일원적 관계에서 쌍방의 복수 세족이 얽히는 다원적 관계로 변질하였다.[78] 이러한 '진정다문晉政多門'의 세족정치는 진晉의 군사적 쇠퇴를 가져왔으며 진晉의 일관된 대외정책을 애초부터 불가능하게 하였다.[79]

중원제국이 초의 회수 유역 진출을 적극 방어하지 못하는 가운데, 초와 회수 유역을 놓고 접전을 벌인 것은 오吳였다. 오吳, 초는 각기 양자강 중류 및 하류 지역에 자리 잡고 있어 쌍방 간의 침략과 교류는 양자강을 통해 이루어졌으리라 짐작되지만, 사실상 오吳, 초 간의 침략은 주로 회수를 통하였다. 따라서 오吳, 초 간의 관계는 회수 교통로의 확보전이었다고 할 수 있다. 초는 회수 중류지역을 복속시켰으며, 오吳에 대비하여 종리鍾離, 소巢, 주래州來에 성을 쌓았다고 한다.[80] 동시에 하예夏汭(서비하가 회수로 유입되는 지점)에서도 오吳, 초는 대치하였다. 특히 주래는 오吳, 초 양국이 상대를 위협 혹은 방어하기 위한 거점으로 번갈아 쟁취하여 양국 간의

---

78 『左傳』成公 16年(B.C. 575) "宣伯使告郤犨曰 魯之有季孟 猶晉之有欒范也 政令於是乎成 今其謀曰 晉政多門 不可從也 …… 九月 晉人執季文子于苕丘 …… 范文子謂欒武子曰 季孫於魯相二君矣 …… 乃許魯平 赦季孫."
79 童書業,『春秋左傳硏究』, 上海人民出版社, 1980, p. 63; 초의 중원 패권의 계기가 된 邲에서의 전쟁(B.C. 597)에서도 중군장 荀林父, 상군장 士會 등은 군대를 되돌리자고 주장한 데 반해 중군좌 先縠, 중군대부 趙括은 전쟁을 주장하는 등 장수들 간의 불화가 晉 패배의 주요 원인이 되었다.
80 『左傳』昭公 4年(B.C. 538) "楚子以諸侯伐吳 …… 使 屈申圍朱方."; "吳伐楚入棘麻以報朱方之役 …… 楚 …… 城鍾離 …… 城巢 …… 城州來."; 同書 昭公 5年(B.C. 537) "楚子以諸侯及東夷伐吳 以報棘麻之役 薳射以繁揚之師會于夏汭 …… 吳人敗諸鵲岸 …… 楚子懼吳 使沈尹射待命于巢 薳啓彊待命于雩婁."; 同書 昭公 11年(B.C. 531) "楚子滅蔡 …… 楚子城陳, 蔡, 不羹"; 同書 昭公 12年(B.C. 530) "楚子狩于州來."

쟁탈의 장이 되었으며,[81] 초는 주래를 점거함으로써 오吳를 제압할 수 있었다. 왕료(기원전 526) 이후 오吳는 주래, 계부鷄父, 종리를 멸망시켜[82] 회수 유역을 장악함으로써 비로소 초에 대해 유리한 위치를 점할 수 있었다(그림 III-1 참조).[83]

초는 어린 소왕(기원전 515~기원전 489)이 즉위하면서 정권이 불안정하게 되었는데,[84] 초의 통치력이 약화된 틈을 타 오왕 합려는 공자 엄여掩餘와 촉용燭庸이 망명한 회수 유역의 강국 서徐를 정벌하여 복속시키는 한편 혼인에 의해 밀접한 관계를 유지하였다.[85] 강소성 단도丹徒 배산정背山頂 춘추시대 묘에서 출토된 심육편종甚六編鐘과 심육정甚六鼎 명문에 의하면, 심육은 오왕을 따라 출병했으며, 이를 영광으로 여겨 예기를 주조하여 기념하였다.[86] 명문에 의하면 심육은 '사왕舍王의 손자'라고 하는데 '사'를 '서舒'로 해석하여 심육을 서舒의 귀족으로 이해하기도 하나,[87] 강회 간의 소국 서舒의 기물로 보기에는 너무 수려하며 일반적으로 서徐라는[88] 주장

---

81 B.C. 529년에는 오吳가 취했으나, 이후에는 다시 초가 취하였다. 평왕은 여기에 성을 쌓았다.; B.C. 519년 오는 주래를 정벌하고, 초, 채, 陳, 허, 頓, 호, 심의 군대를 궤멸시키고 鷄父까지 침입하였다.

82 『左傳』昭公 17年(B.C. 525) "吳伐楚 …… 戰于長岸."; 同書 昭公 23年(B.C. 519) "吳人伐州來 …… 吳人禦諸鍾離 …… 戰于鷄父."; 同書 昭公 24年(B.C. 518) "吳人踵楚而邊人不備 遂滅巢及鍾離而還."

83 B.C. 511년 吳는 초국의 변경 夷, 潛, 六에 침입하였으며, 또다시 회수 상류 弦을 포위하고 돌아왔다.

84 吉本道雅, 「春秋晉覇考」, 1993, pp. 380-391.

85 『左傳』昭公 4年(B.C. 538) "徐子, 吳出也."; 同書 昭公 6年(B.C. 536) "(楚)使薳洩伐徐 吳人救之 令尹子蕩帥師伐吳."; 同書 昭公 12年(B.C. 530) "楚子狩于州來 …… 帥師圍徐以懼吳."

86 《甚六鼎》, "以伐四方 以從王."(董楚平, 『吳越徐舒金文集釋』, p. 327)

87 曹錦炎, 「甚編鐘銘文釋議」, 『文物』1989-4, p. 57; 「關於甚鐘的'舍'字」, 『東南文化』1990-4.

88 周曉陸·張敏, 「北山四器銘考」, 『東南文化』1988-3, 4, p. 76; 商志䃅·唐鈺明, 「江蘇丹徒背山頂春秋墓出土鐘鼎銘文釋證」, 『文物』1989-4; 謝元震, 「甚鐘釋文附考」, 『東南文化』1989-2 등.

이 유력하다. 그렇다면 초를 공격하여 승리를 얻기도 한 강국이었던 서徐가 당시 오왕을 따라 종군하는 부용국의 지위에 있었다는 해석이 가능하다. 그러나 초는 서徐를 포위하여 오吳를 위협하였으며, 공자 광光이 왕료를 암살하고 즉위하자 공자 엄여는 서徐로 도망가는 등 오吳에 있어서 서徐는 완전히 복속시킬 수 없었던 끝내 부담스러운 존재였던 것 같다. 따라서 기원전 513년 오吳는 끝내 서徐를 멸망시킬 수밖에 없었다.

강회 간의 군서국들에 대해 특수한 지위에 있었던 서徐의 복속은 오吳가 강회 군서를 장악하는 데 유리하게 작용하였던 듯하다. 오吳는 제번諸樊시기(기원전 560~기원전 548) 강회지역의 서구舒鳩, 소巢를 비롯하여 우루零婁(오늘날 하남성 상성 동쪽)에까지 침략한 적이 있기는 하나 이 지역에 대한 오吳의 점령은 일시적이었던[89] 반면, 합려시기 오吳는 강회 간의 회이국가에 대한 영향력을 강화하였다. 춘추시대 안휘 경내 강회지역에는 영英, 육六, 동桐, 요蓼, 향向, 서徐 등 군서 소국이 존재하였는데, 이들 소국은 대부분 원래 초의 속국이었으나 오吳가 이들 강회지역 군서에 접근하면서 오吳, 초 간의 쟁탈의 장이 되었다. 이들 소국은 자주 초를 이반했는데, 여기에는 오吳의 영향이 작용하였던 듯하다. 군서 가운데 서구는 가장 오吳와 친밀하였다. 기원전 548년 초는 오吳를 패배시키고 서구를 멸망시켰으나,[90] 서구는 완전히 멸망하지 않았다. 잠시 초의 판도에 속했다가 다시 나라를 일으켜 오吳의 명령을 받았으며, 기원전 508년 합려는 서구로 하

---

89 『左傳』 襄公 25年(B.C. 548) "舒鳩人卒叛 楚令尹子木伐之及離城 吳人救之."; 同書 同年 "吳子諸樊伐楚 以報舟師之役 門于巢."; 同書 襄公 26年(B.C. 547) "楚子秦人侵吳及零婁."

90 『左傳』 文公 12年(B.C. 615) "群舒反楚."; 同書 襄公 25年(B.C. 548) "舒鳩人卒叛 楚令尹子木伐之及離城 吳人救之."

여금 초를 유인토록 하여 초의 공자 번繁을 사로잡기도 하였다.[91] 합려는 서舒, 육六, 잠潛, 동桐, 소巢 등을 정벌하였으며,[92] 부차 13년(기원전 483) 탁고槖皐(오늘날 안휘성 소호 북부)에서 노와 회합한 사실로 볼 때,[93] 당시 오吳의 영역은 강회 군서지역에 상당히 접근하여 이들을 복속시켰음을 짐작할 수 있다. 이러한 오吳의 강회지역에 대한 장악은 동 교역로에 대한 장악을 의미했으며, 이로 볼 때 진晉이 적극적으로 오국을 동맹체제 내에 회유하려 하였던 실질적인 이유가 분명해진다.

오吳의 초에 대한 우세는 기원전 506년 초의 수도 영을 공격, 함락시키는 데 이르렀다. 그런데 오吳가 남방의 강국 초를 제압하기에 이른 데에는 결코 오吳의 독자적인 세력만으로는 가능하지 않았다. 오吳는 중원과의 관계에서 군사적·외교적 역량을 높이는 한편, 중원과 초와의 쟁탈 대상이었던 서徐, 채蔡, 호胡를 비롯해 초와 동종 웅성국熊姓國인 나羅 등 회수 유역의 주변 국가와도 통혼관계를 통해 긴밀한 관계를 유지하였다.[94] 특히 양자강 하류에 위치한 오吳가 양자강을 거슬러 초를 공격하는 것은 지리적으로 매우 불리하였다. 따라서 초에 대항하기 위해서는 회수 유역 국가와의 공조가 필수적이었다. 실제 오吳가 초를 깊숙이 침범하여 수도 영을

91 『左傳』定公 2年(B.C. 508) "桐叛楚 吳子使舒鳩氏誘楚人 ……"; 同書 同年 "冬十月吳軍楚師于豫章敗之 遂圍巢克之 獲楚公子繁."; 《甚六鼎》, 『吳越徐舒金文集釋』, p. 329.

92 『左傳』昭公 31年(B.C. 511) "吳人侵楚 伐夷 侵潛六 楚沈尹戍帥師救潛. 吳師還 楚師遷潛於南岡而還. 吳師圍弦 左司馬戍右司馬稽戍師救弦及豫章 吳師還."

93 『左傳』哀公 12年(B.C. 483) "公會吳於槖皐."

94 오왕 합려가 딸을 채후에게 시집보낼 때 만든 滕器인 《吳王光殘鍾》과 《吳王光鑑》, 채소후가 장녀를 오왕에게 시집보낼 때 만든 잉기인 《蔡侯盤》과 《蔡侯尊》, 송경공의 누이를 오왕에게 시집보낼 때 만든 잉기인 《宋公縊簠》, 강회지역 歸姓의 胡國에 시집간 오녀의 《叡叔乍吳姬簠》, 羅兒가 오녀의 소생임을 기록한 《羅兒盤匜》 등 잉기 혹은 결혼을 기념한 예기 등 청동기 명문에 의해 이들 나라와의 통혼관계가 밝혀졌다(董楚平, 『吳越徐舒金文集釋』, pp. 50~61).

함락시키는 데에는 채와의 관계가 관건이 되었다. 채후묘에서 발견된 오왕광감吳王光鑑과 채후반蔡侯盤의 명문에 의하면, 합려시기(기원전 514~기원전 496) 오吳는 채와 통혼을 통해 긴밀하게 맺어졌음을 알 수 있다.[95] 채는 희성국이나 지리적으로 중원에서 떨어져 있으며 오히려 초에 근접하여 항상 초와 중원 간의 쟁패의 대상이 되었다. 초영왕 10년(기원전 531) 초에 멸망되었으나, 평왕 즉위 후 복국되어 초의 속국의 지위에 있었다. 그러나 채蔡 소후昭侯는 초의 영윤 자상子常에 의한 3년간의 구류에서 풀려난 이후 진晉의 힘을 빌려 초를 정벌하려 하였으나, 진晉은 당시 외정을 할 여유가 없었다. 따라서 채는 오吳와 결탁하여 초에 대항하였다.[96] 이후 채는 오吳, 초 간의 전쟁에서 일반적으로 소국이 맹주를 따라 출병하는 것과는 달리 전략을 세워, 오吳가 수로를 버리고 육지를 통해 한수 상류로부터 초를 공격하도록 이끌었다.[97] 이후 부차는 채 소공의 요청에 응해 초의 위협으로부터 채를 회수 유역 주래州來로 천사시켰다.[98] 주래는 일찍이 초의 영역으로 초에서 오吳를 방어하기 위한 기지로 성을 쌓아 지켰던 곳

---

95 안휘성 수현 채후묘에서 출토된 《吳王光鑑》의 명문은 "隹(惟)王五月 旣子白期 吉日初庚 吳王光擇旣其吉金 玄銑白銑 台(以)乍(作)弔叔姬寺吁宗彛鷹鑑 用享用孝 眉壽無疆. 往已 叔姬 虔敬乃后孫 勿忘."라고 하여 오왕 光의 딸이 채후의 손자에게 시집을 갈 때 가지고 간 잉기임을 밝히고 있다. 이외에 함께 출토된 《蔡侯盧》의 명문에 의하면, 이 기물은 채성후가 오왕 부차에게 시집간 그의 여동생 孟姬에게 보내기 위해 제작한 것이다(앞 글, pp. 45-56).

96 『左傳』 定公 4年(B.C. 506) "蔡侯如晉 以其子元與其大夫之子爲質焉而請伐楚."; 同書 同年 "蔡侯因之以其子乾與其大夫之子爲質於吳. 冬蔡侯吳子唐侯伐楚 ……"

97 『春秋』 定公 4年(B.C. 506) "冬十有一月庚午, 蔡侯以吳子及楚人戰於柏舉 楚師敗績.": 杜預의 주해에 의하면, "以"는 "師能左右之"라고 하였으니 吳는 채를 위해 초를 토벌하여 채의 계모를 따랐으므로 "蔡侯以吳子"라 하여 마음대로 할 수 있음을 말하였다(『十三經注疎 左傳』 定公 經四年).; 吳榮曾, 「春秋時吳與徐, 蔡關係說略」, p. 16.

98 『左傳』 哀公 2年(B.C. 493) "楚洩庸如蔡 納聘而稍納師 師畢入 中知之. 蔡侯告大夫 殺公子 駟以說 哭而遷墓. 冬蔡侯遷于州來."

이다.[99] 오吳는 채를 주래로 이주시킴으로써 회수 유역 남북을 잇는 교통로상의 요충지를 장악할 수 있었을 뿐만 아니라 초에 대해 유리한 위치를 차지할 수 있게 되었다.

오吳가 애초에 초의 영역에 속했던 강회지역을 위협해 오자 초는 월과 연합하여 오吳를 제압하고자 하였다. 월은 초왕을 따라 몇 차례 오吳 정벌에 참여하기도 하였으나, 합려 5년(기원전 510) 오吳가 초 정벌에 월이 따르지 않았다는 이유로 월을 정벌하는 것으로 볼 때, 당시까지 월은 오吳에 종속되어 있었다고 볼 수 있다. 많은 일화를 남긴 오월상쟁의 역사는 월왕 윤상允常(?~기원전 497) 치세 이후 시작되어 수십 년간 오吳, 월 양국 간에는 전쟁이 끊이지 않았다. 오吳로서는 월의 존재가 중원의 패권을 이루는 데 배후의 우환이었으며, 월로서는 강회로 북진하는 데 있어서 오吳가 장애가 되었다. 오吳가 월을 점유하지 않으면 월이 반드시 오吳를 집어삼킬 것이라는 오자서伍子胥의 주장은 오吳, 월 간의 국면을 단적으로 표현한다.[100] 부차 2년(기원전 494) 오吳는 월왕 구천의 침략을 물리치고 월군을 회계산까지 추격 포위했으나 끝내 월을 멸망시키지 않고 구천에게 굴욕적인 맹약을 받아들이게 하여 강화하였음은 널리 알려져 있다. 이는 당시 오吳의 쟁패의 대상이 남방의 월이 아니었음을 나타내며, 이를 통해 오吳는 중원 및 주변의 소국들을 향해 오吳의 패자로서의 면모를 과시하고자 하였던 듯하다.

오吳 지배층의 중원을 향한 관심에 의해 공자 계찰季札은 제, 노, 정, 위,

---

99 『左傳』昭公 4年(B.C. 538) "吳伐楚 入棘櫟麻 以報朱方之役. 楚沈尹射 奔命於夏汭 箴尹宜咎城鍾離 薳啓疆城巢 然丹城州來."

100 『越絶書』卷5「請糴內傳」"夫王與越也, 接地鄰境 道徑通達 仇讐敵戰之方 三江環之 其民無所移 非吳有越 越必有吳."

진픕을 차례로 방문하여 각국의 국정을 둘러보며 제후국들의 내란 조짐과 정치가 세족들의 손에 놓여 있던 중원 제국의 이완된 정치질서를 직접 목도하였다.[101] 그리고 이러한 불안정한 중원의 국내, 국제 정세 가운데 오吳는 중원국가들에 대한 일정한 영향력을 행사할 수 있었다. 왕료시기 오吳는 중원의 국정에 관여하기 시작하여, 기원전 522년 송 화씨華氏의 난으로 오吳로 망명한 화등華登은 오吳의 군대를 이끌고 화씨를 원조하였다.[102] 부차는 북진에 전념하여 전대부터 착실히 쌓아 온 북방진출을 기반으로 중원 제후국들에 적극 위세를 과시하기 시작하였다. 부차는 노魯 애공哀公과 증鄶에서 회견하면서 노로 하여금 백뢰연례百牢宴禮를 베풀도록 강요하였다고 한다.[103] 주왕이 제후를 회견할 때 연례 12뢰를 넘지 못하도록 하는 주제周制와 비교할 때[104] 부차의 요구는 주제를 넘은 것이었지만 노의 군주는 감히 명을 어기지 못하였다고 한다. 오吳는 이미 송에서 백뢰를 받은 바 있었다고 하니 당시 중원제후를 위압하는 실력을 어느 정도 갖추었던 듯하나, 동남방의 소국 오吳가 중원 제후국들 간에 위세를 떨칠 수 있었던 데에는 앞서 살핀 중원의 불안정한 정세뿐만 아니라 당시 오吳가 장악하고 있었던 동 교역로와도 관련이 있음을 간과할 수 없

---

101 『左傳』 襄公 29年(B.C. 544) "吳公子札來聘 …… 請觀於周樂 …… 故遂聘於齊 …… 聘於鄭見子産 …… 自衛如晉 ……"

102 『左傳』 昭公 21年(B.C. 521) "十月華登以吳師救華氏 …… 丙寅齊師宋師敗吳師于鴻口 獲二. 其公子苦雏偃州員, 華登帥其餘 以敗宋師."

103 『左傳』 哀公 7年(B.C. 488) "公會吳于鄶 吳來徵百牢 …… 吳人曰宋百牢我 魯不可以後宋 且魯牢晉大夫科十 吳王百牢不亦可乎. 景伯曰 …… 周之王也, 制禮上物不過十二. 以爲天之大數也. 今棄周禮而 曰必百牢 亦唯執事. 吳人不聽. …… 乃與之."

104 『周禮』 卷3 「小宰」 鄭玄注 "凡朝觀會同賓客 以牢禮之法 掌其牢禮委積膳獻飮食賓賜之飱牽與其陳數."; 賈公彦疏 "三牲牛羊豕具爲一牢."; 『周禮』 卷4 「膳夫」 鄭玄注 "殺牲盛饌曰擧, 王日一擧以朝食也. 后與王同庖 鼎十有二牢鼎九陪鼎三."

다. 중원 제후국들이 세족들에 의한 내란에 휩싸이는 사이에 오吳는 초에 의존하는 진陳을 정벌하여(기원전 489) 회수 유역까지 진출하여 중원정치에 직접 간섭하기 시작하였다. 기원전 487년 노가 주邾를 침략하자 주 대부 모이홍茅夷鴻은 오吳에 구원을 요청하였으며, 이때 오吳에 복속하지 않은 주 은공隱公을 잡아 가두고 주 대부로 하여금 태자 혁革을 받들어 집정하게 함으로써 노로부터 주를 방어하였다.

기원전 486년 부차는 중원으로 향하는 교통을 원활하게 하기 위해 한邗에 성을 쌓고 한구邗溝를 개착하여 남으로 양자강의 물길을 끌어들이고 북으로 회수로 들어가 북방으로 이어지는 사수泗水와 통하게 하였다. 강회 간에 한구가 통과하는 지역은 저습지로 오늘날보다 훨씬 많고 큰 호박湖泊이 퍼져 있었으며, 한구는 사양호射陽湖를 통과하고 있어 이러한 호박의 물을 이용하여 서로 연결하여 수로를 개착할 수 있었다. 한구는 합려가 초를 정벌하기 위해 태호와 양자강을 연결시킨 서계와 함께 최초의 운하로, 중원으로 향하는 수로를 만든 춘추시대 오吳의 역량뿐만 아니라 중원 패업의 의지를 확인하게 한다. 이후 부차는 '황지의 맹'에 참가하면서 한구를 이용하여 회수에서 사수를 통해 제수濟水 연안의 황지에 도달할 수 있었을 것이다.[105]

이와 같은 오吳 패업의 구도는 어느 누구도 전 중원을 대상으로 패권을 행사할 수 없었던 춘추시대 말기 제가 동방에서 누렸던 역량과 지위를 대신하고자 하였던 듯하다. 진晉으로서는 당시 내분에 관여하여 공격하였던 제를 오吳가 제압하는 것을 저지할 아무런 이유가 없었다. 부차시

---

105 史念海,『河山集』, pp. 78-80.

기 오吳의 패권은 제를 대신하여 노와 주변의 소국 주, 담鄰을 비롯해, 진陳, 위, 송 등 중원 동반의 범위에[106] 미쳤으며, 부차 말기 북방정벌은 제를 공략하는 데 집중되었다. 기원전 485년 부차는 군대를 이끌고 북상하여 노, 주, 담의 군대와 회합하여 제의 남쪽 변경을 치니 제 대부 진걸陳乞은 도공悼公을 시해함으로써 전해 도공이 범한 무례를 오의 군대에 사죄하였다.[107] 오吳 대부 서승徐承은 해상을 통해 제로 들어가 제의 군대에 패했지만, 기원전 484년 부차는 애릉艾陵에서 제의 군대를 패배시킨 후 중원의 송, 위를 운鄖으로 불러들여 맹약을 맺음으로써 비로소 중원의 패권을 확인하였으며, 주周 경사卿士 단單 평공平公, 노 애공과 더불어 황지에서 진晉 정공定公과 맹주를 다투어 패자임을 인정받았다. 이때 위후는 운의 회맹에서 돌아온 후 오랑캐 말, 즉 오吳의 말을 배웠다고 하는 바에서[108] 당시 오吳의 패권은 황지의 맹에서 진晉에 앞서 삽혈함으로써 패자로 인정받는 일회적인 사건이 아니었으며, 오국은 춘추 말 중원정치의 중심에 있었음을 확인할 수 있다.

---

106 『左傳』哀公 10년(B.C. 85) "楚子期伐陳 吳延州來季子救陳."; 哀公 11年(B.C. 484), 부차는 제의 침입을 받은 노를 돕기 위해 애릉의 전투에서 제대부 高無邳, 國書를 패배시켰다.

107 『左傳』哀公 10년(B.C. 485) "齊人弒悼公赴于師 吳子三日哭于軍門之外. 徐承帥舟師 將自海入齊 齊人敗之 吳師乃還."; 同書 哀公 8年(B.C. 487) 제 도공이 노의 계희를 맞아들이는 일로 노를 치기 위해 吳에 군대를 요청했다가, 노와 맹약을 맺고 계희를 맞이하게 되자 다음 해 吳의 군대를 사양하였다. 이 일로 吳는 제에 선전 포고하고 다음 해에 제를 정벌하였다.

108 위는 일찍이 吳의 행인 且姚를 살해한 일이 있어 욕을 받을까 두려워 참석하지 않으려다 참석하여 늦게 도착하였다. 이에 오왕은 위의 군주를 붙잡으니 子貢은 제후들이 두려워하면 吳가 패자를 칭하기 어렵다 하여 위후를 놓아 주었다(『左傳』, 哀公 12年).

3. 오 왕권 기반의 이원성

춘추 말 오왕의 패권은 당시 오吳의 국력과 무관할 수 없으리라 생각되지만, 동남방의 소국으로 중원 진출을 추진할 수 있었던 오吳 왕권의 성격과도 밀접한 관계가 있는 것 같다. 오吳의 왕권을 대변할 만한 권력의 중심지, 성시城市와 관련하여 아직까지 이에 걸맞은 규모의 성지城址가 밝혀진 것은 없다. 오吳의 성지 가운데 구체적으로 규모가 밝혀진 춘추 말기 엄성淹城유지가 도성이었는가에 관해서는 논란이 있다.[109] 엄성은 왕도의 건축 구조를 갖추며, 3중의 성장城墻과 해자로 나뉘어 특별한 군사 방위기능도 보유하고 있다.[110] 엄성의 직경은 750~850m의 타원형으로, 규모 면에서 춘추강국 가운데 하나인 진晉의 도성 산서성 후마우촌侯馬牛村 고성(약 1.4×1.2km)보다[111] 약간 작다. 전승에 의하면, 중원 패권을 도모했던 합려는 오자서에게 위임하여 대성을 건축하였다고 하는데, 그 규모가 둘레 47리(23,688km)이며, 천지를 본뜬 8개의 육문과 8개의 수문을 갖추었다고 한다.[112] 기록대로라면 춘추시대 큰 도성 가운데 하나인 제나라

---

109 陳頌華는 淹城은 수몽 이전에 吳에 의해 멸망한 淹國의 성터라고 주장하고 있으며(「江南古國遺址-淹城」,『江蘇省考古學會 1983年考古論文選』, 1983); 車廣錦에 의하면 엄성은 季札의 연릉읍이라고 한다(「淹城卽季札延陵邑考」,『江蘇省考古學會 1983年考古論文選』, 1983).
110 「淹城發現戰國時代的獨木船」,『文物參考資料』1958-11; 「淹城出土靑銅器」,『文物』1959-4; 蕭夢龍, 「吳國的三次遷都試探」,『吳文化硏究論文集』, 中山大學出版社, 1988, pp. 19-20.
111 楊富斗, 「侯馬西新發現一座古城遺址」,『文物參考資料』1975-10.
112 『吳越春秋』卷2「闔閭內傳」; 『越絕書』卷2「吳地傳」 "闔閭之時 大覇 築吳越城 城中有小城二 徙治胥山 …… 吳大城 周四十七里二百一十步二尺."; 『吳地記』 "闔閭城 周敬王6年(B.C. 514), 伍子胥築大城周迴四十二里三十步 小城八里二百六十步, 陸門八以象天之八風, 水門八以象地之八卦."

214

임치성臨淄城의 둘레 14.158km의 규모나 남방의 강국인 초나라 기남성紀
南城의 동서 4.5km×남북 3.5km[113]보다 훨씬 크며, 심지어 『주례』의 왕제
에 의한[114] 왕도 규모를 초과한다. 합려성의 지리적 위치에 관해서는 오늘
날의 무석武錫[115] 혹은 소주설[116]이 분분하다. 실제 무진武進, 무석 경계지
역에서 크고 작은 2개의 옛 성보城堡가 발견되었으나[117] 분명한 조사가 아
직 이루어지지 않고 있다. 한편 오吳의 마지막 도읍지인 고소姑蘇, 오늘날
의 소주성 내 동북 봉문하도封門河道 등지에서 춘추시대 청동기가 발견되
었으며 부근 호구에서 춘추시대 대묘가 발견되어 합려시기의 고성일 가
능성을 뒷받침하고 있는 정도이다.

그런데 최근 발견된 춘추 중기, 말기 오왕의 묘로 추정되는 소주 진산
대묘(D9M1)는 그 규모와 형식 면에 있어서 춘추시대 오吳 왕권에 관한 인
식을 새롭게 할 만한 자료를 제공하고 있다.[118] 소주 호관진詳關鎭 서북에
위치한 진산, 소진산의 정상과 산마루에서 모두 57좌의 토돈군이 발견되
었다. 이 가운데 해발 76.9m의 대진산 정상에 위치한 진산대묘는 산봉
우리 전체가 묘실을 덮고 있으며, 봉토 저부는 동서 70m×남북 32m×높
이 6.5m로 전체 흙의 양이 1만m³에 이를 뿐만 아니라, 특히 산 아래에

---

113 中國社會科學院 考古硏究所 編, 『新中國的考古發現和硏究』(文物出版社, 1984) 第3章 「東
    周各國都城遺址調査」 참조.
114 『周禮』 卷41 「冬官考工記下」 "匠人營國 方九里旁三門."
115 徐伯元・趙多福, 「闔閭城遺址」, 『江蘇省考古學會 1983年考古論文選』, 1983.
116 王德慶, 「"吳王都城"初探」; 廖志豪・陳兆弘, 「蘇州城的變遷與發展」(이상 『江蘇省考古學會
    1983年考古論文選』, 1983 所收).
117 서쪽 성이 약간 큰데, 성장의 두께는 20m 정도이며, 둘레는 1.5km이다. 성장의 높이는
    2~3m이며, 성 주위에는 하도가 이어져 있으나, 성의 규모와 구조에 관해서 구체적으로
    밝혀지지 않았다(李鑒昭, 「江蘇無錫縣古闔閭城的調査」, 『考古通訊』 1957-3, 1958-1).
118 蘇州博物館, 『眞山東周墓地-吳楚貴族墓地的發掘與硏究』, 文物出版社, 1999.

서 10곳의 취토갱取土坑이 발견되어 산 아래에서 흙을 퍼 올려 봉토를 조성하는 데에는 거대한 노동력이 투여되었음을 짐작케 한다. 묘실은 길이 13.8m, 너비 8m의 천혈기암묘淺穴基岩墓로 신석기시대 이래 이 지역 전통적 천혈묘 형식을 잇고 있으며, 규모로 볼 때 춘추시대 열국 제후묘에 비해 손색이 없다.[119]

나아가 2곽 7관으로 확인된 장구는 열국 제후묘 가운데서도 매우 드문 예로 주제에 의하면 천자의 관곽은 7중, 제후는 5중이나,[120] 실제 서주 및 춘추 시대 장례제도는 반드시 주나라의 제도와 부합하지는 않았던 듯하다. 산서성 천마天馬에서 발견된 서주에서 춘추시대 진후晉侯묘지군 가운데 1곽 3관의 M31과 일부 1곽 1관을 제외하고는 모두 1곽 2관이다.[121] 춘추시대 초묘楚墓 가운데 7승정升鼎을 부장한 하남성 석천하사淅川下寺의 영윤 자경子庚의 묘도 1곽 2관뿐이며,[122] 호북성 포산 좌윤左尹 邵牠의 묘는 단 2건의 승정을 부장하고 있기는 하나 1곽 4관이다. 전국시대 무려 10톤에 달하는 140여 건의 청동예악기를 부장한 증후을묘曾侯乙墓도 1곽 2관이며, 하북성 평산 중산왕 문묘謽墓는 석곽 내에 2곽 2관을 사용하였다.[123] 이와 같이 지금까지 발굴된 춘추전국시대 대형 묘장과 비교하더라

119 춘추 초 黃君孟夫婦墓는 묘구의 길이 7.9~9.1m, 너비 12.2m, 깊이 4.2m이다.; 춘추 말 안휘성 수현 채후묘의 묘실은 길이 8.45m, 너비 7.1m, 깊이 3.35m이다.; 산서성 천마-곡촌 북쪽의 조진후묘는 길이 6.8m, 너비 5.64m이다.; 진강 마자정의 대묘는 길이 12m, 너비 7m, 깊이 5.5m이다(『眞山東周墓地-吳楚貴族墓地的發掘與硏究』, p. 65).
120 『荀子』「禮論篇」 "故天子棺槨十(七)重 諸侯五重 大夫三重 士再重."
121 「天馬一曲村遺址北趙晉侯墓地第二次發掘」, 『文物』 1994-1; 「天馬一曲村遺址北趙晉侯墓地第三次發掘」, 『文物』 1994-8; 「天馬一曲村遺址北趙晉侯墓地第四次發掘」, 『文物』 1994-8; 「天馬一曲村遺址北趙晉侯墓地第五次發掘」, 『文物』 1995-7.
122 湖北省荊沙鐵路考古隊包山墓地整理小組, 「荊門市包山楚墓發掘簡報」, 『文物』 1988-5.
123 河北省文物硏究所, 『謽墓一戰國中山國國王之墓』, 文物出版社, 1996.

도 오吳의 진산대묘에 사용된 2곽 7관은 당대 제후묘의 규모를 훨씬 넘는 것임을 알 수 있다.

뿐만 아니라 진산대묘는 이미 오래전에 도굴되었음에도 불구하고, 옥복면玉覆面, 주유옥갑珠襦玉甲 등의 대량의 옥기가 남아 있다. 옥복면은 강남 일대에서는 드물게 발견되나, 서주시대에서 춘추시대에 걸쳐 하남성 곽국묘虢國墓라든가 산서성 천마 진후묘 등에서 출토되었다. 진산대묘의 옥복면을 진晉의 영향으로 보기도 하며, 이 밖에 흉부에 위치한 각양각색의 10만여 개의 관주串珠는 주유珠襦를 짐작케 하는데, 오국과 관련된 묘장인 하남성 고시후固始侯 고퇴古堆 구어勾敔부인묘, 안휘성 수현 채후묘, 절강성 소흥 306호 전국묘에서도 발굴되었다. 진산대묘 시신의 허리 이하는 200여 개의 패형 옥식과 둥근 모양의 옥식으로 덮여 있다.[124] 이와 같이 시신을 전체적으로 옥으로 감싸는 옥렴장은, 이 지역 신석기시대 양저문화에서 옥벽으로 시신을 덮거나 옥종으로 시신을 둘러싸는 등의 옥렴장 전통을 연상시킨다.

진산대묘의 부장품 장식에는 수면문獸面紋 도안이 사용되어, 진산대묘는 춘추 중기, 말기 최고 등급의 제후급 묘장이라고 할 수 있다. 발굴보고서는 진산대묘의 묘주에 관해 수몽으로 추정하고 있으나, 수몽시기 도읍은 아직 영진지구 단도丹徒 일대였으므로 도읍을 소주로 천사한 이후의 왕, 즉 합려일 가능성이 더 타당한 것으로 보인다. 그러나 묘주가 누구이든 간에 당시 중원제후와 어깨를 겨루었던 오吳 지배자의 위상을 검증하는 데는 부족함이 없다.

---

124 『眞山東周墓地一吳楚貴族墓地的發掘與硏究』, pp. 48-61.

진산대묘 외에 단도 대항大港-간벽諫壁 일대 강을 따라 조성된 왕릉구라 불리는 대형 묘장군[125] 가운데 여매餘昧(기원전 543~기원전 527) 묘로 추정되는 북산정묘北山頂墓[126] 역시 도굴된 상태로 발굴되었으나, 편종, 석경과 같은 악기를 비롯해 여매모餘昧矛, 서부개徐缶蓋, 심육정甚六鼎과[127] 같은 명문 청동기를 포함한 400여 건의 청동예기가 발굴되어 오왕들이 향유한 중원 예악문화를 전한다. 뿐만 아니라 남녀 각각 1인의 순장과 더불어 인신공희가 사용되었다. 『오월춘추』 「합려내전」에서도 합려가 딸 등옥滕玉을 장사 지낼 때 "어린 남녀와 학을 함께 선문羨門에 들여보냈다."라고 하여 춘추시대 오吳 왕실에서 순장을 사용한 예를 전한다. 이처럼 춘추시대에 중원지역에서는 이미 쇠퇴한 순장이 오吳에서 새로이 등장하는 현상은 춘추시대 오국에 이전보다 한층 강력한 왕권이 성립하였음을 증명한다.

반면 오왕과 그 외 귀족들 간에는 권력과 문화에 있어서 현격한 차이가 있었던 듯하다. 왕릉구 가운데는 왕릉 외에 귀족묘로 추정되는 비교적 규모가 큰 묘장들이 발굴되었는데, 이 가운데 왕가산묘王家山墓에는 3건의 각문동기, 순우錞于·구조句鑃와 같은 군악기, 각종 병기, 수레기가 부장되

---

125 劉樹人·談三評·陸九皐·蕭夢龍, 「鎭江地區吳文化臺型遺址及土墩墓分布規律遙感硏究」, 『遙感考古硏究』(『華東師範大學學報』遙感專輯 2), 1992, p. 92.

126 大港에서 諫壁 사이의 최고봉 북산 정상에 위치하며, 봉토의 저부는 남북 30.75m, 동서 32.25m, 높이 5.5m 규모로 조성되었다(江蘇省丹徒考古隊, 「江蘇丹徒北山頂春秋墓發掘報告」, 『東南文化』 1988-3·4, pp. 13-43; 張敏, 「吳王餘昧墓的發現及其意義」, 『東南文化』 1988-3·4, pp. 52-58).

127 《심육편종》과 《심육정》은 서의 기물로 추정되며, 吳의 기물에 비해 주석과 아연의 함량이 높을 뿐만 아니라 조형이 수려하고 섬세하며 문양 장식이 화려하고 유창하다. 이들 서의 기물은 季札이 중원을 방문할 때 서가 吳에 선물한 것일 가능성이 있다. 『史記』卷31 「吳太伯世家」에 의하면, 계찰이 중원을 방문하면서 서에 들렀을 때 서의 군주가 계찰의 검을 탐한 기록이 있다. 이때 계찰의 출사의 목적이 중원의 예악을 살피기 위한 것이었다면, 서가 吳에 편종 등 악기를 선물하였을 가능성이 있다.

어 오吳 군사 통수의 귀족묘임을 추정할 수 있으나, 102건의 청동기 가운데 예기는 거의 없다.[128] 양산粮山 2호 묘에서는 미성년 어린아이의 인순이 발견되었다. 인순을 사용할 정도의 사회적 지위와 권력을 누린 계층의 묘장임에도 불구하고 부장 기물 가운데는 약간의 동기가 포함되어 있을 뿐 청동예기는 없으며 기하인문도와 원시자기 위주의 예기가 부장되어 있을 뿐이다.[129]

이와 관련하여 주목할 만한 사실은 오늘날 오吳지역에서 출토된 청동예기 가운데는 자감종者減鐘, 공로대숙반工虜大叔盤, 배아구조配兒鉤鑃, 공어장손편종攻敔臧孫編鐘, 무토두정無土脰鼎과 같이 왕족에 의해 제작된 동예기는 비교적 풍부하게 있다. 또한 오왕의 어사직에 있었던 윤씨尹氏가 제작한 오왕어사보吳王御士簠가 있는데, 당시 어사직은 공족 자제가 맡았으므로 '어사윤씨御士尹氏', 즉 '오왕경사吳王御士'는 왕족 자제였을 가능성이 높다. '어사윤씨'의 '어사'는 직명이고, '윤'은 직관의 '장'을 의미하나, 명문 가운데 '윤씨'는 기물을 만든 자의 씨성에 해당하므로, 중원에서와 같이 관직명이 변하여 씨성이 된 경우로 어사의 관이 세습되었음을 알 수 있다.[130] 따라서 오吳에도 혈연에 의한 직의 세습에 의해 왕실 귀족을 중심으로 세족이 형성되었을 가능성이 있다.

왕족들은 오왕과 더불어 일정한 권한과 지위를 누렸던 듯하다. 오吳의 공자들은 군대를 지휘하였다. 합려는 공자 광光 시절 해군을 이끌고 초를 정벌하였으며(기원전 525), 공자 엄여, 촉용 역시 초의 정벌에 나섰으며, 부

---

128 鎭江博物館, 「江蘇鎭江諫壁王家山東周墓」, 『文物』 1987-12, pp. 24-37.

129 劉建國, 「江蘇丹徒粮山春秋石穴墓 — 兼談吳國的葬制及人殉」, 『考古與文物』 1987-4, pp. 29-37.

130 黃盛璋, 『歷史地理與考古論叢』, 齊魯書社, 1982, p. 392.

차가 제 정벌에 나섰을 때에도 태자 우友가 나라를 지켰다. 그러나 공자 광이 왕료를 살해하고 왕위에 오르자 엄여와 촉용이 각각 서와 종오鍾吾로 망명한 것을 상기하면, 공자의 세력이 왕권을 견제하는 정도는 되지 못하였음을 알 수 있다. 오의 병권은 왕실을 중심으로 공자들에게 위임되기는 하였으나, 지금까지 알려진 오국 명문 병기 가운데 공/盧계자검工盧季子劍, 오계자지자영지검吳季子之子逞之劍을 제외한[131] 나머지는 왕에 의해 제작된 것으로, 병권은 궁극적으로 철저하게 왕에게 집중되어 있었던 듯하다.

오吳의 명문이 있는 청동 예악기나 병기는 모두 왕 혹은 태자 등 왕실에 의해 제작된 반면, 춘추시대 중원 제후국 가운데는 춘추 중기 이후 제의 제대재반齊大宰盤과 국차감國差鑰을 비롯하여, 춘추 말 제원자맹강호齊洹子孟姜壺, 곡부 노성 일대에서 출토된 노魯 대사도大司徒에 의한 명문 동기, 거공莒公보다 신분이 낮은 대부라고 생각되는 거莒의 중자仲子 평[盧(莒)之仲子]이 제작한 동유종銅鈕鐘 등과[132] 같이 주왕이나 제후가 아닌 대부들에 의해 명문 동기가 제작되었다. 원래 주왕실이나 공실에서 제작되었던 명문 청동예기가 춘추시대에는 대부들에 의해서도 제작되는 현상은, 춘추시대 중기 이후 중원 제후국들의 정권이 대부들의 손에 있었던 세족정치와 관련하여 이해할 수 있다.

반면 오吳에는 국정을 좌우하였던 오자서, 백비伯嚭를 비롯해 왕실 귀족 이외의 대부들에 의해 제작된 동기는 아직까지 알려진 바 없다.[133] 『오

---

131 계찰은 수몽의 아들로, 수몽이 계찰에게 왕위를 잇게 했으나 본인이 이를 사양하였다. 諸樊, 餘祭 시기에는 중원과의 대외관계를 위해 사신에 나서는 등 특수한 지위에 있었다.
132 『新中國的考古發現和硏究』 第3章 참조.
133 董楚平, 『吳越文化新探』, 浙江人民出版社, 1988, p. 363.

월춘추』에는 오吳의 신하 오자서, 태재비太宰嚭 등은 지위가 비록 높았으나 일체 모두 왕명에 복종했던 것으로 서술되며, 월의 범려范蠡, 대부 종種 역시 자신에게 돌아올 재난을 피해 떠나거나 혹은 왕에 의해 살해되는 등 감히 공을 믿고 전권을 행사하지 못하였다. 오왕은 절대적인 권한을 가졌던 데 비해 경대부의 권한은 왕권에 절대적으로 종속되어 있었던 듯하다.

초의 경우 오吳와는 달리 왕권과 대립하는 대세족의 존재를 엿볼 수 있다. 영윤 자옥子玉이 왕의 뜻을 거스르며 진晉과의 성복의 전에 참여하는 데에는, 왕의 권력을 넘는 권력을 행사할 수 있었던 영윤직 자체의 강권이라기보다 자옥이라는 개인의 배경에 있는 세력, 즉 대세족의 존재를 생각할 수 있다.[134] 그러나 한편 성복의 전쟁에서 진 후 자옥이 자살하고, 언릉鄢陵의 전쟁 후 자반子反이 자살했으며, 백거柏擧의 전쟁에서 패배한 낭와囊瓦는 정으로 도망하였다. 이러한 사태는 진晉의 순림부荀林父와 열국의 제신들이 전쟁에서 패한 후에 처벌을 받은 자가 거의 없다는 것과 판이하게 다르다.[135] 춘추 말 초의 왕족 자서子西, 엽공葉公 등도 대권을 잡았으나 왕권을 무력화하지는 않았다.[136] 이처럼 초의 경우에는 대세족의 존재가 확인되기는 하나 오吳, 월과 더불어 이들 '만이' 국가들에서는 아직 왕권을 능가할 정도의 세족이 형성되지 않았으며 이는 사회발전 단계가 비교적 미숙하였기 때문으로 이해할 수 있다. 즉, 중원에서는 종법제의 세

---

134 安倍道子,「成王後期穆王期における楚の對外發展」,『東海大學紀要文學部』第35輯, 1981, p. 21, p. 26.

135 B.C. 597년 晉의 先縠은 邲의 전쟁에서 초에 패배한 책임을 두려워하여, 赤狄의 군사를 몰래 불러들여 난을 모의하였다[『左傳』宣公 13年(B.C. 596)].

136 童書業,『春秋左傳研究』, p. 335.

습에 의해 경대부의 권한이 공의 정치적 권한을 무력화시킬 정도로 성장했던 반면, 오국 토착문화 전통에서 읽을 수 있는 바와 같은 오국의 토착 군장들은 지방세력으로 존재했으나 중앙의 왕권을 공동화시킬 정도로 성장하지는 못하였던 듯하다.

오吳에는 왕명을 견제할 만한 세족이 형성되지 않았을 뿐만 아니라, 외국에서 온 객경客卿이 국정을 맡는 일이 많았다. 패자의 기틀을 잡은 합려는 처음 왕위에 올라서는 초에서 망명한 오자서를 행인으로 등용하여 객례로 대우하고 그와 더불어 패왕의 길을 의논하였다. 뿐만 아니라 오자서는 부차의 왕위계승에도 결정적인 역할을 하였다. 왕료를 살해하고 왕위를 계승한 합려로서는 국인들의 지지를 확신할 수 없었을 것이다. 따라서 왕권강화를 위해 외국인을 등용하였던 듯하다.[137] 합려시대 서로는 초를 제압하고 북으로 제, 진晉을 위협할 정도로 강성한 군대를 일으킨 것 역시 제에서 온 손무孫武에 의해서였다. 오자서의 도움으로 여러 공자를 물리치고 왕위를 계승한 부차 역시 초에서 망명한 백비를 등용하여 북방진출을 추진하였으며, 제를 정벌할 때 장수로 삼은 서승徐承 역시 서 출신으로 추측된다. 이 밖에도 『국어』 「오어」에 의하면, 송에서 망명한 화등華登이 오자서와 더불어 오吳의 군대를 훈련시켜 이후 패배하지 않는 강병으로 키웠던 것으로 기록되어 있다.[138] 춘추시대 오吳의 비약적 발전은 신공

---

137 『吳越春秋』 卷4 「闔閭內傳」 "원년 …… 仁이 미처 베풀어지지 않았으며 은혜가 미처 시행되지 않아 국인이 따르지 않고 제후가 불신할까 두려워 오자서를 행인으로 등용하고 객례로 그를 대우하고 그와 더불어 국정을 의논하였다." 합려가 오자서에게 이르기를 "과인은 彊國의 패왕이 되고자 한다. 어떻게 하면 좋겠는가? …… 夫子가 아니었으면 과인은 수레나 모든 관리를 면하지 못하였을 것이다."

138 『國語』 卷19 「吳語」 "夫申胥, 華登簡服吳國之士于甲兵 而未嘗有所挫也."

무신, 오자서, 백비, 손무, 화등과 같이 중원 및 초에서 오거나 망명한 이들이 중원의 문물제도를 도입함으로써 이루어졌을 뿐만 아니라, 오吳의 중원을 향한 북방정책도 이들에 의해 주도되었다. 그런데 이와 같은 객경들에 의한 국정장악과 북방정책은 단지 이들이 선진 문물제도를 습득하였기 때문만은 아니었던 것 같다. 제를 정벌할 때 "여러 신하가 다시 간할까 두려워 명령하기를, 제를 정벌하는 데 감히 간하는 자가 있으면 사형에 처한다."라고 한 것으로 볼 때 이러한 오왕들의 북방진출은 국인이 지지하는 바가 아니었던 듯하다. 바로 이러한 이유로 인해 오왕들은 공족을 불신하고 객경을 중용하여 이들과 더불어 북방진출을 꾀하였음을 이해할 수 있다.

오왕들에 의해 추진된 중원진출과 객경의 중용은 오국 사회의 특수성과 관련이 있는 듯하다. 춘추 말 오국의 왕릉 규모의 묘장에는 새로운 변화가 나타나는데, 묘실과 묘도가 사용될 뿐만 아니라 전에 볼 수 없었던 군악기가 부장되며 더욱이 신앙상의 변화를 나타내는 묘의 방향이 동서향에서 남북향으로 바뀌었는데,[139] 이러한 춘추 중기 이후 오국 왕릉묘에서 나타나는 일련의 변화는 모두 중원 예제의 영향을 반영한다. 진강鎭江 간벽諫壁 왕가산王家山 춘추 말기 묘장에서 발굴된 동이각화문銅匜刻畵紋에 묘사된 연락사후도宴樂射侯圖의 내용은[140] 중원지역 의례의 광경과 흡사하다. 뿐만 아니라 춘추시대 오吳의 토갱묘에서 출토된 공어장손편종攻敔臧孫編鐘이라든가[141] 대대로 전하는 자감종者減鐘 등은 형태, 문양 및 명문에

---

139 呂春華, 「寧鎭地區大型土墩墓的等級問題」, 『東南文化』 2000-3, p. 63.
140 鎭江博物館, 「江蘇鎭江諫壁王家山東周墓」, 그림 6, 7, 8 참조.
141 江蘇省文物管理委員會, 「江蘇六合程橋東周墓」, 『考古』 1965-3.

사용된 어휘가 중원과 다를 바 없어[142] 오吳의 왕족이 향유한 수준 높은 중원의 예악을 확인할 수 있다. 오왕실은 중원의 예제를 살피기 위해 계찰을 중원제국에 보냈다고 한다. 그러나 『좌전』의 기록에 의하면, 계찰은 선진 중원의 문물을 배우고 익히기보다 제후국들의 정세에 관해 조언을 하고 있다. 즉, 사마천이 계찰을 '굉람박물군자閎覽博物君子'라고 평할 정도로 그는 이미 학식을 갖추었던 것이다. 오吳의 왕족들은 이미 중원 예악 문물에 익숙하였음을 알 수 있다.

그런데 간벽 왕가산묘 청동 각문에 묘사된 오의 상층사회 연회 풍경을 자세히 살펴보면 중원에서는 찾아볼 수 없는 오국 사회의 특색이 드러난다. 연회에 참가한 자들 가운데는 단발자斷髮者나 상의하상上衣下裳을 입은 자들이 있는데, 이들은 높은 대에서 술잔을 서로 주고받거나 활쏘기를 한다든지, 혹은 누각 밖에서 두豆를 나른다든지, 대관자戴冠者와 함께 정鼎에 음식물을 끓이는 등 대관자와 심의沈衣를 입은 자들과 아무런 구별 없이 연회에 참여하고 있는 모습이 묘사되어 있다. 이렇듯 오吳의 지배층에 중원 귀족의 심의를 입은 자와 토착적 습속의 단발, 상의하상을 착용한 자가 공존한 데에서, 오吳 지배층 내에는 중원의 예제에 편입된 집단 외에 여전히 토착적 질서를 유지하는 집단이 존재하였음을 이해할 수 있다. 또한 춘추시대 오국 내에 단발과 상의하상을 착용한 자들이 대표하는 이들 배후의 토착문화집단과 사회질서의 존재를 읽을 수 있다.

춘추시대 오국 왕릉급의 묘장은 북산정묘, 청룡산대묘青龍山大墓가 이미 도굴된 채 발견되어 그 전모는 알 수 없으나, 묘도와 묘실을 갖춘 중원의

---

142 董楚平, 『吳越徐舒金文集釋』, p. 26.

수혈식 토갱묘와 일부 남아 있는 부장된 예악기, 부장품에 장식된 수면문 도안 등을 통해 중원문화권으로의 편입이 현저함을 알 수 있다. 반면 춘추시대 오국 귀족묘에 부장된 청동기는 병공구 등 실용기 위주로[143] 청동예기의 비율이 매우 낮다. 각각 1건의 청동 준尊, 이匜와 함께 76건의 거마기가 부장된 마반돈묘磨盤墩墓라든지 용기, 병공구 위주의 왕가산묘를 비롯해 춘추 말 육합 화인묘和仁墓의 경우 1건의 정鼎과 각문된 이匜를 제외한 31건의 동기가 모두 병공구이다.[144] 오국 묘장에서 빈번히 발견되는 청동괴의 부장으로 볼 때 당시 이 지역에는 청동자원이 비교적 풍부하였으나, 중원에서는 청동이 예악문화를 유지시키는 예기를 제작하는 데 주로 쓰인 반면 오에서는 청동으로 청동병공구를 만들거나 청동원료가 재부의 수단으로 중시되었던 듯하다. 즉, 왕족을 제외한 오국의 귀족은 청동예기를 중심으로 하는 중원 예악문화와 일정한 거리가 있었음을 알 수 있다.

뿐만 아니라 봉토의 크기(높이 4.25m, 저경 39m)가 왕릉급에 못지않을 뿐만 아니라 묘 내에 주동柱洞의 흔적이 있어 묘 내 건축이 존재하였을 가능성이 있는 석교石橋 대파두묘大笆斗墓에는 청동기는 검劍, 착鑿 각각 1건뿐이며 대형 원시자준原始瓷尊, 관관罐, 완碗 등 원시자 위주로 부장되어 어[145] 춘추시대 오국 지배층에서는 토착문화가 견지되는 또 하나의 현상을 찾아볼 수 있다. 진산대묘가 포함된 진산동주묘지군 가운데 제2급에 속하는 D16M1의 경우 산을 파서 사면에 돌묘벽을 쌓아 곽을 만들었으며, 묘저의 길이는 4.3m, 너비는 2.9m이며 봉토의 저변은 34m, 높이 5m

---

143 呂春華, 「寧鎭地區大型土墩墓的等級問題」, p. 67, 〈표 1〉 三類墓隨葬品比較 참조.
144 吳山菁, 「江蘇六合縣和仁東周墓」, 『考古』 1977-5, pp. 298-301.
145 呂春華, 「寧鎭地區大型土墩墓的等級問題」, pp. 67-68.

규모로 여매묘餘昧墓로 알려진 북산정묘에[146] 비해서도 손색이 없다. 그럼에도 불구하고 부장품은 묘실 서부에서 매화꽃잎 형태로 배열된 7건의 원시자개완原始瓷盖碗과 몇 건의 인문경도가 발견되었을 뿐이다.[147] 중원 장제의 영향을 받아 순장인과 순마殉馬가 사용된 양산 석혈묘의 경우도 청동기는 1건의 우盂를 제외하고 약간의 동공구가 있을 뿐이며, 부장품은 원시자와 인문경도 위주이다. 서주 이후 오吳에는 혈을 파지 않고 평지에 봉토를 쌓아 올린 형태의 오吳 특유의 토돈묘가 발달하는데, 이들 토돈묘의 부장품은 인문경도와 원시청자 위주이다. 그런데 서주시대 대표적인 묘장인 부산浮山 과원果園 1호 묘돈의 16개 묘장의 경우, 부장된 원시자두原始瓷豆, 충盅의 수는 1, 3, 5, 7, 9로 나뉘며, 그 배열방법도 3개는 삼각형, 5, 7개는 매화형 혹은 십자형, 9개는 가로세로 3개씩의 방형으로 일정한 규율이 있음을 확인할 수 있다. 또 부장품 가운데 두豆, 충盅, 완碗은 묘장마다 모두 있을 뿐만 아니라 배열에 차례가 있으며 수량이 부장품의 수와 대응하여[148] 원시자두나 충이 예기적 기능을 하였음을 알 수 있다. 즉 오국에는 청동예기 대신 정교한 문양 장식의 기하인문도나 당시 높은 수준의 기술을 요하였던 원시자기를 예기로 하는 예제가 형성되었던 듯하다. 서주시대를 통해 형성된 기하인문도와 원시자기를 중심기물로 사용하는 오국의 토착적 예의 체계는 춘추시대 중원문화의 영향 가운데서도 이어져 내려와 춘추시대 오국 귀족의 묘장 가운데 청동예기의 비중이 뚜렷하지 않은 원인을 이해할 수 있다.

---

146 북산정묘는 봉토의 저변 길이 30.75~32.25m, 높이 5.5m이다(江蘇省丹徒考古隊, 「江蘇丹徒北山頂春秋墓發掘報告」, p. 13).

147 『眞山東周墓地－吳楚貴族墓地的發掘與研究』, pp. 33-35.

148 鎭江市博物館浮山果園古墓發掘組, 「江蘇句容浮山果園土墩墓」, 『考古』1979-2, p. 115.

그런데 서주에서 춘추 초 오국에서 발달하는 이러한 원시자와 인문도 문화는 비단 오吳만의 독특한 문화가 아니며 오히려 광동 동북부, 강서성 감강贛江 파양호鄱陽湖, 복건성 민강閩江 유역 등 남방지역에서 일찍이 그 원류를 찾아볼 수 있다. 서주에서 춘추 초에 걸쳐 오국에서는 기하인문도가 발달하면서 서주 초 이 지역의 특징적인 뿔 모양 손잡이가 달린 력鬲과 정鼎이 사라지고 부釜, 정鼎, 증甑과 같은 태호 유역을 비롯한 남방지역 도기가 유행하여[149] 오국의 토착문화는 남방의 월족문화권으로 통합되는 경향을 나타낸다. 춘추 말 왕족을 중심으로 오국의 지배층이 중원의 예악문화에 편입하는 가운데 토착문화의 전통은 지배층 문화에서 여전히 이어져 오국 사회의 지배층은 중원문화와 남방 토착문화의 이중성을 나타낸다. 뿐만 아니라 이러한 오국 지배층 문화의 이중성에서는 중원문화와 토착문화의 혼효混淆보다는 오히려 집단적 분리 경향을 읽을 수 있다.

그렇다면 오국의 지배층은 고대사회를 통합하는 데 중요한 수단이었던 씨족적 질서, 즉 공동의 조상신에 대한 제사 등을 통해 일원적으로 오인을 통합하고 사회질서를 확립하는 것이 어려웠을 가능성이 있다. 그렇다면 춘추시대 오국을 통합하는 사회질서의 원리는 무엇이었는가? 『오월춘추』나 『월절서』 가운데에는 오왕들이 전쟁이나 국가의 대사를 앞두고 사직에서 제사나 맹약을 하는 것은 보이지 않는다. 춘추시대 사직은 전쟁, 제후의 즉위, 타국과의 외교관계 등 나라의 모든 중대사에 관하는 행위가 이루어지고 보고되고 기원되었다. 여기에는 맹약 등의 행위의 당사자와

---

[149] 彭的凡, 『中國南方古代印紋陶』, 文物出版社, 1987, pp. 148-166.

묘에 제사된 조상 사이에 혈연적 연속성이 존재하는 것이 전제된다.[150] 그런데 합려나 부차의 왕위계승의 경우 이전 왕의 살해나 모의에 의해 이루어졌으므로 왕위계승이 불안정하였을 것이나, 이처럼 왕위계승이 정상적으로 이루어지지 않은 경우에도 국내세력의 동의와 협조를 얻기 위해 대부와 국인이라는 국내세력과 묘에서 맹약을 함으로써 국인의 지지를 얻어 정권을 유지, 안정시키고자 하는 등의 흔적은 보이지 않는다. 오히려 외국인 행인을 등용하여 국인들을 권력에서 소외시킴으로써 왕권강화의 길을 모색하였던 듯하다. 이러한 점에서 오吳의 경우 묘에서 제사하는 특정 신격, 즉 왕의 조상들이 오국 전체의 제사를 받는 주체로 확립되지 않았을 가능성을 엿볼 수 있다.

대신 북산정묘에서 발견된 구장鳩杖은 오吳 왕권의 기초를 이루었던 또 다른 한 축에 관한 실마리를 제공하는 듯하다. 발굴보고서에 의하면, 청동장靑銅杖 위의 새는 절강성 소흥 306호 묘에서 출토된 청동 가옥묘형 위 및 토템주 위의 비둘기와 유사하며, 씨족 토템의 유산으로 보고 있다. 중국 동남해안 주민이 새의 토템을 믿었는가에 대해서는 검토해 볼 여지가 있지만, 서주 춘추시대 오吳에서 출토된 청동기 상에는 비조개쌍이호飛鳥盖雙耳壺, 조형착수제량유鳥形捉手提梁卣, 원앙형준鴛鴦形尊 등과 같이 새 조형이 빈번하게 나타난다는 사실이 주목된다. 뿐만 아니라 양자강 하류지역의 새에 대한 신앙은 일찍이 신석기시대 하모도문화의 쌍조조양문雙鳥朝陽紋 상아조각, 쌍두조문雙頭鳥紋 골비병骨匕柄 등에까지 소급할 수 있다. '구鳩'가 예로부터 모은다는 의미로 사용되었던 것처럼,[151] 구장은 백성을

---

150 齊藤道子, 「春秋楚國の王と世族」, 『日中文化研究』 10, 1996, p. 81.
151 『藝文類聚』 卷92 "鳩者聚 聚民也."

규합하여 지휘하는 권력을 상징하는 보물 혹은 축물祝物일 가능성이 있다.[152] 즉 여매 당시 중원의 종법제적 질서와는 다른 동남지역 토착적 씨족신앙이 왕권 구성의 한 요소였을 가능성을 추측할 수 있다. 전승에 의하면, 주초 형만으로 이주한 태백은 한결같이 주례로 다스렸으나, 그 뒤를 이은 중옹은 단발문신하여 중원의 예를 저버렸다고 한다.[153] 서주 초 강남에 봉건된 주족 집단은 강남 토착민들을 다스리는 데 중원의 예제를 버리고 토착적 사회질서에 의하였음을 시사한다.

고대사회의 토착적 사회질서의 근간은 당지에서 오랜 세월을 통해 형성된 씨족제적 질서이다. 그런데 오국은 역사 배경을 통해 볼 때 서주 초 주왕조로부터 희성제후가 봉해졌으며, 당시 오吳의 중심지인 단도 부근의 영진지구는 회이의 영향을 받은 토착문화가 성장하고 있었으며, 춘추시대를 통해 오국은 북으로 동이인 간국干國을 복속시키고 태호지역으로 영역을 확대하면서 월족을 포섭하였다. 이러한 오국의 역사 배경을 통해 볼 때 오국에는 중원 화하 계통의 지배층과 회이, 동이, 월족의 토착인들이 공존하였으리라 짐작할 수 있다.[154] 특히 춘추시대를 통해 태호지역까지 확장하면서 월족세력을 포괄하게 된 오왕은 이들을 지배체제 내에 포섭하기 위한 강력한 왕권과 제도를 필요로 하였을 것이다. 그런데 당시 군권은 오왕에게 있었으며 오왕에 의해 왕족에게 위임되기는 하였으나,[155] 춘추시대 문헌에서 확인할 수 있는 오吳의 왕위계승 제도는 적장자 계승

---

152 伊藤淸司, 「鳩杖と文身－吳越の傳說と考古學－」, 『日中文化硏究』 6, 1994, p. 157.
153 『左傳』, 哀公 7年(B.C. 488); 『史記』 卷31 「吳太伯世家」; 『吳越春秋』 卷1 「吳太伯傳」.
154 王衛平, 「"勾吳"立國與吳·越民族之分合」, 『歷史敎學問題』 1991-4, p. 46.
155 오吳의 장군직은 일반적으로 국왕의 친속, 왕제, 왕자 등이 임명되었다. 왕료 때에도 왕료의 아우 공자 蓋餘, 燭庸, 闔閭 등이 모두 장군에 임명되었다.

제가 원칙적이기는 하나 불안정하게 이어지고 있으며,[156] 명확한 제도에 의한 중앙집권의 보증이 없었다. 즉 춘추시대 오국은 영역 내에 여러 종족이 공존함으로써 고대사회의 토착적인 씨족질서에 의한 일원적인 지배가 가능하지 않았으며, 따라서 오왕을 중심으로 하는 중앙집권을 보증하는 제도와 질서체계가 요구되었음을 짐작할 수 있다.

앞서 언급한 청동각문의 연회장면에 단발 혹은 착의자著衣者가 심의를 입은 대관자와 동등하게 연회에 참가하고 있는 모습은, 바로 이러한 서로 근원이 다른 족속으로 이루어진 오吳 지배층이 중원의 예제에 참여함으로써 하나의 제사 공동체로 통합되는 장면이 아닐까. 오吳의 지배층은 상이한 습속의 족속들을 통합하는 데 초씨족적인 예제를 필요로 했을 것이며, 이에 중원의 예제를 통해 씨족제적 제사 공동체의 장으로 왕권의 강화를 도모하였으리라 짐작할 수 있다. 또한 춘추 말 혈연을 기반으로 한 중원 패자의 의미가 형해화形骸化된 시기에, 오왕들이 이처럼 국인이나 귀족들의 뜻에 반해 또 나라의 운명을 위태롭게 하면서까지 맹주의 지위에 집착했던 것 역시 중원의 문화와 정치질서에 편입된 왕권의 권위와 중원 제후국들을 장악한 패자의 위상을 빌려 오국 내의 왕권을 강화할 뿐만 아니라 남방의 월족문화권을 비롯해 서徐, 서이舒夷 등 주변 만이蠻夷 세계에 군림하는 권위를 확립하고자 하였을 가능성이 있다.

오吳와 월은 동일한 월족문화권으로 말이 같고 관습이 같았다고 하나, 그럼에도 불구하고 오吳의 직접 통치지역에서는 남방지구 월족의 대표적

---

156 문헌기록으로 볼 때 오는 수몽 이전의 상황은 분명치 않으나 수몽 이하 제번, 왕료는 모두 적장자이다. 그러나 『사기』에 의하면 왕료는 여매의 아들이나, 『공양전』에 의하면 왕료는 수몽의 서자이며 여매의 형이라 한다. 합려는 비록 제번의 아들이나 군을 시해하고 찬탈하였으며, 부차도 적장자가 아니다.

인 악기인 정鉦과 요鐃가 매우 드물게 나타난다.[157] 춘추시대 일반 피지배층인 오인들이 월족 습속하에 있었던 데 반해, 오吳의 왕족들은 중원의 예악을 도입하여 자신들을 중원 종법제적 질서 가운데 편입시키고자 했으며 토착적 사회질서를 대표하는 귀족들을 멀리한 채 외국에서 온 객경들에 의한 북방 진출을 추진하였다. 그러나『좌전』의 오吳에 대한 서술에 의하면, 주의 제도를 어기고 노로 하여금 백뢰연례를 사용하도록 요구한다든지, '무도'[158]하다고 표현되고 있다. 소주 진산대묘도 2곽 7관을 사용하여 참월하는 등 당시 종법제적 질서의 이완를 감안한다 하더라도, 오왕들은 중원의 예제를 도입하면서도 여전히 종법제적 질서 밖에 존재하고 있었다. 물론 오왕들의 궁극적인 목표는 주왕실을 정점으로 하는 종법질서의 유지가 아니었으며, 스스로 주왕조와 연결하여 혈연적 권위를 얻음으로써 이들 토착씨족들을 통합하려 한 것으로 이해할 수 있다.

4. 소결

춘추시대 패자정치는 진晉, 제로 대표되는 패자를 중심으로 중원 제후국들이 동맹하여 주변 이적夷狄의 침략을 막아 주왕실을 정점으로 하는 화하문화권을 지키려는 이념적인 측면으로 이해되어 왔다. 그러나 상, 주 이래 중원국가들은 남방의 물자, 특히 중원문명을 뒷받침하는 데 필수 불

---

157 陳佩芬,「記上海博物館所藏越族靑銅器 ― 兼論越族靑銅器的紋飾」,『上海博物館集刊』第4期, 1987, p. 231.
158『左傳』哀公 12年(B.C. 483) "子益曰吳方無道."

가결하였던 동원료를 얻기 위해 적극적으로 남방으로 진출해 왔으며, 상왕조와 같이 남방지역에 직접적인 진출이 가능하지 않았던 주왕조로서는 남방 동광과 중원지역을 잇는 회수지역에 거주하였던 회이를 통해 동원료를 보급받았다. 따라서 서주시대를 통해 회이정벌이 빈번하게 행해졌으며, 서주시대 회이를 지배하는 수령이었던 서의 강성함은 바로 회이가 장악하였던 동로銅路와 무관하지 않은 것 같다. 춘추시대 들어와 주변을 위협하는 세력으로 성장한 초가 북상하면서 회수 유역의 봉국들을 복속시킴에 따라 중원 제후국들은 남방지역으로 진출하는 교통로가 차단되었으며 동시에 남방물자의 보급로가 위협받게 되었으리라 짐작할 수 있다. 춘추시대를 일관한 진晉, 제 패주와 초 간의 대립, 그리고 회수 유역 국가들에 대한 복속을 둘러싼 쟁탈은 동원료를 안정적으로 확보하기 위한 정벌이라는 실질적 목적이 수반된 전쟁이었음을 이해할 필요가 있다.

한편 최근의 고동광유지 발굴에 관한 자료에 의하면, 고대 동광유지는 양자강 중하류 지역에 밀집해 있었음이 밝혀지고 있다. 이 가운데 안휘성 남부의 동릉을 비롯한 양자강 하류 남안의 고동광은 일찍이 상주시대부터 양자강 하류 오吳지역과 밀접한 관계에 있었으며 춘추시대 동쪽을 향한 초의 위협은 양자강을 넘는 데 실패하여 춘추시대 양자강 하류 고동광지역은 오국 영향력의 범위에 있었다. 춘추시대 오국의 강성함의 배경에는 고대문명 발전의 불가결한 자원인 동원료를 쉽게 획득할 수 있었던 당시 오국의 지리적 여건이 주요한 요인으로 작용하였음을 이해할 필요가 있다. 한편 이러한 의미에서 진晉은 초에 의해 차단된 회수를 통한 동로를 확보하기 위해 동남방의 오吳를 동맹체제하에 포섭할 절실한 필요가 있었음을 짐작할 수 있다.

오吳의 수몽이 중원과 교통하기 시작한 지 백여 년 만에 부차는 황지의 맹盟에서 중원의 패자로 인정받기에 이르렀다. 부차의 패업은 일반적으로 알려진 부차 개인의 공명심에 의해 이루어진 무모한 시도라기보다는 수몽 이후 오왕들의 적극적인 중원진출의 결실이다. 오월쟁패의 설화에 의해 오吳가 주로 남방의 월과 대립 항쟁했다는 일반적인 인식과 달리, 왕료 시기 오국은 이미 강회 및 회수 유역을 확보함으로써 북방으로 향한 교통로를 확보했으며 합려시기에는 남방의 초를 제압하였다. 부차시기에 오吳는 북으로 노를 비롯해 주변 소국 주邾, 담郯, 그리고 진陳, 송, 위에 이르기까지 동맹체제에 흡수하였다. 따라서 오吳의 패권은 황지의 맹에서 진晉에 앞서 삽혈함으로써 패자로 인정받는 일회적인 사건이 아니었으며, 춘추 말 오吳는 중원정치의 중심에 있었다. 한편 양자강 하류 소국 오吳가 중원의 패업을 이루는 데는 중원 제후국들의 세족정치가 와해되는 춘추 말기 중원의 정세가 중요한 요인으로 작용하였다. 당시 중원 제후국들은 대부들에 의한 전정과 내란으로 적극적인 대외정책을 수행할 수 없었으며, 특히 회수 유역 소국 및 남방에 대한 지배력을 상실하였다. 반면 오吳는 왕권을 견제할 만한 강력한 세족이 형성되지 못한 미숙한 사회구조 가운데 강력한 왕권에 의해 통일된 북방정책을 추진할 수 있었다.

오왕들의 적극적인 북방진출은 국인들의 뜻에 반한 것으로 외국에서 온 객경들에 의해 추진되었다. 중원진출과 관련하여 오왕들과 국인들의 지향이 서로 일치하지 않는 것과 상응하여 춘추시대 오국의 문물자료상에는 문화의 이중성이 나타난다. 즉 상층 지배문화 가운데 왕족문화는 중원의 장제를 도입하였으며 현저히 중원 예악문화를 향수한 데 반해, 귀족문화에는 중원 예악문화의 영향 속에서 여전히 인문경도印紋硬陶와 원시자原始瓷를 중심기물로 하는 토착문화가 기간을 이루어 청동병공구에 비해 청동예기의 비율이 현저히 낮다. 춘추시대를 통해 오국의 토착문화는 점차 남방 월족문화권에 흡수되는 현상이 나타나는데, 춘추시대 오국은 서주시대 근거지인 영진지역 회이와 북방의 동이 및 태호 지역의 월족을 포함하는 다양한 족속으로 구성되었다. 이러한 다양한 족적 구성으로 인해 주왕조의 희성 후예임을 자처하는 오吳 왕족들로서는 씨족적 지배를 통한 일원적 지배가 어려웠을 것이다. 따라서 이러한 다양한 족속의 구성을 갖는 오국사회를 통합하기 위해 오吳의 지배층은 중원의 예악제도를 도입하여 초씨족적인 지배질서를 수립하는 한편 중원의 패권과 권위를 통해 자신들의 왕권을 강화하려 하였음을 이해할 수 있다. 그러나 여매 묘장에서 발견된 구장은 오吳의 지배질서의 기반에는 토착 씨족신앙이 한 축을 담당하고 있음을 알려 준다. 즉 춘추시대 오국에는 주왕조를 정점으로 하는 중원 정치질서에 편입될 수 없는 오국 토착사회질서가 강하게 온존해 있었다.

진한의 남방지배와 지역발전
남방의 군현화 과정을 중심으로

　중국은 기원전 1100년경 주周왕조가 화북지역과 양자강 유역까지 정치적 통합에 성공한 이후 정치적으로 분열과 통합이 교차하는 역사과정을 겪어 왔으며, 이 가운데 국가의 지방세력에 대한 정책은 통일과 분열에 중요한 요인으로 작용하였다. 즉 주의 봉건은 주왕실의 통제력이 유지되는 동안은 광활한 지역을 주의 판도 내에 포괄하는 데 유효하였지만, 주왕실의 권위가 약화되면서 지방제후들에 의한 분권화의 길을 열어 주었다. 따라서 진한秦漢 이후 중국은 군현제를 근간으로 하는 중앙집권체제를 강화해 갔다. 이러한 중앙 정부와 지방의 관계는 정치적·행정적 관계에 의한 것이나, 중국의 경우 지방의 배후에는 행정적 구획으로서의 의미뿐만 아니라 문화적 그리고 역사적인 구획의 배경이 존재한다. 즉 한대漢代 사마천은 『사기史記』「화식열전貨殖列傳」에서 각 지역을 구획하는 데 진秦, 제齊, 초楚, 월越과 같은 춘추전국시대 제후국의 영역과 명칭을 기본 단위로 설정하고 있을 뿐만 아니라 이에 따른 역사적 연원을 그 지역 풍속 형성의 중요한 요인으로 설명하고 있다. 이처럼 진한 통일 이후에도 여전히 통용되고 있는 춘추전국 제후국들의 영역과 명칭은 구획이 일치하지는 않으나, 이후 분열의 시대에 분열의 구획과 명칭으로 이어지고 있을 뿐만 아니라, 통합 왕조하에서는 인문지리의 구획으로 존속하였다. 이와 같이 춘추전국시대에 제후국들에 의해 형성된 사회적 영역과 그 문화적 특성은 이후 전통시대 중국의 사회적·문화적 범주를 규정하는 모태가 되었다.

이와 같은 춘추전국 지역문화 형성의 배후에는 주周문화와 결합한 각 지역 토착문화의 오랜 전통이 있음을 이해할 필요가 있다. 오늘날 고고발굴 연구 성과에 의하면, 기원전 5000년경 중국 각 지역에는 황하 유역에서뿐만 아니라 양자강 유역에서도 각기 근원을 달리하는 토착문화가 발생하였다. 뿐만 아니라 이들 각 지역의 신석기문화 체계는 신석기 말기에 문명의 맹아단계로까지 계승, 발전되었음을 확인할 수 있다.[1] 이들 토착문화는 춘추전국시대 제후국의 지방정권에 의해, 주문화의 세례를 통해 지역문화로서의 자기완성과 개화를 이루어 냈다. 따라서 중국에 있어서 지방의 의미는 정치적·행정적 의미로서의 중앙과 지방만으로는 이해할 수 없으며, 지역정권에 의한 독자적 발전의 역사와 그 배후에 신석기시대에까지 소급할 수 있는 지역문화의 형성이란 측면이 함께 이해되어야 한다.

따라서 여기에서는 고대 중국의 통합과 분열의 역사를 문화적 관점을

---

1 李成珪, 「中國文明의 起源과 形成 ─ 先史文化에서 商·周文明으로」(『講座中國史 Ⅰ ─ 古代文明과 帝國의 成立 ─』, 지식산업사, 1989) 참고.

통해 접근해 보고자 한다. 특히 아열대와 열대의 습윤한 기후조건, 점재된 호수와 강, 구릉과 산림의 자연조건을 가진 남방지역은 황하 유역의 중원과는 다른 문화전통을 이어 왔다. 남방지역 가운데 이들 양자강 유역 지역은 이미 상주시기부터 중원과 직간접적으로 교류하는 가운데 발전하였으며 춘추시대를 통해 중국 역사의 흐름에 유입되었으나, 남월南越, 서남이西南夷 지역은 진한에 이르러 군현이 설치되면서 중국의 정치적 영역에 속하게 되었다. 따라서 남방지역 전체를 하나의 문화권으로 이해하는 데에는 무리가 있으나, 이들 지역은 춘추시대에 이르기까지 중원문화권 밖의 만이지역에서 성장하였다는 공통점이 있다. 뿐만 아니라 서주 춘추시대를 통해 양자강 중하류 이남 지역에서는 기하인문도가 확산 발전하며 문화적 공통성과 정체성을 형성하였다.[2] 남방 전체를 하나의 문화권으로 정합적으로 설명할 수는 없지만 오늘날 고대 남방문화에 주목한 연구가 이루어지고 있다.[3]

이와 같이 '중국' 밖의 지역에서 오랜 역사발전을 이어 온 남방지역이 진한의 통합에 의해 군현화하는 과정에서 지역문화가 정치적 통합과 분열에 어떠한 작용을 하며, 또한 이 지역이 진한의 중앙집권체제 가운데 포괄되므로 해서 지역문화는 어떠한 문화적 변용을 일으키는가 하는 문제를 통해, 고대 중국의 지역과 국가의 관계를 살펴보고자 한다.

---

2 彭適凡, 『中國南方古代印文陶』, 文物出版社, 1987.

3 童恩正, 『南方文明』, 重慶出版社, 1998; 李學勤·徐吉軍 主編, 『長江文化史』, 江西敎育出版社, 1995.

1. 중앙집권을 위한 진한의 여러 정책

진秦은 전국 6국을 통일한 후 자연지리환경, 풍속, 인구, 경제의 차가 큰 구육국舊六國을 일원적으로 통치해야 하는 과제를 해결해야만 하였다. 진秦에 의해 수립된 황제를 정점으로 한 중앙집권적 군현체제는 한漢에 의해 계승되어 한 왕조가 400여 년간 안정된 정권을 유지함으로써 황제지배체제는 정착되어 간 듯하다. 황제란 전 세계의 영토와 인민을 일원적으로 혹은 직접적·개별적으로 지배하는 유일한 권력의 원천을 의미하고 있었지만,[4] 진한지배 영역의 최대 판도를 이룬 무제시기의 사람들에게도 '방내方內'의 중국과 '방외方外'의 이적의 거주지가 분리되어 인식되고 있었으며, 이념적으로뿐만 아니라 현실적으로 이적의 거주지인 외군外郡의 설치가 한 군현지배체제의 직선적인 확대로 이해될 수 없음은 물론이다. 내군內郡에 있어서도 진한의 황제지배체제가 춘추전국의 오랜 지방분립을 얼마나 극복하고 일원적인 중앙통치를 관철시킬 수 있었는가에 대해 한대 연구자들은 다소 회의적이었다. 그러나 최근 발견된 『윤만한묘간독尹灣漢墓簡牘』은 한대 지방행정의 운용을 보다 적극적으로 평가해야 할 필요성을 제기하였다. 따라서 진한의 중앙집권체제의 관철을 이해하기 위해서는 진한 초기에 실시된 여러 정책을 검토해 볼 필요가 있다.

진시황은 통일 이후 5차례에 걸쳐 전국을 순행하면서 남으로는 오초吳楚지역에까지 이르렀다. 각 지역에 세운 각석에는 자신이 "普大之下 莫非

---

4 粟原朋信,『秦漢史の研究』, 吉川弘文館, 1960, pp. 14-24;『史記』6-245 "皇帝之德, 存定四極 …… 六合之內, 皇帝之土. 西涉流沙, 南盡北戶, 東有東海, 北過大夏. 人迹所至, 無不臣者. 功蓋五帝, 澤及牛馬. 莫不受德, 各安其宇."

王土 率上之濱 莫非王臣"이라는 고래의 중국 대통일의 이상을 실현하였다는 자부심과 더불어[5] 직접 밟은 '이속異俗'의 땅에 일원적 통치를 관철시키고자 하는 의지가 담겨 있다.[6] 이처럼 지방통치조직이 완비되지 않은 통합국가 초기에 황제의 순행은 황제의 권위를 각 지역에 확인시키는 한편 각 지역의 통합을 강화하는 역할을 하였으리라 생각한다.

진秦은 기원전 221년 통일 직후 구육국에 대해 부호 12만 호를 함양으로 이주시켜 점령지의 유력자층의 해체와 함께 경기京畿의 강화를 도모하였다. 진秦은 육국의 귀족을 파촉巴蜀으로 천사시켰으며,[7] 영남 월지역에 군현을 설치하면서 적수이민謫戍移民하여 월족과 잡처雜處하게 하였다.[8] 진秦 통일을 전후한 약 20년 사이에 줄잡아 구육국민 350만 인 정도를 강제 이주시킨 것으로 추정되며, 한초에도 강간약지強幹弱枝 정책으로 제릉帝陵 부근으로의 사민徙民이 이어졌다. 이러한 대규모의 천사로 사민이 석출析出된 지역의 인적 구성이 크게 변화함에 따라 그 지역의 전통적인 질서가 크게 동요하여 국가권력의 침투가 보다 용이해졌을 것이며, 또한 사민에 의해 신설된 현은 성격상 처음부터 국가권력에 예속성이 강한 존재일 수밖에 없다.[9] 장사長沙 마왕퇴馬王堆 한묘漢墓에서 발견된 '주군도駐軍圖'는 장사국 남부 영포현營浦縣과 흘도현齕道縣의 일부 지역 남월국의 경계에 해당

---

5 『泰山刻石』"…… 六合之內 皇帝之土 西涉流沙 南盡北戶 東有東海 北過大夏 人迹所至 無不臣者 ……"

6 『琅邪刻石』"匡飭異俗.";『之罘刻石』"遠邇同度.";『會稽刻石』"人樂同則."

7 『史記』卷7「項羽本紀」"秦之遷人多居蜀.";『華陽國志』「蜀志」"始皇克定六國 輒徙其豪狹于蜀."

8 『史記』卷113「南越列傳」. 진대에 10~20만의 중원인이 남천하여 이민한 것으로 추정된다 (餘天熾等, 『古南越國史』, 廣西人民出版社, 1988, p. 23).

9 李成珪, 「秦諸國의 舊六國統治와 그 限界」, 『閔錫泓博士華甲記念史學論叢』, 1985, pp. 794-800.

하는 범위의 군대 주둔지와 촌락을 그린 지도인데, 이 가운데에는 '금무인 今無人'의 향리郷里가 다수 있어 한이 이민족을 정복하는 과정에서 향리의 통폐합을 통해 점령지를 재편성 장악한 예를 확인할 수 있다.[10]

사민 외에도 요역 등 수변戌邊에 전국 각 지역에서 징발됨으로써 인구의 이동이 이어졌다. 거연한간居延漢簡과 돈황한간敦煌漢簡 자료 가운데 800여 사례에 의하면, 하서河西 병사는 41군국 167현으로부터 징발되었으며[11] 동남방의 단양丹陽에서도 징발되어 행정이 먼 거리였음을 알 수 있다. 이와 같이 진한 국가권력에 의해 행해진 대규모 그리고 광대한 지역적 범위의 인구 이동을 통해 각 지역 간의 풍속과 문화가 교류, 융합하였으리라 짐작할 수 있다.[12]

『윤만한묘간독』「동해군하할장리부재서자명적東海郡下轄長吏不在署者名籍」 가운데는 동해군의 장리들이 죄수를 상곡上谷이나 돈황으로 직접 호송한 기록이 있어,[13] 이들 장리와 속리들은 제국의 수도 또는 서북 변경 끝까지 수천 킬로를 여행하면서 동해군과 돈황이 결코 무관하지 않음을 이해함으로써 제국의 통합성 제고에 기여하였을 것으로 짐작할 수 있다.[14]

이와 같은 인구 이동뿐만 아니라 조세를 비롯한 각 지역 재화의 장악이라든지 행정조직을 위한 전국적 교통망의 구축은 진한의 중앙집권적

---

10 『中國古代地圖集 — 戰國~元』, 文物出版社, 1990, pp. 25-27.
11 『漢書』卷28「地理志下」에 기재된 전국 103郡國의 39.8%, 1,314縣邑의 12.7%에 이르렀다.
12 王子今, 『秦漢區域文化研究』, 四川人民出版社, 1998, p. 328.
13 『尹灣漢墓簡牘』「東海郡下轄長吏不在署者名籍」 "鄒獄丞司馬敝正月十三日送罰戌上谷."; "鄒左尉孫嚴九月廿一日送罰戌上谷."; "平曲丞胡母欽七月七日送徙民敦煌."; "司吾丞北宮憲十月五日送罰戌上谷."
14 李成珪, 「前漢末 地方資源의 動員과 配分 — 尹灣漢簡〈東海郡下轄長吏不在署名籍〉의 분석」, 『釜大史學』第23輯, 1996, pp. 86-87.

통일정책의 중요한 기초였다. 진秦이 촉을 멸망시키기 위해 '금우도金牛道' 를 개통시킨 후 한 무제 시 이루어진 포사도褒斜道는 장안에서 촉으로 통 하는 가장 중요한 통로로 이러한 파촉잔도巴蜀棧道의 정비를 통해 촉지는 관중의 경제문화권으로 이어지게 되었다.[15] 한 무제 시 끝내 이루지는 못 하였으나 서남이지역의 '오척도五尺道'를 '서남이로西南夷路'라고 개칭하고 수만의 인력을 동원하여 개척에 힘썼다.[16] 남월지역의 '월도越道' 혹은 '신 도新道' 등이 정비되거나 개척되었는데, 신도의 구체적인 정황은 밝혀지지 않았으나, 함양에서 월지越地에 이르는 데에는 수로가 이용되었으리라 짐 작할 수 있으며, 이 가운데 상수湘水와 이수灕水를 잇는 영거靈渠는 수로를 통해 양자강에서 월로의 접근이 쉽게 됨으로써 월지에 대한 군사적 제 압이 가능하였다.[17] 뿐만 아니라 이러한 교통망을 통해 지역문화가 중원 과 교류, 융합하게 되었으리라 짐작할 수 있다.

무제 시대 혹리酷吏들이 황제를 정점으로 하는 강력한 국가권력을 유지 시켜 주었다면, 사마천이 '순리循吏'로 분류한 지방 관료들에 의해 변군邊 郡지역이 개발되었다. 남방의 변군에 부임한 촉蜀의 군수 문옹文翁은 도강 언都江堰을 재정비하여 1,700여 경의 전지에 관개하여 농업을 발전시켰을 뿐만 아니라, 군학郡學을 열어 학문을 장려하고 유학생을 장안에 보내 속 리屬吏를 양성하여, '이풍역속移風易俗'하여 지방의 사회와[18] 촉지역에 한

---

15 『史記』 卷129 「貨殖列傳」 "巴蜀亦沃野, 地饒巵 …… 棧道千里, 無所不通, 唯褒斜綰轂其口."
16 『史記』 卷30 「平準書」 "作者數萬人 千里負擔饋糧 率十餘鍾致一石 散幣于邛焚以集之 數歲道 不通."; 武帝는 대외무역에 대한 열망으로 蜀地에서 西南夷의 길을 통해 身毒을 거쳐 大夏 와 통하고자 하였다. 한 정부의 이러한 官方외교 통로의 개척은 성공적이 아니었다.
17 『長江文化史』, pp. 272-280.
18 『漢書』 卷89 「循吏傳·文翁」.

왕조를 정점으로 하는 한 왕조의 지배이념을 심었다.

한편 경제적으로 양한兩漢에 의해 이루어진 구황정책은 전국을 하나의 경제공동체로 엮었다. 한대 국가 양창糧倉인 오창敖倉은 재해가 있을 때 기민을 구휼하기 위한 것으로, 후한대 오창의 운송 규모가 90만 곡斛에 이르렀다고 한다.[19] 양한 구황운수의 기록으로 볼 때, 원제元帝 원년 관동에 홍수가 나서 '인상식人相食'하는 대기근이 발생하자 주변의 군국에서 구휼하였으나,[20] 무제武帝시기에는 산동지역의 홍수의 재난에 멀리 파촉으로부터 운수, 구황하여[21] 당시 전국적 행정망의 조직과 그 효율성에 대해 엿볼 수 있을 뿐만 아니라, 이러한 원방 상호 간의 구휼은 이 지역들에 통합된 제국 내에 '천하일가天下一家'의 의식을 심어 주었으리라 짐작할 수 있다.

『한서漢書』「백관공경표百官公卿表」에 의한 바와 같은 황제를 정점으로 하는 일원적인 행정조직이 과연 얼마나 관철될 수 있었는가에 대해서는 한대 연구자들에 의해 의문시되어 왔으나, 최근 발견된 『윤만한묘간독』은 한대 지방행정기구의 운용과 관련한 실상에 관한 자료를 제공한다. 「동해군하할장리명적東海郡下轄長吏名籍」의 관적, 전직, 현직, 그리고 임용경위를 분석한 결과에 의하면, 전한 말 장리 인사제도에 관한 한 법제의 원칙이 실제 대단히 엄격하게 견지된 사실을 확인할 수 있다. 예컨대 본적 회

---

19 『後漢書』 卷5 「安帝紀」 永初 7年 "調零陵, 桂陽, 丹陽, 豫章, 會稽租米 賑給南陽, 廣陵, 下邳, 袁城, 山陽, 廬江, 九江飢民 …… 又調濱水縣穀輸敖倉."; 李賢注 『東觀記』 "濱水縣彭城, 廣陽, 廬江, 九江穀九十萬穀 送敖倉."

20 『漢書』 卷9 「元帝紀」 初元 元年 "關東郡國十一大水, 飢或人相食 …… 轉旁郡錢穀以相救."

21 『史記』 卷30 「平準書」 "山東被河災, 及歲不登數年, 人或相食, 方二千里 …… 下巴蜀穀以振之."

피제는 거의 100% 엄수되었으며, 승진 역시 절대다수가 엄격한 '공로功勞' 산정에 의한 것이었고, 황제의 특지에 의한 임용이나 예외적인 발탁은 극히 제한되었음을 확인할 수 있다. 군현·관료지배의 핵심이 인사제도라면 적어도 국가는 친민 장리의 선발과 임용, 승진에서는 스스로 법제화한 나름대로의 합리적이고 공정한 원칙을 실제 엄격히 실천하였음을 확인할 수 있다.[22]

이상에서 볼 때, 진한은 강고한 지역적 전통과 독자적인 정치체제 가운데 발전한 광대한 영토를 일원적으로 통치한다는 거의 불가능해 보이기까지 하는 어려운 과업에 대해 중앙집권적 지배체제를 현실적으로도 상당히 엄격하게 관철시키고자 하였으며, 지역적으로 멀리 떨어져 있을 뿐만 아니라 자연지리 환경이 중원과 달라 통치에 어려움이 있었을 남방지배에 적극적이었음을 확인할 수 있다.

2. 남방의 군현화와 지역발전

1) 군현지배의 지역 차

진한의 군현지배가 지방에서 관철되는 가운데 빚어지는 향리鄕里의 구舊지배질서와의 마찰은 춘추 이래의 구현舊縣이 집중된 관동지역에서 빈발하였다.[23] 향속鄕俗의 문제 외에도 한초까지도 각 지역의 언어가 달랐

---

22 李成珪, 「前漢 縣長吏의 任用方式: 東海郡의 例－尹灣漢簡〈東海郡下轄長吏名籍〉의 分析」, 『歷史學報』160, 1988, pp. 125-126.

23 春秋 末 晉의 유력 세족의 근거지였던 太原, 上黨郡은 晉 公族의 자손이 많아 이들은 토착 세력으로 토호화하여 향곡에 무단하는 것이 많았다. 이와 같이 오랜 사회관계가 한대의

다. 진시황이 구육국을 통일한 이후 '서동문書同文'정책이 실시되었으며 조정이 지방에 보내는 정령政令, 지방의 조정에 대한 보고는 통일문자를 빌려 진행되었다. 그러나 한초의 사대부들은 선진先秦 경전을 해석하는 데 선진 전적의 언어를 이어 사용했으며 각 지방인들은 각지의 방언을 사용하였다.[24] 유비劉肥를 제왕齊王으로 봉하는 데 제어齊語에 능한 민들을 모아 제로 보냈다고 하여 당시 여전히 각 지역의 풍습과 방언이 서로 통하지 않았음을 알 수 있다.

『사기』「화식열전」에 의하면, 당시 중국의 영역은 남방으로 파촉 주변의 전분滇僰, 공착邛筰 등 서남이西南夷, 초월지지楚越之地, 구의九疑, 창오蒼梧 이남으로 담이儋耳에 이르는 지역까지 포괄하고 있다. 군현지배체제가 완성된 무제기에 서남이, 남방의 월족지역까지 실질적인 제국의 판도 내에 속하게 되었음을 알 수 있다. 그러나 기원전 202년 고조는 오예吳芮를 장사왕長沙王에 봉하고, 남해南海, 계림桂林, 상象의 삼군을 함께 봉하였으나, 이 삼군은 당시 남월왕국의 영역으로 독립되었으므로 이는 허봉虛封이었다. 남무후南武侯 추직鄒織을 남해왕에 봉한 것 역시 허봉이다. 한초 남방지방은 한, 만의 잡거지대였으며 따라서 한이 군국제도를 세웠다고 해도 파군巴郡, 무릉군武陵郡, 남군南郡 등 남방지역은 통치법이 내군內郡과는 달랐을 것이다.[25] 따라서 남방 각 지역이 진한의 군현지배체제에 포섭되는

군현제하에서도 형태를 바꾸어 존속하고 그것이 군현제적 지배를 다양하게 제약하였는데, 이러한 '治難'현상은 太原郡만의 고유한 현상이 아니라 춘추시대 고읍의 사회관계가 형태를 변하여 존속하는 지방에서 나타난다(曾淵龍夫, 「漢代郡縣制の地域別の考察 その一ー太原·上黨二郡お中心としてー」, 『中國古代史研究』卷1, 1960, pp. 291-324).

24 周振鶴·游汝杰, 『方言與中國文化』, 臺北, 南天書局, 1988, pp. 85-86.
25 金翰奎, 『古代中國的世界秩序研究』, 一潮閣, 1982, pp. 151-166.

과정을 통해 남방 각 지역의 군현지배의 지역 차를 검토해 보고자 한다.

『운몽진간雲夢秦簡』「어서語書」 가운데 진시황 20년 남군수南郡守 등腾이 공법公法 질서의 한계를 개탄하며 지방관들에게 일체의 향속을 배제한 법령의 엄격한 준행을 요구하는 내용이 기록되어 있다.[26] 남군은 설치 당시 구舊 초민楚民의 강제 천사遷徙와 진인秦人의 일부 신주新住가 병행되면서 구질서의 파괴가 추진된 지역이다. 그럼에도 불구하고 50년이 경과한 이후에도 상황이 심각하였음을 보여 준다. 운몽수호지雲夢睡虎地 진간이 발견된 초지역은 "楚雖三戶, 亡秦必楚"라는 예언이 반영하듯 반진 감정이 거세었으며, 진한시대 전국적 농민반란이 모두 양자강 유역의 남방지역에서 일어났다.[27] 따라서 춘추전국시대 초국의 강성한 세력과 문화가 이루어졌던 이 지역이 진한왕조의 지배에 흡수되는 것은 순탄하지 않았으리라 짐작되지만, 정치적·행정적으로 초지역은 진한의 통일과 동시에 군현화郡縣化 혹은 국國이 설치되어 진한지배체제에 포섭된다.

반면 양자강 상류 파촉지역은 일찍이 전국 진秦에 의해 점령된 후 공자公子 통通이 촉후에 봉해졌으며 30여 년이 지난 기원전 285년에야 비로소 후 대신 촉수蜀守를 두어 본격적인 군현 설치가 가능하였다. 이에 비해 파국에 대해서는 군현을 설치하면서도 군장질서를 그대로 온존시키고 있었으며, 사천 서부고원 지역은 기본적으로 군현지배의 범위에 들어가기는

---

26 "지금 法, 律, 令은 이미 갖추어져 있으나 吏民이 (모두) 사용하지 않고 鄕俗, 淫佚之民이 그치지 않고 있는데, …… 지금 법령이 이미 공포되었으나 吏民이 법을 어기고 간사행위를 그치지 않고 있으며 私好, 鄕俗之心을 바꾸지 않고 있다는 것이 들린다. 令, 丞 이하의 관원이 그것을 알고도 적발하지 않으면 이것은 명백히 명법을 위배하는 것이며 ……"(『睡虎地秦墓竹簡』「語書」, 文物出版社, 1978)

27 B.C. 209년 陳勝, 吳廣의 농민반란은 大澤鄕, 項梁·項羽는 吳縣, 劉邦은 沛縣, 前漢 末 綠林·赤眉亂은 荊州가 주요 근거지였다.

하나 만이가 거주하는 변경지역과 군사적 요충지에 설치하는 행정단위인 도道를 설치하여 통치하였다.[28]

양자강 하류 오吳지역의 경우, 진에 의해 회계군會稽郡으로 편입되었으며 한초 오왕 비濞가 봉해진 후 단양군과 회계군으로 편입되었다. 초의 경우 진秦에 의해 멸망한 후 회계군으로 편입되었으나 일부 백월百越은 진秦의 지배를 피해 산음山陰으로 들어갔으며[29] 산간지역에서는 후한에 이르기까지도 군장제가 유지된 흔적이 있다. 이와 같이 일부 백월은 끝내 진秦에 복속하는 것을 거부했으며, 족적 구성에서 월족의 범위에 속함에도 불구하고 오吳지역에는 군현이 설치된 배경에는, 춘추시대 오국 지배층의 적극적인 중원진출을 통해 그 지배문화는 이미 중원의 질서에 속했으므로 진한의 군현설치가 용이하였다고 이해할 수 있다. 이러한 사실로 볼 때 춘추전국시대 각국 간의 교류를 통해 조성된 사회적·문화적 통합이 진한의 정치적 통합의 기초가 됨을 이해할 수 있다.

그러나 오吳지역의 경우 실질적으로 적극적인 진한 통치의 대상이었는지 의문이다. 오吳지역은 춘추 말 합려, 부차에 의해 중원 패자에 올랐으며[30] 이를 뒷받침하기 위한 경제적 성취도 있었다.[31] 진말秦末에도 양자강 하류 강동지역은 여전히 일정한 정도의 사회조직과 경제기반을 유지하

---

28 金秉駿, 『中國古代 地域文化와 郡縣支配』, 一潮閣, 1997, pp. 17-23; 曾淵龍夫, 「漢代郡縣制の地域別的考察その一 ─太原·上黨二郡お中心として─」, 『中國古代史硏究』 1, 1960; 木村正雄, 『中國古代諸國の形成と構造 ─ 特にその成立の基礎條件』, 不昧堂書店, 1965.

29 『越絶書』 卷2 「吳地傳」 "秦始皇幷楚 百越叛去東名大越爲山陰也."

30 최근 발굴된 蘇州 眞山大墓는 그 규모나 이미 오래전 도굴되었음에도 불구하고 남아 있던 수천 건에 달하는 葬玉과 玉禮器로 볼 때 당시 제후묘를 능가하는 규모로 춘추시대 강성하였던 오국의 일면을 전한다(「江蘇蘇州滸墅關眞山大墓의 發掘」, 『文物』 1996-2).

31 『越絶書』 卷2 「吳地傳」에 의하면 陂, 墟, 墨과 같은 田地가 확인되며 春申君에 의해 이루어진 수리사업을 확인할 수 있다. "無錫湖者 春申君治以爲陂 鑿語昭瀆以東到大田."

고 있었던 듯하며[32] 한초漢初에도 오왕 비濞는 이 지역의 염鹽, 동銅 자원
으로 전국의 망명자들을 불러 모을 수 있었다.[33] 그럼에도 불구하고 사마
천에 의하면 형초荊楚의 강남지역은 원시경제 상태로 묘사되어 있을 뿐만
아니라 전한대 회계지역의 인구 밀도와 연평균 증가율은 매우 낮아 이 지
역의 경제환경이 많은 인구를 부양할 수 없었다고 추측되며,[34] 오吳지역
의 경제는 무제 연간 급격하게 낙후되었음을 추론할 수 있다. 뿐만 아니
라 당시 회계지역은 월족의 활동권에 있었던 듯하며, 무제 초 동구東甌를
민월閩越의 위협에서 구하기 위해 회계에서 병사를 동원하려 했을 때 회
계태수가 이를 거절했다거나, 오월이 서로 공격하는 것에 대해 한 조정에
서 개입하려 하지 않았다는[35] 사실은, 한초에는 아직 회계지역을 장악하
지 못했을 뿐만 아니라 의도적으로 방기하였음을 시사한다. 지역적으로
동남방의 편벽된 지역이기는 하나 춘추시대에 이미 합려, 부차가 중원 패
권을 위해 한구邗溝를 개착하여 양자강에서 회수 유역을 잇는 수로를 마
련했음에도 불구하고 한초에는 이 지역에 대한 적극적인 지배가 이루어
지지 못하였던 듯하다.

　반면 영남嶺南의 남월과 서남이 지역은 한 무제기까지 독립정권을 유지
하였다. 이 지역은 민월, 동월과 함께 한 왕조에 대해 번신관계에 있었으
나 실질적인 권한을 갖고 무제기까지 독립성을 유지하며 중원문화와 밀

---

32 초한전에서 항우가 한군에 쫓기자 烏江亭은 "江東이 비록 작으나 千里의 지방이며 인구도
　　수십만으로 王하기에는 족하다."고 권하였다(『史記』 卷7 「項羽本紀」).
33 『漢書』 卷35 「吳王濞傳」.
34 葛劍雄, 「漢武帝徙民會稽說正誤 － 尊論秦漢會稽丹陽地區的人口分布」, 『歷史地理』 3, 1983,
　　p. 154.
35 『漢書』 卷64 「嚴助傳」.

접한 관계를 가지면서도 또한 일정한 문화적 거리가 있었던 특수한 정치, 문화 구역으로 남을 수 있었다.[36] 무제기의 대외정책이 북방의 흉노 축출과 서역로의 확장에 주력했다고 하지만, 영남지역 역시 지리적으로 험난하여 이들을 제패하기 힘들었을 뿐만 아니라 이들은 일정한 군사역량을 갖고 있어[37] 흉노와 함께 한조를 위협하는 세력으로 존재하였다. 무제가 3년을 소비하여 기원전 111년 남월국을 멸망시킨 후에도 영남지역에 대해 "以其故俗治"하여 월인이나 趙씨왕조 종친을 후에 봉하는 등 이 지역의 습속, 전통을 존중하지 않을 수 없었다. 진시황이 영남지역을 공략하는 데도 3년이 걸렸으며 월인들은 진秦에 대해 '진노秦虜'가 되기를 거부하며 저항했으며, 진말 진秦의 관리였던 조타趙佗가 남월국을 세워서도 '화집백월和輯百越'하는 정책으로 월인 여가呂嘉를 상相으로 삼는 등 월인을 정권에 참여시킴으로써 남월국 지배가 가능하였다.[38] 즉 남월지역은 진한 왕조가 무력만으로는 극복할 수 없었던 당지의 사회질서가 존재하였음을 알 수 있다.

서남이 역시 무제가 전국滇國에 사자를 보냈을 때 국왕 상강嘗羌이 한과 전滇은 어느 나라가 더 큰가 하고 물었다 할 정도로 독자성을 갖고 있었다. 무제는 전국과 야랑국夜郞國에 대해서도 익주군益州郡, 건위군犍爲郡을 설치했으나 전왕滇王, 야랑왕夜郞王에게 왕인王印을 주어 수장으로 삼아 통

---

36 진秦 통일 이후에도 회계 이남 민월지구에는 관리를 파견하지 않았으며 민월왕을 폐하여 군장으로 삼는 군장제를 실시하였으나 실질적으로는 無諸가 통치하여 민월왕국은 여전히 상대적으로 독립성을 유지할 수 있었다. 한 경제시기까지도 영남의 월지역은 평정되지 않아 변군이 설치되지 않았다. 『史記』卷17「漢興以來諸侯王年表」張守節「正義」"景帝時, 漢境北至燕, 代, 燕, 代之北未列爲郡. 吳, 長沙之國, 南至嶺南 嶺南, 越未平, 亦無南邊郡."
37 『漢書』卷64「嚴助傳」"臣聞越甲卒不下數十萬 所以入者 五倍乃足."
38 『史記』卷113「南越列傳」.

치하였으며, 군현이 설치된 이후도 반란이 끊이지 않았다.[39] 반면 조타의 남월국은 한에 대해 독립적이기는 했으나 한왕조의 정치체제를 본떠 군국제를 행했으며 진한의 중앙 관료제도와 같은 정치체제를 시행하였다.[40] 무제에 의해 남월국이 멸망하면서 이 지역의 군현 설치가 저항받지 않았던 데에는 조타왕조 기간에 형성된 정치지배체제와 한왕조와의 문화적 교류가 통합의 바탕을 형성하였기 때문이라고 이해할 수 있다.

이상에서 볼 때, 진秦은 전국시대부터 파촉지역을 시작으로 진시황의 통일 이후 남방지역 전역에 군현을 설치하였으나, 남방지역에 실질적인 중앙집권적 군현지배체제가 관철되기까지에는 각 지역의 중원문화와의 공통성 확보, 일정한 정치조직의 형성에 따른 지역적 편차가 존재함을 확인할 수 있다. 따라서 진한의 통합은 중앙정권의 무력적 우위나 정치력만으로는 가능하지 않으며 통합의 선결조건으로 문화적·사회적 통합이 이루어져야만 하였음을 이해할 필요가 있다. 한편 춘추전국시대를 통해 중원문화와의 통합성을 확보한 오吳지역이 진한의 군현체제 내에서 적극적인 통치가 이루어지지 못하였으며 남월지역이 조타왕조의 통치를 거쳐 비로소 한의 군현제 내에 흡수될 수 있었던 바와 같이, 진한의 군현지배를 지연시켰던 정치현상의 배후에는 서주, 춘추 시대를 통해 남방지역에 확산된 기하인문도 문화와 같은 '만이문화蠻夷文化'의 존재,[41] 즉 남방 만이지

---

39 栗原朋信, 「漢帝國と周邊諸民族」, 『岩波講座 世界歷史』 4, 創文閣, 1970, pp. 456-459; 후한시대에도 이 지방에는 많은 이민족이 거주하고, 후한은 이들에 대해 특수한 租賦를 課하고, 이민족의 수장에 대해서는 종래의 지위를 인정하는 경우도 있었다(『後漢書』 卷86 「南蠻西南夷列傳」).

40 余天熾等, 『古南越國史』, 廣西人民出版社, 1988, pp. 57-80.

41 남방에서는 幾何印紋陶文化가 광동 동북부, 강서 공강·파양호 유역, 복건 민강 유역, 절강 杭嘉湖지구 등 남방 전역에 확산되면서 기존의 지역문화를 대치하는 한편 각 지역문화 간

역에 형성된 사회질서가 있었음을 이해할 필요가 있다.

2) 남방의 지역발전

한대 사회경제에 대한 일반적인 인식은 중앙집권체제하에 관개사업,[42] 순리循吏들의 지역경제개발[43] 등과 함께 이경犁耕과 같은 선진농법이 변방지역에 전파됨으로써 농업경제가 발달하였던 것으로 설명되며,[44] 고고발굴에 의한 문물자료상으로도 우리牛犁에 부착하는 철제 보습은 중국 전역에 걸쳐 발굴되고 있다. 철리鐵犁의 출토는 황하 중하류 유역의 하북, 산서, 섬서, 하북, 산동 등지에 집중되고 있으나 복건, 광서, 사천, 광동 등 강남에서도 보고되고 있다. 그러나 한편 한대 초월지역의 경제에 대해 사마천은 아직 조경粗耕단계로 생산수단이 비교적 낙후하고 어렵채집이 경제생활 가운데 상당히 큰 비중을 차지하고 있는 원시경제 수준으로 묘사하고 있다. 사마천은 양자강 하류의 회계, 초, 파촉, 서남이 지역에 이르기까지 직접 답사한 경험이 있으므로 사마천의 기술은 정확하다고 할 수 있

의 차를 점차 축소 융합하는 경향을 나타내며 만이문화권을 형성하였다(彭適凡, 앞의 책, p. 166; 李伯謙, 「我國南方幾何形印紋陶遺存的分區, 分期及其有關問題」, 『北京大學學報』 1981-1).

42 廬江舒城(오늘날 安徽 廬江 西南)에 七門三堰이 설치되어 2만여 경을 관개하였다. 장강과 주강의 수계를 잇는 興安靈渠, 漢江 유역의 南陽, 蠻河, 漢中 등 灌區, 양자강 하류역의 삼각주, 巢湖지구의 渠堰과 인공운하, 漢江과 渭水 지류를 잇는 '褒斜道'공사, 都江堰灌區의 확장, 滇地 관개 등(馬新, 『兩漢鄕村社會史』, 齊魯書社, 1997, pp. 15-18; 長江流域規劃辦公室, 『長江水利史略』, 水利電力出版社, 1979, pp. 44-45).

43 『漢書』 卷89 「循吏傳」 가운데 文翁, 龔遂, 召信臣 등이 蜀, 渤海, 零陵 등 변군태수로 변방지역에 농업을 장려하고 대규모의 치수사업을 행하여 당지의 경제를 발전시킨다든지 學官을 열어 학문을 장려함으로써 中原의 문화를 전파시킨 행적 등이 바로 이것이다.

44 『漢書』 卷28 「地理志」 가운데 전한 말의 경제판도에서 각 지역의 발전, 변모를 읽을 수 있다.; 曾延偉, 『兩漢社會經濟發展史初探』, 中國社會科學出版社, 1989, p. 148.

다. 이와 같은 사마천이 『사기』 「화식열전」에서 기술한 초월지역 경제는 한대 남방지역 경제에 대한 일반의 인식에 절대적인 근거가 되어 왔다. 그러나 남방 각 지역은 앞서 기술한 바와 같이 지역 사회, 문화 형성에 있어서 중원문화와의 친연성, 진한 왕조하에 있어서 경제적·전략적 중요도, 그리고 진한 왕조하에 있어서의 독립성 등에 각각 차이를 나타내고 있다. 따라서 진한대 남방 각 지역의 지역경제와 문화는 각 지역 사회문화에 따라, 또 진한 정부와의 관계에 따라 각각 어떻게 발전하였는가 하는 문제에 관해 살펴볼 필요가 있다.

촉지역은 풍족하고 기름진 지역으로 진대秦代부터 중앙재정의 부고府庫로 인식될 정도로 중시되었다.[45] 파촉지역은 진秦이 초를 공격하는 데 근거지를 제공하였을 뿐만 아니라 진秦 멸망 후 유방이 파촉, 한중을 근거지로 항우를 이길 수 있었다는 사실에서 진한 왕조에서 이 지역의 중요성을 이해할 수 있다. 따라서 진한은 촉지역의 지배에 상당히 적극적이었다. 진秦은 파촉지역에 진인을 천사시키는 한편 구육국의 귀족들을 천사시켰으며[46] 이들이 가져 온 중원의 선진기술은 파촉의 경제를 발전시켰으리라 짐작할 수 있다.[47] 이러한 조치는 오월, 남월 지역에 죄수들을 천사시킨 정책과 비교된다. 포사도褒斜道에 의해[48] 장안은 촉지蜀地와 연결되어 촉지의 풍부한 물자에 의존하였을 뿐만 아니라 성도成都는 서남지

---

45 『水經注』 「江水一」 引 「益州志」 "沃野天里 世號'陸海' 謂之 '天府'也."; 『史記』 「張儀列傳」 "蜀旣屬秦 秦以益强 富厚 輕諸侯."

46 『華陽國志』 「蜀志」 "乃移秦民萬家實之.", "始皇克定六國 輒徙其豪俠于蜀."; 『史記』 卷7 「項羽本紀」 "秦之遷人皆居蜀."

47 『史記』 卷129 「貨殖列傳」 "蜀卓氏之先 趙人也, 用鐵冶富. 秦破趙, 遷卓氏 …… 致之臨邛."

48 『史記』 卷129 「貨殖列傳」 "然四塞, 棧道千里, 無所不通, 唯褒斜綰轂其口 以所多易所鮮."

구 소수민족 무역의 중심지가 되어 전한 말 장안에 다음가는 제2의 대성시大城市로 발전하였다.[49] 한대 후장풍습에 의해 남겨진 사천지역 화상석, 화상전에 묘사된 제초파종除草播種, 천수당전淺水塘田 등 농경을 비롯해 염장鹽場, 시정市井, 악무백희樂舞百戲, 연음宴飲 등을 통해 당시 번성하였던 이 지역의 경제, 문화를 엿볼 수 있다.[50] 이외에 '호기胡騎'의 형상, 백희악무百戲樂舞 가운데는 서역에서 전해 온 잡기雜技, 심목고비深目高鼻의 서역인의 형상이 묘사되어 있어 실크로드를 통해 장안에 들어온 서역문화의 영향도 볼 수 있어 이 지역이 관중경제권에 속하는 것이 결코 무리가 아님을 알 수 있다.

반면 양자강 하류지역인 오吳지역의 경우에는 한대 철관鐵官이 설치되지 않았을 뿐만 아니라,[51] 강소 사홍泗洪 출토 〈경파도耕播圖〉에 의하면[52] 강회지역은 후한시기 우경이 전파되었던 듯하며, 철리鐵犁가 회수 이남 지역에서는 지역의 규모에 비해 거의 무시해도 좋을 만큼 1, 2점밖에 출토되지 않고 있으며, 오吳지역의 철리의 보고는 아직까지 없어,[53] 전한시대 이 지역에는 우경이 거의 보급되지 않았던 것으로 추정되어 한대 남방지역 농업의 성취에 양자강 하류 오월지역을 포함시킬 수 있는지 의문이다.

---

49 前漢 末 蜀郡의 인구는 124만여 口, 이 가운데 成都는 7만6천여 戶였다(葛劍雄, 『西漢人口地理』, 人民出版社, 1986, pp. 96-103).

50 북방 山東, 河南 지역의 화상석의 題材는 주로 歷史故事나 聖賢人物類, 神仙, 祥瑞의 엄숙한 類인 데 반해 사천 화상전은 생산, 생활 장면을 주로 묘사하고 하고 있어 당시에도 蠻夷의 지역으로 분류되던 巴蜀은 禮制의 속박을 덜 받는 가운데 낭만적이고 환상적인 정서가 표현되어 있다(龔玉, 「巴蜀漢代畵像甎的表現題材及藝術風格」, 『巴蜀漢代畵像集』, 文物出版社, 1998, pp. 7-9).

51 葛劍雄, 「西漢鹽鐵工官及主要交通線分布圖」.

52 「江蘇泗洪重崗漢畵像石墓」, 『考古』 1986-7.

53 蘇文, 「從考古資料看兩漢時代的江蘇經濟」, 『東南文化』 1989-3, p. 180.

오吳지역이 진한의 중앙집권체제하에서 오히려 낙후하게 되었다면 그 원인은 어디에 있을까. 오월지역은 신석기 이래 홍쇠의 편차가 매우 심한 역사적 행보를 나타내는데, 이러한 가운데 양자강 하류 삼각주지역의 저습한 지역적 특징은 침수로부터 생존할 수 있는 공간을 확보하는 것이 발전의 관건이었음을 발견할 수 있다.[54] 그런데 전한시대 평균기온은 오늘날보다 1.5°C 정도 높았으며 기후 상승 결과 중국 동부의 해면은 오늘날보다 2m 정도 높았다고 한다.[55] 그런데 전한시대 오吳지역은 변방지역에 위치하였을 뿐만 아니라 이 지역의 이질적인 풍속과 문화전통은 군현제를 통한 일원적인 통치체제를 실현시키는 데 장애가 되었던 듯하다. 따라서 오吳지역의 특성상 치수가 생존, 발전의 관건임에도 불구하고 적극적인 치수가 이루어지지 못하였을 가능성이 있다. 이러한 결과 춘추전국시대 지방정권에 의해 유지되던 치수체계가 와해됨으로써 오吳지역은 사마천이 직접 목도하였을 원시경제 상태로 몰락하게 되었을 가능성이 있다.

이에 비해 오吳지역과 같은 월족문화의 배경을 갖고 있던 남월국의 경우, 무제기까지 일정한 독립성을 보지保持하며 한과 화친관계를 맺고 금, 철, 농기구, 우牛, 마馬, 양羊을 중원으로부터 수입하여[56] 철기와 우경을 사

---

54 선석기 말 良渚文化시대 당시 건조해진 기후의 영향으로 양자강 삼각주 대부분 지역이 인간이 활동할 수 있는 공간으로 확보되었으며, 또한 양저인들은 거대한 규모의 인공 高臺土塚을 쌓아 침수의 피해를 피하였다. 『越絶書』「吳地外傳」에 의하면 오국인들은 '虛'라든지 '陂'라고 하는 제방을 쌓아 圍田을 개발하였음을 알 수 있으며, 이러한 호수의 간척에 의한 수전화는 난공사로 공권력에 의한 대규모의 노동력의 조직과 기술이 필요하다.

55 王開發,「根據孢粉分析推論滬杭地區─萬多年來的氣候變遷」,『歷史地理』, 創刊號, 1981.

56 『漢書』卷95「兩粤傳」. 광주, 광서 貴縣 등지 한묘에서 鎌, 鍤, 斧, 鑿 등 철농구가 출토되었다.

용하였던 것으로 인식된다.[57] 1983년 광주 상강산象崗山에서 발굴된 남월왕묘에서 대형 남월식 정鼎, 70여 건의 야주공구, 철검, 철모鐵矛 등의 무기가 출토되었는데, 이는 남월국이 이 시기 이미 주철기술을 습득하고 있었음을 나타낸다. 뿐만 아니라 남월왕묘 묘주는 옥의玉衣를 입어 한대漢代 황제, 황후, 제후왕의 장의를 모방했으며 이 묘에서 출토된 편종, 편경, 편요 등은 중원의 예악제도를 향유하였음을 나타낸다.[58] 이에 부장된 정미한 옥기, 토착적 특징이 있는 다량의 청동기 등은 한초 남월지역은 독립적 남월국이 유지되는 동안 한문화의 영향을 받은[59] 지역정권에 의해 그 어느 시기보다도 융성한 지배문화를 발전시킬 수 있었음을 증명한다. 뿐만 아니라 남월국에서는 서주 춘추시대를 통해 남방 전역에서 융성하였으나 진한의 정치적 통합 이후 쇠퇴한 기하인문도의 전통이 이어지고 있었다.

한 무제에게 복속되기까지 독립을 유지하였던 서남이의 강국 전국滇國의 경우 전전滇문화의 전성시대를 대표하는 진영晉寧 석채산石寨山 전왕묘장군滇王墓葬群에 의하면, 전국戰國 말부터 전한前漢까지 서북내륙문화와 동남해양문화를 결합한 토착문화를 발전시켰다. 전전滇문화 동기銅器 가운데 스키타이문화의 영향을 받은 서북내륙문화가 남천하며 남긴 박투博鬪하는 동물문양의 동기들, 남방지역 전형기물인 동고銅鼓와 이를 발전시킨 저패기貯貝器, 이외에도 7장의 동판으로 만든 동관銅棺과 그 문양은 당시 전국滇國의 야주기술과 문화적 성취를 남김없이 표현하였다. 석채산石寨山에

57 陳國强·蔣炳劍·吳綿吉·辛土成,『百越民族史』, 中國社會科學出版社, 1988, pp. 229-230.
58 廣州象崗漢墓發掘隊,「西漢南越王墓發掘初步報告」,『考古』1984-3.
59 남월국 시기의 묘장 가운데는 한문자가 쓰인 간, 독, 인장 등이 출토되어 한자의 사용은 한문화를 흡수하는 교량이 되었으리라 생각된다(余天熾等, 앞의 책, p. 160).

서 출토된 저패기에는 살인제사의식이라든지 납공, 방직 등 전전滇사회의 독특한 생활이 묘사되어 있다. 저패기의 전쟁 장면 묘사에 의하면, '전전滇' 인人은 전쟁을 중요시하고 주변의 부락으로부터 공납을 받았으며 '곤명昆明'인과 같은 주변 족속을 노예로 삼았던 듯하고, 한 조정의 사자에게 전전滇과 한 가운데 누가 더 크냐고 물었다는 것은 비록 폐쇄적인 사회에 국한되지만 당시 당당하였던 전전滇의 위상을 보여 준다.[60] 그런데 '전왕지인滇王之印'이 출토된 석채산石寨山 M6 가운데에는 '전전滇'인 고유의 기물 외에 순한식純漢式 기물, 동경, 노기弩機, 종, 화폐 등이 포함되어 있어[61] 무제 시기 군현이 설치되면서 중국 내지 경제와 관련이 강화되는 과정을 반영한다. 그런데 전한 중기 이후 전한 말 전전滇지역 묘장에서 출토된 청동기는 10여 건에 불과하여 전한 중기 이전 천여 건에 비해 전국문화滇國文化가 급격히 소멸하는 과정을 나타낸다. 따라서 한의 군현지배에 의한 전전滇왕국의 쇠락은 하나의 지역정권의 소멸만이 아니라 전전滇지역 동남해양문화의 소실로 이어졌음을 알 수 있다.

이상에서 볼 때 남방지역 가운데 진한 중앙정부의 경제적·전략적 중요성에 의해 파촉지역과 같이 발전한 지역이 있는가 하면, 초월지역은 춘추전국시대 지역정권에 의해 강성한 역사적 성취를 이루었음에도 불구하고 진한의 통일 왕조하에 편입되면서 변방에 위치하게 됨으로써 낙후하게 되었다. 남월국과 서남이 전국滇國문화의 성쇠에서도 나타나듯, 지역정권이 존재하는 한 그 지역의 토착문화에 기초한 지배문화가 발전할 수 있었으

---

60 銅農具 가운데 銅犂가 포함되어 있으나 우경이 실시되었는지는 알 수 없으며 당지는 토지가 비옥하고 기후가 알맞아 일찍부터 도작농업이 시작되었을 뿐만 아니라 산량도 적지 않았다(汪寧生, 『雲南考古』, 雲南人民出版社, 1980, p. 69).

61 앞 글, pp. 60-63.

나, 한왕조에 정치적·문화적으로 포섭됨과 동시에 그 지역의 찬란한 지배문화가 소멸하면서 낙후한 변방으로 전락하게 되었음이 밝혀졌다.

또한 경제적 측면에 있어서도 통합국가의 중앙정부가 점령한 각 지역에 선진기술의 전파라는 발전적 기여만 하였는가는 의문이며, 한 왕조의 지방경제에 대한 약탈성에 관해서는 사료상 파악하기 어려울 뿐만 아니라 오늘날 다민족국가를 지향하는 중국의 현황에서 거의 언급되지 않고 있다. 그러나 강족羌族은 노예의 공급원이었으며, 남월을 공격할 때 야랑인夜郎人을 병사로 동원하였으며, 『한서』 「백관공경표」에 기록된 '월기越騎'는 '호기胡騎'와 함께 경사의 성문을 지키는 데 동원되었던 월인 집단이다. 이외에 『한서』 「지리지地理志」의 서남이지역에 집중된 광산자원에 대한 기록과 출토문물 가운데 7장의 동판으로 만들어진 동관 등은 당시 이 지역에 풍부한 광산자원이 있었음을 증명하며, 당시 이 지역에 파견된 관리는 그 부富가 10세世에 미쳤다는 기록으로 볼 때[62] 이 지역 광산자원에 대한 중앙의 지배가 약탈성을 띠었을 가능성은 충분하다. 이러한 점과 관련하여 무제 이후 서남지구 소수민족에 대한 크고 작은 전쟁은 왕망 통치기까지 끊임없이 이어졌으며 이 지역의 반란은 영남, 강남 지구에 비해 특별히 첨예하였으며, 이는 반드시 민족적 모순만이 아닌 중앙정부의 약탈성과도 무관하지 않으리라 생각한다.

---

62 『後漢書』 卷86 「南蠻西南夷列傳」 "益州西部 金銀寶貨之地 居其官者 皆富及十世."; 『漢書』 「地理志」 益州郡 "律高 西石空山出錫 東南䣕町山出銀鉛 …… 從山出銅 ……"

3. 소결

일반적으로 진한의 황제지배체제를 이해하는 데 '천하일가天下一家'의 황제지배체제가 진한 400여 년을 통해 제도적으로 완성되고 이념적으로 관철될 수 있었는가 하는 문제에 관심이 집중되어 왔다. 그런데 중앙집권적 군현지배체제가 실질적으로 관철되는 데에는 중앙정권의 정치력이나 무력의 우위만으로는 가능하지 않은, 문화적·사회적 통합성이 전제되어야 함을 이해할 필요가 있다.

중원문화와 이질적인 남방의 토착문화 전통은 진한의 군현지배 관철을 방해하는 역할을 했으며, 그 과정에서 남방 각 지역은 중앙정권과의 친연성에 따라 촉지역과 같이 중앙경제에 편입됨으로써 발전하기도 했으며, 혹은 오월지역과 같이 변방지역으로 자리매김함으로써 오히려 낙후되기도 하였다. 이에 비해 한초 독립성을 유지하며 한과 교류할 수 있었던 남월국, 전국滇國에서 지역정권에 의해 지배문화가 융성할 수 있었다는 점이 주목된다. 그러나 이들 지역이 한 제국에 흡수되면서 지역정권에 의해 형성된 화려하였던 지배문화는 소멸되고 만다. 이와 같이 양자강 하류 오지역의 쇠락과 남월국, 전국滇國 문화의 소멸로 볼 때, 진한왕조의 군현지배가 지역발전에, 특히 이민족지역 발전에 과연 어떠한 영향을 미쳤는가 하는 관점에서 진한의 황제지배체제를 이해할 필요가 있다.

진한의 군현지배가 정착된 이후 각 지역 발전의 특성을 파악하기란 쉽지 않다. 그러나 삼국에서 서진시기까지 강동지역 묘장에서 나타나는 신정호神亭壺와 같은 예는 진한의 사회적·문화적 통합 내에서도 이어져 내려온 지역문화의 전승을 말해 준다.[63] 따라서 중국의 통합과 분열의 배경

에는 정치적인 문제 외에 이와 같은 지역문화발전의 계승의 문제를 고려
할 필요가 있다.

---

63 神亭壺는 후한의 五聯罐에서 발전했으며, 三國시기에서 西晉에 걸쳐 建康에서 吳郡 吳에
걸친 양자강 하류지대, 남으로 浙江 일대에 걸친 지역에 한해 존재하였다(小南一郎, 「神東
亭壺と東吳の文化」, 『東方學報』 65, 1993).

조엽과 『오월춘추』
한대 지식인의 역사인식

1. 『오월춘추』는 조엽의 저작인가

오늘날 전해지는 오월에 관한 역사서는 『월절서越絶書』와 조엽趙曄의 『오월춘추吳越春秋』뿐이나, 후한後漢에서 당대唐代에 이르기까지 『오월춘추』라는 오吳, 월越 양국의 역사를 기록한 저작이 많이 이루어졌다. 알려진 것만 해도 조엽의 『오월춘추』 외에, 조기趙岐의 『오월춘추吳越春秋』, 장하張曄의 『오월춘추외기吳越春秋外紀』, 작자 미상의 『오월춘추吳越春秋』, 『오월춘추차록吳越春秋次錄』, 곽반郭頒의 『오월춘추기吳越春秋記』, 양방楊方의 『오월춘추삭번吳越春秋削繁』, 황보준皇甫遵의 『오월춘추전吳越春秋傳』 등 8, 9종에 이른다.[1] 그

---

1 周生春, 『吳越春秋輯校匯考』, 上海古籍出版社, 1997, pp. 1-7.

러나『수서』「경적지經籍志」,『구당서』「경적지」,『신당서』「예문지」에는 조엽『오월춘추』12권, 양방의『오월춘추삭번』5권, 황보준의『오월춘추전』10권, 작자 미상의『오월기』6권만이 남아 있을 뿐 그 외에는 이미 산실되었다.『숭문총목』에는『오월춘추』10권과『오월춘추전』10권만이 잡사류로 분류되어 양방의『오월춘추삭번』은 이미 송대에 산실되었으며 또 조엽의『오월춘추』는 이때에 이미 일부가 산실되어 10권이 되었음을 알 수 있다.

오늘날 전해지는『오월춘추』는 후한 조엽의 저술이라고 알려져 있으나, 조엽은 애초에『오월춘추』12권을 저술하였으며 금본『오월춘추』는 10권뿐으로 조엽의 원저와 분권이 전혀 다르다. 뿐만 아니라 금본에 기록된 '합려장녀闔閭葬女'의 내용은『오지기』에서 인용한 조엽『오월춘추』의 문장과 전혀 다르며, '자서걸식子胥乞食'은『태평어람』권59에서 인용한 문장보다 훨씬 구체적인 대화가 덧붙여졌다. 또는『초학기』에서 인용한 '곤축성조곽鯀築城造郭',[2]『태평어람』에서 인용한 '부차사자서夫差祠子胥'[3] 등의 내용은 금본에는 모두 빠졌다. 이로 볼 때 금본『오월춘추』10권은 조엽 저술의 본래 모습이 아님이 확실하다. 그러나 금본『오월춘추』가 조엽 저작이 아니라고 가정한다면 송대 이후 남아 있는『오월춘추』가운데는 황보준의『오월춘추전』일 수밖에 없다. 그런데 오늘날 전해지는 것이 황보준의『오월춘추전』이라고 하더라도,『숭문총목』에 의하면 양방의『오월춘추삭번』5권은 조엽이 저술한『오월춘추』를 번잡하다고 여겨 깎아 내어 5권으로 하였으며 황보준의『오월춘추전』10권은 조엽의『오월춘추』10권과

---

2 『初學記』卷24 "鯀築城以衛君 造郭以守民 此城郭之始也."
3 『太平御覽』卷74 "吳越春秋云 夫差設祭 杯動酒盡."

양방이 5권으로 줄여 쓴 것을 합하여 주를 내었다고 하므로,[4] 황보준의 『오월춘추전』은 양방과 조엽의 저작을 저본으로 편집한 것임을 알 수 있다. 따라서 금본『오월춘추』가 조엽의 원본이 아니며 황보준의 『오월춘추전』이라 하더라도, 조엽은『오월춘추』의 체제를 확정 지었으며 기술의 주요 내용을 완성하였음은 분명하다.[5] 그렇다 하더라도 금본『오월춘추』가 애초의 조엽의 저작과 얼마나 부합하는가 하는 문제는 여전히 남아 있다.

『오월춘추』에 대한 평가는『수서』「경적지」에서 잡사류로 분류한 이래, 『신당서』「예문지」는 소설가류에 포함했으며,[6] 사류로 분류한 사고전서도 "그 서술은 삼대三代의 복서卜筮가 아닌 점술占術 등으로 만연하다."라고 하여[7] 이체잡기적인 아류의 사서로 평가하였다. 『오월춘추』는 편년체 역사기록의 형식을 갖추고 있기는 하나, 점술뿐만 아니라 두 아들을 죽여 허리띠 고리를 만든 전설이라든지 무도한 합려를 떠나 물길을 따라 초소왕에게로 간 담노검湛盧劍, 수신과 싸워 이긴 초구흔椒丘訢의 설화, 월녀와 검술을 겨룬 원공袁公이 원숭이로 변한 이야기 등의 황당한 설화를 주저 없이 서술하였으며, 풍부한 상상력으로 과장된 묘사를 풀어내고 있다. 이러한 점은 오늘날의 관점에서 볼 때 역사서로서『오월춘추』의 사실성, 객관성에 대한 평가를 크게 떨어뜨렸으며, 반면 오월 양국의 쟁패를 극적으로 엮은 역사소설로 문학적인 면이 높이 평가되었다.[8]

---

4 『崇文總目』卷12 雜史類上 "原釋唐皇甫遵注. 初趙曄爲吳越春秋十卷. 其後有楊方者, 以曄所撰爲繁, 又刊削之爲五卷. 遵乃合二家之書, 攷定而注之."

5 曹林娣, 「關于『吳越春秋』的作者及成書年代」, 『西北大學學報』 1982-4, p. 69.

6 『新唐書』 卷59 「藝文志」, 子部.

7 四庫全書, 『吳越春秋』 提要.

8 梁宗華, 「一部値得重視的漢代歷史小說 —『吳越春秋』文學價値初探 —」, 『浙江學刊』 1989-5.

『수서』「경적지」는 조엽의 『오월춘추』를 진秦에 의해 고문 서적이 폐기된 이후 한초에 쓰인 『전국책』, 육가陸賈의 『초한춘추』, 『월절서』의 유를 잇는, 사실을 엮은 책으로 평가하면서도 『춘추』나 『사기』, 『한서』와 같은 정사류에는 속하지 않는 잡사류로 분류하였다.[9] 『수서』「경적지」 사부史部의 분류에서 주목되는 점은 오늘날의 관점에서는 결코 사류로 분류할수 없는 『수신기』도 잡사의 항목에 분류되어 있다는 것이다. 이러한 분류법은 『구당서』에서도 이어져 『수신기』를 사부 가운데 열녀전, 고승전, 문사전, 선영전류와 함께 잡전으로 분류하였다.[10] 잡사의 카테고리에 관해 『수서』「경적지」는 설명하기를, 후한 이래 많은 학자가 구사舊史를 모으고 베껴 일서一書를 이루는 가운데 위항지설委巷之說이나 허망하고 진위를 가릴 수 없는 경우가 있으나 대개는 제왕의 일이며 인간에 관해 널리 살펴그 요점을 취해 갖추었다고 한다.[11] 이처럼 고대 사관에 의하면, 정사正史의 엄정성에서 한층 낮은 단계의 잡사는 물론이고, 그보다도 더 사실에관한 엄격성이 떨어질 뿐만 아니라 인간계와 신계가 상호 교류하는 귀신전, 선영전 등까지도 잡전류로 사부의 카테고리에 포함되었음을 알 수 있다. 이러한 전통사회의 역사인식의 지평에 의한다면 조엽의 『오월춘추』의 역사서로서의 위치는 확고하다.

뿐만 아니라 채용蔡邕이 조엽의 저술 『시세詩細』를 찬탄해 마지않으며 『논형論衡』보다 낫다고 인정했으며, 『후한서』「유림전」에 의하면 한시를

---

9 『隋書』卷33「經籍志」2.
10 『舊唐書』卷46「經籍志」.
11 『隋書』卷33「經籍志」2 "自後漢以來 學者多鈔撮舊史 自爲一書, 或起自人皇, 或斷之近代 亦各其志而體制不經, 又有委巷之說 迂怪妄誕 眞虛莫測 然其大抵 皆帝王之事通人, 君子必博采廣覽, 以酌其要 故備而存之, 謂之雜史."

배워 일생을 학문에 정진하였다고 하는 유학자 조엽이 과연 소설류를 썼겠는가? 더욱이 조엽의 『오월춘추』는 그 이후의 여러 종의 오월사가 일실되는 가운데서도 끈질긴 생명력을 갖고 오늘날까지 이어져 오며 여러 번의 산삭과 증보, 역주가 이어졌다는 사실 역시 조엽의 『오월춘추』가 후일의 소설가류의 평가와는 달리 사서史書로서의 지위가 결코 간단치 않음을 시사한다.

따라서 여기에서는 조엽의 『오월춘추』의 역사서로서의 가치를 복원하려고 하며, 이를 위해서는 고대인의 역사의식 속에서 조엽의 『오월춘추』를 이해할 필요가 있다. 또 나아가 조엽의 역사인식이 『오월춘추』에 어떻게 구현되었는가를 검토함으로써 『오월춘추』의 역사서로서의 가치를 재조명하고자 한다. 이를 위해서는 금본 『오월춘추』가 조엽의 원래 저술에 얼마나 부합하는가 하는 문제가 우선적으로 검토되어야 함은 물론이다.

2. 조엽의 수술과 역사서술

오늘날 전해지는 『오월춘추』에는 저술 동기나 목적이라든가 하는 작자와 관련된 글이 전혀 없을 뿐만 아니라 금본 『오월춘추』는 후한 조엽의 원본과는 상당한 차이가 있으며 후세의 축약과 가필加筆이 덧붙여졌으므로, 『오월춘추』를 통해 일관된 작자의 역사인식을 논하는 것 자체가 일견 무의미하게 보일 수도 있다. 그러나 『후한서』 「유림열전」에 수록된 조엽의 행적에 관한 짧은 기록은 그가 『오월춘추』를 저술한 동기나 목적을 더듬을 수 있는 일말의 단서를 제공해 준다.

조엽의 字는 長君이며 會稽 山陰 사람이며 젊어서 현리가 되어 격문을 받들고 督郵를 영접하였는데, 조엽은 이런 시종의 일을 부끄럽게 여겨 거마를 버리고 떠났다. 犍爲郡 資中縣에 이르러 杜撫를 찾아가 『한시』를 배워 그 術이 극진한 경지에 이르렀다. 20년이 되도록 소식을 끊고 돌아오지 않자 집안에서는 장사를 지내고 상복을 입었다. 조엽은 학업을 마치고 (고향으로) 돌아왔다.[12] 주에서 불러 從事에 임명하였으나 나가지 않았다. 有道로 천거되었으나 집에서 생을 마쳤다.

조엽은 『오월춘추』, 『시세역신연』을 지었다. 蔡邕이 회계에 이르러 『시세』를 읽고 탄식하여 『논형』보다 낫다고 여겼다. 蔡邕이 京師로 돌아와 이를 전하니 학자들이 모두 외우고 익혔다.[13]

조엽의 생몰 연대는 확실하지 않지만 그의 스승 두무杜撫는 어려서 설한薛漢에게 『한시』를 배우고 향리로 돌아와 교수하였는데 제자가 천여 명이나 되었다고 한다. 두무는 후에 동평왕東平王 창蒼에게 벽소辟召되었다. 창은 명제가 즉위할 때 표기장군에 배수되면서 장사연사원長史掾史員 40인을 두었다고 하는데 두무는 이때 벽소되었은 듯하며, 58년이다.[14] 두무

---

12 『後漢書』 卷69下「儒林傳」(中華書局刊)에서는 "曄卒業乃歸"를 "撫卒乃歸"라고 교정하였다. "撫卒乃歸"는 두무가 죽자 조엽이 돌아왔다는 뜻인데, 조엽이 두무의 문하에 들어간 것은 두무가 관직에 나가기 전인데, 두무는 명제 원년(58) 동평왕 창에 의해 벽소되어 장제 건초 (76~84) 중 관직에서 물어날 때까지 관직에 20여 년이나 있었다. 따라서 조엽이 두무의 문하에 들어가 20여 년 공부한 후라면 두무는 생존해 있었다. 따라서 "曄卒業乃歸"가 더 타당하다.

13 『後漢書』 卷69下「儒林傳」"趙曄字長君, 會稽山陰人也. 少嘗爲縣吏, 奉檄迎督郵, 曄恥於廝役, 遂棄車馬去. 到犍爲資中, 詣杜撫受韓詩, 究竟其術. 積二十年, 絶問不還, 家爲發喪制服. 曄(撫)卒乃歸. 州召補從事, 不就. 擧有道. 卒于家."

14 『後漢書』 卷42「光武十王列傳」"及卽位, 拜爲驃騎將軍, 置長史掾史圓四十人, 位在三公上."

264

는 이후 또다시 태위부에 벽소되고, 건초(76~84) 연간에 공거령이 되었다가 몇 달 만에 관직을 그만두게 되었다.[15] 조엽은 아마 두무가 관직에 나아가자 귀향한 것이 아닐까? 조엽이 두무를 찾아갔을 때를 25세 정도라고 가정하면 두무가 동평왕 창에게 벽소되기까지 20년간을 공부했으므로, 조엽은 15년 무렵에 태어났다고 추정할 수 있다. 그렇다면 조엽은 광무제 시 태어나서 명제, 장제 시기에 활동하였다고 추정할 수 있다.[16]

조엽의 관직생활이 현리로서 "격문을 받들고 독우를 영접하였는데, 조엽은 이런 시종의 일을 부끄럽게 여겨 거마를 버리고 떠났다."라고 하는데, 조엽은 거마를 몰고 시중을 드는 현의 말직에 있었던 듯하다. 조엽이 임명된 이러한 현의 말단 속리직은, 지방 호족의 자제들이 임용되는 공조功曹와 같은 주리主吏와 달리 유학의 명성에 의한 출세과정, 혹은 권한이 있는 직과는 거리가 멀었다. 당시 향리에서 지방의 재지의 인물을 추거하는 향거리선鄕擧里選의 선거제도에 의하면 조엽으로서는 문서나 전달하고 거마를 몰고 시중드는 현의 말직에서 벗어나 앞으로 출세할 수 있으리라는 희망에 기댈 수 없었음을 짐작할 수 있다. 입신할 수 없는 현실적인 한계가 조엽으로 하여금 관직을 향한 속유俗儒에서 벗어나 학문에 몰두하게 하였던 듯하다. 조엽은 건위로 가 두무에게서 『한시』를 배우며 20여 년간 학문에 몰두하였다고 하는데, 두무는 당대 『한시』의 일인자 박사 설한에게서 『한시』를 전수받았다. 설한의 제자 가운데에는 조엽과 동향인 회계인會稽人 담대경백澹臺敬伯이 있었으므로 조엽은 담대경백에게서 영향

---

15 『後漢書』卷69下「儒林傳」"弟子千餘人. 後爲驃騎將軍東平王蒼所辟, 及蒼就國, 掾吏悉補王官屬, 未滿歲, 皆自劾歸. 時撫爲大夫, 不忍去, 蒼聞, 賜車馬財物遣之. 辟太尉府. 建初中, 爲公車令, 數月卒官."

16 曹林娣,「關于『吳越春秋』的作者及成書年代」, p. 69.

을 받았을 가능성도 있으나, 멀리 스승을 찾아 건위로 가 두무에게『한시』를 배워 그 '術'이 극진한 경지에 이르렀다고 한다.

「조엽열전」은 조엽이 극진한 경지에 이르렀다는 '術'에 관해 구체적으로 전하고 있지는 않으나, 그가 말년에 천거된 '유도有道'는 그의 '術'과 관련이 있어 보인다. 조엽은 20여 년간 학문을 탐구하다 고향으로 돌아왔을 때 주종사州從事에 임명되었으나 나가지 않았으며 '유도'에 천거되었다고 한다. 이러한 일민逸民적 태도는 비단 조엽만의 독특한 행적이 아니었으며, 당시 '유도'에 천거된 사람들 가운데 대부분이 거절하고 자리에 나가지 않았다.[17] 후한대에 '유도'에 천거된 31명 가운데 23명이 '불응不應', '불취不就', '부지不至', '부도不到', '불행不行'이라고 기록되어 사실상 '유도'의 선거에 응한 사람은『후한서』가운데 8명에 불과하여, 조엽의 거관拒官은 후한 찰거제도察擧制度의 상례라고 할 수 있으며 당시 '유도자有道者'들의 정치적·학문적 경향과 맥을 같이 한다.

조엽이 천거된 '유도'는 '유도술지사有道術之士'라고도 하며 도술의 내용에 관하여는 "정술에 밝고 고금에 통달한 (사인士人)", 더 구체적으로는 "재이, 음양의 도, 천문의 수를 환히 습득한 자"라고 한다.[18]『후한서』에 '유도'로 천거된 사람들의 학문적 성향을 보면, 오경五經 외에 경씨역京氏易, 오행五行, 풍각風角, 도위圖緯 등 수술數術과 관계된 분야에 정통하거나 혹은 성인의 미언대의微言大義로 현세를 예측하는 춘추학에 조예가 깊었음을

---

17 福井重雅,『漢代官吏登用制度の研究』, 創文社, 1988, p. 364.
18『後漢書』卷5 安帝紀 永初 元年 "日有食之 詔公卿 內外衆官 郡國守相 擧賢良方正 有道術之士 明政術 達古今 能直言極諫者 各一人."; 전해에 발령한 현량, 방정 등 선거를 언급하면서, "其百僚及郡國吏人 有道術 明習災異 陰陽之道 璇機之數者 各使指變以聞 二千石長吏 明以詔書 博衍幽隱 朕將親覽."(永初 2年)이라고 하였다.

266

알 수 있다.[19] 그러나 이러한 경향은 '유도'에 천거된 사인들의 학문적 경향으로 한정 지을 수 없다. 예컨대 유흠劉歆도 제자諸子, 시부詩賦와 더불어 수술, 방기方技에도 조예가 깊었다고 하는데,[20] 이처럼 유교경전과 수술에 겸통하는 경향은 후한대에 들어와 더욱 확산된다. 채옹, 장형, 마융과 같은 유학자들도 수술에 조예가 깊었으며,[21] 『후한서』「유림열전」, 「문원열전」에 등재된 인물들 가운데는 '선설재이참위善說災異讖緯', '학도참구극기술學圖讖究極其術' 등이라고 하여 참위와 결합한 한대 유학의 학문적 경향을 쉽게 읽을 수 있으며 후한 유학과 도술의 밀접한 관계를 이해할 수 있다.[22] 그러나 후한 제과制科에 찰거된 자의 학문적 성향을 살펴볼 때, 현량, 방정에 비해 '유도'에 천거된 자들이 도참, 수술에 능한 경향은 더욱 두드러졌음에 틀림없으며, '술'이 지극한 경지에 이르렀다는 조엽 역시 이러한 재이참위 등의 '술'에 능하였음이 분명하다. 조엽의 '술'은 두무를 찾아가 『한시』를 배움으로써 극진한 경지에 이르게 되었다고 하는데, 스승 두무의 사상적 경향에 관해서는 『후한서』 열전의 "심정악도深靜樂道, 거동필이예擧動必以禮."라는 서술 외에는 알 길이 없으나, 두무의 스승 설한은 재이참위를 잘 말하여 건무建武 초初 박사가 되어 조詔를 받고 도참을 교

---

19 福井重雅, 제2장 제2절 표 XII "後漢の制科における被察擧者" 참조.
20 『漢書』卷36「楚元王列傳」"講六藝傳記 諸子·詩賦·數術·方技 無所不究."
21 『後漢書』卷60下「蔡邕傳」"好辭章, 數術, 天文, 妙操音律.";『後漢書』卷59「張衡傳」"尤致思於天文, 陰陽, 歷筭. 常耽好玄經.";『文選』卷18「長笛賦」"融旣博覽典雅, 精核數術."
22 예를 들어, 章帝 建初 4년 賢良, 方正에 천거된 方儲는 風角占候를 비롯해 圖讖, 天文에 정통했으며(『續漢書』卷135「五行志」1), 靈帝 연간에 方正으로 천거된 劉瑜의 학문적 경향은 점후와 재이에 밝았을 뿐만 아니라(『後漢書』卷57「劉瑜傳」) 靈帝 연간에 方正에 천거된 襄楷 역시 천문음양지술을 잘하였다(『後漢書』卷30下「襄楷傳」).; 漢代 數術學에 관해서는 崔振默, 『漢代 數術學研究-漢代人의 天·地·人 理解와 그 活用』(서울대학교 대학원 동양사학과 박사학위논문, 2002) 참조.

정하였다고 한다.[23] 설한의 재이참위의 술이 두무를 통해 조엽에게 전수되었을 것임은 물론이다.

범려范蠡와 문종文種은 신하로 오국에 들어온 월왕이 석방되는가 여부를 점쳐 오왕이 석실에 갇힌다는 점괘를 얻는다거나,[24] 또 월왕이 오왕의 신임을 얻기 위해 오왕의 병이 낫는 날을 기약하여 기사己巳일에 이르러 조금 나아지고 3월 임신壬申일에 이르러 병이 나을 것이라고 예언하는 등『오월춘추』에는 시일금기時日禁忌와 관련한 예언이 종종 적용되고 있다. 『오월춘추』에서 이러한 일서日書에 의거한 길흉뿐만 아니라, 고소대姑蘇臺에서 꾼 부차의 꿈을 해석하여 부차가 패망할 것임을 예언하고 범려가 성을 쌓는 데 천문天文을 본떠 성을 쌓았다든지 천기 등을 논한 것 등은 조엽의 수술에 능한 학문적 배경과 결코 무관하지 않음을 알 수 있다.

흥미로운 것은『오월춘추』에서 구천은 오왕의 병이 조금 나아지는 날과 다 낫는 날을 예언하는데, 시대가 조금 앞선『운몽수호지진간雲夢睡虎地秦簡』「일서日書」에 역시 병세가 꺾이는 날, 차도가 있는 날, 자리에서 일어나는 날과 같이 병세에 따른 단계적 예언이 있어,『오월춘추』에서 적용하는 시일에 따른 길흉 예측은 당시 통용되던 일자술日者術에 의한 것임을 알 수 있다.『운몽수호지진간』「일서」에 의하면 무엇보다 당시 시일금기와 관련해 많은 비중을 차지하는 것은 행기일行忌日과 행길일行吉日이었으며,「일서」가운데 행行, 귀행歸行, 도실到室, 망일亡日, 망자조亡者條 등이 이에 속한다.『오월춘추』에는 구천이 오국에 신하로 들어가면서 절강浙江가

23『後漢書』卷79「儒林傳」"薛漢字公子, 淮陽人也. 世習韓詩, 父子以章句著名. 漢少傳父業, 尤善說災異讖緯, 教授常數百人. 建武初 爲博士, 受詔校定圖讖."
24『吳越春秋』「勾踐入臣外傳」第7.

에서 행로신에게 제사 지내는 장면이 묘사되어 있다. 여러 신하가 돌아가면서 술과 포를 바치며 축복하고 이를 마치자 구천은 배에 올라 곧장 떠나 끝내 돌아보지 않았다고 한다.[25] 「일서」 행조行條에 의하면,

大行, 遠行에는 음식을 차리고 歌樂을 하고 가축을 모으고 부부가 한 방을 쓰며, …… 백성들이 길을 나서려 할 때, 문을 나서서는 고개를 돌려 보지 말며 걸음을 멈춰서는 안 된다.[26]

라고 하여 구천의 출행의식은 당시 조도祖道와 부합함을 알 수 있다. 뿐만 아니라 구천은 12월 기사일에 귀국하면서 때가 우중禹中을 지날 때 날을 점쳐 보아 길한 시간에 도착하기 위해 말에 채찍을 가하여 수레를 달려 궁궐로 돌아왔다고 한다. 그런데 행기行忌와 관련한 『운몽수호지진간』 「일서」 행, 귀행, 도실 등에서는 날짜만을 문제 삼으며 우수유禹須臾에서 모식暮食, 일중日中, 식일食日, 단旦 정도의 대략의 시간을 제시하고 있을 뿐이다. 이렇듯 『운몽수호지진간』 「일서」에서는 기일에 있어서 날짜만을 문제 삼으나, 『오월춘추』에서 적용하는 시일금기는 시각까지 고려하고 있어, 진에 비해 조엽이 활동한 후한대의 시일금기가 더욱 정밀하게 운용되었음을 시사한다.

『오월춘추』에서 오왕은 신속臣屬한 월왕을 용서하는 데에도 길일을 택했으며, 이때 범려는 『옥문玉門』에 근거하여 방면의 소식을 접한 무인일戊寅日이 만물이 모두 상하는 때임을 들어 시일의 길흉을 풀이하였다. 이듬

---

25 앞 글.
26 吳小强 撰, 『秦簡日書集釋』, 「行」, 127簡正, 岳麓書社, 2000, p. 93.

해 3월 월왕을 방면하려는 데 대해 오자서는 3월 갑술甲戌은 덕을 해치는 날로, 순종하지 않는 자식이 있으며 군주를 거스르는 신하가 있음을 알게 된다고 경계하며,[27] 구천이 귀국 후 처음 명당明堂에 오르는 날을 택일하였다.[28] 이처럼 『오월춘추』에는 일상생활은 물론 국사에까지 시일금기가 철저히 관철되고 있다.

『오월춘추』에 적용된 이러한 점술과 시일금기는 신의 세계를 넘나드는 설화와 함께 역사서로서의 평가를 폄하시키는 요인으로 꼽는다. 그러나 『오월춘추』에 적용된 시일금기나 점술은 비단 조엽의 개인적·학문적 성향과 연관 지어 이해할 수만은 없으며, 실상 『국어』나 『좌전』에도 천도관에 입각한 점복과 예언이 대거 기록되어, 진晉의 범녕范寧은 『좌전』의 단점을 '무巫'로 지적했고,[29] 송대 유종원은 『비국어非國語』에서 "그 설이 무음한 것이 많아 성인의 도에 나란히 넣을 수가 없다."라고[30] 『국어』를 비판하였을 정도이다.

뿐만 아니라 천天, 신神과 분리된 인간 중심의 역사를 확립했다는 평가를 받는 『사기』에서도 사마천은 「천관서天官書」를 설정하여 천문점의 원리와 기본 공식을 소개했으며,[31] 『한서』 「오행지」는 비정상적인 현상을 재이

---

27 『吳越春秋』 「勾踐入臣外傳」 第7.
28 『吳越春秋』 「勾踐歸國外傳」 第8.
29 范寧 『春秋穀梁傳集注疏』 序 "左氏艶而富, 其失也巫."
30 柳宗元, 『非國語』 序 "其說多誣淫, 不槪於聖."
31 「天官書」는 이후 『遼史』를 제외한 역대 정사의 천문지로 이어졌다. 「율력지」가 역법의 기초가 되는 과학적 자료를 담고 있는 데 반해 「天文志」는 국가, 왕조의 운명과 정치의 길흉에 관련된 국가점성술의 성격이 강하며(川原秀成, 『中國의 科學思想-兩漢天學考』, 創文社, 1996, pp. 18-24) 천문의 이변을 천인상관 재이론의 관점에서 豫兆로 해설하였다. 역대 정사의 「天文志」와 「五行志」의 천인상관의 전통은 歐陽修가 『新五代史』에서 「五行志」를 폐지하고 「天文志」와 상이한 「司天考」의 설정을 통해 천지와 귀신을 '불가지'의 영역으로 밀어 넣고 전통적인 재이론을 부정하면서 비로소 청산되었다(李成珪, 「史官의 傳統과 中國 歷史

災異, 천견天譴의 범주로 편입한 후 인사人事와 결부시켜 해석하였다.[32] 또한 사마천은 유가 경전에 입각하여 사료의 취사를 결정하고 '아순雅馴'하지 않은 신화를 일체 수록하지 않았으며 납득할 수 없는 미신과 황탄을 배격했지만 오히려 「귀책열전龜策列傳」과 「일자열전日者列傳」을 설정하여 천天, 신神, 귀鬼의 의지를 탐색하는 점복가들을 입전하였다. 이는 재이사상災異思想이 이미 현실정치에서 확고한 상식이 되었던 시대상을 반영하지만, 단순한 풍속과 관행의 보고만은 아니었다. 사마천은 "고대 성왕이 여러 가지 의심나는 일을 결정할 때 복서의 결과를 참고하고 최종적으로 시초蓍草와 귀갑龜甲의 점으로 단안을 내리는 것은 불변의 도道"라고까지 칭송하여[33] 복사의 효용성을 『춘추』의 "別嫌疑 明是非 定猶豫"와 동일하게 인정한 것 같다.[34] 이는 천운天運의 이법理法에 대응하는 인간의 당위적 질서의 법칙을 규명하고 이러한 천운에 대응한 질서를 구현하기 위해 천문, 음양, 오행을 다루는 성인의 존재를 긍정한 것인데,[35] 이러한 태도는 태사령太史令으로 천시天時, 성력星曆을 관장한 그의 직분과 결코 무관하지 않았다.

태사령직에 있었던 사마천은 국가 제사와 의례를 관장하는 태상의 속관으로 천시, 성력을 관장하며 신년의 역을 올리고 국가 제사, 상례, 혼례의 길일과 금기 시절을 판단하고 보고하며 재이와 서상瑞祥을 기록하는

敍述의 特色」, 『강좌 한국고대사』 제5권, 2002, pp. 234~257).

32 『한서』 「예문지」는 천문가에 관해 "천문이란 28宿를 정돈하고 5星과 일월의 운행을 추적하여 길흉의 상을 기록하는 것으로 성왕이 정치를 논하는 수단이다."라고 하였다.

33 『史記』 卷128 「龜策列傳」 "王子決定諸疑, 參以卜筮, 斷以著龜, 不易之道也."

34 李成珪, 「史官의 傳統과 中國 歷史敍述의 特色」, pp. 269-271.

35 李成珪, 「『史記』와 易學」, 『西江人文論叢』 14, 西江大學校 人文科學研究院, 2001, p. 132.

관리였으나[36] 스스로는 복축卜祝과 별다름 없다고 자조하였다. 그러나 한편 사마천 자신은 상고 태사 전통의 계승을 자임하였으며, 이러한 그의 태도는 『사기』 저술 의도와 무관하지 않다. 제사와 점복을 관장하는 고대 사관(무巫, 사史, 축祝, 종宗)들은 천체의 운행이 개인과 국가의 흥망을 예고한다고 믿었던 만큼 천체 운행의 일정한 규칙, 즉 천도를 발견하는 데 관심이 있었으며, 축적된 선례와 고사는 실제 점복에 유용한 자료가 되었으며, 이렇게 하여 이루어진 『역경』은 제사와 점복을 관장하는 사관들이 점복과 역사자료, 생활경험과 인생철학을 총괄하여 편찬한 점복서였다.[37] 자연의 신묘한 원리와 과거에 대한 지식으로 미래와 드러나지 않은 것을 알 수 있다고 주장하는 계사전繫辭傳의 단계에서 과거의 지식은 역사라기보다는 단편적인 고사故事에 불과하였을 것이나, 점술과 역사의 불가분의 관계가 선명히 드러난다.[38] 점복자료로 고대 사관史官들에게 축적된 선례와 고사의 전통은 사마천이 『사기』 저술을 통해, "천天과 인간의 관계를 구명하고 고금의 변화를 관통하는 (원리를 밝혀) 일가一家의 언言을 이루고자" 한[39] 것으로 계승되었다. '천관을 관장하는' 존재로 자임한 사마천은 상고에서 현재에 이르는 시변을 깊이 관찰하고 그 정조精粗를 판단하여 천운의 법리에 의한 지상질서의 확립에 참여하고자 하였다.[40]

　'수술'과 역사의 관계를 좀 더 분명하게 보여 주는 자료가 있는데, 마

36 『漢書』卷19上「百官公卿表」奉常; 『後漢書』志第25「百官志」太常條.
37 李成珪,「『史記』와 易學」, pp. 134-145.
38 『周易』繫辭 上 "神以知來 知以藏往."; 繫辭 下 "夫易彰往而察來 而微顯闡幽."
39 『漢書』卷62「司馬遷傳」報任安書, "凡百三十篇亦欲以究天人之際, 通古今之變, 成一家之言."
40 李成珪,「『史記』의 構造의 理解를 위한 試論」, 『史記―中國古代社會의 形成』, 서울大學校出版部, 1987, pp. 20-24.

왕퇴 한묘에서 출토된 백서 가운데 역전의 일종인 「무화繆和」에서는 고사古史를 통해 효사爻辭의 뜻을 해설하였다.[41] 『역』의 본질이 천도를 규명하여 인사를 밝히는 데 있음을 미루어 볼 때, 「무화」의 "사이징역史以徵易", 즉 『역』과 역사지식의 결합은 그 성립에서부터 자연스러운 것이었다. 그런데 「무화」에서 하나의 역사고사를 서술하고 다시 『역』을 증명하는 형식은 『한시외전』에서 역사고사를 인용하고 『시』를 해설하는 형식으로 답습되고 있다.[42] 조엽의 학문적 배경이 되는 『한시』의 저자 한영韓嬰은 『사기』,『한서』「유림전」에 의하면 연인燕人으로 동중서와 함께 무제의 조정에서 활동하던 금문학자이며 『시』보다는 오히려 『역』에 정통하여 역전을 내었으며,『시경』의 뜻을 부연하여 수만 자字에 달하는 『내외전』을 만들었다고 한다. '전'은 본문의 분명하지 않은 의미를 부연하여 창조적인 해석을 가한 것으로, 『한시외전』은 역사고사와 설화를 매개로 하여 독창적으로 『시』를 해석하였다. 한영은 시를 해석하는 데 역사고사를 예증으로 삼았는데, 그의 『역전』이 오늘날 남아 있지는 않지만 이 역시 아마도 『역』을 해석하는 데 역사고사를 예증으로 삼았지 않았을까 추측해 볼 수 있다.[43]

한대 유가사상이 정치의식 형태로 기울면서 이들 유자의 관심과 목적은 궁극적으로 치도治道에 있었으며,[44] 더욱이 한영은 상산왕常山王 유순劉

---

41 廖名春,「帛書『繆和』釋文」,『國際易學硏究』 1, 1995, pp. 36-37.
42 廖名春,「帛書『繆和』,『昭力』簡說」,『道家文化硏究』 제3집, 上海古籍出版社, 1993, p. 208.
43 오늘날은 『한시외전』 10권만이 전해지는데, 이는 바로 『한서』「예문지」의 『韓內傳4卷』과 『韓外傳6卷』이 합해 전하는 것이다. 『한내전4권』이 『한외전6권』 뒤에 붙었으므로 『한시외전』으로 불리는 것이라 추측한다(齋木哲朗,『秦漢儒敎の硏究』, 汲古書院, 2004, pp. 247-254).
44 葛兆光,『七世紀前中國的知識, 思想與信仰世界』 中國思想史 第1卷, 復旦大學出版社, 1998,

舜의 태부가 되어 상산국에 부임하면서 태자교육을 위한 교과서로『한시내외전』을 저술하였다. 따라서『한시외전』의 역사고사들의 내용은 주로 성군, 현사에 관한 것이었으며, 한영은 과거의 역사 속에서 치술의 도와 정치 규범을 찾고자 하였다. 즉,

> 무릇 맑은 거울이란 형체를 비추어 주는 것이요, 지난 옛일이란 오늘을 있게 해주는 것이다. 옛날에 나라를 위태롭게 하고 망쳤던 군주의 잘못은 싫어하면서 앞사람을 따라잡으려는 것과 다르지 않다. 속담에 "관리가 해야 할 일을 모른다면 이미 이루어져 있는 일을 보라."고 하였다. 또 "앞의 수레가 엎어졌는데 뒤따르는 수레가 경계하지 않으니, 뒤따르는 수레도 엎어지고 말지."라고 하였다. 그러니 하나라가 망한 이유를 은나라가 따라 하였고, 은나라가 망한 이유를 주나라가 따라 한 것이다. 그래서 은나라는 하나라를 거울로 삼아야 했고, 주나라는 은나라를 거울로 삼아야 하였던 것이다. (『한시외전』권5장)

라고 하는데, 여기서 과거의 역사는 고제를 준수하는 의미에서의 과거가 아니라, 흥망성쇠와 인간의 길흉이 담긴 인류 경험치의 축적으로 현재의 합리성을 판단하는 기준이 된다. 이들 한대인에게 과거의 역사란 현재를 바로 알기 위한 교훈이라는 보편적인 역사의식을 볼 수 있다.[45]『시』,『역』을 해석하는 데 역사고사를 예증으로 삼은『한시외전』이나「무화」도 그러하지만,『설원說苑』,『신서新書』,『열녀전列女傳』,『안자춘추晏子春秋』등에

---

p. 369.

45 Wu Hung, *The Wu Liang Shrine — The Ideology of Early Chinese Pictorial Art*, Stanford University Press, 1989, p. 153.

서 볼 수 있듯이 고사 수집의 기풍이 한대에 흥하였던 것과 같은[46] 한대 지식인의 역사에 대한 관심은, '춘추지의'가 모든 사회 현상에 대해 타당한 판단원리가 되었던[47] 춘추학 중심의 한대 유학의 경향과 밀접한 관계가 있다. 한대 춘추학의 중심에 있는 동중서의 춘추관은 춘추전국 이래 중국에서 형성된 역사 가운데서 합리성의 근거를 찾으려는 관습을 계승한 것이다.[48]

그런데 한영은 백성과 선비와 군자와 성인의 차이를 논하면서 성인을,

> 역대 군왕의 법도를 닦아 마치 흑백을 구분하듯 훤히 알고, 당대의 변화에 대응하기를 마치 하나 둘을 세듯이 쉽게 하며, 예를 절도에 맞게 행하기를 마치 팔다리를 움직이듯 힘들이지 않게 하며, 변화에 맞추어 공을 이루기를 마치 계절이 운행하듯 자연스럽게 하여 천하에 일정한 질서가 있고 만물이 제자리를 얻게 한다면 이가 바로 성인이다.[49]

라고 하였다. 즉, 천하 운행의 질서를 체득하여 이에 의해 인사를 다스리는 자라고 한다. 이는 마치 사마천이 「일자열전日者列傳」에서, "옛날의 성인은 조정에 나와 관직을 갖지 않으면 반드시 복자卜者나 의자醫者들 사이에 거처한다."라고 하면서 묘사한, 사마계주司馬季主가 시장에서 제자들과 앉

---

46 고사를 통해 치술을 논한 『說苑』, 『新書』는 家學으로서 『詩』를 배운 劉向이 「詩傳」의 형식에 영향을 받아 저술하였으리라는 주장도 있다(齋木哲朗, pp. 677-678).
47 日原利國, 『漢代思想の硏究』, 硏文出版, 1986, p. 8.
48 葛兆光, 위의 책, p. 375.
49 『韓詩外傳』 卷3 "若夫百王之法, 若別白黑, 應當世之變, 若數三綱, 行禮要節, 若運四支, 因化之功, 若推四時, 天下得序, 群物安居, 是聖人也."

아 천지의 근원 원리, 해와 달의 운행법칙 및 음양과 길흉의 근본을 논하는 모습과 흡사하다. 즉,

> 천지의 始終, 일월성신의 운행 규칙을 조목조목 밝히고, 인의를 (기초로 한 도덕의) 세계를 논한 후, 길흉의 징험을 열거하였다. 수천 語에 달하는 (그 말에는) 조금도 이치에 어긋난 점이 없었다.[50]

라고 점복자 사마계주를 조정 밖의 성인 은자의 모습으로 그리고 있다. 그러나 한편 사마천은 같은 편篇에서 "복자卜者란 허황된 말을 많이 하여 사람들의 마음을 사로잡고, 근거도 없이 운명을 좋게 예언하여 사람들을 기쁘게 하며, 멋대로 재난을 예언하여 사람들을 상심시키고, 귀신을 달랜다며 사람들의 재물을 탕진시키며, 후한 사례를 요구하여 사복을 채우는 자들"이라고도 한다.[51] 가학으로 『역』을 전수받은 사마천은 송충宋忠과 가의賈誼의 대화를 통해, "『역』은 선왕 및 성인의 도술이 (함축된 것으로) 인간사의 모든 문제를 두루 관통하고 있다."라고 칭송하였다. 이처럼 인사를 천체 운행에 결부시켜 이해하려는 태도는 한대 사조의 특징이기도 하지만, 더욱이 『역』에 정통하였던 한영은,

> 『易』에는 한 가지 도리가 있으니, 이를 크게 알면 천하를 지킬 수 있고, 중간쯤만 알아도 국가를 지킬 수 있으며, 가까이만 해도 제 몸 하나는 충분히 지킬

---

50 『史記』 卷127 「日者列傳」 "司馬季主復理前語, 分別天地之終始, 日月星辰之紀, 差次仁義之際, 列吉凶之符, 語數千言, 莫不順理."

51 『史記』 卷127 「日者列傳」 "夫卜者多言誇嚴以得人情, 虛高人祿命以說人志, 擅言禍災以傷人心, 矯言鬼神以盡人財, 厚求拜謝以私於己."

수 있다. 이것이 바로 겸괘이다.[52]

라고 하여, 태자의 교육서로 지은 『한시전』에 왕자의 치술 가운데 『역』을 불가결한 위치에 올려놓았다. 그러나 실상 『한시외전』을 살펴보면 천체 운행이라든지 『역』의 점괘에 관한 서술은 거의 없으며, 역사고사로 일관하고 있다. 한영의 『역전』이 '천체 운행의 이치편'이라고 한다면, 『시전』은 천체 운행에 상응하는 '인간세계의 질서편'으로 저술된 것이 아닐까. 한영은 천체 변화의 법칙을 이러한 질서가 펼쳐지는 인간의 장, 역사 속에서 규명하려 하였으며, 『한시외전』의 고사들은 단순한 과거의 예증이 아니라 그 가운데 변화의 질서를 탐구하는 한영의 역사관이 담겨 있다.

『한시』에 20여 년간 몰두한 조엽 역시 이러한 한영의 『역』에 바탕을 둔 역사의식을 계승하였으리라 짐작하기 어렵지 않으며, 조엽이 저술한 『오월춘추』는 당연 이러한 그의 역사인식의 분신이라고 할 수 있다. 따라서 『오월춘추』의 역사서로서의 가치를 절하시켰던 갖가지 점술과 관련한 서술은 당시 한대를 지배하였던 미신의 풍조 때문만이 아니었으며, 천체 운행의 이치에 상응하는 인간 사회의 법칙을 밝히고자 하는, 『오월춘추』를 관통하는 『역』에 근거한 역사의식의 산물이라고도 할 수 있다. 그렇다면 수술이 지극한 경지에 이르렀던 조엽은 천天과 인간의 관계와 고금의 변화를 관통하는 질서를 『오월춘추』 저술 가운데 어떻게 구현하였을까?

---

52 『韓詩外傳』 卷3 "易有一道, 大足以守天下, 中足以守其國家, 近足以守其身, 謙之謂也."

3. 『오월춘추』, 흥망의 역사

『오월춘추』에 구현된 역사인식을 살피기에 앞서 우선 『오월춘추』의 역사서로서의 사실성에 관한 의혹을 검토할 필요가 있다. 조엽이 참고하였음직한 오, 월국의 역사를 전하고 있는 저작은 『좌전』, 『국어』, 『사기』, 『월절서』 등을 꼽을 수 있는데, 이 가운데 『좌전』은 『춘추』의 전으로 『오월춘추』가 『춘추』의 편년적 역사서술 형식을 따르고 있다는 점에서 『오월춘추』 저술의 근간이 되었다고 추측할 수 있다. 그러나 실상 『오월춘추』와 이들 오, 월사 관계 저술들을 비교해 볼 때, 『오월춘추』는 기본적으로 『사기』의 오, 월사 관련 서술을 토대로 저술되었음을 알 수 있다. 오, 월국의 시조에 관한 「오태백전吳太伯傳」, 「월왕무여외전越王無余外傳」은 『사기』 「주본기」, 「오태백세가」, 「하본기」의 기술을 그대로 옮겨 놓았다.[53] 그리고 이어지는 오국사에 해당하는 권2 「오왕수몽전」 역시 수몽 5년 초나라를 쳐서 자반子反을 패배시킨 사실, 수몽 17년 무신武臣의 아들 호용狐庸을 재상으로 삼아 국정을 위임한 사실만이 첨가되었을 뿐 「오태백세가」의 기술을 그대로 따르고 있다. 그리고 여제餘祭와 여매餘昧의 재위기간에 관해 『춘추』는 여제 4년, 이말夷末(여매) 17년이라고 하는 데 반해,[54] 「오태백세가」에 의하면 여제 재위 17년, 여매 4년이라고[55] 하여 서로 상반된 서술을 하는데, 『오월춘추』는 『사기』의 서술을 따랐다. 그리고 권3 「왕료사공

---

53 간혹 太伯을 장사 지낸 곳이 梅里라고 하는 『사기』에 없는 구체적인 기술이 있을 뿐으로, 『오월춘추』에 서술된 오왕의 계보는 「오태백세가」와 완전히 일치한다.

54 『春秋』 襄公 25年(B.C. 548) "吳子遏伐楚, 門于巢, 卒."; 襄公 29年(B.C. 544) "閽弑吳子餘祭."; 昭公 15年(B.C. 527) "吳子夷末卒."

55 『史記』 卷31, 「吳太伯世家」 "十七年 王餘祭卒", "四年 餘昧卒."

278

자광전王僚使公子光傳」은『사기』「초세가」, 「오자서열전」, 「자객열전」을 조합하여 구성되어 있다.

그러나 이어지는 「합려내전」은 사정이 좀 달라, 합려 연간 초楚와의 쟁패 외에 매우 다채로운 일화로 구성되어 있다. 유명한 간장干將·막야莫耶 전설, 수신과 싸운 초구흔椒丘訴 이야기, 합려의 무도함이 싫어 물길을 타고 스스로 초나라로 갔다는 담로검湛盧劍 이야기, 정나라를 구한 어부의 아들 이야기 등은 현실성에서부터 회의적이며 황당무계하기까지 하다. 세인들에게 흥미를 일으키는 이러한 일화들은 오히려『오월춘추』가 갖는 역사서로서의 면모를 가려 왔다. 그러나 비현실적이고 설화적인 일화로 가득 찬 것으로 보이는 「합려내전」은 합려 원년元年의 기록부터 시작하여, 합려가 부상을 당해 죽음에 이르는 마지막 해인 19년 월나라와의 취리檇李의 전쟁에 관한 기록만이 빠졌을 뿐,『사기』「오태백세가」의 합려 연간 기록을 차례대로 충실히 좇아 기술하고 있다. 「합려내전」은『사기』의 「오태백세가」 외에 「초세가」, 「손자열전」이나『좌전』의 좀 더 자세한 기록을 채택하여『사기』의 기록을 대신하거나 덧붙이고 있다. 초 소왕昭王이 영郢에서 빠져나와 수隨로 도망하는 장면, 갓옷과 말 때문에 자상子常에 의해 억류된 채후蔡侯, 당후唐侯에 관한 일화, 초나라를 구하기 위해 진秦나라 궁전에서 7일 낮과 밤을 먹지도 않고 서서 곡을 하였다는 신포서申包胥 이야기와 같은 일화, 합려 10년(기원전 505년) 신포서가 진군秦軍을 데리고 와서 오나라와 전쟁하고 또 이때 오군을 불태우려는 자기子期와 자서子胥의 대화 등은『좌전』의 자세한 기록을 거의 그대로 채록하고 있다. 「합려내전」은 합려의 패권과 관계있는 갖가지 기록, 설화를 모두 모아 합려의 패권과 오국 승리의 역사를 풍부하고 다채롭게 서술하고 있음을 알 수 있다.

조엽이 금문학자今文學者임을 상기할 때, 『좌전』의 채록은 좀 의외라고
도 할 수 있다. 후한 초 광무기光武期에도 『공양公羊』만이 박사博士가 세워
졌기는 하나 한흠韓歆의 상소가 받아들여져 잠시 『좌전』의 박사에 이봉李
封이 세워졌다가 그가 죽은 후 다시 폐해졌으며, 백호관회의白虎觀會議에서
보이는 바처럼 관학의 세계에서 금문의 주도권은 의연히 계속되었으나, 장
제는 『공양』을 배우는 학생들 가운데 선발하여 『좌전』도 배우게 하였다.
『후한서』 본기와 열전의 기록 가운데 『춘추』 삼전의 인용, 근거를 조사해
보면, 삼전 용례의 대부분은 정치, 행정에 관련하여 『좌전』과 『공양』이 거
의 같은 빈도로 대부분을 차지하여, 후한 초 『좌전』은 치용致用의 학學으
로 『공양』에 결코 뒤지지 않았음을 알 수 있다.[56] 『오월춘추』의 서술은 형
식과 내용 면에 있어서도 『공양』보다는 『좌전』에 가까우며 『좌전』의 기
술을 많이 채록하여 후한 초 지식인들 가운데 금고문今古文의 틀을 넘어
서 『좌전』이 널리 읽혀졌음을 여실히 보여 준다.

그러나 「부차내전」은 좀 사정이 다르다. 「부차내전」은 『사기』 「중니제자
열전」 가운데 「자공전」, 『월절서』 「외전기오왕점몽」과 『국어』 「오어」 가운
데 "夫差伐齊不聽申胥之諫", "申胥自殺", "吳晉爭長未成勾踐襲吳", "吳晉爭
長夫差陳兵而得爲盟主", "夫差退于黃池使王孫苟告于周" 등의 오월사 서술
을 토대로 하는데, 우선 부차 원년부터 부차 10년 사이의 기록이 없으며
부차 11년부터 시작한다. 앞서의 「오태백전」에서 「합려내전」까지의 내용
이 『사기』의 해당 기록을 빠뜨림 없이 수록하고 있다는 점에서 볼 때 이

---

56 田中麻紗巳, 『後漢思想の探究』, 硏文出版, 2003, pp. 189-197.

는 의외이다. 그러나 애초에 조엽이 『오월춘추』 12권을 지었는데, 양방의 축약과 황보준의 증보를 거치면서 오늘날 10권이 전해지고 있다는 점을 기억할 때, 우선 이러한 축약과 증보 과정에서 빠졌을 가능성이 있다. 더욱이 『오월춘추』가 형식적으로는 오월국의 시조부터 멸망까지의 역사를 서술함으로써 시작과 끝을 갖추려 하였다는 점에서 볼 때, 합려 말년에서 부차 11년 이전까지의 서술은 조엽이 애초에 지은 『오월춘추』에는 갖추어져 있었음에 틀림없다. 뿐만 아니라 부차 10년까지의 누락된 서술과 부차 11년에서 시작하는 「부차내전」의 전개과정에서 빠진 서술의 내용 대부분은 부차의 패자覇者로서의 활약과 관계된 역사적 사실들이다.

부차 2년 월을 공격하여 부초夫椒에서 패배시켜 고소姑蘇의 전쟁을 보복한 것을 시작으로, 채蔡 소공昭公의 요청으로 채蔡를 주래州來로 천사시켜 회수淮水를 장악한 이후, 제齊, 노魯를 토벌하고 한구邗溝를 개착하여 본격적으로 중원으로 진출하는 발판을 마련하였으며,[57] 부차 13년 노魯, 위衛의 군주를 소환하고, 부차 14년에 황지黃池에서 회맹을 주관하기까지 오군吳君이 있는 곳에 제후가 감히 이르지 않음이 없다는[58] 정도에까지 이른 오의 패권에 관한 중요한 성취들이 모두 생략되었다. 대신 부차 11년부터 시작하는 「부차내전」은 자공이 사신으로 와서 오, 월을 오가며 부차의 교만함을 부추겨 제와 전쟁하게 하는 사건에서 시작하여, 충신 오자서를 죽이고 부차 자신이 도망 끝에 죽음에 이르는 패망의 역사이다.

춘추오패설은 전국시대에 시작되어 여러 설이 있으나, 『묵자』 「소염所染」, 『순자』 「왕패王覇」에서는 오패를 제 환공, 진 문공, 초 장왕, 오 합려,

---

57 주 60 참조.
58 『公羊傳』哀公 13年 "重吳也. 曷爲重吳. 吳在是則 天下諸侯莫敢不至也."

월 구천이라고 하며, 한대 『풍속통의』 권1 「오백五伯」에서는 오패에 제 환공, 진 문공, 진 목공, 송 양공, 초 장왕을 꼽으며, 『백호통』 「호號」에서는 송양공 대신 오 합려를 꼽으며, 『한서』 「제후왕표」 안사고顏師古 주注에서는 초 장왕 대신 오 부차를 꼽고 있다. 한대까지 오나라의 패권은 일반적으로 합려에 의해 성취된 것으로 인식되었음을 알 수 있다. 「부차내전」에 부차의 패권에 관한 위세가 모두 생략되어 있는 것도 이러한 인식과 궤를 같이하는 듯하다. 그런데 과연 조엽의 12권 『오월춘추』 「부차내전」에서도 과연 부차의 패망에만 집중하였을까? 오의 패망의 원인에 관해 『한시외전』은 위魏 문후文侯와 이극里克의 대화를 통해,

"오나라가 망한 까닭은 무엇입니까? 이극은 '자주 싸워 승리한데 있지요.'라고 대답하였다. …… 자주 싸우면 백성들은 피로해지고 자주 이기면 임금은 교만해지게 마련입니다. 교만해지면 방자해지고 방자해지면 극단까지 가지요. 상하가 모두 극단으로 치달았으니 오나라가 망한 것은 오히려 늦은 셈이지요. 이것이 바로 부차가 干邃에서 자결한 이유입니다."[59]

라고 하여 오국의 패망의 역사는 바로 합려, 부차 연간의 오국의 잇단 승리에 그 연원이 있다고 이해하였다. 한영의 오국의 멸망, 부차의 패망에 관한 인식은 곧 오국사에 관한 조엽의 역사인식으로 연결해도 무리가 없으며, 즉 조엽은 부차의 패망에 이르는 전 단계로 부차 연간의 패권을 인식하였음을 알 수 있다. 금본 『오월춘추』 「부차전」이 부차 11년(기원전 485)

---

59 『韓詩外傳』 卷10 "吳之所以亡者, 何也? 里克對曰 數戰而數勝. …… 數戰則民疲, 數勝則主驕; 驕則恣, 恣則極. 上下具極, 吳之亡猶晚矣. 此夫差所以自喪於干邃."

부차의 제나라 토벌부터 시작하는 것 역시 이러한 부차 연간의 오나라 패망의 원인에 관한 인식과 밀접한 것 같다. 조엽이 애초에 부차 원년부터 서술했다고 하더라도 부차 11년 이전에 중원 제국에 위세를 떨치는 부차의 패권에 관해 응당 서술함으로써,[60] 부차의 잦은 승리가 가져올 오나라 패망의 전주곡을 설정하였을 뿐만 아니라 부차 연간에 교차되는 흥패의 역사를 그렸음에 틀림없다.

『오월춘추』 오국 패망의 역사 서술은 월국 흥성의 역사로 이어진다. 월국사에 해당하는 후반 5권 가운데 첫 번째 권인 권6 「월왕무여외전」의 월의 시조에 관한 것을 제외하고는 나머지 4권이 구천의 치세를 집중 서술하고 있다. 시조 무여가 우의 후예라고 하여 우의 치수에 관해 『사기』 「하본기夏本紀」에 근거하여 서술하였으나[61] 이후 월국사의 시작, 구천 치세

---

60 「부차내전」에 누락된 부차 연간의 역사는 『사기』 「오태백세가」, 『춘추』, 『좌전』에 의하면 다음과 같다.

부차 원년(B.C. 495), 大夫 伯嚭를 太宰로 삼다.

부차 2년(B.C. 494), 월을 夫椒에서 패배시켜 檇李의 전쟁을 보복하였다. 8월에는 당시 楚에 복속한 陳을 침략하여 초를 위협하였다.

부차 3년(B.C. 493), 蔡 昭公의 청에 응해 蔡를 州來로 천사시켰다.

부차 7년(B.C. 489), 陳이 초에 복속하자 진을 토벌하였다. 여름에 魯 叔還과 柤에서 회합하였다.

부차 8년(B.C. 488), 魯 哀公과 鄫에서 회맹하면서 魯로 하여금 百牢宴禮를 베풀게 하였다. (周制에 의하면 주왕이 제후와 회합할 때의 宴禮가 12牢이다. 牢는 소, 양, 돼지의 세 犧牲을 말한다.) 이 해 노가 邾를 쳤는데, 오가 邾를 구하였다.

부차 9년(B.C. 487), 邾 때문에 노를 토벌하여 노와 맹약을 맺고 돌아왔다. 오왕은 태재 비를 시켜 邾를 토벌하고 邾子를 잡아 가두었다.

부차 10년(B.C. 486), 봄에 齊侯가 公孟綽을 사신으로 보내 오나라에 군대를 거절하였다. 가을에 양자강에서 회수를 잇는 邗溝를 개착하여 적극적인 북방 진출의 기초를 마련하였다.

61 「하본기」에 기초하여 서술되었으나 우가 치수하는 데 宛委山 神書의 도움을 받는 등의 신이한 내용이 더하여졌다.

에 관한 나머지 4권은 『사기』「월왕구천세가」와 무관하게 전개될 뿐만 아니라 권7 「구천입신외전」은 구천 원년에서 4년까지의 서술이 생략된 채 구천 5년에서 시작한다.[62] 이는 조엽의 월국사에 관한 관심이 구천에게 집중되었다기보다 우선 사료의 문제와도 관련이 있다. 『사기』「월왕구천세가」도 월국사에 관한 부분은 소략할 뿐만 아니라 연대도 분명치 않으며, 『좌전』에도 월국에 관한 기록은 전적으로 소외되어 있다. 월국은 구천이 부차를 패배시킴으로써 비로소 중원의 역사무대에 본격적으로 등장하였으나 『좌전』은 부차 멸망 바로 다음 해에 끝을 맺음으로써 월국사에 관한 서술이 거의 없다. 이외에 『국어』의 월국사 서술 역시 모두 구천의 치세에 관한 것뿐이다.

『오월춘추』 7권에서 10권까지 「구천입신외전」, 「구천귀국외전」, 「구천음모외전」, 「구천벌오외전」의 구천의 치세에 관한 서술은 편년적 역사적 사실보다는 일화들로 채워져 있는데, 대부분이 『국어』「오어」, 「월어」, 『월절서』에서 일화들을 취하였다. 「오어」, 「월어」 가운데 『오월춘추』에 수록되지 않은 부분은 「월어」 상上 "勾踐滅吳" 가운데 구천이 막 회계에 올라가 명하는 부분, 「월어」 하下 "范蠡佐勾踐滅吳"의 장문의 범려의 간언, 「오어」의 "越王勾踐命諸稽郢行成于吳", "吳王夫差與越荒成不盟", "奚斯釋言于齊"의 글이며, 이 가운데 "越王勾踐命諸稽郢行成于吳", "吳王夫差與越荒成不

---

62 「월왕구천세가」에 의하면, 구천 3년 夫椒戰에서 패배한 후 회계에 머물다 귀국하였으며, 오나라에 질자로 간 것은 범려였다. 따라서 오나라에 노복으로 들어가는 장면을 묘사한 「구천입신외전」은 「월왕구천세가」의 기록과는 무관하게 전개되고 있으며, 「구천귀국외전」 역시 구천 7년 구천이 오나라에서 귀국하였다고 하나 이러한 편년은 근거를 알 수 없으며, 구천이 오나라에서 귀국한 후의 와신상담을 전하고 있으나, 이는 『사기』에 의하면 회계에서 돌아온 후의 기록에 의거하고 있다.

盟"은 『오월춘추』의 「구천입신외전」에서 빠진 구천 3년 부초夫椒의 전쟁과 관련된 내용이다. 그렇다면 『오월춘추』의 월국사 서술 범위에 상당하는 대부분의 『국어』 자료가 모두 『오월춘추』에 채록되었음을 알 수 있다.

이처럼 『오월춘추』는 형식상 편년체 서술로 오, 월국의 역사를 기원부터 시작하여 멸망까지 서술하고 있으나, 권1은 오국의 시조에 관해 서술하였고, 권2 「수몽전」은 수몽에서 제번諸樊, 여제餘祭, 여매餘昧에 이르는 왕위 계승이 간략히 서술되어 있으며, 권3 「왕료전」은 사실상 오자서전이나 다름없다. 그리고 권4 「합려전」과 권5 「부차전」 두 전에 오국사에 해당하는 5권 전체 분량의 2/3를 할애하고 있다. 월국사의 경우 권6이 월의 시조 무여에 관해서이며, 이후 4권 모두 구천과 오국 관계를 중심으로 구천의 오나라 정벌까지를 마지막으로 서술을 끝내고 있다. 따라서 『오월춘추』는 편년체 형식에 따라 시간적 흐름을 좇고 있지만 시간의 장단과 사건의 번잡하고 간략함을 작가 임의대로 하여, 시간적으로 합려, 부차와 구천 시기 오, 월국의 쟁패와 흥망이 교차하는 50여 년간의 역사를 집중하여 서술하고 있다.

따라서 『오월춘추』는 곧 흥망의 역사이다. 『오월춘추』는 오나라와 월나라의 흥패의 교차뿐만 아니라, 동시에 부차 연간의 흥망의 교차를 그렸으며, 또 이와 대비하여 구천의 흥망이 교차하는 역사를 서술하면서 구천 치세의 처음을 구천 5년 구천이 오나라에 노복으로 들어가는 장면으로 시작하였다. 조엽이 오, 월 시조의 연원에서 시작하는 형식에 집착하였음을 볼 때, 형식적으로나마 구천 5년 이전의 사건들이 서술되었음에 틀림없다. 뿐만 아니라 구천 원년의 취리檇李 전투, 구천 3년 부초夫椒 전쟁은 오월상쟁의 드라마가 시작되는 발단이 된 역사적인 전쟁이었다. 그러나 이러한 중요한 역사적 사실이 후에 『오월춘추』의 축약과 증보 과정에서 누락되었다 할지라도, 「구천전」의 시작을 구천이 노복으로 들어가는 장면에서 시작하는 것은, 구천이 와신상담 끝에 오나라를 멸망시키고 패자가 되는 『오월춘추』가 구현하려는 홍망의 역사를 극적으로 표현하는 홍미롭고 효과적인 구성임에 틀림없다.[63] 조엽은 부차가 패자가 되었다가 망하는 과정과 구천이 부차에게 패배한 후 부차의 노복이 되었다가 결국은 승리한다는 극적 설정을 통해 부차, 구천 개인에게서 구현되는 홍패와, 크게는 오월의 홍망 교차의 역사를 서술하였다.

그런데 이러한 오나라와 월나라의 홍망의 교차에 관해, 『오월춘추』에서 자서는 오왕에게 간하기를,

"옛날에 桀이 湯을 가두고 죽이지 않았으며, 紂가 文王을 가두고는 죽이지 않았는데, 天道가 돌아 반대로 가니 화가 돌아 복이 되었습니다. 따라서 하는 탕에 의해 주멸되고 은은 주에 의해 멸망하였습니다. 지금 대왕께서는 이미 월군을 가두었는데 죽이지 않으니 …… 하, 은의 우환이 없을 수 있겠습니까?"[64]

라고 하여, 천도의 운행에 따라 화는 돌아 복이 되며 하, 은, 주 왕조의 홍망이 순환되며, 오, 월의 역사도 이러한 순환, 변화의 역사 가운데 있음을 말한다. 부차는 황지의 회맹을 주관하여 패권을 확인하는 것을 정점으

---

63 『사기』「월왕구천세가」에 의하면 오나라에 질자로 간 것은 범려였으나, 구천이 오나라에 노복이 된 사실은 『국어』「월어」 하의 기록에 의한 것이다("令大夫種守于國 與范蠡入宦于吳.").

64 『吳越春秋』「勾踐入臣外傳」第7 "昔桀囚湯而不誅, 紂囚文王以不殺, 天道還反, 禍轉成福. 故夏爲湯所誅, 殷爲周所滅. 今大王旣囚越君而不行誅, 臣謂大王惑之深也. 得無夏, 殷之患乎?"

로 몰락의 길로 접어들었으며, 구천은 오나라에 노복으로 가는 처지에서
운명이 돌아 끝내 오나라를 멸망시키고 승자가 되었다. 이는 마치 한영이
『한시외전』에서 말하는 바와 같다. 즉,

> 무릇 天道는 (가득) 찬 것을 이지러뜨려 겸손한 것을 더해 주고, 地道는 찬 것
> 을 변화시켜 겸손한 데로 흐르게 하며, 귀신은 찬 것을 해치고 겸손한 것에 복
> 을 내리며, 人道는 가득 찬 것을 싫어하고 겸손을 좋아한다.[65]

라고 하여 천도, 지도, 인도는 동일한 질서에 의하며 그 변화 원리는 곧
"일음일양壹陰壹陽", "일단일장壹短壹長", "일회일명壹晦壹明"이라는 것이다.
「계사전」에 의하면 『역』은 천도, 지도, 인도를 구비하고 있으며 천지天地
의 변화에 순응할 수 있는 원리와 아울러 만물의 변화와 운동에 대응하
는 변통의 원리를 구비하고 있다고 한다.[66] 『한시외전』의 변화의 천도관
은 다름 아닌 '역'의 세계이다. 「무화」는 "天道毀盈而益嗛"의 영盈에서 겸
嗛으로의 변화 원리를 역사 속에서 좀 더 구체적으로 서술하고 있다. 즉,

> 天의 道는 한 번 음이 되면 한 번 양이 되고, 한 번 짧아지면 한 번 길어지고,
> 한 번 어두우면 한 번 밝은 것이니 인도도 □(이와 같다?). 이 때문에 湯은 呂에
> 서 곤궁하게 되고, 文王은 羑里에 잡혀 있었으며, 秦穆公은 殽에서 곤궁하게 되

---

65 『繆和』35行 "…… 聰明復知守以愚 ……"; 39, 40行 "子曰 天道毀盈而益嗛, 地道銷[盈而]流
嗛, 鬼神害盈而福嗛, [人道]惡盈而好溓."(陳松長, 「馬王堆帛書《繆和》,《昭力》釋文」, 『道家文化
硏究』 제6집, 上海古籍出版社, 1995); 『韓詩外傳』 卷3 "聰明睿智, 守之以愚者善, …… 夫天
道虧盈而益謙, 地道變盈而流謙, 鬼神害盈而福謙, 人道惡盈而好謙."
66 『周易』 卷8 繫辭 下 "易之爲書大也 廣大悉備 有天道焉 有人道焉 有地道焉.", "爻也者效天下
之動.", "道有變動故曰爻."

고 齊桓公은 長釣에서 욕을 당하였으며, 越王勾踐은 會稽에서 곤궁하게 되었으며, 晉文公은 驪氏에서 곤궁하게 되었으나 …… 古古 지금에 이르러는 천하의 패자가 되었으니 ……[67]

라고 한 것이 바로 그것이다. 『한시외전』에는 음양陰陽, 장단長短, 회명晦明이 교차하는 변화발전의 역사관, 즉 『역』에 근원을 둔 역사관이 자리 잡고 있음을 이해할 수 있다. 『곽점초간』 「어총」 1에 "역易은 천도와 인도를 만나게 하는 원리"[68]라고 하며, 이는 『사기』를 저술하면서 "窮天人之際" "通古今之變"하려 했던 사마천이 『사기』 저술을 통해 "정역전正易傳"하고자 하였던 것과 궤를 같이한다. 사마천은 『역』의 세계에 대응하는 인간의 질서를 역사 속에서 찾아보고자 했으며, 사서로서의 『춘추』와[69] 『역』을 결합시킨 초유의 역사서로서 『사기』를 저술하였다.[70] 조엽이 『오월춘추』를 저술하는 데 당시의 오월사 자료 가운데서 『사기』를 근간으로 하였음은 앞서 살핀 바와 같지만, 자료로서뿐만 아니라 역사관 역시 영향을 받았음을 짐작할 수 있다. 뿐만 아니라 『한시』를 통해 전수된 한영의 『역』의 세계관은 『오월춘추』를 통해 오월의 흥망이 교차하는, 즉 음양, 장단, 회명이 교차하는 변화발전의 역사관으로 구현되었다.

앞서 인용한 「무화」 이단二段에서도 월왕 구천을 탕, 문왕, 진 목공, 제

---

67 『繆和』 5, 6行 "凡天之道, 壹陰壹陽, 壹短壹長, 壹晦壹明, 夫人道占(譎)之. 是故湯□□王, 文王約(拘)於(牖)里, [秦繆公困]於(殽), 齊(桓)公辱於長(勺), 戉(越)王勾賤(踐)困於[會稽], 晉文君困[於]驪氏, 古古至今, 柏(伯)王之君 ……"
68 『郭店楚墓竹簡』, 「語叢」 1 "易所以會天道人道也."
69 『郭店楚墓竹簡』, 「語叢」 1 "春秋所以會古今之事也."
70 李成珪, 「『史記』와 易學」, pp. 122-145.

환공, 진 문공과 마찬가지로 곤궁한 처지에 놓였다가 결국은 패자가 되는 예로 들고 있는데, 구천이 오에 의해 고난을 받고 다시 오吳를 전복시키는 오, 월의 홍망성쇠의 과정은 "일음일양", "일단일장", "일회일명"의 천도天道 원리의 표본이었다. 조엽이 춘추 말 짧은 기간에 이루어진 오, 월국의 홍망성쇠에 초점을 맞춰 『오월춘추』를 서술한 것은 단지 극적인 홍미로움 때문만이 아니라, 「무화」, 『한시외전』, 『사기』에서 볼 수 있는 성쇠盛衰, 변화발전의 역사관과 일맥상통하는 것임을 이해할 수 있다.

4. 오월사의 중국사 편입

『오월춘추』는 오, 월의 시조에서 멸망까지의 형식상 편년체 서술이라고는 하나, 앞서 살핀 바와 같이 합려, 부차, 구천 치세의 50여 년간의 역사에 서술이 집중되어 있을 뿐만 아니라, 권3 「왕료사공자광전」은 오자서의 행적에 집중되어 오자서전이라고 하는 편이 오히려 적당한 것처럼 한 인물이나 사건 전말을 집중적으로 서술하고 있어, 내용상으로는 기전체의 서술이나 다름없다. 뿐만 아니라 『오월춘추』는 오월상쟁의 역사 가운데 오자서, 백비, 범려, 요리要離 등 인물에 관해 극적으로 묘사함으로써 오늘날까지 선명한 인상을 전한다.

오월의 쟁패 과정을 통해 조엽은 합려, 부차, 구천이 패업을 일으키는 것을 돕는 오자서, 범려, 문종과 같은 현신들을 드러내고 있으며, 동시에 초나라와 오나라가 곤궁한 처지에 빠지는 과정에는 비무기, 백비 같은 간신이 있었음을 극명하게 대비시키고 있다. 이는 조엽이 국가의 홍망은 천도의 순환에 의해 변화하는 것이라고 인식하면서도 국가 흥망의 변화 발전의 역사에 관여하는 인간의 역할을 크게 의식하였기 때문이다. 이는 마치 사마천이 이 세계를 천체와 같이 움직이는 운동체로 보면서도 정치를 창조하고 움직이는 주체는 개개의 인간이라고 여겨 열전을 통해 인간의 역사를 서술한 것과도 상통한다. 『한시외전』에는 나라의 흥망과 신하의 관계에 관해 다음과 같은 극적인 주장이 있다.

제후에게 간언을 하는 신하 다섯 명만 있으면 비록 도가 없어도 그 나라를 잃지 않을 수 있다. 옛날에 오왕 夫差는 무도하여 아버지 합려의 장례에 한 市의 백성을 모두 몰아 함께 묻기까지 하였다. 그런데도 즉시 망하지 않은 것은 오자서가 있었기 때문이다. 오자서가 죽고 나서 월왕 구천이 오나라를 치려 하자 그의 신하 범려는 이렇게 간하였다. "오자서의 계책이 아직 오왕의 뱃속에서 잊혀지지 않았습니다." 그리하여 오자서가 죽은 뒤 삼 년이 되어서야 월나라는 그를 칠 수 있었다.[71]

또한 조엽은 오자서의 입을 통해 충신과 나라의 흥패 관계를 다음과 같이 말한다.

충신은 입을 가리고 아첨꾼이 곁에 있다. 정치는 무너지고 道는 파괴되었으며 아첨은 끝이 없다. 사악한 말과 거짓말을 하여 굽은 것으로 곧다 한다. 아첨하

---

[71] 『韓詩外傳』卷10 "諸侯有爭臣五人, 雖無道, 不失其國. 吳王夫差爲無道, 至驅一市之民以葬闔閭. 然所以不亡者, 有伍子胥之故也. 胥以死, 越王勾踐欲伐之, 范蠡諫曰 子胥之計策, 尚未忘於吳王之腹心也. 子胥死後三年, 越乃能攻之."

는 자를 놓아두고 충직한 자를 공격하니 장차 오나라를 멸망시킬 것이다.[72]

즉, 조엽이 말하는 오국의 멸망의 원인은 오자서와 같은 충신을 물리치고 백비와 같은 간신을 택한 데 있었다. 그러나 조엽이 궁극적으로 드러내고자 한 것은 오자서, 범려, 문종과 같은 현명한 신하의 단순한 예증이 아니었다. 즉,

옛날에 桀이 關龍逢을 죽이고 紂가 왕자 比干을 죽였는데 오늘날 대왕께서는 신을 죽여 걸, 주의 무리에 참여하십니다.

……

내가 죽은 다음부터 후세는 반드시 나를 충성스럽다 여길 것이다. 위로는 하, 은의 世에 짝하여 龍逢, 比干과 더불어 벗을 할 수 있게 되었다.[73]

오왕 부차는 패업을 도운 오자서에게 죽음을 내림으로써 걸, 주와 함께 패주敗主의 범주에 속하게 되었으며, 동시에 오자서는 자신이 패업霸業을 도운 군주에 의해 죽임을 당함으로써 관룡봉, 비간과 같은 충신의 전범이 된 것이다. 마치 사마천이 열전이라는 구성형식을 통해 뛰어난 인물 개개인의 삶에 머무르지 않고 순리, 혹리, 유협, 자객 등의 범주에 속하는 이들을 무리 지었던 것과 같다. 이러한 사마천의 의도는 무량사武梁祠 역사고사 화상석에서 보다 단순화하여 극명하게 구현되고 있다.

---

72 『吳越春秋』「夫差內傳」第5 "忠臣掩口, 讒夫在側, 政敗道壞, 諂諛無極, 邪說僞辭, 以曲爲直, 舍讒攻忠, 將滅吳國."
73 앞 글 "昔者桀殺關龍逢, 紂殺王子比干, 今大王誅臣, 參於桀紂. …… 自我死後, 後世必以我爲忠. 上配夏殷之世, 亦得與龍逢, 比干爲友."

산동 가상현嘉祥縣 무씨묘장석각武氏墓葬石刻 가운데 하나인 무량사는 정교하게 배치된 화상畵像과 방제榜題로 인해 일찍부터 금석학자들의 주목을 받아 왔으며,[74] 특히 무량사 화상석의 역사고사는 한편의 역사 서술 같이 치밀하게 짜여 배치되어 있다. 서벽 우측 상단의 복희伏羲, 여와女媧의 시조에서 시작하는 무량사의 역사고사 화상은 동벽 좌측 하단에 현공조현공曹功曹가 초거軺車에서 내려 처사가 탄 우거 앞에 무릎을 꿇은 화상으로 끝을 맺는다. 무량사 역사고사 화상의 제일 마지막에 새겨진 우거를 탄 처사는 무량 자신으로 관직에 나가지 않은 자신의 기절을 상징하였다. 무량비武梁碑에 의하면 무량은,

(武梁은) 韓詩經을 배우고 익혔으며 해진 머리두건을 두르고 가르치고 전했으며 河洛과 諸子傳記에 兼通하였다. 널리 공부했을 뿐만 아니라 (깨우침이) 밝고 철저하였으며, 전적을 깊이 연구하고 종합하여, 보지 않은 것이 없었다. 州郡에서 불렀으나 병을 (핑계로) 사양하고 나가지 않았다. 두 개의 기둥에 횡목을 가로지른 허술한 문의 누추함을 편히 여기고 아침에 들은 義를 즐거워하였다. 사람들을 道로서 가르치는데, 냇가에 앉아서는 싫증 내지 않았다. 세상일에 따라다니며 어울리는 것을 부끄러워하였으며 권세가의 집을 엿보지 않았다.[75]

---

74 歐陽修『集古錄』과 趙明誠『金石錄』은 武氏碑刻과 石室畵像에 대해 기록하고 있으며, 榜題와 畵像 그리고 碑文은『隷釋』,『隷續』에 저록되어 있다(蔣英炬·吳文祺,『漢代武氏墓群石刻研究』, 山東美術出版社, 1995, p. 4).

75 『隷釋』卷6,「從事武梁碑」"(武梁)治韓詩經, 厥幘傳講, 兼通河雒弟子傳記, 廣學甄徹窮綜典靡不覽. 州郡請召, 辭疾不就, 安衡門之陋, 樂朝聞之義. 誨人昌道, 臨川不倦. 恥垂雷同, 不闚權門."

라고 하는데, 역사고사를 중심 화제로 자신의 사당을 계획한 무량이 자신을 대표하는 학문으로 『한시』를 꼽고 있다는 사실에서 무량의 역사의식을 배태한 학문적 배경이 조엽과 동일함을 전제할 수 있다. Wu Hung은 『사기』와 무량사 화상석 역사고사의 관계에 관해, 통사적으로 복희와 여와에서 시작하여 고제왕, 열녀고사, 효자고사, 자객고사, 그리고 제일 마지막에 현공조가 초거에서 내려 처사가 탄 우거 앞에 무릎을 꿇은 화상으로 끝을 맺는 무량사 역사고사의 전개 방식을, 삼황오제에서 시작하여 본기, 세가, 열전, 제일 마지막에 역사가로서의 논지를 피력한 태사공자서로 끝을 맺는 『사기』의 체제를 본뜬 것이라고 분석하였다. 무량사 화상석 역사고사 가운데, 중앙 누각의 인물 주위로 둘러싸듯이 『사기』 세가의 춘추전국시대 봉건군주들을 묘사하고 있는데, 이는 마치 『사기』의 세가가 "28수(제후)가 북신北辰(천자)을 둘러싸듯"[76] 한 것과도 같으나, 화상석 역사고사에서는 이들 본기와 세가 군주들은 각기 독립적으로 묘사되어 있지 않으며, 열녀고사, 효자고사, 자객고사의 열전 가운데 함께 묘사되었다.[77] 이러한 본기와 세가, 혹은 열전이 결합한 압축된 형식은 역사서술을 구현하는 소재가 화상석이라는 점에서 절대적으로 고려해야 하는 공간적 경제성의 결과임은 물론이다. 조엽이 『오월춘추』의 「왕료사공자광전」을 사실상 '오자서전'으로 꾸민 것 역시 「본기」와 「열전」을 결합한 형식으로 이해할 수 있다.

---

76 『사기』 「태사공자서」에서 제왕을 최고의 신 泰一 또는 북극성에 비정하는 한편 별자리 28宿를 제후에 비정하면서 제왕과 제후의 관계를 수레바퀴의 축과 살의 관계로 비유하였다. 『史記』 卷130 「太史公自序」 "二十八宿環北辰 三十輻共一轂 運行無窮 輔拂股肱之臣配焉 忠信行道 以奉主上 作三十世家."

77 Wu Hung, 앞의 책, pp. 148-156.

『오월춘추』는 결코 오, 월국의 역사를 임의로 무원칙적으로 편집한 것이 아니다. 합려, 부차, 구천 치세의 흥망의 역사를 집중적으로 서술하려는 의도가 분명함에도 불구하고 형식적으로 「오태백전」, 「월왕무여외전」을 오월사의 시작으로 삼았으며, 조엽은 월국사의 마지막에 월이 초에 멸망하기까지의 계보를 덧붙여 시작과 종결을 갖춘 역사를 구성하였다. 그런데 오, 월사 서술의 시작을 『사기』「주본기」, 「하본기」에서 각각 그대로 옮겨 적음으로써 시조 태백太伯, 무여無余를 매개로 오, 월국의 역사를 주周, 하夏 왕조와 결부시키고 있다. 사마천이 애초에 한왕조사漢王朝史를 서술하려 하였으나 왕조의 원류를 오제五帝에서 찾고 또 한왕조의 정통성을 하, 은, 주 왕조의 계승에서 찾았던 것과 마찬가지로, 「오태백전」, 「월왕무여외전」의 주, 하 왕조사는 오, 월의 정통성을 확보하기 위한 장치로 기능한다.

무량사 역사고사는 복희와 여와의 중국시조 설화에서 시작하여 인류기원을 설명했고, 축송祝誦, 신농神農, 황제黃帝, 전욱顓頊, 제곡帝嚳, 요堯, 순舜, 우禹, 걸桀의 고제왕 도상을 통해 중국문명 발전을 설명하였으며, 이어진 하의 시조 우와 패주 걸의 도상은 왕조의 흥망을 대표한다. 『사기』「오제본기」는 황제부터 시작하는데, 이는 황제를 최초의 천자라고 믿어서가 아니라 역사를 소급하여 이해할 때 확실히 소급할 수 있다고 여길 수 있는 시점을 의미하였는 데 반해, 무량사 역사고사는 이보다도 더 소급하여 사마천이 이미 사실의 역사에서 제외한 신화의 세계를 역사의 시작으로 삼고 있다. 이는 후한대 지식인의 역사관 가운데 신화의 세계가 포용되고 있음을 의미하며, 『오월춘추』에 신이의 세계가 포용되는 것 역시 전한대 『사기』로부터 150여 년간의 시대적 변화라기보다는 오히려 무량사 화상석 역사고사와 『오월춘추』가 당시의 역사인식을 반영하는 것이라면 『사기』의 엄정한 사실주의는 당시로서는 오히려 예외적이라고 할 만하지 않았을까?

그러고는 양고행梁高行에서 시작하는 8점의 열녀고사와 '증모투저曾母投杼'를 비롯한 15점의 효자고사, 그리고 '조자겁환曹子劫桓'을 포함한 6점의 자객고사가 배열되어 있는데, 이들은 선현들에 대한 고사의 나열이 아닌 몇 개의 카테고리에 속하는 인물들로 이 인물들은 이념이나 사회적 역할들에 의해 '열녀', '효자', '자객'을 표상한다. 마치 사마천의 관심이 역사 인물 개개인보다는 이들이 표징하는 이상이라든가 윤리 혹은 사회적 역할 등 가치의 체현에 있었던 것과 같다.[78] 그런데 무량의 화상석 역사고사는 사회적인 덕목 가운데 '열녀', '효자'와 함께 '자객'을 표창하고 있다. '열녀', '효자'는 당시 유교적 가치로 이해할 수 있으나, '자객'을 대상으로 하는 「자객열전」은 『한서』와 『후한서』에서는 제외된 『사기』에만 세워진 열전이다. 『오월춘추』의 역사서술은 인물 묘사가 매우 생동적이지만 이 가운데 요리要離, 전제專諸에 관한 자객 묘사는 매우 극적이다. 『오월춘추』의 전제에 관한 묘사는 「자객열전」의 같은 장면의 묘사를 훨씬 능가한다.

王僚 앞에 이르자 專諸는 절인 생선을 갈라 비수를 던졌다. (시위하는 병사들이) 창을 세워 가지를 교차하다 전제의 가슴에 기울이니 가슴이 잘려 흉부가 드러났는데도 비수는 여전히 王僚를 찔러 갑옷을 뚫고 등에 미쳤다.[79]

---

78 李成珪, 「『史記』의 構造的 理解를 위한 試論」, p. 62; Wu Hung, 앞의 책, p. 150.
79 『吳越春秋』 「王僚使公子光傳」 第3 "旣至王僚前, 專諸乃擘炙魚, 因推匕首, 立戟交軹倚專諸 胸, 胸斷臆開, 匕首如故, 以刺王僚, 貫甲達背. 王僚旣死, 左右共殺專諸."

그런데 동일한 장면을 묘사함에 있어 『사기』「자객열전」은

왕 앞에 이르자 전제가 생선을 갈라 비수로 왕료를 찔렀다.[80]

라고 극히 간결한 사실만을 전한다. 또 『오월춘추』에서는 「자객열전」에는
없는, 왜소한 요리가 천하의 장사 초구흔椒丘訢을 욕보이고 합려에게 등용
되어 만인이 당하지 못하는 경기慶忌를 죽이는 장면과 그의 의로움을 다
음과 같이 묘사하고 있다.

(양자강을 건널 때) 강 가운데에 이르러 요리가 힘이 약해 (경기보다) 뒤에 앉았
다가 바람의 힘을 이용해 창으로 경기의 모자를 걸어 떨어뜨리고는 바람결에 경
기를 찔렀다. 경기는 돌아보며 창을 뿌리치고는 요리의 머리를 휘어잡아 세 번
물속에 쳐 넣었다가 꺼내어 무릎에 올려놓고는 말하였다. "아! 천하의 용사다.
감히 나에게 창날을 대다니." 그러자 좌우의 시종들이 그를 죽이려 하자 경기가
말렸다. "이 사람은 천하의 용사니 어찌 하루에 천하의 용사 둘을 죽게 하겠는
가!" 그리고 시종들에게 당부하였다. "오나라로 돌아가게 하여 그의 충성을 밝
히는 것이 좋겠다."[81]

오나라로 돌아가던 요리는 자신의 공을 천하에 인정받기에 앞서 옛 군

---

80 『史記』卷86 「刺客列傳」 "旣至王前, 專諸擘魚, 因以匕首刺王僚."
81 『吳越春秋』「闔閭內傳」第4 "將渡江於中流, 要離力微, 坐與上風, 因風勢以矛鉤其冠, 順風而
刺慶忌. 慶忌顧而揮之, 三捽其頭於水中, 乃加於膝上, 嘻嘻哉! 天下之勇士也! 乃敢加兵刃於
我. 左右欲殺之, 慶忌止之曰 此是天下勇士. 豈可一日而殺天下勇士二人哉? 乃誠左右曰 可令
還吳, 以旌其忠."

주의 자식과 자신의 처자를 죽여 군주를 섬기고 생을 탐하였다고 자책하며 스스로 목숨을 끊는다. 즉,

"나의 처자를 죽여 군주를 섬겼으니 인이 아니다. 새 군주를 위해 옛 군주의 자식을 죽였으니 의가 아니다. 죽음을 중하게 여기고 무의함을 귀하게 여기지 않았으며, 오늘 나는 생을 탐하여 행을 버렸으니 의가 아니다. 사람에게 세 가지 악이 있는데도 세상에 입신한다면 내가 무슨 면목으로 천하의 사인들을 보겠는가?"

말을 마치고는 몸을 강에 던졌다. 아직 목숨이 끊어지지 않았는데 종자가 그를 꺼냈다. 요리가 말했다. "내가 어찌 정녕 죽지 않을 수 있겠는가?" 종자가 말하기를 "군께서는 죽지 마시고 작록을 기다리십시오." 요리는 스스로 손과 발을 자르고 검에 엎어져 죽었다.[82]

『오월춘추』의 이들 자객이야말로 "그 의로움이 이루어지기도 하고 혹은 이루어지지 못하기도 하였으나 그들은 뜻을 세운 것이 뚜렷하고 그 뜻을 속이지 않았다."라는[83] 사마천의 「자객열전」의 뜻과 부합하지 않은가. 무량사 화상석 자객고사에는 조말曹沫, 전제專諸, 형가荊軻, 요리要離, 예양豫讓, 섭정聶政 6인이 새겨져 있는데, 이 가운데 요리를 제외한 5인 모두 『사기』「자객열전」에 실려 있다. 무량이 역사상 드러낼 만한 충신, 명상,

---

82 『吳越春秋』「闔閭內傳」第4 "殺吾妻子, 以事吾君, 非仁也. 爲新君而殺故君之子, 非義也. 重其死, 不貴無義, 今吾貪生棄行, 非義也. 夫人有三惡以立於世, 吾何面目以視天下之士? 言訖, 遂投身於江. 未絶, 從者出之. 要離曰 吾寧能不死乎? 從者曰 君且勿死, 以俟爵祿. 要離乃自斷手足, 伏劍而死."
83 『史記』卷86 「刺客列傳」, p. 2538.

유림 등 선현들을 제치고 자객고사를 채택한 것은 "두 개의 기둥에 횡목을 가로지른 허술한 문의 누추함을 편히 여기고 아침에 들은 의를 즐거워하였다."라는 그의 성품과도 관련이 있지만, 호용임협好勇任俠의 예찬은 『공양전公羊傳』의 특색이기도 하다.

『공양전』은 수사 없는 건조한 문체인데 선공宣公 6년 조순趙盾을 비롯해 자객, 복병의 호용임협의 풍에는 공감을 나타내며 매우 극적으로 묘사하고 있다. 『공양전』에서는 이외에도 구목仇牧(莊公 12년), 공부孔父(桓公 2년), 순식荀息(僖公 10년) 등의 임협적 인물들에 대해 현賢하다고 평評하며 이들에 관해 독립적인 설화를 부연하고 있다.[84] 이러한 『공양전』의 임협에 대한 긍정과 이들에 관한 생생한 일화적 묘사는 그대로 『오월춘추』 가운데 임협의 모습이기도 하다. 요리에게 모욕을 당한 초구흔이 설욕하려고 요리를 찾아가는 장면을 다음과 같이 묘사하고 있다.

밤이 되어 초구흔이 정말로 가서 보니 문이 닫히지 않았으며 堂에 올라가니 (방문이) 잠겨 있지 않았으며 방으로 들어가니 방어하지 않고 ……[85]

이와 같은 어조는 『공양전』 조순의 일화에서 이미 사용되어,[86] 『공양전』에 익숙하였던 당시인들은 『오월춘추』의 요리에 관한 일화의 문구를 읽으며 조순을 떠올렸을 것이다. 이는 마치 『공양전』에서 1자 1구도 틀리

---

84 日原利國, 『春秋公羊傳の硏究』, 創文社, 1976, pp. 49-63.
85 『吳越春秋』「闔閭內傳」第4 "至夜, 椒丘訢果往, 見其門不閉. 登其堂, 不關. 入其室, 不守 ……"
86 『公羊傳』宣公 6年 "勇士入其大門則無人門焉者 入其閨則無人閨焉者 上其堂則無人焉 俯而闚其戶."

지 않게 같은 문구로 공부孔父, 순식荀息, 구목仇牧의 이름만을 바꾸어 서술함으로써, 이들 간의 공통성을 각인시키려는 필법을 연상케 한다. 한대 공양학자들에게 역사는 일회적인 과거의 사건이 아니며, 오늘날에도 또 앞으로도 끊임없이 반복될 수 있는 패턴의 순환반복이며, 따라서 과거의 전형 속에서 오늘의 규범을 찾을 수 있다. 조엽이 『오월춘추』를 저술하면서 오·초, 오·월 쟁패의 역사를 집중적으로 서술하고 그 가운데 뛰어난 인물들에 대한 묘사에 치중하였던 것은, 중국의 역사를 통해, 또 오월쟁패의 역사를 통해 흥망의 전범, 이에 관여한 인간들의 유형과 그 전범을 분명히 드러냄으로써, 역사를 움직이는 '천인상여지제天人相與之際', 천도의 규율과 이에 상응하는 인간세상을 보고자하는 데 있었다.[87]

그런데 전국시대 영역국가 제齊의 시점에서 쓰인 『공양전』의 세계에는 화하세계에 대립한 이적의 세계가 설정되어 있었으며, 치열한 양이관攘夷觀이 관철되어 있다. 당시 한대인의 역사의식의 근간을 형성하였던 『공양전』 가운데는, 조엽이 살아온 회계지역, 오, 월국의 역사가 여전히 이적의 테두리를 벗어나지 못하고 있었다.

A. "冬十有一月 叔孫僑如會晉士燮, 齊高無咎, 宋華元, 衛孫林父, 鄭公子鰌, 邾人會 吳子于鍾離."(『춘추』成公 15년)

"曷爲殊會吳. 外吳也. 曷爲外也. 春秋內其國而外諸夏, 內諸侯而外夷狄."(『공양 전』成公 15년)

---

87 『漢書』卷56「董仲舒傳」"春秋之中, 視前世已行之事 以觀天人相與之際 甚可畏也."

B. "吳子使札來聘"(『춘추』襄公 29년)

"吳無君無大夫, 此何以有君有大夫. 賢季子也. …… 札者何. 吳季子之名也. 春秋賢者不名. 此何以名. 許夷狄者不壹而足也."(『공양전』襄公 29년)

C. "冬十有一月庚午 蔡侯以吳子及楚人戰于伯莒, 楚師敗績, 楚囊瓦出奔鄭."(『춘추』定公 4년)

"吳何以稱子. 夷狄也而憂中國."(『공양전』定公 4년)

D. "庚辰吳入郢."(『춘추』定公 4년)

"吳何以不稱子. 反夷狄也. 其反夷狄奈何. 君舍於君室, 大夫舍於大夫室. 蓋妻楚王之母也."(『공양전』定公 4년)

E. "公會晉侯及吳子于黃池."(『춘추』哀公 13년)

"吳何以稱子. 吳主會也. 吳主會則曷爲先言晉侯. 不與夷狄之主中國也."(『공양전』哀公 13년)

『공양전』의 세계에 의하면, 성공成公 15년에 오가 처음 노, 진晉, 제, 송, 위, 정, 주와의 회맹에 참가했을 때 오는 이적으로서 '외外'의 세계에 속하였다(A). 오가 채와 함께 초와 전쟁하여 초를 패배시켰을 때 중국을 걱정해 도왔다는 이유로 오자吳子라고 칭했으나(C), 같은 해 말 초군을 격파하고 초의 왕궁으로 침입하여 오 군신이 초왕楚王 모母를 비롯한 군신의 부인을 범한 음란 무도한 행위로 인해 오군吳君을 다시 '오'라고 폄칭하였다(D). 『공양전』은 사실 중국(화하)과 이적의 차이가 절대라고는 생각하지 않았다. 오가 이적의 범주인 까닭은 도의가 없다든가 습속, 예제의 차이, 즉 문화의 차이로 인식하였다.[88] 당시로서도 드문 현사였던 계찰季札로 인해 오나라 군주를 '오자吳子'로 칭했으나, 결국 계찰 역시 이적의 범주를 넘지는 못하여 『춘추』의 '현자불명賢者不名'의 원칙에서 벗어나 '찰札'이라고 칭하였다(B). 이처럼 『공양전』은 중국과 이적 간에 소통의 유연성을 두면서도 결국 이적의 범주를 끝까지 견지하고 있다. 황지黃池에서 진晉과 장長을 다툰 끝에 먼저 삽혈했을 때, 『공양전』은 오가 황지의 회맹을 주관하였으며 오가 있는 곳에 천하 제후들이 감히 오지 않는 자가 없다고 오의 패권을 인정하면서도 끝내 이적이 중국을 주관하는 것을 허락하지 않았다(E).

이러한 일련의 논리들이 신석기시대 이후 문화적 전통을 이은 영역국가로 분립된 전국시대 학자들의 논리였으며, 후한 공양학에서는 주周를 계승한 한漢이라는 통일국가 천하 관념에 의해 이해되고 있다고는 하나,[89] 하휴何休는 'A'를 주석하면서 오나라가 이적과 같았기 때문이라고 하여, 후한의 주석가들에게도 이적의 세계는 여전히 청산되지 못하였다.[90] 한대 공양학의 세례를 받은 조엽으로서는 회계지역의 지식인으로 화이의 세계관에 근거한 『공양전』의 역사인식을 그대로 수용할 수 없는 지역 환경적 특수성이 있었다. 오, 월을 이적의 세계로 설정한 전국시대 『공양전』의 논리를 재정립할 필요가 있었을 것이다. 조엽과 회계 동향인 왕충王充이 『논형』 저술을 통해 당시의 유학을 비판한 이단아였던 것도 결코 우연이 아니다. 왕충은 낙양에 유학하여 대학에서 당시 정통 유학을 접할 기회를

---

88 日原利國, 『春秋公羊傳の硏究』, 創文社, pp. 235-236.
89 平勢隆郎, 『『春秋』と『左傳』』, 中央公論新社, 2003, pp. 144-148.
90 『公羊傳』 成公 15年 何休注 "吳似夷狄差醇而適見於可殊之時, 故獨殊吳."

가졌으나, 당시 유학의 한가운데 자리하고 있던 참위를 부인하였다. 왕충이 예교적 세계관을 탈피하였다는 것은 아니나, 유학의 경전과 사수師授의 묵수墨守의 전통에서 벗어나 자유로운 입장에서 당시 유학을 비판하여 진리 탐구의 학으로 유학을 일으켰다. 왕충이 비판정신을 일관할 수 있었던 내적 이유로는 세족고문細族孤門으로 정규의 사승師承관계를 갖지 않았기 때문에 묵수해야 할 가학이 없었다는 점도 있겠으나, 변방의 지식인으로 전통의식에 의한 자기규제가 없었다는 점을 들 수 있다.

조엽이 오월 흥망의 역사를 서술하면서 그리고자 하였던 것은 오, 월 흥망의 사건이 아니라, 오, 월의 흥망이 내포하고 있는 변화의 역사이다. 즉, 오나라의 패망은 곧 하夏, 은의 패망과 동일한 이치에 속하며, 오, 월의 흥패의 교차는 하, 은 그리고 은, 주의 교체와 같은 범주에 속한다는 것이다. 『오월춘추』에서 월대부 부동扶同은 오나라에 노복으로 들어가는 구천의 처지에 대해 다음과 같은 논리를 펼치고 있다.

예전에 탕이 하대에 구금되었는데 이윤이 그 옆을 떠나지 않았습니다. 문왕이 석실에 갇혀 있었는데 태공은 나라를 버리지 않았습니다. 흥하고 쇠하는 것은 하늘에 있으며 존망은 사람에게 달려 있습니다. 湯은 의식을 고쳐 桀에게 아첨하였으며 문왕은 복종하여 紂에게 총애를 받았습니다. 하, 은은 세력을 믿고 두 성인에게 포악하게 하였습니다. 두 인군은 자신을 굽혀 천도를 얻었습니다. 이 때문에 탕왕은 궁벽한 것 때문에 스스로 근심하지 않았으며 주문왕은 곤궁한 것을 병으로 여기지 않았습니다.[91]

---

91 『吳越春秋』「勾踐入臣外傳」第7 "昔湯繫於夏臺, 伊尹不離其側. 文王囚於石室, 太公不棄其國. 興衰在天, 存亡繫於人. 湯改儀而媚於桀, 文王服從而幸於紂. 夏殷恃力而虐二聖, 兩君屈己

302

라고 하여, 오나라에 신하로 들어가는 구천의 처지는 역사상 탕, 문왕과
같으며 부차는 걸桀, 주紂가 되는 패턴을 『오월춘추』 서술 가운데 자주 반
복하여 암시하고 있다. 조엽은 오, 월 홍망의 역사를 통해, 오가 망한 것
은 하, 은이 망한 것과 같은 범주에 속한다는 역사 흐름의 패턴을 드러내
보였다. 그러나 오, 월의 홍망이나 하, 은의 홍망은 천수天數 때문만이 아
니며, 조엽은 국가의 홍망에 관여하는 인간들의 역할을 드러내고자 하였
다. 오, 월의 홍성에는 오자서, 문종, 범려와 같은 충신이 있었으며, 오나
라의 패망에는 백비가 있었다. 그런데 오나라에 신하로 들어간 월 구천은
하대에 구금된 탕이나 은의 석실에 갇힌 문왕과 같은 범주에 속하며, 구
천이 오나라에 구금되었을 때 옆에서 모신 범려나 대신 나라를 지킨 문
종은 이윤, 태공의 범주에 속한다. 반면 부차는 걸, 주의 범주에 속하며,
부차에게 죽임을 당한 충신 오자서는 관용봉, 비간과 같다고 함으로써 조
엽은 이적의 땅 오, 월의 역사를 하, 은, 주의 역사전승 규율과 동일한 범
주 가운데 올려놓았다.

5. 소결

오늘날 전해지는 『오월춘추』는 비록 조엽이 처음에 지은 12권이 온전히
전해지지 않으나, 합려, 부차, 구천의 치세 50여 년간을 집중 서술함으로
써 홍패가 극명하게 교차하는 오월상쟁의 역사를 그리고 있다. 금본 『오

以得天道. 故湯王不以窮自傷, 周文不以困爲病."

월춘추』의 수미가 갖추어진 역사서술의 형식과 오월사에 관계된 다른 사서들을 참고해 볼 때, 합려 말년에서 부차 10년까지, 또 구천 5년 이전의 누락된 기술이 원본『오월춘추』 12권에는 응당 갖추어져 있었으리라 짐작할 수 있다. 금본의 「부차전」은 부차 연간 중원에 떨친 패권에 관한 부분이 전적으로 생략됨으로써 부차 패망전으로 엮어졌으나, 오월사의 흥망과 더불어 부차와 구천 개인에게서 일어나는 흥망의 교차를 그리려 하였던 조엽에게 부차 연간의 패권은 빠질 수 없는 전제이기도 하다.

조엽이 극적으로 서술한 부차, 구천 그리고 오, 월국의 흥망의 교차는 이 사건의 전개 자체만으로도 매우 흥미롭기는 하나, 조엽은 이러한 흥망의 역사를 통해 '일음일양' 하는 세계관, 역사관을 드러내 보이고자 하였다. 이는『한시』를 공부한 조엽이 한영에게서 전수받은『역』의 세계관이기도 하다. 조엽은『오월춘추』를 통해 역사를 이루어 온 개개의 흥망성쇠와 이에 관여한 인간들의 개별적인 모습을 통해 흥망의 역사를 관통하는 규율, 즉 천인상관天人相關의 이법理法을 드러내고자 하였다. 특히『오월춘추』에서 극적으로 묘사된 요리, 전제 등의 자객은『사기』「자객열전」이 표징하는 의義의 체현이었으며,『공양전』이 찬미하는 호용임협의 기풍과 관계가 있다. 그러나 조엽이『오월춘추』에서 선명하게 그렸던 부차, 구천, 오자서, 범려, 백비의 인간상은 개개인의 인간에 머무르지 않으며, 국가의 흥망에 관계한 패주覇主와 패주敗主, 충신과 간신의 전범을 보여 준다. 이와 같이『오월춘추』의 역사서술에는『사기』와 무량사 화상석 역사고사의 역사인식을 관통하는 한대인의 보편적 역사인식이 흐르고 있다.

그러나 한대 공양학의 역사인식의 연장에 있었던 조엽은 자신이 살고 있는 회계가『공양전』의 화이의 세계관 가운데 여전히 이적의 세계로 남아 있었다는 점에서 한대 공양학의 역사인식을 그대로 수용할 수 없었다. 조엽은 오, 월 흥망의 교차가 하, 은, 주 왕조의 교차와 같은 패턴에 속하며, 오자서를 죽이고 오국을 멸망에 이르게 한 부차는 걸, 주의 무리에 속하며, 오나라 노비의 신세에서 끝내 오나라를 이긴 구천은 탕, 문왕의 부류에 속하며, 충신 오자서는 관용봉, 비간의 충신의 전범에 속한다는 것을 보여 줌으로써, 오, 월의 역사를 하, 은, 주 역사 전승의 범주 가운데 포함시켰다. 『오월춘추』가 오월사의 시작을 『사기』 「주본기」, 「하본기」에서 끌어 낸 것도 이와 무관하지 않다. 이로써 전국시대 영역국가의 사상 가운데 이적의 범주를 넘을 수 없었던 오월지역이 비로소 한의 천하통일의 이념적 영역 안에 속하게 되었다. 조엽의 『오월춘추』를 통해, 정치적 통일체 한가운데 역사적으로는 여전히 이적으로 남아 있었던 변방 지식인의 이념적 괴리와 이를 한의 세계에 편입시키려는 의지를 읽을 수 있다.

저술목록

1. 역주 및 번역서

조엽 지음, 이명화 역주, 『오월춘추: 역주와 함께 읽는 오월상쟁의 역사』, 일조각, 2009
워런 코헨 지음, 이명화·정일준 옮김, 『세계의 중심 동아시아의 역사』, 일조각, 2009

2. 연구서

공저, 『중국의 '지역문명 만들기'와 역사·고고학자료 이용 사례분석』, 동북아역사재단, 2008

3. 연구논문

「王充의 '災異說' 批判」, 『梨大史苑』 제22·23합집, 이화여대 사학회, 1988
「書評: 『전국사(楊寬 著, 上海人民出版社, 605p, 1980)』」, 『梨花史學研究』 19, 이화사학연구소, 1990
「吳立國과 靑銅文化」, 『梨花史學研究』 제22집, 1995
「春秋戰國時代 吳文化의 起源과 形成」, 이화여대 대학원 박사학위논문, 1997
「良渚文化와 神權政治의 成長」, 『梨花史學研究』 제23·24합집, 이화사학연구소, 1997
「春秋時代 吳國의 靑銅器文化: 中原文化와의 관계를 중심으로」, 『震檀學報』 84, 1997
「秦漢의 南方支配와 地域發展—南方의 郡縣化 과정을 중심으로—」, 『梨大史苑』 32, 이화여대 사학회, 1999
「春秋時代 吳國의 覇權에 관한 分析」, 『東洋史學研究』 73, 2001
「趙曄과 『吳越春秋』: 漢代 知識人의 歷史認識」, 『中國古中世史研究』 12, 중국고중세사학회, 2004
「漢代 '戶' 계승과 女性의 지위: 『張家山漢簡』을 중심으로」, 『東洋史學研究』 92, 동양사학회, 2005
「한대 여성의 삶과 법적 지위」, 이화여자대학교 중국여성사 연구실 편, 『중국 여성, 신화에서 혁명까지』, 서해문집, 2005
「張家山漢簡《二年律令》「史律」[1](474簡-487簡)」, 『木簡과 文字』 제3호, 한국목간학회, 2009
「「李建與精張諍田自相和從書」를 통해 본 後漢 長沙地域社會의 一面」, 『木簡과 文字』 제4호, 한국목간학회, 2009
「秦漢 女性 刑罰의 減刑과 勞役」, 『中國古中世史研究』 25, 중국고중세사학회, 2011

1. 사료

『史記』, 『漢書』, 『後漢書』(이상 中華書局 標點校勘本)

『論語』, 『尙書』, 『詩經』, 『周禮』, 『左傳』(이상 十三經注疏本)

『管子』, 『國語』, 『穆天子傳』, 『墨子』, 『世本』, 『呂氏春秋』, 『吳郡志』, 『吳越春秋』, 『越絶書』, 『逸周書』, 『戰國策』, 『華陽國志』(이상 四部備要本)

2. 연구서

金秉駿, 『中國古代 地域文化와 郡縣支配』, 一潮閣, 1997

金翰奎, 『古代 中國的 世界秩序 硏究』, 一潮閣, 1982

崔德卿, 『中國古代農業史硏究』, 백산서당, 1994

葛劍雄, 『西漢人口地理』, 人民出版社, 1986

葛兆光, 『七世紀前中國的知識·思想與信仰世界』 中國思想史 第1卷, 復旦大學出版社, 1998

姜彬編, 『稻作文化與江南民俗』, 上海文藝出版社, 1995

江蘇省六朝史硏究會·江蘇省社會科學院歷史所 編, 『古代長江下流的經濟開發』, 三秦出版社, 1989

高燮初 編, 『吳文化資源硏究與開發』, 江蘇人民出版社, 1994

郭寶鈞, 『商周銅器群綜合硏究』, 文物出版社, 1981

唐蘭, 『大汶口文化論文集』, 齊魯書社, 1981

童書業, 『春秋史』, 臺灣開明書店, 1969

童書業, 『春秋左傳硏究』, 上海人民出版社, 1980

童恩正, 『南方文明』, 重慶出版社, 1998

董楚平, 『吳越文化新探』, 浙江人民出版社, 1988

董楚平, 『吳越徐舒金文集釋』, 浙江古籍出版社, 1992

馬承源, 『中國靑銅器』, 上海古籍出版社, 1988

馬新, 『兩漢鄕村社會史』, 齊魯書社, 1997

文物編集委員會 編, 『文物考古工作三十年』, 文物出版社, 1979

文物編集委員會 編, 『文物考古工作十年』, 文物出版社, 1990

潘力行, 鄭志一 編, 『吳地文化一萬年』, 中華書局, 1994

朴惠祥, 『中國民族史』, 商務印書館, 1953

百越民族史研究會 編,『百越民族史論集』, 中國社會科學出版社, 1982

百越民族史研究舍 編,『百越民族史論叢』, 廣西人民出版社, 1985

北京大學歷史系考古教研室商周組 編著,『商周考古』, 文物出版社, 1979

史念海,『河山集』, 生活·讀書·新知三聯書店, 1978

徐旭生,『中國古史的傳說時代』, 社會科學出版社, 1960

徐中舒,『殷周金文集綠』, 四川人民出版社, 1984

徐仲舒,『先秦史論考』, 巴蜀書社, 1992

余天熾 等,『古南越國史』, 廣西人民出版社, 1988

孫森,『夏商史稿』, 文物出版社, 1987

宋新潮,『殷商文化區域研究』, 陝西人民出版社, 1991

梁白泉 主編,『吳越文化—中國的靈秀與江南水鄉』, 上海遠東出版社, 1998

嚴耕望,『中國地方行政制度史』 卷上, 商務印書館, 1988

嚴欽尙 等,『長江三角洲現代沈積研究』, 華東師範大學出版社, 1987

呂思勉,『中國民族史』, 中國大百科全書出版社, 1987

倪士毅,『浙江古代史』, 浙江人民出版社, 1987

吳小強 撰,『秦簡日書集釋』, 岳麓書社, 2000

吳越史地研究會,『吳越文化論叢』, 江蘇研究社, 1937

汪寧生,『雲南考古』, 雲南人民出版社, 1980

王迅,『東夷文化與淮夷文化研究』, 北京大學出版社, 1994

王友三 編,『吳文化史叢』, 江蘇人民出版社, 1993

王子今,『秦漢區域文化研究』, 四川人民出版社, 1998

游修齡,『稻作史論集』, 中國農業科技出版社, 1993

李孟存·常金倉,『晉國史綱要』, 山西人民出版社, 1989

李濟 等,『城子崖』, 中國科學公司印刷, 1934

李學勤,『東周與秦代文明』, 文物出版社, 1984

李學勤·徐吉軍 主編,『長江文化史』, 江西教育出版社, 1995

林甘泉 編,『中國封建土地制度史』 1, 中國社會科學出版社, 1990

林惠祥,『中國民族史』, 商務印書館, 1953

林華東,『河姆渡文化初探』, 浙江人民出版社, 1992

張光直,『考古學專題六講』, 文物出版社, 1986

張光直,『中國青銅時代』 2, 三聯書店, 1990

蔣英炬·吳文祺,『漢代武氏墓群石刻研究』, 山東美術出版社, 1995

田昌五 編,『華夏文明』 1, 北京大學出版社, 1987

浙江省文物考古研究所等 編,『良渚玉器』, 文物出版社, 1990

中國農業科學院·南京農業大學中國農業遺產研究室太湖地區農業史研究課題組 編,『太湖地

　　區農業史考』, 農業出版社, 1990

中國社會科學院考古研究所 編, 『新中國的考古發現和研究』, 文物出版社, 1984

中國社會科學院考古研究所 編, 『中國考古學中碳十四年代數據集 1965-1991』, 文物出版社, 1992

中國水利史研究會 編, 『佐藤博士還曆記念 中國水利史論集』, 國書刊行會, 1981

周生春, 『吳越春秋輯校匯考』, 上海古籍出版社, 1997

周振鶴·游汝杰, 『方言與中國文化』, 南天書局, 1988

曾延偉, 『兩漢社會經濟發展史初探』, 中國社會科學出版社, 1989

陳國强·蔣炳劍·吳綿吉·辛土成, 『百越民族史』, 中國社會科學出版社, 1988

陳夢家, 『殷墟卜辭綜述』, 中華書局, 1988

陳正祥, 『中國歷史·文化地理圖册』, 原書房, 1982

陳振中, 『青銅生產工具與中國奴隷制社會經濟』, 中國社會科學出版社, 1981

彭適凡, 『中國南方古代印紋陶』, 文物出版社, 1987

何光岳, 『百越源流史』, 江西教育出版社, 1989

何浩, 『楚滅國研究』, 武漢出版社, 1989

許悼雲, 『西周史』, 聯經出版事業公司, 1984

黃盛璋, 『歷史地理與考古論叢』, 齊魯書社, 1982

黃楚平, 『吳城徐舒金文集釋』, 浙江古籍出版社, 1992

木村正雄, 『中國古代諸國の形成と構造—特にその成立の基礎條件』, 不昧堂書店, 1965

福井重雅, 『漢代官吏登用制度の研究』, 創文社, 1988

粟原朋信, 『秦漢史の研究』, 吉川弘文館, 1960

伊藤道治, 『中國古代王朝の形成』, 創文社, 1976

伊藤道治, 『中國古代國家の支配構造』, 中央公論社, 1987

日原利國, 『春秋公羊傳の研究』, 創文社, 1976

日原利國, 『漢代思想の研究』, 研文出版, 1986

齋木哲朗, 『秦漢儒教の研究』, 汲古書院, 2004

川原秀成, 『中國の科學思想—兩漢天學考』, 創文社, 1996

平勢隆郎, 『『春秋』と『左傳』』, 中央公論新社, 2003

諏訪春雄, 『倭族と古代日本』, 雄山閣, 1993

Chang, Kwang-chih, *Art, Myth, and Ritual-The Path to Political Authority in Ancient China*, Harvard University Press, 1983

Chang, Kwang-chih, *Early Chinese Civilization: Anthropoligical Perspectivesy*, Harvard University Press, 1976

Chang, Kwang-chih, *Shang Civilization*, Yale University Press, 1980

Chang, Kwang-chih, *The Archaeology of Ancient China*, 4th edition, Yale

University Press, 1986,

Keightley, David N, *The Origins of Chinese Civiliazation*, University of
California Press, 1983

Wu Hung, *The Wu Liang Shrine-The Ideology of Early Chinese Pictorial Art*,
Stanford University Press, 1989

3. 고고 발굴 보고서

南京博物院, 『北陰陽營─新石器時代及商周時期遺址發掘報告』, 文物出版社, 1993

山西省考古研究所, 『侯馬鑄銅遺址』上·下, 文物出版社, 1993

上海市文物保管委員會, 『崧澤─新石器時代遺址發掘報告』, 文物出版社, 1987

蘇州博物館, 『眞山東周墓地─吳楚貴族墓地的發掘與研究』, 文物出版社, 1999

李科友, 『貴溪崖墓』, 文物出版社, 1990

中國社會科學院考古研究所 編, 『新中國的考古發現和研究』, 文物出版社, 1984

河北省文物研究所, 『墨墓─戰國中山國國王之墓』, 文物出版社, 1996

黃石市博物館, 『銅綠山古礦冶遺址』, 文物出版社, 1999

嘉興市文化局, 「浙江嘉興街幕橋遺址試掘簡報」, 『考古』, 1986

「江西瑞昌發現商周時期採銅遺址」, 『江西歷史文物』 1989-1

江西省文物考古所 等, 「江西新刊大洋洲商墓發掘簡報」, 『文物』 1991-10

江西省博物館·清江縣博物館, 「江西清江吳城遺址第四次發掘的主要收獲」, 『文物資料叢刊』 2,
文物出版社, 1978

江西省博物館 等, 「江西清江吳城商代遺址發掘簡報」, 『文物』 1975-7

江蘇省丹徒考古隊, 「江蘇丹徒大港土墩墓發掘報告」, 『文物』 1987-5

江蘇省丹徒考古隊, 「江蘇丹徒北山頂春秋墓發掘報告」, 『東南文化』 1988-3·4

江蘇省文物工作隊, 「江蘇吳江梅堰新石器時代遺址」, 『考古』 1963-6

江蘇省文物工作隊太崗寺工作組, 「南京西善橋太崗寺遺址的發堀」, 『考古』 1962-3

江蘇省文物管理委員舍, 「江蘇丹徒縣烟崗山出土的古代靑銅器」, 『文物參考資料』 1955-5

江蘇省文物管理委員會, 「江蘇高淳出土的春秋銅兵器」, 『考古』 1966-2

江蘇省文物管理委員會, 「江蘇無錫仙蠡墩新石器時代遺址淸理簡報」, 『文物參考資料』 1955-8

江蘇省文物管理委負會, 「江蘇六合程橋東周墓」, 『考古』 1965-3

江蘇省淹城遺址考古發堀隊, 「發掘淹城遺址的主要收獲」, 『南京博物院60周年紀念文集』,
1993

廣東省博物館·曲江縣文化局石峽發掘小組, 「廣東曲江石峽墓葬發掘簡報」, 『文物』 1978-7

廣州象崗漢墓發掘隊, 「西漢南越王墓發掘初步報告」, 『考古』 1984-3

羅家角考古隊, 「桐郷羅家角遺址發掘報告」, 『浙江文物考古所學刊』 1981

南京博物院, 「1982年江蘇商周武進寺墩遺址的發掘」, 『考古』 1984-2

南京博物院, 「1987年江蘇新沂花廳遺址的發掘」, 『文物』 1990-2

南京博物館, 「江蘇句容縣浮山果園西周墓」, 『考古』 1977-5

南京博物院, 「江蘇句容縣浮山果園第2次發掘報告」, 『文物資料叢刊』 6, 文物出版社, 1982

南京博物院, 「江蘇銅山丘灣古遺址的發掘」, 『考古』 1973-2

南京博物院, 「江蘇邳縣四戶鎭大墩子遺址探掘報告」, 『考古學報』 1964-2

南京博物院, 「江蘇邳縣人墩子遺址第二次發掘」, 『考古學集刊』 1, 中國社會科學出版社, 1981

南京博物院, 「江蘇吳縣張陵山遺址發掘簡報」, 『文物資料叢刊』 6, 文物出版社, 1982

南京博物院, 「江蘇吳縣草鞋山遺址」, 『文物資料叢刊』 3, 文物出版社, 1980

南京博物院, 「江蘇六合程橋二號東周墓」, 『考古』 1974-2

南京博物院, 「江蘇海安青墩遺址」, 『考古學報』 1983-2

南京博物院, 「南京鎭金村遺址第1, 2次發掘報告」, 『考古學報』 1957-3

南京博物院, 「南京市北陰陽營第1, 2次發掘」, 『考古學報』 1958-1

南京博物院, 「太湖地區的原始文化」, 『文物集刊』 1, 1980

南京博物院·丹徒縣文管會, 「江蘇丹徒磨盤墩周墓發掘簡報」, 『考古』 1985-11

南京博物院·吳縣文背會, 「江蘇吳縣澄湖古井群的發掘」, 『文物資料叢刊』 9, 文物出版社, 1985

南京市文物保管委員會, 「南京浦口出土一批靑銅器」, 『文物』 1980-8

南波, 「介紹一件靑銅鏡」, 『文物』 1975-8

大冶銅嚴冶軍, 「銅綠山古礦幷遺址出土鐵製及銅製工具的初步鑑定」, 『文物』 1975-2

銅綠山考古發掘隊, 「湖北銅綠山春秋戰國古礦井遺址發掘簡報」, 『文物』 1975-2

童恩正, 「略述東南亞及中國南部農業起源若干問題」, 『農業考古』 1984-2

梅福根, 「浙江吳興邱城遺址發掘簡介」, 『考古』 1959-9

無錫市博物館, 「無錫璨山土墩墓」, 『考古』 1981-2

武進縣文化館·常州市博物館, 「江蘇武進蟠家塘新石器時代遺址調査與試掘」, 『考古』 1979-5

福建省博物館, 「閩侯暴石山遺址第六次發掘報告」, 『考古學報』 1976-1

馮普仁, 「無錫北周巷靑銅器」, 『考古』 1981-4

四川省文管會, 「成都羊子山土臺遺址淸理報告」, 『考古學報』 1957-4

四川省文物管理委員會 等, 「廣漢三星堆遺址一號祭祀坑發掘簡報」, 『文物』 1987-10

四川省文物管理委員會 等, 「廣漢三星堆遺址二號祭祀坑發掘簡報」, 『文物』 1989-5

謝春祝, 「淹城發現戰國時期的獨木船」, 『文物參考資料』 1958-11

山東大學歷史系考古專業, 「山東鄒平丁公遺址制4·5次發掘簡報」, 『考古』 1993-4

山東省考古所聊城地區文硏室, 「魯西發現兩組八座龍山文化城址」, 『中國文物報』 1995. 1.

山東省博物館, 「山東益都蘇埠屯第1號奴隷殉葬墓」, 『文物』 1972-8

山西省文物管理委員會, 「山西長治分水嶺古墓的淸理」, 『考古學報』 1957-1

常州市博物管, 「江蘇商周圩墩村新石器時代遺址的調査和試掘」, 『考古』 1974-2

上海市文物管理委員會, 「1987年上海靑浦縣崧澤遺址的發掘」, 『考古』 1992-3

上海市文物管理委員會,「上海馬橋遺址第一, 二次發掘」,『考古學報』1978-1

上海市文物保管委員會,「上海福泉山良渚文化墓葬」,『文物』1984-2

上海市文物保管委員會,「上每松江縣湯廟村遺址」,『考占』1985-7

上海市文物保管委員會,「上每市金山縣戚家墩遺址發掘簡報」,『考古』1973-1

上海市文物保管委員會,「上海市松江縣廣富林新石器時代遺址試探」,『考古』1962-9

上海市文物保管委員會,「上海靑浦福泉山良渚文化墓地」,『文物』1986-10

陝西周原考古隊,「陝西岐山鳳雛村發見周初甲骨文」,『文物』1979-10

蘇北治淮文物工作組,「江蘇揚州附近鳳凰河遺址發掘簡報」,『考古通訊』1957-1

蘇州博物館考古組,「蘇州城東北發現東周銅器」,『文物』1980-8

蘇州博物節考古組,「蘇州虎丘東周墓」,『文物』1981-11

蘇州市博物館·吳江縣文管會,「江蘇吳江龍南新石器時代村落遺址第1,2次發掘報告」,『文物』,
　　　1990-7

安徽省考古所 等,「安徽含山大城墩遺址第4次發掘報告」,『考古』1989-2

安徽省文物考古研究所,「安徽肥西縣古埂新石器時代遺址,『考古』1985-7

安徽省文物工作隊,「安徽繁昌出土一批靑銅器」,『文物』1982-12

安徽省文物工作隊,「潛山薛家崗新石器時代遺址」,『考古學報』1982-3

安徽省文化局文物工作隊,「安徽屯溪西周墓葬發掘報告」,『考古學報』1959-4

楊楠·趙曄,「莫角山良渚文化大型建築基址」,『中國文物報』1993. 10. 10.

楊南·趙曄,「餘杭莫角山淸理大型建築基址」,『中國文物報』1993. 10. 10.

楊富斗,「侯馬西新發現一座古城遺址」,『文物參考資料』1975-10

楊式挺 等,「談談佛山河宕遺址的重要發現」,『文物集刊』3, 文物出版社, 1981

襄陽首屆亦工亦農考古訓練班,「襄陽蔡坡12號墓出土吳王夫差劍等文物」,『文物』1976-11

倪振逵,「淹城出土的銅器」,『文物』1959-4

吳蘇,「圩墩新石器時代遺址發掘簡報」,『考古』1978-4

吳縣文物管理委負會,「江蘇吳縣何山東周墓」,『文物』1984-5

汪濟英·牟永抗,「關于吳興錢山漾遺址的發掘」,『考古』1980-4

王海明,「奉化名山后發現五千年前的人工土臺」,『中國文物報』1992. 1. 26.

遼寧省文物考古研究所,「遼寧牛河梁紅山文化"女神廟"與積石冢群發掘簡報」,『文物』1986-8

廖志豪·羅寶藝,「蘇州葑門河道內發現東周靑銅文物」,『文物』1982-2

劉建國·吳大林,「江蘇漂水寬廣敷墓出土器物」,『文物』1985-12

劉斌·王雲路,「餘杭滙觀山遺址發現祭壇和大墓」,『中國文物報』1991. 8. 4.

劉興·徐永年,「江蘇金壇鼈繳西周墓」,『考古』1978-3

劉興·吳大林,「江蘇漂水發現西周墓」,『考古』1976-4

劉興·吳大林,「江蘇漂水縣柘塘, 鳥山土墩墓淸理刊報」,『文物資料叢刊』6, 1982

劉興·吳大林,「談談鎭江地區土墩墓的分期」,『文物資料叢刊』6, 1982

尹煥章,「介紹江蘇儀徵過去發現的幾件西周靑銅器」,『文物參考資料』1956-12

尹煥章·張正祥,「寧鎭山脈及秦淮河地區新石器時代遺址普查報告」,『考古學報』1959-1

李鑒昭,「江蘇無錫縣古闔閭城的調査」,『考古通訊』1957-3

張國茂,「安徽銅陵地區古礦·冶遺址調査報告」,『東南文化』1988-6

張敏等,「高郵龍虯莊遺址發掘獲得重大成果」,『中國文物報』1993. 9. 5.

蔣勝子遺址考古隊,「江浦縣蔣勝子遺址發掘報告」,『東南文化』1990-1·2合刊

錢鋒,「趙陵山遺址發掘獲重人成果」,『中國文物報』1992. 8. 2.

浙江省文物考古硏究所,「餘杭瑤山良渚文化祭壇遺址發掘簡報」,『文物』1988-1

浙江省文物考古硏究所·海鹽縣博物管,「浙江海鹽出土原始瓷樂器」,『文物』1985-8

浙江省文物考古硏究所反山考古隊,「浙江餘杭反山皮渚墓地發掘簡報」,『文物』1988-1

浙江省文物管理委員會,「吳興錢山漾遺址第1, 2次發掘報告」,『考古學報』1960-2

浙江省文物管理委員會,「浙江嘉興馬家濱新石器時代遺址的發掘」,『考古』1961-7

浙江省文物管理委員會,「浙江長興縣出土的兩件銅器」,『文物』1960-7

浙江省文物管理委員會,「杭州水田畈遺址發掘報告」,『考古學報』1960-2

浙江省博物館,「河姆渡遺址第一期發掘報告」,『考古學報』1978-1

浙江省博物館自然組,「河姆渡遺址動植物遺存的鑑定硏究」,『考古學報』1978-1

浙江安吉縣博物館,「浙江安古出土商代銅器」,『文物』1986-2

中國社會科學院考古硏究所·北京市文物硏究所琉璃河工作隊,「北京琉璃河1193號大墓發掘簡
　　　報」,『考古』1990-1

中國社會科學院考古硏究所山西工作隊,「1978-1980年山西襄汾陶寺墓地發掘簡報」,『考古』
　　　1983-1

中國社會科學院考古硏究所山西工作隊·臨潼地區文化局,「山西襄汾縣陶寺遺址發掘簡報」,
　　　『考古』1980-1

中國社會科學院考古硏究所二里頭隊,「1980年秋河南偃師二里頭遺址發掘簡報」,『考古』
　　　1983-3

中國社會科學院考古硏究所二里頭隊,「河南偃師二里頭二號宮殿遺址」,『考古』1983-3

中國社會科學院考古硏究所河南二隊,「1984年春偃師尸鄕溝商城宮殿遺址發見簡報」,『考古』
　　　1985-4

鎭江博物館,「江蘇丹徒出土東周銅器」,『考古』1981-5

鎭江博物館,「江蘇鎭江諫壁王家山東周墓」,『文物』1987-12

鎭江博物館,「江蘇漂水, 丹陽西周墓發掘簡報」,『考古』1985-8

鎭江博物館·丹徒縣文管會,「江蘇丹徒大港母子墩西周銅器墓發掘簡報」,『文物』1984-5

鎭江博物館·漂水縣文化館·劉興·吳大林,「江蘇漂水發見西周墓」,『考古』1976-4

鎭江市博物館,「江蘇金壇鱉墩西周墓」,『考古』1978-3

鎭江市博物館·漂水縣文化館,「江蘇漂水鳥山西周2號墓淸理簡報」,『文物資料叢刊』2, 1978

鎭江市博物館 等,「江蘇金墻鱉墩西周墓」,『考古』1978-3

鎭江市博物館 等,「江蘇漂水發現西周墓」,『考古』1976-4

鎭江市博物館浮山果園古墓發掘組,「江蘇句容浮山果園土墩墓」,『考古』1979-2

陳頌華,「江南古國遺址-淹城」,『江蘇省考古學會1983年考古論文選』, 1983

昌灘地區文物管理處·諸城縣博物館,「山東諸城呈子遺址發掘報告」,『考古學報』1980-3

河南省博物館新鄭工作立站·新鄭縣文化館,「河南新鄭鄭韓故城的鑽探和試掘」,『文物資料叢刊』3, 文物出版社, 1980

河姆渡遺址考古隊,「浙江河姆渡遺址第二期發掘的主要收獲」,『文物』1980-5

河北省博物館,「河北藁城縣商代遺址和墓葬的調查」,『考古』1973-1

夏星南,「浙江長興出土五件商周銅器」,『文物』1979-11

夏星南,「浙江長興縣發現吳, 越, 楚銅劍」,『考古』1989-1

湖北省文物管理委員會 等,「湖北江陵三座楚墓出土大批重要文物」,『文物』1966-5

湖北省博物館,「盤龍城商代二里崗期的靑銅器」,『文物』1976-2

湖北省荊沙鐵路考古隊包山墓地整理小組,「荊門市包山楚墓發掘簡報」,『文物』1988-5

華東文物工作隊,「浦安縣靑蓮崗新石器時代遺址調査報告」,『考山學報』9, 1955

黃宣佩·張明華,「靑浦縣崧澤遺址第2次發掘」,『考古學報』1980-1

4. 연구논문

金翰奎,「四夷槪念을 통해서 본 古代中國人의 世界觀」,『釜山女人論文集』10, 1981

金翰奎,「中國槪念을 통해서 본 古代中國人의 世界觀」,『全海宗博士華甲論叢』, 一潮閣, 1979

李成珪,「史官의 傳統과 中國歷史敍述의 特色」,『강좌한국고대사』제5권, 2002

李成珪,「『史記』와 易學」,『西江人文論叢』14, 西江大學校人文科學硏究院, 2001

李成珪,「『史記』의 構造의 理解를 위한 試論」,『史記─中國古代社會의形成』, 서울대학교출판부, 1987

李成珪,「先秦 文獻에 보이는 ‘東夷’의 성격」,『韓國古代史論叢』1, 1991

李成珪,「戰國時代統一論의 形成과 그 背景」,『東洋史學硏究』8·9, 1975

李成珪,「前漢縣長吏의 任用方式: 東海郡의 例-尹灣漢簡〈東海郡下轄長吏名籍〉의 分析」,『歷史學報』160, 1988

李成珪,「中國文明의 起源과 形成」,『講座中國史 I: 古代文明과 諸國의 成立』, 지식산업사, 1989

李成珪,「中國帝國의 分裂과 統一」,『歷史上의 分裂과 大統一』上, 一潮閣, 1992

李成珪,「秦諸國의 舊六國統治와 그 限界」,『閔錫泓博士華甲記念史學論叢』, 1985

崔振默,「漢代 數術學 硏究─漢代人의 天·地·人 理解와 그 活用」, 서울대학교 대학원 동양사학과 박사학위논문, 2002

葛劍雄,「漢武帝徙民會稽說正誤─謙論秦漢會稽丹陽地區的人口分布─」,『歷史地理』3, 1983

江西省博物館"印紋陶問題"研究小組,「試談南方地區幾何印紋陶的分期和斷代」,『文物集刊』
　　　3, 文物出版社, 1981

江鴻,「盤龍城與商朝的南土」,『文物』1976-2

耿曙生,「太湖地區的原始文明」,『蘇州大學學報』, 哲學社會科學版, 1992-4

高蒙河,「試論"游渦地帶"的考古學文化研究」,『東南文化』1988-6

高西省,「商周時代南北甬鐘之關係及南北文化交流之檢討」,『東南文化』1991-6

顧紹武 · 兪冠南,「荊蠻與勾吳」,『江蘇省哲學社會科學聯合會1981年年會論文選』, 考古學分册,
　　　1982

高至喜,「論中國南方商周時期的銅鐃的形式 · 演變與年代」,『南方文物』1993-2

高至喜,「論中國南方出土的商代青銅器」,『中國考古學會第7次年會論文集』, 文物出版社, 1989

顧頡剛,「吳越兵器」,『史林雜識』初編, 中華書局, 1963

谷建祥,「對寧鎭皖南新石器時代文化的初步認識」,『江蘇省考古學會第4 · 5次年會論文選』,
　　　1985-1986

谷建祥,「論寧鎭地區古文化之演進」,『東南文化』1990-5

龔玉,「巴蜀漢代畫像甎的表現題材及藝術風格」,『巴蜀漢代畫像集』, 文物出版社, 1998

郭沫若,「古代文字之辨證的發展」,『考古學報』1972-1

郭沫若,「矢簋銘考釋」,『考古學報』1956-2

郭沫若,「由壽縣蔡器論到蔡墓的年代」,『考古學報』1956-1

裘士京,「文字起源和南方古文字問題的探索」,『文物研究』5, 1989

裘士京,「先秦時期長江流域青銅文化初探─兼論古代文化交融的途徑與方式」,『東南文化』
　　　1991-2

裘士京 · 陸勤毅,「長江流域亦爲中華文明搖藍說」,『文物研究』7, 1991

屈萬里,「曾伯簠考釋」,『中央研究院歷史語言研究所集刊』33, 1963

靳桂雲,「中國新石器時代祭祀遺迹」,『東南文化』1993-2

勤德,「江蘇吳縣發現東周時期青銅劍」,『東南文化』2, 1987

紀仲慶,「寧鎭地區新石器時代文化與相隣地區諸文化的關係」,『中國考古學會第三次年會論文
　　　集』, 文物出版社, 1981

紀仲慶,「淺談吳文化和先吳文化」,『南京博物院集刊』4, 1982

羅宗眞,「江蘇六合程橋吳國鐵器發現的重要意義」,『江蘇省考古學會1982年年會論文選』,
　　　1983

盧茂村,「試談安徽出土的青銅農具」,『農業考古』1984-1

盧茂村,「安徽貴池發現東周青銅器」,『文物』1980-8

盧連成,「商代社會疆域地理的政治架構與周邊地區青銅文化」,『中國歷史地理論叢』1994-4

盧連成 · 尹盛平,「古矢國遺址墓地調査記」,『文物』1982-2

雷從雲,「戰國鐵農具的考古發現及其意義」,『考古』1980-3

譚其驤,「上海市大陸部分的海陸變遷和開發過程」,『考古』1973-1

唐蘭,「關于江西吳城文化遺址與文字的初步探索」,『文物』1975-7

唐蘭,「論周昭王時代的青銅器銘刻」,『唐蘭先生金文論集』, 紫禁城出版社, 1995

唐蘭,「宜侯矢簋考釋」,『考古學報』1956-2

唐蘭,「從大汶口文化的陶器文字看我國最早文化的年代」,『大汶口文化討論文集』, 齊魯書社,
        1981

戴爾儉,「從聚落中心到良渚酋邦」,『東南文化』1997-3

童書業,「春秋末吳越國都辨疑」,『中國古代地理考證論文集』, 中華書局, 1962

童恩正,「試論我國從東北至南的邊地半月形文化傳播帶」,『中國西南民族考古論文集』, 文物出
        版社, 1990

董楚平,「宜侯矢簋"虞","宜"考釋」,『江海學刊』1987-3

杜金鵬,「關于大汶口文化與良渚文化的幾個問題」,『考古』1992-10

杜金鵬,「關于夏桀奔南巢的考古學探索及其意義」,『華夏考古』1991-2

杜金鵬,「安徽出土兩件銅斝的年代及其意義」,『中國文物報』1995. 9. 24.

杜乃松,「談江蘇地區出土的青銅器風格與特徵」,『考古』1987-2

杜乃松,「論巴蜀青銅器」,『江漢考古』1985-3

鄧淑蘋,「新石器時代的玉琮」,『臺北古宮文物月刊』34, 1986

梁宗華,「一部值得重視的漢代歷史小說―『吳越春秋』文學價値初探―」,『浙江學刊』1989-5

馬世之,「試論商代的城址」,『中國考古學會第5次年會論文集』, 1985

馬承源,「江浙地區的土墩石室」,『中國考古學會第7次年會論文集』, 1989

馬承源,「關于翏生盨和者減鐘的幾的意見」,『考古』1979-1

馬承源,「長江下流土墩墓出土青銅器的研究」,『上海博物館集刊』4, 上海古籍出版社, 1987

萬全文,「商代長江流域青銅文化初論」,『南方文物』1993-2

萬全文,「商周王朝南進掠銅論」,『江漢考古』1992-3

牟永抗,「良渚玉器上神崇拜的探索」,『慶祝蘇秉琦考古五十五年論文集』, 文物出版社, 1989

牟永抗·宋兆鱗,「江浙的石犁和破土器―試論我國犁耕的起源」,『農業考古』1981-2

牟永抗·吳汝祥,「水稻·蠶絲和玉器」,『考古』1993-6

牟永抗·魏正瑾,「馬家濱文化和良渚文化」,『文物』1978-4

蒙河,「蘇院平原地區新石器時代遺存的研究」,『文物研究』7, 1991

潘其豊,「中國古代居民種系分布初深」,『考古學文化論集』1, 文物出版社, 1987

方輝·崔大勇,「淺談岳石文化的來源及其族屬問題」,『中國考古學會第9次年會論文』, 1993

裴安平,「彭頭山文化的稻作遺存與中國史前稻作農業」,『農業考古』1989-2

白雲翔,「關于古代青銅農具的研究」,『農業考古』1985-1

白雲翔,「殷代西周是否大量使用青銅農具的考古學觀察」,『農業考古』1985-1

傅憲國,「試論中國新石器時代的石鑿」,『考古』1985-9

費國平, 「餘杭大觀山課員及反山周圍良渚文化遺址調查」, 『南方文物』 1995-2

費國平, 「浙江餘杭良渚文化遺址群考察報告」, 『東南文化』 1995-2

馮普仁, 「無錫北周巷青銅器」, 『考古』 1981-4

馮普仁, 「試論吳石室墓」, 『吳文化研究論文集』, 中山大學出版社, 1988

馮普仁, 「吳國青銅兵器初探」, 『中國考古學會第4次年會論文集』, 文物出版社, 1983

謝元震, 「甚鐘釋文附考」, 『東南文化』 1989-2

商志馥, 「吳國都城的變遷及闔閭建都蘇州的緣由」, 『吳文化研究論文集』, 中山大學出版社, 1988

商志馥·唐鈺明, 「江蘇丹徒背山頂春秋墓出土鐘鼎銘文釋證」, 『文物』 1989-4

徐建春, 「浙北平原新石器文化的生態學分析」, 『浙江學刊』 1989-1

徐建春·鄭升, 「太湖~寧紹平原新石器文化遺址分布與環境變遷的關係」, 『東南文化』 1990-5

徐伯元·趙多福, 「闔閭城遺址」, 『江蘇省考古學會1983年考古論文選』, 1983

西安半坡博物館 等, 「臨撞姜寨第四至十一次發掘紀要」, 『考古與文物』 1980-3

徐定水, 「浙江永嘉出土的一批青銅器簡介」, 『文物』 1980-8

徐青, 「從新干商墓出土銅鉞看鉞的歷史軌迹」, 『南方文物』 1992-2

徐學書, 「商周青銅農具研究」, 『農業考古』 1987-2

蕭夢龍, 「寧鎮地區吳文化臺形遺址與土墩墓的發掘研究」, 『遙感考古研究』, 華東師範大學, 1992

蕭夢龍, 「對"湖熟文化"幾個問題的再認識」, 『東南文化』 1990-5

蕭夢龍, 「母子墩墓青銅器及有關問題探索」, 『文物』 1984-5

蕭夢龍, 「試談吳國土墩墓」, 『人類學論文選集』, 中山大學出版社, 1986

蕭夢龍, 「試論江南吳國青銅器」, 『東南文化』 2, 1986

蕭夢龍, 「吳國的三次遷都試探」, 『吳文化研究論文集』, 中山大學出版社, 1988

蕭夢龍, 「吳國青銅器分期·類型·特點探析」, 『考古與文物』 1990-3

蕭夢龍, 「吳越"斷髮文身"習俗探索」, 『東南文化』 1988-3·4

蕭夢龍, 「鎮江博物館藏商周青銅器—謙論江南吳器的地方特色」, 『東南文化』 1988-5

蕭夢龍, 「初論吳文化」, 『考古與文物』 1985-4

蘇文, 「從考古資料看兩漢時代的江蘇經濟」, 『東南文化』 1989-3

蘇秉琦, 「遼西古文化古城古國—兼談當前田野考古工作的重點或大課題」, 『文物』 1986-8

孫華, 「關于二里頭文化」, 『考古』 1980-6

孫華, 「新干大洋洲大墓年代簡論」, 『南方文物』 1992-2

宋建, 「馬橋文化的去向」, 『中國考古學舍第9次年會論文集』, 1983

宋建, 「馬橋文化探源」, 『東南文化』 1988-1

宋建, 「試論滁河流域的周代文化」, 『東南文化』 1990-5

宋永祥, 「試析晥南周代青銅器的幾個地方特徵」, 『東南文化』 1988-5

宋兆麟,「河姆渡遺址出土骨耜的硏究」,『考古』1979-2

宋兆麟·毛永抗,「石犁與破土器」,『農業考古』1982-2

蕭家儀,「江蘇吳江縣龍南遺址抱粉組與先民生活環境的初步硏究」,『東南文化』1990-5

辛土成,「春秋時代句吳社會經濟初探」,『中國社會經濟史硏究』1984-3

沈作霖,「古代越國農耕工具」,『農業考古』1984-2

沈作霖,「紹興出土的春秋戰國文物」,『考古』1979-5

深作霖,「古代越國的農耕工具」,『農業考古』1984-2

沈仲常,「三星堆二號祭祀坑靑銅立人像初記」,『文物』1987-10

倪振逵,「淹城出土的銅器」,『文物』1959-4

安金槐,「談談鄭州商代的幾何印紋硬陶」,『考古』1960-8

安志敏,「中國史前農業」,『考古學報』1988-4

楊德標·楊立新,「安徽江淮地區的商周文化」,『中國考古學會第4次年會論文集』, 文物出版社,
　　　1983

楊立新,「安徽淮河流域夏商時期古代文化」,『文物硏究』5, 1989

楊立新,「皖南古代銅礦的發現及歷史價値」,『東南文化』1991-2

楊振紅,「兩漢時期鐵犂和牛耕的推廣」,『農業考古』1988-1

嚴文明,「良渚隨筆」,『文物』1996-3

嚴文明,「鬒撞與征服─花廳墓地埋葬情況的思考」,『文物天地』1990-6

嚴欽尙·黃山,「杭嘉湖平原全新世沈積環境的演變」,『地理學報』1987-1

呂榮芳,「三苗·越族與印紋陶的關係」, 百越民族史硏究會 編,『百越民族史論集』, 中國社會科
　　　學出版社, 1982

呂春華,「寧鎭地區大型土墩墓的等級問題」,『東南文化』2000-3

餘杭縣文管會,「餘杭縣出土的良渚文化和馬橋文化的陶器刻劃符號」,『東南文化』1991-5

葉小燕,「東周刻紋銅器」,『考古』1983-2

吳建民,「長江三角洲史前遺址的分布與環境變遷」,『東南文化』1988-6

吳建民·孫世英,「江蘇新石器時代遺址分布特徵與環境·海岸線變遷關係」,『第四期沈積與環境
　　　變遷』, 東南文化雜誌社, 1991

吳綿吉,「江南幾何印紋陶"文化"應是古代越人的文化」, 百越民族史硏究會編,『百越民族史論
　　　集』, 中國社會科學出版社, 1982

吳綿吉,「試論良渚文化的社會性質」,『南方文物』1992-1

吳綿吉,「長江南北靑蓮崗文化的相互關係」,『文物集刊』1, 1980

吳山菁,「江蘇六合縣和仁東周墓」,『考古』1977-5

吳詩池,「試論良渚文化與山東龍山文化的關係」,『東南文化』1989-6

吳汝祚,「我國早期種植水稻的氏族部落」,『史前硏究』8, 1985-2

吳汝祚,「太湖文化區的史前農業」,『農業考古』1987-2

吳汝祚, 「有關"湖熟文化"的幾個問題」, 『考古』 1962-1

吳汝祚, 「從錢山漾等原始文化遺址看社會分工和私有制的產生」, 『考古』 1975-5

吳汝祚, 「太湖地區的原始文化」, 『文物集刊』 1, 1980

吳汝祚·牟永抗, 「水稻·蠶絲和玉器—中和文明起源的若干問題」, 『考古』 1993-6

吳榮曾, 「春秋時吳與徐·蔡關係說略」, 『周一良先生八十生日記念論文集』, 中國社會科學出版
　　　社, 1993

吳維棠, 「從新石器時代文化遺址看杭州灣兩岸的全新世古地理」, 『地理學報』 1983-6

吳縣文物管理委員會, 「江蘇吳縣何山東周墓」, 『文物』 1984-5

吳浩坤, 「"太伯奔吳說"不宜輕易否定」, 『歷史教學問題』 1991-4

王開發, 「根據抱粉分析推論鍾杭地區一萬多年來的氣候變遷」, 『歷史地理』 創刊號, 上海人民出
　　　版社, 1981

王開發 等, 「崧澤遺址的孢粉分析研究」, 『考古學報』 1980-1

王敬, 「論商代江西青銅文明之源」, 『南方文物』 1993-2

王克林, 「殷周使用青銅農具之考察」, 『農業考古』 1985-1

汪寧生, 「河姆渡文化的"骨耜"及相關問題」, 『東南文化』 1991-1

王明達, 「反山良渚文化墓地初論」, 『文物』 1989-12

王明達, 「良渚玉器若干問題的探討」, 『中國考古學會第7次年會論文集』, 文物出版社, 1989

王明達·潘六坤·趙曄, 「海寧清理良渚文化祭壇和墓葬」, 『中國文物報』 1993. 9. 19.

王文清, 「論吳越同族」, 『江海學刊』 1983-4

王文清, 「試論吳越同族」, 『南京博物院集刊』 1982-4

王文清, 「春秋戰國之際吳越的經濟形態」, 『江海學刊』 1990-2

王愼行, 「文王非紂臣考辨—謙論文王的文治武功」, 『歷史研究』 1994-5

王業友, 「安徽屯溪發現的先秦刻劃文字或符號當議」, 『東南文化』 1991-2

王衛平, 「"勾吳"立國與吳·越民族之分合」, 『歷史教學問題』 1991-4

王衛平, 「由"句吳"說到干國的歷史與族屬」, 『學術月刊』 1990-8

王仁湘, 「崧澤文化初探」, 『考古學集刊』 4, 1984

王仁湘, 「黃河流域新石器時代的骨制生產工具」, 『中國考古學論叢』, 科學出版社, 1993

汪濟英, 「百越史研究中幾個問題的辨析」, 『百越民族史研究會第4次年會論文集』, 1984

汪濟英·牟永抗, 「關于吳興錢山漾遺址的發掘」, 『考古』 1980-4

汪遵國, 「良渚文化"玉斂葬"述略」, 『文物』 1984-2

汪遵國·吳榮清·郝明華, 「良渚文化玉器的考察」, 『南京博物院:建院60周年紀念文集』, 1992

王志敏·韓益之, 「介紹江蘇儀徵過去發現的幾件西周青銅器」, 『文物參考資料』 1956-12

王士倫, 「記浙江發現的銅, 釉陶鐘和越王矛」, 『考古』 1965-5

王海明, 「奉化名山后發現五千年前的人工土臺」, 『中國文物報』 1992. 1. 26.

王海明, 「河姆渡文化與馬家濱文化關係簡論」, 『東南文化』 1991-6

王和平,「丹山發現東周青銅農具」,『文物』1983-6

王和平,「浙江丹山地區出土的青銅農具和破土器」,『農業考古』1984-1

廖根深,「鷹潭角山陶器符號及其與制陶的關係」,『東南文化』1993-5

廖名春,「帛書『繆和』釋文」,『國際易學研究』1, 1995

廖名春,「帛書『繆和』,『昭力』簡說」,『道家文化研究』3, 上海古籍出版社, 1993

廖志豪,「論吳越時期的耕戰工具」,『吳文化研究論文集』, 中山大學出版社, 1988

廖志豪,「論吳越時期的青銅農具」,『農業考古』1982-2

尤振堯,「江蘇漢代諸侯王國·侯國的考古發現及其歷史價值」,『南京博物院建院60周年記念文
集』, 1993

袁進,「吳城文化族屬句吳說」,『南方文物』1993-2

魏百齡·謝春祝,「無錫華利灣古墓清理簡報」,『文物參考資料』1956-12

魏嵩山,「古代吳立國的發源地及其疆域的變遷」,『吳文化研究論文集』, 中山大學出版社, 1988

魏嵩山,「北宋以前江南地區的開發過程及其在全國經濟地位的歷史演變」, 江蘇省六朝史研究
會·江蘇省社科院歷史所 編,『古代長江下流的經濟開發』, 三秦出版社, 1989

魏正瑾,「寧鎭地區新石器時代文化的特點與分期」,『考古』1983-9

衛聚賢,「太伯之封在西吳」,『吳越文化論叢』, 江蘇研究社, 1937

劉建國,「江蘇丹徒粮山春秋石穴墓—兼談吳國的葬制及人殉」,『考古與文物』1987-4

劉建國,「江蘇武進·宜興石室墓」,『文物』1983-11

劉建國,「論早期湖熟文化的形成及其特徵」,『文物研究』7, 1991-12

劉建國,「論太湖越族石室墓」,『江蘇社聯1981年年會論文選』考古學分册, 1981

劉建國,「論土墩墓分期」,『東南文化』1989-4·5

劉建國,「吳城形態初探」,『江蘇省考古學會1983年考古論文選』, 1983

劉建國,「宜侯矢簋與吳國關係新探」,『東南文化』1988-2

劉建國,「早期湖熟文化的形成及其特徵」,『文物研究』7, 1991

劉建國,「淺論寧鎭地區古代文化的幾個問題」,『考古』1986-8

劉建國,「春秋刻紋銅器初論」,『東南文化』1988-5

劉建國·張敏,「論湖熟文化分期」,『東南文化』1989-1

劉啓益,「西周矢國銅器的新發現與有關歷史地理問題」,『考古與文物』1982-2

劉斌,「良渚玉綜初探」,『文物』1990-2

劉斌,「良渚治玉的社會性問題初探」,『東南文化』1993-1

游修齡,「對河姆渡遺址第四文化層出土稻谷和骨紹的幾点看法」,『文物』1976

劉樹人·談三評·陸九皐·蕭夢龍,「鎭江地區吳文化臺型遺址及土墩墓分布規律遙感研究」,『遙
感考古研究』, 1992

劉平生,「安徽南陵大工山古代銅鑛遺址發現和研究」,『東南文化』1988-6

劉和惠,「荊蠻考」,『文物集刊』3, 1981

劉興, 「談鎭江地區出土靑銅器的特色」, 『文物資料叢刊』 5, 文物出版社, 1981

劉興, 「東南地區靑銅器分期」, 『考古與文物』 1985-5

劉興, 「吳國農業考略」, 『農業考古』 1982-2

劉興, 「鎭江地區近年出土的靑銅器」, 『文物資料叢刊』 5, 文物出版社, 1981

劉興·吳人林, 「談談鎭江地區土墩墓的分期」, 『文物資料叢刊』 6, 文物出版社, 1982

陸勤毅·劉平生, 「南陵土墩墓的幾個問題」, 『文物硏究』 2, 1986

陸振岳, 「關于古代吳國開端幾個問題」, 『蘇州大學學報』 1985-1

尹煥章, 「關于東南地區幾何印紋陶時代的初步探測」, 『考古學報』 1958-1

尹煥章·趙靑芳, 「淮陰地區考古調査」, 『考山』 1963-1

殷瑋璋, 「二里頭文化探討」, 『考古』 1978-1

殷志强, 「略論馬家濱文化的幾個問題」, 『南京博物院集刊』 5, 1982

應遍岳, 「先秦時期太湖流域的開發」, 『歷史敎學問題』 1991-1

李家和·楊巨源·劉詩中, 「湖熟文化與江西萬年類型文化」, 『東南文化』 1990-5

李經漢, 「試論夏家店下層文化的分期和類型」, 『中國考古學會第1次年會論文集』 1979

李科友·彭適凡, 「略論江西吳城商代原始瓷器」, 『文物』 1975-7

李文明, 「關于良渚文化的兩個問題」, 『考古』 1986-11

李伯謙, 「馬橋文化的源流」, 『中國原始文化論集』, 文物出版社, 1989

李伯謙, 「試論吳城文化」, 『文物集刊』 3, 文物出版社, 1981

李伯謙, 「我國南方幾何形印紋陶遺存的分區·分期及其有關問題」, 『北京大學學報』 1981-1

李伯謙, 「吳文化及其淵源初探」, 『考古與文物』 1982-3

李伯謙, 「中原地區東周銅劍淵源施探」, 『文物』 1982-1

李白風, 「徐夷考」, 『東夷雜考』, 齊魯書社, 1981

李先登, 「試論中國古代靑銅器的起源」, 『史學月刊』 1984-1

李泉, 「『越絶書』硏究」, 『華東師範大學學報』, 哲學社會科學版, 1984-6

李學勤, 「論新出大汶口文化陶器符號」, 『文物』 1987-12

李學勤, 「論良渚文化玉器符號」, 『湖南省博物節文集』 1991-1

李學勤, 「論二里頭文化的饕餮紋銅飾」, 『中國文物報』 1991. 10. 21.

李學勤, 「盤龍城與商代的南土」, 『文物』 1976-2

李學勤, 「非中原地區靑銅器硏究的幾個問題」, 『東南文化』 1988-5

李學勤, 「試論餘杭南湖良渚文化黑陶罐的刻劃符號」, 『浙江學刊』 1992-4

李學勤, 「良渚文化玉器與婆養紋演變」, 『東南文化』 1991-5

李學勤, 「良渚文化的多字陶文」, 『蘇州大學學報: 吳學硏究專輯』, 1992

李學勤, 「宜侯矢簋與吳國」, 『文物』 1985-7

李學勤, 「從新出靑銅器看長江下流文化的發展」, 『文物』 1980-8

林壽晉, 「東周式銅劍初論」, 『考古學報』 1962-2

林承坤, 「長江三角洲古地理與新石器時代文化的關係」, 『文物集刊』 1, 文物出版社, 1980

林承坤, 「長江·錢塘江中下流地區新石器時代古地理與稻作的起源和分布」, 『農業考古』 1987-1

任式楠, 「長江黃河中河流新石器文化的交流」, 『慶祝蘇秉綺考古五十五年論文集』, 文物出版社, 1989

任式楠, 「中國事前玉器類型初析」, 『中國考古學論叢』, 科學出版社, 1993

林澐, 「說"王"」, 『考古』 1965-6

林留根, 「試論吳文化的多元性」, 江蘇省吳文化研究會 編, 『吳文化研究論文集』, 中山大學出版社, 1988

林留根, 「試論湖熟文化中的太湖文化因素」, 『東南文化』 1993-5

林留根, 「土墩墓的淵源及其葬俗」, 『東南文化』 1988-2

林留根·施玉平, 「湖熟文化族屬研究」, 『東南文化』 1990-5

林已奈夫, 「良渚文化和大汶口文化中的圖像記號」, 『東南文化』 1991-3·4

林華東, 「對湖熟文化定名, 分期及其他」, 『東南文化』 1990-5

林華東, 「論良渚文化:玉琮」, 『東南文化』 1991-6

林華東, 「吳越農業初論」, 『農業考古』 1988-2

林華東, 「中國稻作農業的起源與東傳日本」, 『農業考古』 1992-1

張敬國, 「江蘇海安青墩遺址孢粉鑑定報告」, 『考古學報』 1983-2

張敬國, 「安徽肥東肥西古文化遺址調查」, 『文物研究』 2, 1986-12

張國茂, 「安徽銅陵地區先秦青銅文化簡論」, 『東南文化』 1991-2

張光直, 「談"琮"及其在中國古史上的意義」, 『文物與考古論集』, 文物出版社, 1986

張光直, 「中國沿海地區農業的起源」, 『農業考古』 1984-2

張明華, 「良渚古玉瓊論」, 『東南文化』 1992-2

張明華·王惠菊, 「太湖地區新石器時代的陶紋」, 『考古』 1990-10

張鳴環, 「商周沒有大量使用青銅農具嗎」, 『農業考古』 1983-2

張敏, 「關于吳文化的幾個問題」, 『南京博物院集刊』 9, 1987

張敏, 「寧鎭地與青銅文化譜系與族屬的研究」, 『南京博物院60周年紀念文集』, 1992

張敏, 「試論點將臺文化」, 『東南文化』 1989-3

張敏, 「吳王餘昧墓的發現及其意義」, 『東南文化』 1988-3·4

張亞初, 「論魯臺山西周墓的年代和族屬」, 『江漢考古』 1984-2

張亞初, 「吳史新證」, 『江海學刊』 1963-8

張永年, 「關于"湖熟文化"的若干問題」, 『考古』 1962-1

蔣贊初, 「關于秦淮河流域古代文化的一次問題」, 『中國考古學舍第1次年會論文集』, 文物出版社, 1979

張忠培, 「良渚文化的年代和其所處社會段階」, 『文物』 1995-5

張忠培,「齊家文化研究」上·下,『考古學報』1987-1·2

張學海,「城子崖與中國文明」,『記念城子崖遺址發掘60周年國際學術討論會文集』, 齊魯書社, 1993

蔣華,「我對江南地區新石器時代文化的幾點認識」,『文物集刊』1, 文物出版社, 1980

錢公麟,「吳江龍南遺址房址初探」,『文物』1990-7

程德棋,「先吳民族與文化」,『歷史教學問題』1991-4

丁穎,「中國栽培稻種的起源及其演變」,『農業學報』8-3, 1957

鄭衡,「江南地區諸印紋陶遺址與夏商周文化的關係」,『文物集刊』3, 1981

鄭衡,「論湯都鄭亳及其前後的遷都」,『夏商周考古學論文集』, 1980

齊恩和,「燕吳非周封國說」,『燕京學報』28, 1940

曹錦炎,「浙江出土商周青銅器初論」,『東南文化』1989-6

曹錦炎,「甚編鐘銘文釋議」,『文物』1989-4

趙世超,「殷周大量使用青銅農具說質疑」,『農業考古』1983-2

趙玉泉,「武進縣淹城遺址出土春秋文物」,『東南文化』1989-4·5

曹林娣,「關于『吳越春秋』的作者及成書年代」,『西北大學學報』1982-4

趙宗秀,「試論商末周初徐國之所在」,『東南文化』1995-1

鍾遐,「從河姆渡遺址出土猪骨和陶猪試論我國養猪的起源」,『文物』1976-8

朱江,「江蘇南部"硬陶與釉陶"遺存清理」,『考古通訊』1957-3

周國榮,「古吳族初探」,『民族研究』1988-1

周國興,「長江流域—中和民族遠古文明的又一搖藍」,『史前研究』1983-2

周燕兒,「試述紹興新出土的越國青銅器」,『東南文化』1995-2

朱泓,「中國南方新石器時代居民體質類型的聚類分析」,『中國考古學會第7次年會論文集』, 文物出版社, 1989

周曉陸·張敏,「北山四器銘考」,『東南文化』1988-3

曾騏,「"百越"地區的新石器時代文化」, 百越民族史研究會 編,『百越民族史論集』, 中國社會科學出版社, 1985

曾昭燏·尹煥章,「試論湖熟文化」,『考古學報』1959-4

曾琳·夏鋒·蕭夢龍·商志,「蘇南地區古代青銅器合金成分的測定」,『文物』1990-9

陳橋驛,「古代于越研究」,『民族研究』1982-1

陳橋驛,「論勾踐與夫差」,『浙江學刊』1987-4

陳橋驛,「『吳越春秋』及其記載的吳·越史料」,『杭州大學學報』14-1, 1984

陳橋驛,「"越爲禹後說"所源」,『浙江學刊』1985-3

陳國慶,「良渚文化分期及相關問題」,『東南文化』1989-6

陳國慶,「長江下流地區史前文化的炊器研究」,『考古學文化論集』2, 文物出版社, 1989

陳夢家,「壽縣蔡侯墓銅器」,『考古學報』1956-2

陳文華,「試論我國農具史上的幾個問題」,『考古學報』1981-4

陳文華,「試論我國傳統農業工具的歷史地位」,『農業考古』1984-1

陳文華,「中國稻作起源的幾個問題」,『農業考古』1989-2

陳文華,「中國漢代長江流域的水稻栽培和有關農具的成就」,『農業考古』1987-1

陳文華·張忠寬 編,「中國古代農業考古資料索引」,『農業考古』1981-2

陳福坤,「江蘇江寧縣發現"印紋硬陶"古墓」,『考古通訊』1958-4

陳松長,「馬王堆帛書《繆和》,《昭力》釋文」,『道家文化研究』6, 上海古籍出版社, 1995

陳剩勇,「東南地區: 夏文化的萌生與崛起」,『東南文化』1991-1

陳業裕·劉樹人,「長江三角洲和蘇北濱海地區新石器時期古文化遺址與地貌發育的關係」, 華東
　　師範大學學報,『遙感考古研究』, 華東師範大學, 1992

陳龍 等,「試談黃土侖印紋陶器的時代風格和地方特色」,『文物集刊』3, 文物出版社, 1981

陳晶,「馬家濱文化兩個類型的分析」,『中國考古學第3次年舍論文集』, 文物出版社, 1981

陳志達,「安陽小屯殷代宮殿宗廟遺址探討」,『文物資料叢刊』10, 1987

陳振中,「殷周的錢鎛—青銅鏟和鋤」,『考古』1982-3

陳佩芬,「記上海博物館小腸越族青銅器—謙論越族青銅器的紋飾」,『上海博物館集刊』4, 上海
　　古籍出版社, 1987

陳賢一,「黃陂魯臺山西周文化剖析」,『江漢考古』1982-2

車廣錦,「蘇魯豫皖考古座談會紀要」,『文物研究』7, 1991

車廣錦,「良渚文化玉琮紋飾探析」,『東南文化』1987-3

清江縣博物館,「江西清江樊城堆遺址試掘記」,『考古學集刊』2, 社會科學出版社, 1981

崔慶明,「南陽市北郊出土一批申國青銅器」,『中原文物』1984-4

崔墨林,「河南輝縣發現吳王夫差銅劍」,『文物』1976-11

佟柱臣,「二里頭文化和商周時代金屬器代替石骨蚌器的過程」,『考古與文物』1983-5

鄒厚本,「江蘇南部土墩墓」,『文物資料叢刊』6, 1982

鄒厚本,「寧鎮區出土周代青銅容器的初步認識」,『中國考古學會第4次年會論文集』, 1983

彭明瀚,「銅與中原王朝的南侵」,『江漢考古』1992-3

彭適凡,「江南地區印紋陶問題學術討論會紀要」,『文物集刊』3, 文物出版社, 1981

彭適凡,「江西新干商代青銅禮器的造形與裝飾藝術」,『南方文物』1993-2

彭適凡,「江西出土商周青銅器的分析與分期」,『中國考古學第1次年會論文集』, 文物出版社,
　　1979

彭適凡,「吳城文化族屬考辯」,『百越民族史論輯』, 中國社會科學出版社, 1982

彭適凡·彭明淘,「新干商慕與殷墟婦好墓的比較研究」,『南方文物』1992-2

彭適凡·華覺明·李仲達,「江西地區早期青銅冶鑄技術的幾個問題」,『中國考古學會第4次年會
　　論文集』, 文物出版社, 1983

何介鈞,「商文化在南方傳播」,『華夏文明』3, 1992

夏鼐, 「三十年來的中國考古學」, 『考古』 1979-5

夏鼐, 「碳14測定年代和中國史前考古學」, 『考古』 1977-4

賀雲翺, 「略論徐國史初探」, 『南京博物院集刊』 6, 1983

賀雲翺, 「論馬家濱文化自南而北傳播」, 『史前研究』 1, 1987

賀雲翺, 「吳文化研究三論」, 『南京博物院集刊』 9, 1987

賀雲翺, 「殷代西周是否大量使用青銅農具的考古學觀察」, 『農業考古』 1985-1

賀雲翺, 「長江三角洲地區史前聚落的考察」, 『南京博物院集刊』 8, 1985

賀雲翺, 「夏商時代至唐以前江蘇海岸線變遷」, 『第四期沈積與環境變遷』, 東南文化雜誌社, 1991

韓康信·潘其風, 「古代中國人種成分研究」, 『考古學報』 1984-2

韓康信·潘其風, 「我國"發牙"風俗的源流及其意義」, 『考古』 1981-1

許順湛, 「論良渚文化中原始宗教的規範化」, 『東南文化』 1990-4

洪家義, 「句吳社會性質獻疑」, 『蘇州大學學報 吳學研究專輯』, 1992

華泉, 「對河姆渡遺址骨制耕具的幾点看法」, 『文物』 1977-7

黃錫之, 「太湖地區圩田·潮田的歷史考察」, 『蘇州大學學報』 1992-2

黃宣佩, 「關于良渚文化若干問題的認識」, 『中國考古學會第1次年會論文集』, 文物出版社, 1980

黃宣佩·孫維昌, 「馬橋文化分析」, 『考古與文物』 1983-3

黃宣佩·孫維昌, 「上海地區幾何印紋陶遺存的分期」, 『文物集刊』 3, 1981

黃盛章, 「銅器銘文宜·虞·矢的地望及其與吳國的關係」, 『考古學報』 1983-3

黃盛璋, 「淮夷新考」, 『文物研究』 5, 黃山書社, 1989

黃展岳, 「關于中國開始冶鑄和使用鐵器的問題」, 『文物』 1976-8

江村治樹, 「青銅禮器から見た春秋時代の社會變動」, 『名古屋大學文學部研究論集(史學)』 34, 1988

江村治樹, 「春秋·戰國時代の青銅器」, 『中國の美術·銅器』, 淡交社, 1982

吉本道雅, 「楚史研究序說」, 『立命館文學』 541, 1995

吉本道雅, 「春秋齊覇考」, 『史林』 73-2, 1990

吉本道雅, 「春秋晉覇考」, 『史林』 76-3, 1993

米田賢次郎, 「水稻作について」, 『中國古代農業技術史研究』, 同朋舍, 1989

西島定生, 「火耕水耨について—江淮稻作農業の展開科程」, 『中國經濟史研究』, 東京大學出版, 1966

小南一郎, 「神東亭壺と東吳の文化」, 『東方學報』 65, 1993

安倍道子, 「成王後期穆王期における楚の對外發展」, 『東海大學紀要文學部』 35, 1981

栗原朋信, 「漢帝國と周邊諸民族」, 『岩波講座世界歷史』 4, 創文閣, 1970

伊藤道治, 「青銅器とその背景」, 『中國の美術·銅器』, 淡交社, 1982

伊藤道治, 「姬姓諸侯封建の歷史地理的意義」, 『中國古代王朝の形成』, 創文社, 1975

伊藤清司,「鳩杖と文身―吳越の傳說と考古學―」,『日中文化研究』6, 1994

林已奈夫,「良渚文化和大汶口文化中的圖像記號」,『東南文化』1991-3·4

林已奈夫,「中國の古代玉器: 琮について」,『東方學報』60, 1988

齊藤道子,「春秋楚國の王と世族」,『日中文化研究』10, 1996

曾淵龍夫,「漢代郡縣制の地域別的考察その―――太原·上黨二郡お中心として―」,『中國古代史研究』1, 1960

Jenny F. So, "New Departures in Eastern Zhou Bronze Designs: The Spring and Autumn Period", Wen, Fong ed., *The Great Bronze Age Of China*, New York: The Metropolitan Museum of Art, 1980

그림 I-1.   梁白泉 主編, 『吳越文化—中國的靈秀與江南水鄉』, 上海遠東出版社, 1998, 圖 44.

그림 I-2.   浙江省文物考古研究所反山考古隊, 「浙江餘杭反山皮渚墓地發掘簡報」, 『文物』 1988-1

그림 I-3.   梁白泉 主編, 『吳越文化—中國的靈秀與江南水鄉』, 上海遠東出版社, 1998, 圖 32.

그림 II-1.   鎭江博物館, 「江蘇鎭江諫壁王家山東周墓」, 『文物』 1987-12

그림 II-2.   鎭江博物館, 「江蘇鎭江諫壁王家山東周墓」, 『文物』 1987-12

그림 II-3.   梁白泉 主編, 『吳越文化—中國的靈秀與江南水鄉』, 上海遠東出版社, 1998, 圖 74.

그림 II-4.   鎭江市博物館浮山果園古墓發掘組, 「江蘇句容浮山果園土墩墓」, 『考古』 1979-2

그림 II-5.   鎭江市博物館浮山果園古墓發掘組, 「江蘇句容浮山果園土墩墓」, 『考古』 1979-2

그림 II-6.   李科友·彭適凡, 「略論江西吳城商代原始瓷器」, 『文物』 1975-7

그림 II-7.   趙玉泉, 「武進縣淹城遺址出土春秋文物」, 『東南文化』 1989-4·5

그림 II-8.   無錫市博物館, 「無錫璨山土墩墓」, 『考古』 1981-2

그림 II-9.   梁白泉 主編, 『吳越文化—中國的靈秀與江南水鄉』, 上海遠東出版社, 1998, 圖 6.

그림 II-10. 鎭江博物館, 「江蘇鎭江諫壁王家山東周墓」, 『文物』 1987-12

그림 II-11. 吳山菁, 「江蘇六合縣和仁東周墓」, 『考古』 1977-5

간행 후기

　2015년 4월 11일, 지인들에게 전해진 이명화 선생님의 부고는 너무 갑작스러워 안타까움을 금할 수 없었습니다. 2001년 연구자의 길을 막 들어선 저에게 학회와 세미나에 꾸준히 참석하시는 이명화 선생님의 모습은 여성 연구자로서 좇아야 할 하나의 훌륭한 모델이었습니다. 2005년 하반기부터 시작된 진한시대 간독자료 강독회에 선생님은 거의 빠지지 않고 참석하셨고, 매달 한 번씩 10년 가까운 시간 동안 함께 공부하며 연구자가 가져야 할 학문적 자세를 배울 수 있었습니다. 그리고 간간이 들려주신 삶의 경험들은 여성 연구자로서 겪게 되는 어려움을 지혜롭게 대할 수 있는 안목을 갖는 데 큰 도움이 되었습니다. 이런 저에게 이명화 선생님의 핸드폰 번호로 전송된 부고는 마음을 먹먹하게 하는 비보일 수밖에 없었습니다.

　이명화 선생님의 유고집 간행 준비는 가족분들이 여러 선생님의 조언을 구하고 선생님께서 남기신 논문들을 정리하면서부터 시작되었습니다. 특히 이성규 선생님께서 미완 상태였던 중국고대 여성사 논고뿐만 아니라 이명화 선생님의 평생 연구 주제였던 오국사吳國史 관계 논문도 함께 모아 유고집을 간행하자고 제안하시면서 유고집 간행을 위한 논문 수합 작업이 본격적으로 진행되었습니다.

　우선 유고집 제1권은 이명화 선생님이 생전에 출간을 위해 투병 중에 집필하시다 마무리하시지 못한 중국고대 여성사 논고를 중심으로 진한시대 여성 관계 논문을 정리한 책입니다. 미완 원고를 제1부로 구성했고, 부록에 이명화 선생님이 직접 번역하신 「공작동남비孔雀東南飛」라는 한대漢代 부賦를 추가하였습니다. 제2부에는 학회지에 발표하신 중국고대 여성 관계 논문 두 편과 미발표 논문 한 편을 개고改稿하지 않고 기본적인 오탈자 교정만 한 후 수록하였습니다. 제2권은 생전에 학회지에 발표한 오국사 관계 논문 여섯 편을 시대순으로 배열하여 모두 다섯 개 장으로 구성한 책입니다. 다만 저자의 박사학위논문(「春秋戰國時代 吳文化의 起源과 形成」, 이화여대 대학원, 1997) 중 '제4장 제3절 기하인문도와 원시자原始瓷의 발달'은 국내 학계에 다시금 소개할 만한 내용으로 판단되어 제2장의 부론附論으로 추가하였습니다.

유고집을 편집하고 출간하는 과정에서 많은 분의 도움을 받았습니다. 공간된 논문을 수합하는 과정에서 동양사학회, 중국고중세사학회, 이화여자대학교 이화사학연구소, 한국목간학회의 편집 담당자의 도움을 받았습니다. 특히 제2권에 수록된 논문 중 네 편은 오래전에 발표된 논문이라서 일일이 컴퓨터에 다시 입력해야 했는데, 이 작업은 서울대 동양사학과 대학원 김보람 박사과정생이 수고해 주었습니다. 그리고 서울대 역사연구소에서 운영하는 유성 장학금 수혜자 중 서울대 동양사학과 대학원 출신 혹은 소속인 고려대 윤형진 교수님, 김동오, 이기천, 김지은, 이주현 박사 수료생은 제2권에 수록된 논문의 한자어를 한글로 변환하는 작업을 도와주었습니다. 미완 원고를 정리하고 공간 논문을 수합하는 과정에서 천성림 교수님, 배진영 교수님, 최해별 교수님 역시 조언을 아끼지 않고 도와주셨습니다. 끝으로 출판 준비 원고를 최종 검토하는 과정에서 일조각 김시연 대표님과 편집을 담당하신 황인아 선생님은 문장 표현상의 오류 및 오탈자 수정은 물론 내용상의 중복까지 꼼꼼하게 지적해 주셨습니다.

유고집을 발간하며 언제나 싱그러운 미소를 머금고 낭랑한 목소리로 말씀하시던 이명화 선생님의 모습이 더욱 그리워집니다. 비록 저자가 직접 개고하지 못하여 아쉬움이 남지만, 이 책이 이명화 선생님의 학문세계를 이해하기 위한 하나의 안내서 역할을 해주기를 기대합니다.

2018년 3월 공주에서

송진宋眞

이명화 유고집 2

중국 고대 오국사 연구

1판 1쇄 펴낸날 2018년 4월 20일

지은이 | 이명화
펴낸이 | 김시연

펴낸곳 | (주)일조각
등록 | 1953년 9월 3일 제300-1953-1호(구 : 제1-298호)
주소 | 03176 서울시 종로구 경희궁길 39
전화 | 02-734-3545 / 02-733-8811(편집부)
02-733-5430 / 02-733-5431(영업부)
팩스 | 02-735-9994(편집부) / 02-738-5857(영업부)
이메일 | ilchokak@hanmail.net
홈페이지 | www.ilchokak.co.kr

ISBN 978-89-337-0741-8   93910
값 30,000원

* 저작권자와 협의하여 인지를 생략합니다.

* 이 도서의 국립중앙도서관 출판예정도서목록(CIP)은 서지정보유통지원시스템 홈페이지(http://seoji.nl.go.kr)와
국가자료공동목록시스템(http://www.nl.go.kr/kolisnet)에서 이용하실 수 있습니다.
(CIP제어번호 : CIP2018011262)